Das Buch

Manfred Rommel war in jungen Jahren dabei, als sein Vater, der legendäre »Wüstenfuchs«, von Hitlers Todeskommando abgeholt wurde. In seiner über 20jährigen Amtszeit als Stuttgarter Oberbürgermeister nannte man ihn wegen seines unkonventionellen Handelns den »letzten Liberalen im Lande«. Nicht zuletzt aufgrund seiner Zustimmung zur gemeinsamen Beisetzung der RAF-Terroristen Ensslin, Baader und Raspe hat er ein weltweit aufgenommenes Zeichen der Toleranz gesetzt. Selbst in schwierigsten Zeiten hat er seinen Witz nicht verloren. Deshalb sind seine Erinnerungen bei aller Nachdenklichkeit immer auch eine im besten Sinne unterhaltsame Lektüre.

Der Autor

Dr. Manfred Rommel, Jahrgang 1928, war von 1974 bis 1996 Oberbürgermeister seiner Geburtsstadt Stuttgart. Lange Jahre ist er Präsident des Deutschen Städtetages gewesen. 1983 wurde ihm in Aachen der »Orden wider den tierischen Ernst« verliehen.

In unserem Hause sind außerdem von ihm erschienen:
Holzwege zur Wirklichkeit
Soll und Haben

Manfred Rommel

Trotz allem heiter

Erinnerungen

Ullstein

Besuchen Sie uns im Internet:
www.ullstein-taschenbuch.de

Umwelthinweis:
Dieses Buch wurde auf chlor- und säurefreiem Papier gedruckt.

Ullstein Verlag
Ullstein ist ein Verlag des Verlagshauses
Ullstein Heyne List GmbH & Co. KG.
4. Auflage 2003

Umschlaggestaltung: Init GmbH, Bielefeld
Titelabbildung: Horst Rudel, Stuttgart
Druck und Bindearbeiten: Ebner & Spiegel, Ulm
Printed in Germany
ISBN 3-548-36596-5

Inhalt

Begegnungen

Erfahrungen

Vorwort

Ist der Titel »Trotz allem heiter« vertretbar in einer Welt, in der in den kommenden hundert Jahren mindestens sechs Milliarden Menschen sterben werden? In einer solchen Welt kann es nicht nur heiter zugehen. Aber an dieser traurigen, wenn auch zwangsläufigen Entwicklung ändert sich nichts, wenn wir den begrenzten Lebensweg auch noch verdrossen zurücklegen und wenn wir andere mit unserer Verdrossenheit behelligen, so daß auch diese verdrossen werden. Auch ich habe nicht nur Heiteres erlebt, vor allem in meinen jungen Jahren. Aber der Mensch lebt weiter, und er entscheidet, wie. Humor ist keine Sünde, sondern eine Tugend. Er verhilft dazu, nicht nur die Dinge, sondern auch sich selbst nicht zu ernst zu nehmen. Denn Humor ist Distanz zu sich selbst. Darum laßt uns den Blick für Seltsames und Komisches ausbilden. Wir werden dadurch menschlicher, und das zu werden sollte eigentlich das Ziel jeder Bildung sein.

Teil I

Entwicklungen

Der vierjährige Manfred Rommel mit seinen Eltern.

Stuttgart, Landhausstraße 122

In Stuttgart, hat Heinrich Heine geschrieben, sei es schwer, nicht moralisch zu sein, während dies in Paris ganz leicht fiele. In der pietistisch angehauchten württembergischen Landeshauptstadt wohnten Ende der zwanziger Jahre nicht nur meine Eltern, sondern auch meine Tante Helene und meine Großmutter – letztere in der Champignystraße, die nach dem Zweiten Weltkrieg ebenso wie die Militärstraße und der Kanonenweg »entmilitarisiert« wurde. Dazu mag im Falle der Champignystraße auch noch der Umstand beigetragen haben, daß es Deutschen schwerfiel, diesen Straßennamen richtig auszusprechen und vor allem zu schreiben. Es soll einmal ein Pferd in der Champignystraße umgefallen sein. Als der Kutscher telefonisch hiervon die zuständige Polizeiwache benachrichtigte, habe der Beamte ihm gesagt: »Ziehen Se de Gaul doch in die Neckarstraße, damit man weiß, wie man den Straßennamen schreibt.«

Also: Meine Eltern wohnten in der Landhausstraße, die wegen ihrer orthographisch unbedenklichen Schreibweise und ihres politisch unverfänglichen Inhalts heute noch so heißt. Dort wurde ich am 24. Dezember 1928 geboren.

Schon vor meiner Geburt war meine Existenz gefährdet. Mein Vater hatte als Infanterieoffizier am Ersten Weltkrieg teilgenommen und war dreimal verwundet worden. Ich will jetzt nicht auf die Kriegserlebnisse meines Vaters eingehen, die in der einschlägigen Literatur nachzulesen sind, sondern darauf hinweisen, daß auch das Leben meiner Mutter erheblichen Gefahren ausgesetzt war. Denn meine Mutter konnte nicht richtig schwimmen. Mein Vater sagte von ihr, sie schwimme wie eine bleierne Ente. Dennoch nahm sie vor meiner Geburt an Faltbootfahrten teil, unter anderem im Lech, wo sie beinahe ertrank. Als sie dann doch, das Paddel in der Hand, wieder auftauchte, war sie und damit auch meine künftige Existenz gerettet.

Von anderen Gefahren, denen meine Mutter vor meiner Geburt ausgesetzt war, will ich nur das Allernotwendigste berichten. Gefahr drohte ihr bei Motorradfahrten mit meinem Vater, der mit ihr unter der falschen Berufsbezeichnung »Ingenieur« seine militärische Wirkungsstätte während des Ersten Weltkrieges in Italien aufsuchte, um Fotografien und taktische Skizzen zu machen, und bei Schiausflügen im Walsertal. Mein Vater bewährte sich dort als Gebirgsjäger und diplomierter Militärschilehrer, den kein Hang, kein Eis, kein Tiefschnee und kaum Lawinengefahr von einer Tour abhalten konnte. Dabei war er der Meinung, daß, was er zu leisten imstande sei, andere unter seiner Leitung auch leisten könnten, so zum Beispiel meine Mutter. Als diese sich bei einer seiner Exkursionen in den Schnee setzte und sich weigerte, ihren Weg fortzusetzen, erklärte er, daß der Erfrierungstod keineswegs ein angenehmer Tod sei, worauf sie aufstand und jammernd weiterfuhr. Meinem Vater wurde später immer wieder im Familienkreise wegen dieses Verhaltens Herzlosigkeit vorgeworfen. Doch er begegnete diesem Vorwurf mit dem Hinweis, daß solche kräftigen und kräftigenden Worte in guter Absicht gesprochen würden und dem wahren Interesse desjenigen dienten, an den sie gerichtet seien, weil sie verborgene Fähigkeiten mobilisierten und dadurch oft Rettung und Erlösung brächten. Jedenfalls ist meine Mutter seinerzeit nicht erfroren, sondern lebte am 24. Dezember 1928 noch und konnte mich zur Welt bringen.

Kind und Hund

Meine Mutter und mein Vater, welche die Hoffnung auf Nachwuchs beinahe schon aufgegeben hatten, nahmen mich so wichtig, daß es schwerfällt, sich vorzustellen, mit was sie sich vor meiner Geburt beschäftigt hatten. Vor mir erfreute sich offenbar eine Schäferhündin der vollen Zuneigung meines Vaters und der etwas eingeschränkten meiner gesellschaftlich ambitionierten und deshalb auf eine saubere Wohnung bedachten Mutter. Dieses Tier lag oft auf dem Sofa, so daß sich dunkel gekleidete Besucher draußen erst wieder von den Haaren des Tieres befreien mußten, bevor sie sich auf die Straße wagen konnten. Das Tier war recht leutselig und freute sich über Besucher, die es durch Auflegen seiner Pfoten und mit dem Versuch begrüßte, ihnen das Gesicht abzulecken. Der Hinweis meines Vaters: »Der Hund mag Sie halt« war gut gemeint, aber nicht überzeugend, so daß meine Eltern offenbar schließlich einer Art gesellschaftlicher Vereinsamung ausgesetzt waren. Schließlich setzte meine Mutter es durch, daß mein Vater den zungenfertigen Hund in die Kaserne brachte. Dort riß er sich aber los und erschien wieder mit wedelndem Schwanz in der Landhausstraße, was meine Eltern derart rührte, daß sie ihn wieder in den Haushalt eingliederten. Dieser schwelende Konflikt wurde durch meine Geburt gelöst, da auch mein Vater der Meinung war, daß mich der Hund nicht ablecken sollte, auch wenn dieser das noch so gut meinte.

Meine Eltern hatten eine über das Praktische hinausgehende Beziehung zu Tieren. Auch dort, wo nützliche Überlegungen im Vordergrund standen, neigten sie dazu, emotionale Bindungen aufzubauen. Nach dem Ersten Weltkrieg schafften sie sich in Schwäbisch Gmünd ein Schwein an, das sie mästen, schlachten und verspeisen wollten. Mein Vater beging den Fehler, das Schwein auf den Namen »Susi« zu taufen. Er mußte lernen, daß man ein Schwein, das Susi heißt, nicht so ohne weiteres als Lebensmittel betrachten kann. Der Schlachttag wurde immer wieder verschoben, bis in der Landwirtschaft erfahrene Soldaten meinem Vater ernstlich vorhielten, daß nunmehr die Umwandlung von Susi in Wurst, Speck und Schinken zwingend geworden sei. So gab mein Vater seine Zustimmung zur Schlachtung, die von einem sachkundigen Soldaten in Abwesenheit meiner Eltern vorgenommen wurde. Meine Mutter vergoß Tränen. Mein Vater behielt die Fassung, aber beide konnten, als einiges von dem, was von Susi übriggeblieben war, aufgetragen wurde, nichts essen. Sie verschenkten alles an Menschen, die Susi nicht so gut gekannt hatten wie sie.

Als mein Vater 1933 Kommandeur des Goslarer Jägerbataillons wurde, ging er begeistert auf die Jagd. Unsere Wohnung wurde mit zahlreichen Trophäen geschmückt. Die ererbten Bilder hatten keine Chance mehr. Sogar ein Bild von meiner Mutter sollte schließlich einem Hirschgeweih weichen, was diese aber so ungnädig aufnahm, daß mein Vater auf die Verwirklichung dieses Vorhabens verzichtete.

Trotz dieser Jagdleidenschaft blieb mein Vater Tierfreund, nicht nur ein scheinbarer Widerspruch. Während des Krieges nützte er fast jeden noch so kurzen Aufenthalt in Wiener Neustadt, um mit mir im Park der theresianischen Militärakademie auf die Jagd zu gehen, gelegentlich nachdem er mich mit Hilfe einer von ihm unterschrieben Entschuldigung wegen angeblicher Krankheit vom Schulunterricht befreit hatte.

Eines Tages kam er auf den Gedanken, daß ich kein rechtes Verhältnis zu Tieren hätte und die Verantwortung für ein Tier übernehmen müßte. Gegen die Anschaffung eines Hundes wehrte ich mich nachhaltig und erfolgreich, und so kam ich in den Besitz von zwei Kaninchen, welche sich eifrig zu vermehren begannen, so daß ich, auch durch Zukauf, schließlich zwanzig Tiere besaß, die ich für fünf Mark je Stück verkaufte. Als dies mein Vater bei einer Durchreise nach Wiener Neustadt erfuhr, ärgerte er sich sehr, sagte, man habe in mir eine Viehhändlersnatur großgezogen, und veranlaßte die Veräußerung des gesamten Tierbestandes, wobei es mir freilich gelang, meine Mutter davon zu überzeugen, daß das Geld mir gehörte. Wer weiß, was aus mir geworden wäre, wenn nicht mein kleines, aber weiter ausbaufähiges Geschäft von meinen Eltern liquidiert worden wäre.

Ich selber habe zeit meines Lebens Vorbehalte gegen Hunde gehabt, die ich als bellende, knurrende, charakterlich suspekte, oft auch bissige Wesen angesehen habe. Dieses Vorurteil hat seine Ursache auch darin, daß ich als Neunjähriger von einem großen Hund geradezu in die Schule gejagt worden bin. Dieser Hund, ein riesiger Bernhardiner, lag im Hof der Wiener Neustädter Burg, die zur Kriegsschule gehörte, deren Kommandeur mein Vater war. Der Bernhardiner sah es wohl als Aufgabe und

Lebenszweck an, mich jedesmal, wenn ich auf meinem Schulweg den Hof überqueren mußte, durch brüllendes Gebell, wütendes Knurren und hurtige Verfolgung in Laufschritt zu versetzen und mich vor den Soldaten meines Vaters als Feigling zu demaskieren. An der Pforte zur Burg kehrte er um und suchte gemächlich seinen Ruheplatz wieder auf.

Mein Vater gab nicht dem Hund die Schuld an diesem unfreundlichen Verhalten, sondern mir, weil ich der Kreatur nicht mit der nötigen Festigkeit und dem gebotenen Mut entgegenträte. Er begab sich mit mir auf den Burghof. Als der Bernhardiner unser ansichtig wurde, bewies er, daß er nicht nur gefährlich, sondern auch noch verlogen war. Er sprang nämlich nicht, wie ich gehofft hatte, auf, um sich bellend und knurrend auf uns zu stürzen, so daß mein Vater die Gefahr ermessen konnte, in der ich mich jeden Morgen befand. Das heimtückische Tier wedelte vielmehr treuherzig mit dem Schwanz und blickte meinen Vater und mich freundlich an, nur um mir am nächsten Morgen wieder zähnefletschend und bellend hinterherzujagen. Erst das Alter versöhnte mich mit den Hunden. Allerdings will ich keinen haben – nicht nur wegen des Spazierganges, zu dem er mich zwingen würde, sondern weil meine Frau dieses bettelnde, jammernde und gefräßige Tier so herausfüttern würde, daß es schon bald im gemästeten Zustande auf dem mir vorbehaltenen Sessel liegen würde. Den Mut, einem Hund entgegenzutreten, wenn er nicht zu groß ist, besitze ich heute. Kein Wunder, denn als Oberbürgermeister von Stuttgart mußte ich einen ziemlich großen Bären umarmen, einem Elefanten Brot in den Rachen schieben und einen Seehund mit Fischen füttern. Das härtet ab.

Vater und Mutter

Meine Eltern waren beide Abkömmlinge von Lehrern. Meine Mutter wollte ursprünglich sogar selber Lehrerin werden, während mein Vater einen solchen Berufswunsch keineswegs gehegt hatte. Er hatte eigentlich die Absicht gehabt, Ingenieur zu wer-

Hochzeitsfoto der Eltern:
Lucie-Maria und Erwin Rommel.

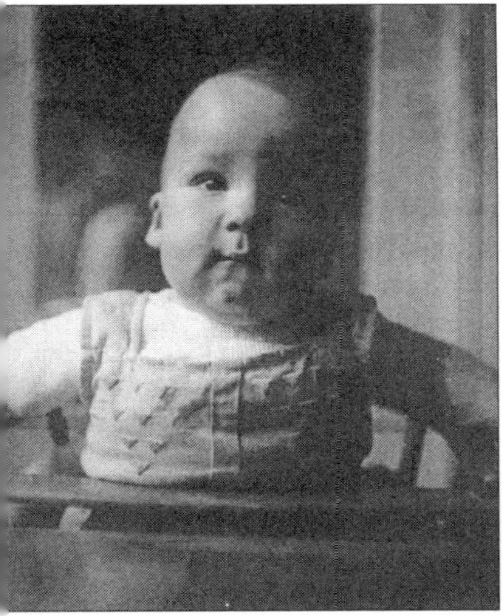

Das Geburtshaus Landhausstraße 122
im Stuttgarter Osten.

Als Kleinkind
im Hochstuhl.

Als Dreijähriger im Garten
und hoch zu Roß –
der Stolz des Vaters.

den und Flugzeuge zu bauen, eine Vorstellung, die mein Großvater, würdiger Rektor des Progymnasiums zu Aalen, mit dem Hinweis abschmetterte, daß die Luft keine Balken hätte. Dieser Hinweis war zwar prinzipiell richtig, aber technisch überholt. Jedenfalls wurde mein Vater vor die Wahl gestellt zwischen dem Lehrer- und dem Offiziersberuf, worauf er sich ohne langes Zögern entschloß, Offizier zu werden.

Mein Vater hatte in der Schule viel Verdruß erfahren, weil er ein Träumer war, der die Schulhefte vollmalte, anstatt sie säuberlich zu führen, und weil er mit seinen Gedanken überall, bloß nicht im Unterricht weilte. Das mißfiel seinem Vater, dem Herrn Rektor, sehr, der sich bemühte, mit Gewalt die wünschenswerte Bildung und die gebotene Disziplin in meinem Vater zu verankern. Dieser verübelte ihm das, war aber zu gutartig, um sich offen aufzulehnen. Aufgelehnt hat sich dann später ein jüngerer Bruder meines Vaters, Karl, der als kleines Kind vor Zorn rot bis blaurot anlief, wenn er sich mit dem Herrn Rektor stritt. Diesem war es peinlich, einen so ungebärdigen und unverschämten Sohn zu haben. Er fürchtete wohl auch um dessen Gesundheit. So ließ er ihn gewähren und ertrug es mit Fassung, wenn dieser zum Beispiel die Gummigaloschen der Damen, die zum Tee bei seiner Mutter erschienen waren, am Boden festnagelte, damit die Damen beim Aufbruch ins Stolpern kämen.

Mein Vater galt schon in seinen jungen Jahren als Rechengenie. Bevor er in die Schule kam, konnte er multiplizieren und dividieren. Gelegentlich wurden ihm zu Hause vor Freunden und Bekannten Rechenaufgaben gestellt. Dann bestand er darauf, hinter dem Klavier zu verschwinden und dort nachdenken zu können. In Wirklichkeit hauchte er das Klavier an und machte mit den Fingern Punkte, die ihm beim Rechnen halfen. Aber ein gewisses Ansehen erwarb er sich dadurch schon.

Seine Lust am Rechnen wurde freilich durch seine Unlust an der lateinischen Sprache voll ausgeglichen. Wenn er schließlich doch ganz gut Lateinisch konnte, handelte es sich dabei aber um höchst unfreiwillig erworbenes Wissen. Dieses bezeichnete mein Vater auch in meiner Gegenwart als unnötig und belastend. Meine

Mutter ärgerten solche Bemerkungen, weil sie sich redlich bemühte, in mir das Feuer der Begeisterung für Latein zu entzünden. Das mißlang ihr gründlich.

Für Mathematik entwickelte mein Vater hingegen Leidenschaft. Sobald er in mir nur die Spur eines Interesses zu erkennen glaubte, ein mathematisches Problem kennenzulernen, war er sofort mit Belehrungen zur Stelle. Schien ihm die Belehrung über das erste mathematische Problem erfolgreich abgeschlossen zu sein, stieß er sofort mit einem anderen Problem nach, bis er erkannte, daß er völliger Unaufmerksamkeit und Unlust begegnete. Dann gab er immerhin auf. Im September 1944, den Tod vor Augen, versuchte er mir noch die Grundzüge der Differential- und Integralrechnung beizubringen. Ich müsse ihm bloß eine Stunde aufmerksam zuhören, dann öffne sich mir das Tor zur höheren Mathematik. Ich hatte zwar keine Lust, das Tor zu einem so unerfreulichen Gebiet zu durchschreiten, folgte ihm jedoch geistig eine Weile. Aber als er schließlich erklärte, daß dx durch dy, unendlich klein gedacht und im Quadrat genommen, praktisch Null ergäben, riß bei mir der Faden, und er entnahm meinem leeren Gesicht, daß das Tor zugefallen war und sich wohl zu seinen Lebzeiten nicht mehr öffnen würde. Im Gymnasium habe ich das alles auch nicht verstanden. Ich habe mir aber später ein Gewissen gemacht, weil ich meinen Vater nicht durch mehr Aufmerksamkeit erfreut hatte, und anhand von Lehrbüchern das Problem so eingehend studiert, daß er mit mir zufrieden gewesen wäre.

Mein Großvater war Protestant, und als solchem scheint ihm besonders der Karneval ein Dorn im Auge gewesen zu sein. Er hat es wohl als verdienstvoll angesehen, ihn zu bekämpfen. In der Karnevalszeit stand er deshalb frühmorgens am Eingang zur Schule, um zu prüfen, ob die katholischen Lehrer zu spät kämen und um diesen wenigstens ein bißchen ihr sündhaftes Treiben zu versalzen. Mein Vater hielt von solchem konfessionellen Eifer nichts. Er war als Rekrut, Fahnenjunker und später als Leutnant bei einem katholischen Regiment, dem Infanterieregiment 124 in Weingarten, gewesen, und das hatte ihn geprägt. Kein so düsterer Ernst, mehr Fröhlichkeit und Lebensfreude. Der Kommandeur eines Bataillons sagte vor dem sonntäglichen Kirchgang: Männer, wenn ihr am Sonntag in die Kirche geht, nicht bloß hinsitzen und vor euch hinglotzen, sondern fußrollen und Entfernung schätzen. Das war ein etwas bedenkliches, aber lebensnahes Verhältnis zur Religion.

Ich glaube, mein Vater hat erst am Beginn des Ersten Weltkrieges entdeckt, daß er zum Soldaten und Truppenführer besonders geeignet war. Er besaß Phantasie, aber auch Intelligenz, Leidenschaft, aber auch Besonnenheit. Er fühlte sich verantwortlich für die Menschen, die ihm unterstanden. Sein Verhältnis zu seinen Untergebenen war in der Regel besser als das zu seinen Vorgesetzten. Er versuchte, Vorbild zu sein, also von anderen nur das zu verlangen, was er selber zu tun bereit war. Er verfügte über eine ungewöhnliche Willenskraft. Und dabei war er kein finsterer Typ, sondern eher ein freundlicher und auch heiterer Mensch. Kinder mochten ihn gern. Er haßte, soweit ich weiß, niemanden und hielt Rachsucht für ein Gefühl, das bekämpft werden mußte. Vor allem hatte er das, was man Charisma nennt: die Fähigkeit, Menschen zu beeinflussen und zu motivieren.

Nach dem Ersten Weltkrieg bekam er von der württembergischen Landesregierung den Befehl, die sogenannte Matrosenkompanie in Friedrichshafen wieder in die militärische Ordnung zurückzuführen. Diese Kompanie hatte ihren Namen von Matrosen, die an dem Kieler Aufstand teilgenommen hatten. Als er bei dieser Kompanie eintraf, wurde ihm zunächst gesagt: »Wenn du von uns etwas willst, tu zunächst einmal deine Blechle ra.« Mit den Blechle waren seine Orden gemeint. Er erwiderte: »Die Blechle bleibet. Die erinnern mich an den Schützengraben. Dort habe ich jeden Abend zu unserem Herrgott gebetet, daß nur unserer Flotte nichts passiert. Und in der Tat: Ihr seid alle noch da!« Dies ärgerte die revolutionären Matrosen, und im weiteren Fortgang der Debatte ließ sich einer sogar zu der Behauptung hinreißen: »Wenn uns der Kaiser den Befehl gegeben hätte, hätten wir genauso gekämpft wie die Infanterie.«

Meinem Vater gelang es, aus diesem ziemlich wüsten Haufen eine Kompanie zu machen, auf die er stolz sein konnte. Eines Tages meldete sich aber bei ihm eine Abordnung, die ihm mitteilte, daß ihnen die Chance geboten worden sei, Polizeibeamte zu werden. Diese Gelegenheit wollte man sich nicht entgehen lassen. Man würde sich aber freuen, wenn der Herr Hauptmann mitginge. Mit den Genossen sei bereits gesprochen worden. Der Herr Hauptmann würde bei der Polizei bald Major werden.

Als 1919 in Bayern eine Räteregierung an die Macht kam und Württemberg sich entschloß, den verjagten bayerischen Demokraten mit Waffengewalt zu Hilfe zu kommen, erhielt mein Vater den Befehl, Lindau zu erobern und dort die Ordnung wieder herzustellen. Es gelang ihm, ohne Blutvergießen die Lindauer Räte zum Einlenken und zur Aufgabe zu bewegen. Ich will diesen Vorgang mit Rücksicht auf bayerische Empfindlichkeiten nicht breittreten, aber ihn doch erwähnen.

In Württemberg waren jedenfalls die revolutionären Vorgänge weit weniger dramatisch. König Wilhelm II. war zwar abgesetzt worden, aber Sozialdemokraten erklärten hinterher, dies hätten keine einheimischen, sondern ortsfremde Revolutionäre getan. Es kam in Ulm zu Blutvergießen, als eine »erregte Volksmenge« das Rathaus und das Oberamt stürmte, den Oberbürgermeister die Treppe hinunterzuwerfen versuchte und den Oberamtmann zwang, mit der Menge zu ziehen und dabei einen Galgen mit einer Puppe zu tragen, die ihn selber darstellte. Aber in Schwäbisch Gmünd gelang es meinem Vater, die Erstürmung des Rathauses durch eine »erregte Volksmenge« zu verhindern und die gestörte Ordnung wieder herzustellen, und zwar unblutig. Sogar der Stahlhelm, der einem Soldaten heruntergerissen worden war, konnte wieder beschafft werden.

Nach den revolutionären Wirren führten meine Eltern in Stuttgart ein unterhaltsames Leben. Zusammen mit dem befreundeten Ehepaar Schaal nahmen sie sogar am Stuttgarter Karneval teil. Mein Vater verkleidete sich als Kosak. Das lag nahe, weil er 1916 in Rumänien einen großen Kosakensäbel erbeutet hatte, der außerhalb der Karnevalssaison eine Wand in seinem Arbeitszimmer zierte.

Mein Vater verbrachte viel Freizeit mit seinen Soldaten, die sich alle auf mindestens zwölf Jahre verpflichtet hatten. Er stellte zusammen mit ihnen Schier und sogar Faltboote her, gründete den Schi-Verein »Grüne Schleife«, der seine Aktivitäten im nahegelegenen österreichischen Walsertal entfaltete. Mit diesem Verein baute er dort die Cannstatter Hütte. Meine Eltern verbrachten mit Soldaten der Kompanie den Urlaub, organisierten gesellschaftliche Ereignisse und unternahmen mit ihnen zahlreiche Ausflüge. Eines Tages besuchten sie das Remstal. Es war ziemlich heiß, und mein Vater trank Wein, was er normalerweise unterließ, weil die Wirkung des Alkohols bei ihm ziemlich rasch eintrat. Er wurde ganz ruhig. Plötzlich stand er auf und sagte: »Ich heiße Erwin!« Meine Mutter erinnerte ihn am nächsten Morgen, daß er seinen Soldaten das »Du« angeboten hatte. Aber es stellte sich heraus, daß niemand auf dieses Angebot zurückkam.

In seinem Freundeskreis befaßte mein Vater sich mit Dingen, die für einen Berufsoffizier zumindest untypisch waren. Er war nämlich in den zwanziger Jahren im privaten Kreise als Geisterbeschwörer tätig, der die Meinung der Verstorbenen und auch anderer Persönlichkeiten, die sich in der Geisterwelt aufhielten, zu Gehör bringen konnte, und zwar mit Hilfe des sogenannten Tischrückens. Die Kommunikation mit Geistern und Verstorbenen muß etwas mühselig gewesen sein, weil jeweils der gemeinte Buchstabe durch die Zahl der Klopfgeräusche ermittelt werden mußte. Mein Vater hatte von einem einschlägig erfahrenen Soldaten gelernt, solche Klopfgeräusche zu erzeugen, ohne als deren Urheber entlarvt zu werden. Die Gesellschaft der Tischrückenden scheint wirklich an die Verbindung mit der Geisterwelt geglaubt und teilweise wahres Entsetzen empfunden zu haben.

Religion und Weltanschauung

Mein Vater war Protestant, jedenfalls in dem Sinne, daß er meinte, ein Protestant gefalle Gott mehr als ein Katholik. Wahrscheinlich machte er eine Ausnahme für seine katholischen Freunde. Er war kein ausgesprochen frommer Mann, aber er war auch kein Heide. Er glaubte an Gott, und zwar nicht an irgendeinen, sondern an den christlichen, wie er mir wiederholt sagte. Natürlich war Gott in seiner Einschätzung kein Pazifist, sondern dem Soldatenhandwerk wohlgesonnen. Vielleicht war er etwas verunsichert, weil Gott die Deutschen den Ersten Weltkrieg hatte verlieren lassen, obwohl doch das deutsche Heer die Inschrift »Gott mit uns« auf dem Koppelschloß trug.

Allerdings ist die Anrufung Gottes zur Erlangung militärischer Hilfe im Kriege eine zweifelhafte Sache. Mein Vater erlebte im Ersten Weltkrieg einen Honved-Offizier der ungarischen Landwehr, der, wenn seine Geschütze feuerten, manchmal ausrief: »Heilige Jungfrau, hilf, daß mir an Volltreffer erzieln.« Und die Franzosen behaupteten immerhin, Gott habe den Frankenkönig Chlodwig um 496 n. Chr. über die Alamannen siegen lassen, weil er versprochen hatte, in diesem Falle Christ zu werden. Als Koordinator für die deutsch-französischen Beziehungen ist es nicht meine Sache, hieran irgendwelche Zweifel zu äußern.

Meine Mutter war katholisch. Meine Eltern hatten aber evangelisch geheiratet, und deshalb war meine Mutter exkommuniziert. Das ärgerte sie. Sie hatte zwar ein Marienbild über ihrem Bett hängen. Aber sie bezeichnete sich als »gottgläubig«, obwohl sie nicht aus der Kirche ausgetreten war.

Mein Vater ging mit mir in den Jahren 1936 bis 1938 in Potsdam gelegentlich sonntags in die Kirche. Mir war es dort recht langweilig. Meine Mutter betete mit mir an jedem Abend das Vaterunser, verknüpft mit Bitten für Familienangehörige, zu denen meine Großmutter, verschiedene Tanten, vor allem aber meine Tante Helene zählte, an deren Wohlergehen meinen Eltern und mir besonders gelegen war. Meine Tante war die ältere Schwester meines Vaters. Sie war Anthroposophin. Sie hatte Rudolf Steiner selber gut gekannt und war von Anfang an in der anthroposophischen Bewegung engagiert gewesen. Ihren Beruf als Lehrerin für Kunst und Handarbeit an der Stuttgarter Waldorfschule hatte sie verloren, als die NS-Regierung die Schulen schloß.

Meine Tante Helene versuchte, in mir ein Gefühl für Religion zu wecken, vor allem durch Bücher, die sie klug ausgewählt hatte. Sie hat mich nie zur anthroposophischen Weltanschauung zu bekehren versucht.

Vom 13. Lebensjahr an hatte ich eine Zeit, in der ich mir als Atheist gefiel und die ganze Religion für Humbug und Aberglauben erklärte. Statt dessen huldigte ich einer schwärmerischen Germanenverehrung. Diese speiste aus den germanischen Heldensagen und Büchern wie Felix Dahns »Ein Kampf um Rom«, in dem die guten Goten Opfer der eigenen Zwietracht sowie römischer und byzantinischer Lumpereien wurden. Meine Gesinnung lief darauf hinaus, daß den edlen, aber einfältigen Germanen im Laufe der Geschichte allerlei Unbill zugefügt worden war und daß jetzt die Zeit gekommen sei, um mit Hilfe der Wehrmacht die Verhältnisse wieder zurechtzurücken und im übrigen das artfremde Christentum abzuschaffen.

Meine Mutter berührte dies nicht so sehr, aber desto mehr meine Tante, die mich als geistiges Opfer der Hitlerjugend und der dort üblichen Sprüche ansah. Betrübt war auch mein Vater, der meine gottlosen Betrachtungen und mein von mir für Nationalsozialismus gehaltenes Germanentum als unangebracht empfand und mich einmal in Wiener Neustadt beim Abendessen mit lauter Stimme aufforderte, einen solchen Unsinn in seiner Gegenwart nicht mehr zu sagen. Er verließ dann verärgert den Raum, aber ein junger Offizier, den er mitgebracht hatte, sagte mir, er freue sich, daß die Jugend einen so guten Geist habe.

In den Religionsunterricht ging ich nicht. Das war auch nicht so einfach im katholischen Wiener Neustadt. Meine Eltern hatten eine Weile die Absicht, mich am katholischen Religionsunterricht teilnehmen zu lassen, aber dies wies ich weit von mir. Sie beharrten nicht darauf. Wahrscheinlich fürchteten sie, ich könnte dort allerlei Unsinn sagen und die Familie blamieren.

Die Zeit verging, und ich wurde 14, ein Alter, in dem der Protestant konfirmiert wird. Meine Mutter informierte mich von dem Wunsch meines Vaters, daß ich mich konfirmieren ließe. Für den Fall, daß ich hierfür bereit sei, stelle mir mein Vater eine beachtliche finanzielle Zuwendung für meine Briefmarkensammlung in Aussicht. Mit Entrüstung lehnte ich diesen Versuch, mich gleichsam weltanschaulich zu korrumpieren, ab. Meine Eltern kamen nicht mehr auf diese Sache zurück. Meine Briefmarkensammlung mußte auf die Zuwendung verzichten. Ich hielt das für eine große moralische Tat, auf die ich stolz war und derer ich mich offen rühmte, was im allgemeinen mit Zurückhaltung aufgenommen wurde. Ich hatte noch lange Schwierigkeiten mit dem Christentum, obwohl ich seine ethischen Normen für richtig hielt und die Bedeutung von Jesus Christus zu begreifen begann. Aber ich wollte nicht so tun, als ob ich etwas glaubte, was ich in Wirklichkeit als fraglich ansah. Der Denkfehler, der mir unterlief, war anzunehmen, man sollte nur das glauben, was bewiesen ist. Aber gerade die Existenz Gottes und die fundamentalen Werte lassen sich weder beweisen noch widerlegen, und doch ist offensichtlich, daß etwas Unverzichtbares fehlte, wenn wir sie missen müßten.

Leben im Dritten Reich

Meine Tante Helene ließ gelegentlich durchblicken, daß sie vom Dritten Reich und auch vom Führer nichts Gutes dachte und daß sie die Judenverfolgung für beschämend hielt. Was sie mit meinem Vater gesprochen hat, der eine enge Bindung zu ihr hatte und sie sehr mochte. weiß ich nicht. Man hat mich als einen zum Aufschneiden geneigten Halbstarken bei solchen Themen nicht ins Vertrauen gezogen, zu Recht, denn damals empfahl sich, nichts zu schreiben oder zu sagen, was, weitererzählt, Unheil anrichten konnte.

Über Politik wurde bei uns zu Hause wenig gesprochen. Mein Vater hatte ein gespanntes Verhältnis zum Reichsjugendführer Baldur von Schirach. Er war wegen grundsätzlicher Meinungsverschiedenheiten mit diesem als Verbindungsoffizier des Heeres zur Reichsjugendführung abgelöst worden. Dies geschah nach der Schilderung meiner Mutter, weil mein Vater von der Darstellung des Krieges als einem lustvollen Erlebnis nichts hielt und sich über die romantischen Gefühle, vor allem aber über die

Belehrungen der nicht Dabeigewesenen ärgerte. Außerdem war er dagegen, daß sich zwanzigjährige Gebietsführer wie Generale aufführten. Schließlich hatte er offenbar dem Reichsjugendführer von Schirach nahegelegt, bei seiner Begeisterung für das Militär zunächst einmal selber Wehrdienst zu leisten. Mein Vater empfand Mißtrauen gegen die Hitlerjugend und führte so manches, was ihm an mir mißfiel, auf deren Einfluß zurück.

Auf die NSDAP und ihre Funktionäre sah mein Vater herab. Das war damals wohl allgemein die Haltung der Berufsoffiziere. Wir hatten mit »Parteigenossen« in Goslar, Potsdam und Wiener Neustadt keinen gesellschaftlichen Umgang. Auch als mein Vater Oberbefehlshaber in Afrika war, gab es nach meiner Erinnerung keine Verbindung zu Kreisleitern, Gauleitern, Reichsstatthaltern usw. Ich habe jedenfalls keinen von diesen gesehen. Das einzige Ereignis, zu dem mit Parteiuniformen ausstaffierte Männer in unserem Wiener Neustädter Haus erschienen, fand im Frühjahr 1943 statt, als Angehörige des weiblichen Arbeitsdienstes meinem Vater ein Ständchen brachten.

Die Reichswehr war schon in der Weimarer Republik ein Staat im Staate gewesen, und die Wehrmacht war dies in gewissem Umfang zunächst auch im Dritten Reich. Berufssoldaten durften in Weimar keiner politischen Partei angehören und auch nicht wählen. Das blieb so, als Hitler 1933 die Macht übernahm. Dieses Prinzip der unpolitischen, der politischen Führung gehorsamen Armee war sicherlich in der von Wirren, Feindseligkeit und Aufruhr bedrängten Weimarer Demokratie sinnvoll und nützlich. Aber als die Demokratie sich selber unter dem Druck der Straße aufgab und von der NS-Diktatur abgelöst wurde, wäre es wohl besser gewesen, wenn in der Reichswehr der Geist südamerikanischer Militärs geherrscht hätte. Aber Revolution war weder geplant noch geübt worden. Im Gegenteil: Es war mit guten Gründen alles getan worden, um zu verhindern, daß sich in der Reichswehr so etwas wie ein revolutionärer Geist entwickelt.

Durch die Übertragung der Macht an Hitler wurde 1933 aus der Wehrmacht einer Demokratie die Wehrmacht einer Diktatur. Mit ihren Tugenden wie Gehorsam, Disziplin, Tapferkeit, dienten die Soldaten fortan dem Diktator. Später erkannten viele, daß diese Tugenden ihren Wert verlieren, wenn sie im Dienst der falschen Sache stehen. Aber bis es zu dieser Erkenntnis kam, floß viel Blut, auch das Blut der Soldaten.

In der Provinz

Meine Eltern und ich lebten in einer Umgebung, die man als »provinziell« bezeichnen kann. Das gilt auch für Dresden und Potsdam. Dort wohnten wir in Siedlungen für Offiziere und Militärbeamte. In Wiener Neustadt wohnten wir auf militärischem Territorium. Dies machte den gesellschaftlichen Umgang etwas einseitig. Mein Vater, aber auch meine Mutter hatten für fanatische Menschen nichts übrig. Die Gattin eines seiner Offiziere an der Kriegsschule Wiener Neustadt tat sich als militante und ständig agitierende Vorkämpferin des Nationalsozialismus hervor. Der vom Schicksal hart geprüfte Ehemann knüpfte eine erfreulichere Verbindung zu einer österreichischen Dame und ließ sich scheiden, moralisch unterstützt von meinem Vater. Der hatte zwar damals noch keine prinzipiellen Einwände gegen das Regime und war auch grundsätzlich gegen Ehescheidungen, die er in die Rubrik »Charakterschwäche« einordnete; aber in diesem Falle überwand er seine Vorbehalte wegen noch wichtigerer Prinzipien.

Nun, das ist eine Episode ohne große Bedeutung. Während das Leben ruhig und gemächlich verlief, geschah Ungeheuerliches: die Verfolgung der Juden. Den meisten Deutschen, die nicht jüdischer Herkunft waren, war das wohl etwas peinlich, und viele von ihnen waren froh, wenn sie darüber möglichst wenig hörten und sahen. Doch die Pogromnacht kam.

Am 9. November 1938 brannte auch die Synagoge in Wiener Neustadt. Ich begab mich am nächsten Tage mit dem Fahrrad dorthin, in der Hoffnung, Sensationen zu erleben. Doch wir Jungen wurden von der Polizei fortgeschickt, bevor wir etwas sehen konnten. Meine Eltern waren darüber betrübt, daß ich dort gewesen war. Was sie gefühlt und gedacht haben, weiß ich nicht mehr.

Die meisten österreichischen Juden waren 1938 bei dem sogenannten Anschluß geflohen, unter weitgehender Zurücklassung ihres Vermögens und Hausrates, der von Regierungsstellen verkauft wurde. Nur noch vereinzelte Juden gab es in Wiener Neustadt. Ich erinnere mich nicht, sie bemerkt zu haben, mit einer Ausnahme: Einer meiner Kameraden im Deutschen Jungvolk hieß Waldstein. Ich wußte damals nicht, daß das ein jüdischer Name sein konnte. Waldstein war blond und blauäugig, ein guter Sportler, so recht geeignet, um in Günthers Rassenkunde als germanischer Typ abgebildet zu werden. Als ich Jungenschaftsführer und bestätigter Oberhordenführer wurde, was mich mit großem Stolz erfüllte, wunderte ich mich darüber, daß Waldstein diese Karriere nicht auch machte. Ich fragte ihn eines Tages und erfuhr, dies liege daran, daß er Halbjude sei. Aber dafür könne er ja nichts. Das fand ich damals auch. Später war Waldstein in meiner Jungenschaft. Ich kam einmal zu ihm in die Wohnung, wo in seiner Familie eine ziemlich bedrückte Stimmung herrschte. Das war mir, wenn ich mich recht erinnere, etwas unangenehm. Ich vergaß das aber schnell und erfreute mich weiterhin der Meinung, daß alles bestens bestellt sei im nationalsozialistischen Staate.

Die Zerstörung der primären Tugenden

Als junger Mensch habe ich mich damals für nichts verantwortlich gefühlt. Meine Überzeugung, daß Deutschland im Recht sei, war so stark, daß sie keinen Zweifel und keine Kritik zuließ. Es ist wohl unstreitig, daß zwar nicht der Massenmord an den jüdischen Menschen in aller Öffentlichkeit geschah, aber doch die Juden in aller Öffentlichkeit verunglimpft, beraubt, verhöhnt, mißhandelt, deportiert und als Volksfeinde beschimpft wurden. Das war bekannt, wurde aber in den Zeitungen, dem Rundfunk und den Wochenschauen nur selten erwähnt, und wenn überhaupt, dann mit der Tendenz, daß das Recht völlig auf der Seite des NS-Staats sei. Aus dem Umstand, daß das alles der Staat tat, entnahmen wohl viele, daß diese Ungeheuerlichkeiten irgendwie ihre Ordnung hätten.

Aber »peinlich« war das alles wohl schon. Man wollte nichts wissen, und wenn sich dieses nicht vermeiden ließ, wollte man vergessen oder jedenfalls nicht daran erinnert werden. Und falls auch das nicht gelang, tröstete man sich wohl mit dem Gedanken, daß der NS-Staat mit seinen großen Erfolgen auch seine guten Seiten hätte, daß man selber nur seine Pflicht täte und für alles übrige nicht verantwortlich sei, daß man genug eigene Sorgen hätte und nach dem Krieg, den man zunächst einmal gewinnen müsse, alles besser würde. Man müsse nur darauf achten, daß man die Finger nicht hineinbringe, denn die eigenen Hände müßten sauber bleiben.

Außer von meiner Tante Helene habe ich wenig Kritik über die Behandlung der Juden gehört, wohl aber zum Teil massive Entrüstung über die Behandlung der Russen, der Polen und der Franzosen.

Jüdische Berufssoldaten gab es wenige im deutschen Heer. Mein Vater sagte mir Ende 1943 oder Anfang 1944, er hätte vom damaligen Stuttgarter Oberbürgermeister Strölin erfahren, daß Juden durch Gas umgebracht würden. Generaloberst von Blaskowitz, der damalige Oberbefehlshaber in Südfrankreich, habe ihm erzählt, daß in Polen von deutscher Seite Massenerschießungen von Zivilisten, besonders von Juden, durchgeführt worden seien. Der General habe diese selber gesehen.

Zu dieser Zeit wollte mein Vater meiner Begeisterung für den NS-Staat entgegenwirken, welche in mir den Wunsch ausgelöst hatte, mich freiwillig zur Waffen-SS zu melden. Doch daraus wurde nichts. Mein Vater erklärte, da er Wehrmachtsoffizier sei, erwarte er, daß ich auch zur Wehrmacht ginge und nicht zu einer politischen Truppe. Im übrigen sei ich minderjährig, und deshalb bestimme immer noch er, wohin ich mich freiwillig meldete. Ich war meinem Vater später dankbar, daß er mich vor diesem unbedachten Schritt bewahrt hat.

Mein Vater erkannte die militärische Leistung der Waffen-SS-

Divisionen, die ihm 1944 in Frankreich taktisch unterstanden, durchaus an und fühlte sich, als sich Mitte Juli das Ende zu nahen schien, auch für sie verantwortlich. Unter ihnen waren sehr junge Leute. Viele von ihnen waren gar keine Freiwilligen, sondern zur SS eingezogen worden. Aber was will es bei einem 17- oder 18-jährigen Menschen besagen, ob er sich freiwillig gemeldet hatte oder nicht.

Im übrigen war es gar nicht so leicht, bei den Werbeveranstaltungen der Waffen-SS den Aufforderungen zu widerstehen. Ich habe als Luftwaffenhelfer im Sommer 1944 selber einmal so eine Veranstaltung erlebt, an der unser Zug geschlossen teilnehmen mußte. Der junge, schwer verwundete und mit Orden geschmückte SS-Offizier sagte unter anderem in seiner Rede, wenn jemand ihm sage, er wolle zum Heer und nicht zur Waffen-SS, sei dies eine schwere Beleidigung. Die Waffen-SS sei wie das Heer eine kämpfende Truppe, die in einem besonderen Treueverhältnis zum Führer stehe. Wer sich weigere, sich zu ihr zu melden, habe offensichtlich etwas gegen diese Treuebeziehung. Danach mußte jeder einzelne vortreten und erklären, ob er sich zur Waffen-SS meldet oder nicht. Den Hinweis »ich will zur Marine« oder »ich will zur Luftwaffe« ließ man widerwillig gelten. Aber wer erklärte, daß er lieber zum Heer wolle, wurde angeschnauzt und aufgefordert, sich nachher noch einmal zu melden. Als die Reihe an mich kam, erklärte ich, inzwischen geläutert, daß ich zum Heer wolle, und zwar aus Tradition. Mein Vater sei nämlich auch dort. Auf die Frage: »Was ist Ihr Vater?« erklärte ich: »Feldmarschall!« Daraufhin wurde die Werbeveranstaltung abgebrochen. Wenn ich aber hätte sagen müssen: »Obergefreiter!« wäre die Wirkung ganz anders gewesen.

Der NS-Staat hatte keine guten Seiten. Er war ein zutiefst bösartiges, verlogenes, korrumpierendes, die elementare Moral, das ethische Koordinatensystem zersetzendes Gebilde. Die sekundären Tugenden wie Tapferkeit, Disziplin, Pünktlichkeit, Fleiß wurden im Dritten Reich hochgehalten und den Volksgenossen zur Pflege empfohlen. Die über dem Staat stehenden primären Tugenden jedoch wie Wahrhaftigkeit, Nächstenliebe – von der

Feindesliebe ganz zu schweigen – und Toleranz waren entweder auf das Praktische reduziert – Kameradschaftsgeist, Aufrichtigkeit gegenüber Kameraden und Vorgesetzten – oder gingen ganz in dem schillernden Begriff der Treue unter, ein für Deutsche wichtiges, aber unklares Wort. Der wahrhaftig Treue fragte nicht, wem und für was er treu sein sollte, er war es einfach: »Es dröhnt der Marsch der Kolonne, der Tambour schlägt das Fell. Und keiner ist da, der feige verzagt, der müde nach dem Weg uns fragt, den uns der Tambour weist.« So hieß es in einem Lied, oder in einem anderen: »Wissen wir auch nicht, wohin es geht, wenn nur die Fahne vor uns weht.«. Auf dem Koppelschloß der Waffen-SS stand nicht mehr, wie auf dem des Heeres, »Gott mit uns« – Gott ist immerhin jemand, der über Kaiser und Reich und Kanzler steht –, sondern: »Unsere Ehre heißt Treue«.

Die Treue galt auf jedem Falle dem Vaterland oder Deutschland. Beides waren weihevolle Begriffe. Man durfte nichts Schlechtes vom Vaterland denken oder über Deutschland sagen. Deutschland war heilig. »Heilig Vaterland, in Gefahren, Deine Söhne sich um dich scharen, eh der Fremde Dir Deine Krone raubt, Deutschland, fallen wir, Haupt bei Haupt.« Das wurde nicht nur gesungen, es wurde geglaubt und praktiziert. Und je mehr fielen, desto heiliger wurde das Vaterland, das in Wahrheit nur ein anderer Name war für Adolf Hitler. In diesem Vaterland war der Mensch frei: Frei, aus freien Stücken das zu tun, was ihm befohlen wurde. Wer Freiheit in diesem Sinne verstand, und viele verstanden sie so, brauchte sich nicht mit abweichenden Meinungen herumzuschlagen. Denn wer solche abweichende Meinungen hatte, war gut beraten, sie für sich zu behalten.

So paradox das klingt: Die Anhänger einer Diktatur und diejenigen, die sich mit ihr abgefunden haben, fühlen sich nicht versklavt, sondern frei. Das fällt Menschen, die nur das Leben in der Demokratie kennen, schwer zu verstehen. Wenn es hieß »Freiwillige vortreten!« gab es viele, die dieser Aufforderung folgten. Erst in den letzten Kriegsmonaten hieß es manchmal: »Wer sich nicht freiwillig meldet, vortreten!« In der Truppe kam das Wort in Gebrauch: »Beiseite treten, damit die Freiwilligen vortreten können!« Aber da war es eigentlich schon fünf Minuten nach zwölf.

Nicht nur die Furcht, sondern der Enthusiasmus und die Resignation gibt den Diktaturen ihre Macht. Jedenfalls konnte sich das Dritte Reich ohne weiteres leisten, vom »Freiheitskampf des deutschen Volkes« zu sprechen, das Volk das Lied singen zu lassen: »Nur der Freiheit gehört unser Leben«, dessen Text überdies offensichtlich von einer der deutschen Sprache nicht mächtigen Person gefertigt worden war (»einer stehet dem andern daneben…«). Es war möglich, den Refrain des hundertfach im Rundfunk vorgetragenen Liedes über den Ostkrieg wie folgt zu formulieren: »Freiheit das Ziel, Sieg das Panier, Führer befiehl, wir folgen Dir.«

Vielleicht helfen uns solche Hinweise, daß wir uns in der Demokratie wieder wohlfühlen, weil wir erkennen, daß dort das Vaterland wirklich das Volk ist und daß dort der Mensch nicht, wie in der Diktatur, seine Moral und seine Rechte von den Sternen holen muß, sondern daß er sie bei der Regierung, bei der Verwaltung, gegebenenfalls auch erst bei Gericht vorfindet.

Häusliche Verhältnisse

Meine Eltern führten eine ausgesprochen gute Ehe. Mein Vater gab meiner Mutter ein Haushaltsgeld, das er auch aufbesserte, wenn dies nach ihrer Auffassung notwendig war. Über Geld haben sich meine Eltern nie gestritten, und auch über andere Dinge selten und wenn, nur maßvoll.

Meinem Vater oblag auch die Einkommensteuererklärung, in welcher er seine Einkünfte aus schriftstellerischer Tätigkeit angeben mußte. Dies geschah mit einer gewissen Zurückhaltung. Sogar während der Bewegungskämpfe in Afrika füllte er die Steuererklärungen selbst aus. Einen Steuerberater hatten wir nicht. Die Steuererklärungen waren falsch, aber gut gemeint. Ich habe sie als Amtschef im baden-württembergischen Finanzministerium gesehen. Er hat ihm zugeflossenes Einkommen nur insoweit angegeben, als ihm dieses günstig erschien, offensichtlich aber in der Absicht, die verschwiegenen Beträge bei künftigen Erklärungen zu offenbaren, im Interesse einer Minimierung der Steuerlast und einer Optimierung der Nettoeinkünfte. Aber wer hätte damals schon an einer Steuererklärung gezweifelt, die unterschrieben war: »Rommel, Generaloberst«.

Erst mit Ausbruch des Zweiten Weltkrieges sah mein Vater die Notwendigkeit ein, meiner Mutter das Verfügungsrecht über Konten und Depot einzuräumen. Sie hatte den Auftrag, auf keinen Fall Aktien anzukaufen, sondern mündelsichere Papiere. Meine Mutter investierte aber auch in Sachwerte, vor allem in solche, die sie zur Ausschmückung und Ausfüllung unserer Wohnung verwendete wie Teppiche, Möbel, Porzellan, Gläser, freilich nicht in der oberen Preisklasse. Mein Vater wurde hierdurch verunsichert. Er erklärte, er würde am liebsten in einer Wohnung leben, die man morgens mit dem Schlauch abspritzen könnte. Gelegentlich fragte er mich bei der Durchreise: »Manfred, ist die Kommode da drüben neu, oder haben wir die schon gehabt?« Ich war hocherfreut und fühlte mich geehrt, von ihm ins Vertrauen gezogen zu werden. Auf meinen Versuch, ihm einen einigermaßen umfassenden Bericht über die kürzlich getätigten Anschaffungen zu geben, antwortete er, daß man den ganzen »Gruscht« nicht brauche, weil er nur belaste, verschonte aber meine Mutter mit solchen Äußerungen, um sie nicht zu betrüben.

Das Glanzstück unserer Möbel war ein von meinem Vater geerbter Biedermeiersekretär. Die übrigen Möbel hatten meine Eltern teils von der Verwandtschaft bekommen, teils im Laufe der Zeit gekauft. Es gab einen kleinen Schreibtisch, den mein Vater in seiner Leutnantszeit selber hergestellt hatte. So sah er auch aus. Mit dieser Bemerkung möchte ich seine handwerklichen Fähigkeiten nicht schmälern. Sie waren umfassend und beachtlich. Aber seine Bemühungen zielten doch mehr auf das Zweckmäßige ab als auf das Schöne. Das Bestreben, sich mit Dingen zu umgeben, die er für schön hielt, hatte er nicht. Er fürchtete vielmehr, etwas könnte kaputt gehen. So beschäftigte ihn 1944 in seinem Hauptquartier in La Roche Guyon, ob nicht bei einem alliierten Bombenangriff die Gobelins zerstört werden könnten. In Wiener Neustadt drängte er 1943 darauf, daß die Glasfenster aus der Georgskapelle der Wiener Neustädter Burg entfernt würden, um sie vor der Zerstörung zu retten.

Schiller, Goethe und die literarische Unmoral

In der mittleren Schublade seines Schreibtisches bewahrte mein Vater allerlei persönliche Papiere auf. Er brauchte nur die Schublade durchzuwühlen und fand alles wieder, weil er sicher sein konnte, es dorthin und an keinen anderen Platz gelegt zu haben.

Man kann nicht sagen, daß wir einen größeren Buchbestand besessen hätten. Eine Bibel, zwei Gesangbücher. Ein englisches, ein französisches, ein lateinisches und ein italienisches Wörterbuch, einen Brockhaus mit vier Bänden. Einige Klassiker: Goethe, Schiller natürlich, vor allem dessen Gedichte wiesen deutliche Lesespuren auf. Sogar Wielands Abderiten hatten ihren Weg in diesen Bücherschrank gefunden. Dort gab es viele militärische Bücher, auch moderne. Hitlers »Mein Kampf« mit Widmung stand ebenfalls dort. Mein Vater hatte das Buch (oder waren es zwei?) 1941 von Hitler bekommen. Ich glaube nicht, daß er in »Mein Kampf« jemals auch nur hineingeschaut hat. Der einzige in der Familie, der einen Versuch unternommen hat, das Werk des Führers zu lesen, war ich. Ich verstand nichts und fand es wenig unterhaltend.

In diesem Bücherschrank gab es auch noch eine vierbändige Weltgeschichte von Professor Jäger, reich bebildert, aus der mir mein Vater vor dem Krieg gelegentlich vorlas und den Text durch ergänzende Anmerkungen bereicherte. Diese waren oft sehr bildhaft, zum Beispiel, wenn er schilderte, wie früher die Regimenter mit klingendem Spiel zum Angriff antraten und nach den ersten Salven der Verteidiger nur noch zwei Trommler und ein Flötenspieler übrig blieben. Es leuchtete mir ein, daß diese Art der Kriegführung ziemlich einfallslos war. Weniger unterhaltsam war es, wenn er auf Geschichtszahlen, besonders auf die Abfolge der deutschen Kaiser und Fürstengeschlechter zu sprechen kam. Er konnte nämlich die wichtigsten Zahlen aus der Geschichte auswendig, vor allem die Zeiträume, in denen die deutschen Kaiser regiert hatten, und er ordnete in dieses Zahlengerüst alles ein, was er las und hörte. So fühlte ich mich, wie auch in der Mathematik, von der fachlichen Kompetenz meines Vaters geradezu erschlagen.

Mein Verhältnis zur Geschichte war ohnehin gestört. In Potsdam hatte ich einen soliden preußischen Geschichtsunterricht gehabt, der mich von der Richtigkeit der preußischen Sache überzeugt hatte. Ob der alte Fritz, ob von Moltke, ob Bismarck, die Preußen hatten einfach recht in ihrem Kampf gegen Österreich mit seinen Hilfsvölkern. Später mußte ich in der Wiener Neustädter Schule, wo mein Vater 1938 nach dem deutschen Einmarsch Kommandeur der berühmten, zur »Kriegsschule Wiener Neustadt« umbenannten »Theresianischen Militärakademie« wurde, all die Schlachten auf der anderen Seite mitmachen. Man freute sich dort, wenn Fritz verlor und Österreich siegte. Überhaupt hatte der Alte Fritz hier keinen so guten Ruf, wie ich das aus dem preußischen Schulunterricht gewöhnt war. Man war betrübt über die Niederlage von Königgrätz. Unser Lehrer sagte mit bewegter Stimme: »Und dann sind unsere Soldaten dagelegen, mit ihren weißen Uniformen, als ob frischer Schnee gefallen wäre.« Sogar ich war ergriffen, aber nach wie vor auf preußischer Seite.

Dann mußte ich aber auch noch von meiner Tante erfahren, daß Württemberg 1866 auf österreichischer Seite gekämpft und ebenfalls verloren hatte. Auch mit dem großen Friedrich von Preußen habe es Probleme gegeben, während Napoleon die Württemberger zum Sieg geführt hatte. In der Tat hatte mein Vater in seinem Arbeitszimmer zwei Kupferstiche, die den Franzosenkaiser zeigten, einmal inmitten seiner Garden (Ils grognaient mais le suivaient partout) und zum anderen auf St. Helena, mit berechtigtem Mißmut das Meer betrachtend, das ihn von Frankreich fernhielt.

Als ich noch klein war, erzählte mein Vater gerne vom französischen Kaiser, wobei sich Dichtung und Wahrheit vermischten. Besonders der Rückzug über die Beresina hatte es ihm angetan. Nur wenige von den 14000 Württembergern, die mit Napoleon nach Rußland gezogen waren, seien zurückgekommen. Unter denen, die in Rußland geblieben waren, sei auch ein Verwandter gewesen, der sich die Taschen mit russischem Gold gefüllt hätte und den dann, als er die Beresina durchschwimmen wollte, seine Beute in die Tiefe gezogen hätte. So geht es einem, der fremdes Gut an sich nimmt.

Mein Einsatz für Preußen in der Wiener Neustädter Schule in Verbindung mit meiner noch immer preußisch klingenden, sich nur langsam ins Süddeutsche umfärbenden Aussprache trug mir eines der schlimmsten Schimpfworte ein, über die ein Österreicher in seinem Sprachschatz verfügt. Dieses Wort lautet: Piefke. Ich entschloß mich deshalb, dem Überleben Vorrang vor der Gesinnung einzuräumen, nicht mehr über den preußischen Sieg von Königgrätz zu triumphieren und den niederösterreichischen Dialekt zu erlernen. Letzeres gelang mir. Nach fünf Jahren war ich fast perfekt und wurde nicht mehr als Piefke erkannt und angesprochen.

Die geballte österreichische Militärtradition, welche die Wiener Neustädter Burg verkörperte, hat mich tief beeindruckt. Zunächst bewohnten wir in der Burg die sogenannte Kommandantenwohnung. Auf dem Weg zur Schule mußte ich lange Gänge durchschreiten, an deren Wänden dichtgedrängt Gemälde von Rittern des Maria-Theresien-Ordens hingen. Die Ritter betrachteten mich finster und kritisch. Feldmarschall Radetzky blickte auch nicht gerade freundlich von einem großen Gemälde herunter. »Wer will mit uns nach Italien ziehen, Radetzky kommandiert, ja da heißt es avancieren, den Mut nicht zu verlieren, legt's an, gebt's Feuer und ladet's schnell, bleibt ein jeder auf seiner Stell. Wenn im Felde die Kanone kracht, das Herz im Leibe lacht« usw.

Und draußen auf dem Hof lauerte auf mich die reale Gefahr, der Bernhardiner, der mich bedrohte und verfolgte. Was würde der tote Feldmarschall Radetzky und die ebenfalls toten Theresienritter von mir denken, wenn sie sehen könnten, wie ich vor dem Hunde floh, wo sie selber doch den Kanonen und Flinten des Feindes mutig entgegenmarschiert sind.

Offiziersfamilien unter sich

Dennoch fühlte ich mich in Wiener Neustadt ausgesprochen wohl. Wir zogen bald aus der alten Burg in eine neu gebaute Kommandeursvilla um. In Dresden und Potsdam hatten meine Eltern in Offizierssiedlungen gewohnt. Ihr gesellschaftlicher Umgang beschränkte sich weithin auf andere Offiziere und deren Gattinnen und meiner – außerhalb der Schule – auf Offizierskinder. Was einer wußte, wußten alle.

Ich hatte einmal zu Hause aufgeschnappt, daß ein früherer preußischer Heerführer die Kriegsschule Potsdam besucht hatte und dort von meinem Vater herumgeführt worden war. Als der alte Herr hörte, daß es in den Waschräumen der Fahnenjunker auch warmes Wasser gab, wurde er sehr ungehalten und erklärte: »Wenn diese Armee sich so verwöhnt, dann wird sie im nächsten Krieg untergehen.« Das ist sie ja dann auch, aber nicht wegen des warmen Wassers.

Ich meinte damals, daß eine so wichtige Information es verdiente, verbreitet zu werden, und teilte sie meinen Spielkameraden mit. Schon wenige Tage später hörte mein Vater hiervon und entschloß sich angesichts meiner mangelnden Eignung als Geheimnisträger, nichts derartiges mehr in meiner Anwesenheit zu erzählen.

Die Menschen, die in diesen Siedlungen wohnten, hingen zusammen und hielten zusammen. Sie waren alle ordentlich. Sie lebten freilich auch etwas isoliert von der zivilen Gesellschaft. Sie luden sich gegenseitig ein. Auch wir hatten immer mal wieder Gäste zum Abendessen.

Nach meinem damaligen Eindruck redeten bei gesellschaftlichen Ereignissen die Herren gerne über Personalfragen: »Was macht eigentlich Schulze?« »Der Kavallerist?« – »Nee, der Infanterist.« So konnte das stundenlang gehen. Für den Außenstehenden ist das langweilig. Die Damen sprachen über neue Bücher, die man lesen müsse, oder über Mode und Kindererziehung. Einige der Damen hatten den Ruf, energischer zu sein als der uniformierte Gatte. Man bezeichnete solche Damen als »Kommandeusen«. Über sie sprach man nur, wenn sie abwesend und auch die Herren nicht da waren, welche solche Äußerungen über einen Kameraden nicht gern hörten.

Auch Geschichten erzählte man sich oder Witze. Die Militärwitze sind weithin Selbstverspottungen. Zum Beispiel: Zwei Leutnants treffen sich. Der eine sagt: »Jestern abend im Kasino jewesen. Toll jewesen. Kommt der Leutnant von Ravenstein, brüllt die ganze Korona: Morgen, Herr Oberleutnant. Kommt Oberleutnant von Zitzewitz, ruft die ganze Korona: Morgen, Herr Hauptmann, und so jagte ein doller Witz den anderen!« Meine Eltern erzählten gerne von einem Regimentskameraden, der so ordentlich und organisiert war, daß er die Briketts im Keller in quadratischen Stapeln aufschichten ließ, um den Verbrauch planen und kontrollieren zu können. Er hätte sogar mit seiner Familie »Mobilmachung« geübt, hätte seine Koffer gepackt, sei zum Bahnhof gegangen und hätte dort erklärt: »Übung beendet!«

Mein Vater als militärischer Lehrer

Als Infanterielehrer an der Kriegsschule in Dresden und als Lehrgruppenchef an der Kriegsschule Potsdam war mein Vater von dem Gedanken beseelt, Fahnenjunker und Fähnriche die Kriegskunst möglichst wirklichkeitsnah zu lehren und ihnen vor allem beizubringen, daß es nicht genüge, sich Theorien geistig einzuverleiben, sondern daß man die Fähigkeit erwerben müsse, aus der Praxis neue Theorien und aus den Theorien neue Praxis zu machen. Denn die Verhältnisse änderten sich so schnell und tiefgreifend, daß die Theorien rasch veralteten. Was bleibe, sei das Gelände. In seinem Taktikunterricht wollte er den Sinn dafür wecken, daß der Infanterist genau die Geländeform kennen müsse, um aus ihr taktischen Nutzen zu ziehen. Er wäre sicherlich über die heutigen Möglichkeiten der EDV begeistert gewesen, Geländeformen zu erfassen und wiederzugeben und Bewegungsabläufe darzustellen.

Damals aber blieb ihm nichts anderes übrig als das, was er sagen wollte, in Hunderten von Skizzen niederzulegen. Diese zeichnete er zu Hause. Sie wurden bei seinen Vorträgen an einen Schirm projiziert. Deshalb mußte der Hörsaal verdunkelt werden. Die Dunkelheit nutzten einige Offiziersanwärter für einen Schlummer, was nahelag, weil mein Vater früh am Morgen mit seinen pädagogischen Unternehmungen zu beginnen pflegte. Er reagierte auf dieses Fehlverhalten dadurch, daß er plötzlich das Licht anschalten und den Befehl niederschreiben ließ, den der Einheitsführer bei dem erreichten Stand der Lage erteilen mußte. Die Ausarbeitungen einzelner Schläfer las er dann vor und erklärte: »Sie hätten die Truppe in den sicheren Tod geführt.«

Besondere Bemühungen meines Vaters galten der Einübung in den Winterkrieg. Er hatte im ersten Weltkrieg am eigenen Leibe erlebt, daß der beliebte Spruch »Bei schlechtem Wetter findet der Krieg im Saale statt« keine reale Grundlage hat. Als Bataillonskommandeur in Goslar setzte er sogar eine Nachtübung mitten im Winter an. Er marschierte mit, hörte aber im Dunkeln, wie man mächtig über ihn schimpfte. Niemand ahnte damals, daß neun Jahre später Hitler und das OKW das deutsche Heer ohne jede Ausrüstung in den russischen Winter schicken würde.

In Wiener Neustadt waren die Verhältnisse anders als in Deutschland. Hier stellte sich eindrucksvoll die ehrwürdige Militärtradition des alten Österreich dar. Den Kern der Schule bildete die alte, mächtige Babenbergerburg, immer wieder erneuert und ergänzt, voller Erinnerungsstücke an das alte Österreich und seine Kriege gegen Preußen, Italiener, Franzosen, Serben, Türken und mit dem Grab Kaiser Maximilians, des »letzten Ritters«. Die Burg stand zusammen mit einigen Lehr- und Verwaltungsgebäuden in einem großen, mit Mauern umschlossenen Gelände, das auch einen etwas verwilderten Park enthielt.

Das Gelände war groß genug, daß in ihm gejagt werden konnte,

Manfred im Alter von zwölf Jahren.

Manfred mit seinen Eltern 1941 in Wiener Neustadt.

und zwar auf Fasanen, Hasen, Kaninchen und Rebhühner. Das freute meinen Vater sehr, und er machte von dieser Möglichkeit so oft es ging Gebrauch.

In äußerst kurzer Frist baute die Wehrmacht an Stelle der alten Gebäude neue. Nur die Burg blieb ungeschoren. Für die Offiziers- und Unteroffiziersfamilien wurden neue Wohnungen errichtet, zum Teil innerhalb des ummauerten Gebietes, zum Teil außerhalb, und für meine Eltern im Park die sogenannte Kommandeursvilla, in die sie noch vor Kriegsbeginn einzogen in der Erwartung, dort viele gemeinsame Jahre zu verbringen. Wer uns besuchen wollte und außerhalb des Militärgeländes wohnte, brauchte einen Passierschein. Dennoch freundete sich meine Mutter mit einigen Familien aus der Stadt an. Mein Vater veranstaltete noch ein großes Fest, bei dem der sogenannte Pionierteich illuminiert wurde. Er ließ sich für dieses Fest eine weiße Uniformjacke herstellen, die er danach nie mehr getragen hat. Diese Jacke schmückte noch meine Mutter und sogar meine Frau, als uniformähnliche Kleidungsstücke in den achtziger Jahren Mode wurden.

Mein Vater kam mit den österreichischen Offizieren recht gut aus. Hierzu trug bei, daß er Schwabe war und im Ersten Weltkrieg im Herbst 1917 am Durchbruch durch die italienische Isonzofront mitgewirkt und dafür den Pour le Mérite erhalten hatte, den höchsten preußischen Kriegsorden und das deutsche Gegenstück zum Theresienkreuz. Dennoch wurde er gelegentlich für einen Preußen gehalten, weil er sich, wie viele württembergische Offiziere, im täglichen Umgang bemühte, hochdeutsch zu sprechen, und sein schwäbisches Wesen nur bei Gefühlsausbrüchen zum Durchbruch kam. Als er sich einmal die Haare schneiden ließ und sich während dieser Prozedur in seine Zeitung vertiefte, mußte er zu seiner Betrübnis feststellen, daß seine Haare eine bürstenähnliche Gestalt bekommen hatten. Der Friseur glaubte, daß das den Preußen gefiel.

Im übrigen nahmen die österreichischen Offiziere, deren militärische Qualifikation mein Vater hoch schätzte, alles etwas praktischer und leichter. Es kam sogar vor, daß einzelne von ihnen zur Uniform einen Regenschirm trugen. Meinen Vater wird das an ein eigenes Erlebnis erinnert haben: Bei der Verfolgung der Italiener im Herbst 1917 regnete es stark. Da entdeckten Soldaten eine Schirmfabrik. Die Schirme wurden beschlagnahmt und an die Truppe verteilt. Ein deutscher General, der des Weges kam, akzeptierte diese praktische Lösung aber nicht, sondern befahl mit schneidender Stimme ihre sofortige Preisgabe, so daß die Truppe einschließlich meines Vaters ihren Regenschutz am Straßenrand zurücklassen mußte, naß wurde, aber ihr würdiges, weil unbeschirmtes Aussehen bewahrte.

Sogar das Dritte Reich wurde in Wiener Neustadt leichter aufgenommen. »Gschamster Diener und viele Heil Hitler der Gnädigsten«, konnte man gelegentlich hören.

Erziehungsversuche meines Vaters

Von mir war mein Vater von frühester Jugend an begeistert, was ich mir nicht recht erklären kann. Mit einigen Vorbehalten galt dies auch für meine Mutter, aber für meinen Vater uneingeschränkt. Er fotografierte mich in allen Lebenslagen – auf dem Nachttopf sitzend, an der Schultafel – und zeigte diese Bilder herum. Besonders vertrauenswürdige Offiziere und Mannschaften durften mich als Kleinkind im Arm halten, und mein Vater ging – wohl fälschlich – davon aus, daß sie das als Ehre betrachteten. Als ich mir als dreijähriger Bub angewöhnte, mit zwei Stöcken herumzulaufen, dabei mit dem ersten andere Kinder zu schlagen und mit dem zweiten ihnen auf die Finger zu klopfen, falls sie den ersten Stock festhielten, betrachtete er dieses unfreundliche Betragen als Hinweis auf taktische Begabung, die nur von ihm ererbt sein könnte. Schließlich schlug mir ein anderer Knabe mit einer Kinderschaufel auf den Kopf, so daß ich genäht werden mußte.

Mein Vater hat mich freilich nie ermutigt, Soldat zu werden, sondern mir vielmehr nahegelegt, einen anderen Beruf anzustreben, am liebsten den Arztberuf. Wahrscheinlich spielte dabei eine Rolle, daß ich lispelte und mein Vater mir ersparen wollte, als

Lispler kommandieren zu müssen: »Dritter Zug, stillgestanden.« Gewisse Zischlaute lassen sich auch beim Militär nicht vermeiden. Im September 1944, wenige Wochen vor seinem Tod, erzählte ich ihm, um ihn aufzuheitern, daß wir einem besonders scharfen Unteroffizier in das morgendliche Waschwasser gepinkelt und uns sehr gefreut hätten, wenn er sich in diesem Wasser wusch. Mein Vater lachte, bemerkte aber, er könne nicht verstehen, weshalb ich, der sich über jeden Vorgesetzten belustige, ausgerechnet Berufsoffizier werden wolle.

Mein Lispeln hat mich übrigens nie gestört. Wer mich nachmachte oder verspottete, verfiel meiner Rache, und zwar dann, wenn er das nicht vermutete. Ein Studienkollege, der es nicht lassen konnte, mich nachzuahmen, hatte besonders große Füße und Schuhe. Ich steckte Watte ins Innere seiner Schuhspitzen und versetzte ihn in den Glauben, daß seine Füße immer noch wüchsen. Das machte ihn sehr besorgt.

Mein Vater strebte an, mich zu einem Mathematiker, einem Sportsmann und einem mutigen Menschen zu erziehen. Auf allen drei Gebieten waren seine Erfolge mäßig. Als ich kaum laufen konnte, kaufte er mir ein paar Schi. Das Schifahren klappte nicht, aber er ließ nicht locker. Er wartete ein paar Jahre, kaufte mir längere Schi und übte mit mir an einem Hang mit einer sanften Mulde. Zuerst ließ er mich einmal durch diese Mulde fahren. Es schlug mich kräftig in den Schnee. Dann erklärte er mir, daß man durch eine solche Mulde leicht fahren könne, wenn man das Gewicht von einem auf den anderen Schi verlagerte. Ich probierte es noch einmal, mit gleichem Ergebnis. Mein Vater machte es mir vor. Ich lernte es nicht. Die Gewichtsverlagerung nützte ihm, mir aber nicht. Ich fing mit ihm zu streiten an und erklärte, ich machte genau, was er sage, aber es bringe nichts. Er bezweifelte dieses. Schließlich gab er auf. Er war im übrigen nicht nachtragend. Schmollende und zürnende Menschen regten ihn auf. Er selber gehörte nicht zu dieser Gattung.

Ein besonders betrübliches Erlebnis hatte er mit mir, als er versuchte, mir auf dem Gelände der Kriegsschule Potsdam das Reiten beizubringen. Ich war acht Jahre alt, meine Füße reichten nicht hinunter in die Steigbügel, sondern nur in die Lederschlaufen, in welche die Steigbügel eingehängt waren. Trotzdem entschloß sich mein Vater, mich zum Kavalleristen zu machen. Er hatte ein Dienstpferd und ein Privatpferd. Das Dienstpferd hieß »Irma«. Es war schön, galt aber als heimtückisch. Es hieß, es hätte einmal einen General abgeworfen, worauf es zum Pferde eines Oberstleutnants, nämlich meines Vaters, degradiert worden sei. Das Privatpferd hieß »Immertreu«, ein Name, der sein Wesen wiedergab, denn es blieb sofort stehen, wenn sein Reiter den Laut »Brr« ausstieß. Zuerst wurde mir »Immertreu« zugewiesen. Da ich, wenn mein Vater mit der Zunge schnalzte und die Pferde zu galoppieren begannen, regelmäßig hinunterfiel, beantwortete ich seinen Schnalzlaut mit »Brr«. »Immertreu« gehorchte mir.

Eines Tages meinte mein Vater, ich könnte nunmehr, vom Galopp abgesehen, so gut reiten, daß man mich auf die »Irma« setzen könnte. Er sagte mir, daß dies eine Ehre sei, was mich nicht recht überzeugte, denn ich hatte von »Irmas« Charakter die allerschlechteste Meinung. Meine Mutter teilte diese Ansicht, weil »Irma«, sobald meine Mutter im Pferdestall hinter ihr stand, schnaubte, mit den Hufen zuckte und offensichtlich darüber nachdachte, wie sie ihr einen ordentlichen Tritt versetzen könnte. Wenn man »Irma« ein Zuckerstück gab, schnappte sie so zu, daß man um seine Finger fürchten mußte. Dennoch bestand mein Vater auf dieser Geste. »Irma« sollte von den Zuckerspendern eine gute Meinung bekommen.

Ich wußte, daß »Irma« auf mein bewährtes »Brr« hin nicht stehenbleiben würde. Aber ich ergab mich in mein Los, als Sohn eines mutigen Mannes selber mutig sein zu müssen. Daß ich auf ihr saß, gefiel »Irma« nicht. Sie sprang hoch wie ein Ziegenbock, aber ich hielt mich am Sattel fest, vorsorglich »Brr« rufend. Das ärgerte sie noch mehr. Sie raste los, immer wieder in die Luft hüpfend. Schließlich fiel ich herunter, blieb aber mit dem Fuß in der Schlaufe hängen. »Irma« wollte mich vollends los bekommen und trat nach mir. Sie streifte mich an der Stirn, worauf ich zu bluten anfing wie ein frisch geschlachtetes Schwein. Inzwischen war mein Vater da, hielt Irma fest, man befreite mich aus der Schlaufe und richtete mich auf. Ich wurde sofort in das Krankenrevier der Kriegsschule gebracht. Nie wieder habe ich meinen Vater so konsterniert, beinahe fassungslos, erlebt wie damals. Er war so verwirrt, daß er mir fünf Mark schenkte als eine Art Schweigegeld.

Nachdem das Blut abgewaschen war, stellte sich heraus, daß die Verletzung nicht so schlimm war. Die Wunde wurde mit Jod ausgewaschen. Ich erhob noch einmal lautes Geschrei. Mein Vater hatte sich wieder gefaßt und war zur Erkenntnis gelangt, daß die Herausgabe der fünf Mark ein Fehler gewesen war und daß soviel Geld in der Hand eines jungen Menschen eigentlich nicht zu verantworten wäre. Er machte mir deshalb den Vorschlag, ihm die fünf Mark wieder zurückzugeben. Er würde fünf Mark dazu legen und beides auf mein Sparkonto einzahlen. Doch damals gab ich dem Besitz liquider Mittel Vorrang vor der Akkumulation von Vermögen. Ich lehnte seine Vorschläge ab, und das Geld wurde binnen kurzer Zeit für Bonbons und ähnliches ausgegeben. Mein Vater veranlaßte mich noch, »Irma« einen Zucker zu geben – weshalb, weiß ich auch nicht (wahrscheinlich als Lohn dafür, daß sie mich nicht umgebracht hatte). Aber er versuchte nie wieder, mich dem Reitsport näherzubringen, was langfristig dem Tierschutz diente. Denn mein Körpergewicht entwickelte sich in reiferen Jahren so, daß mich kein Pferd gerne getragen hätte.

Kurze Zeit nach meinem Mißerfolg als Reiter scheiterte ich auch als Kunstspringer am Drei-Meter-Brett. Der Ort dieser Niederlage von Vater und Sohn war das Schwimmbad der Kriegsschule Potsdam. Ich paddelte, zur Sicherheit von einem aufgeblasenen Gummischlauch umhüllt, herum und sprang gelegentlich auch vom Ein-Meter-Brett ins Wasser. Mein Vater, der mich abholen wollte, sah dies mit Vergnügen und fragte mich, ob ich mich auch traute, vom Drei-Meter-Brett herunterzuspringen. Ich bejahte dies und kletterte mit meinem Gummischlauch die Leiter hinauf.

Von oben sah das Unternehmen aber weitaus unfreundlicher

aus als von unten. Ich begann Gegenargumente zu äußern. Mein Vater, welcher der Meinung war, daß Angst dazu da sei, um überwunden zu werden, und daß der Mutige weniger Gefahren ausgesetzt sei als der Ängstliche, erklärte: »Spring. Dir kann gar nichts passieren. Wir holen dich heraus, wenn es nötig ist.« Dies gab mir die rettende Idee. Ich sagte ihm, daß er mit seinen Stiefeln nicht schwimmen könne und daß er zuerst die Stiefel ausziehen solle, bevor ich mich in eine solche Gefahr stürze. Er wollte sich aber nicht lächerlich machen und lehnte ab. Die übrigen Herren, die sich anboten, mich notfalls zu retten, akzeptierte ich nicht. Ich trat im Krebsgang den Rückmarsch an und fuhr mit meinem Vater heim, der kein Wort mehr über diese Begebenheit verlor. In reiferem Alter erkannte ich, daß manchmal mehr Mut dazu gehört, sich nicht zu trauen, als sich zu trauen.

Schule und Elternhaus

In der preußischen Grundschule war ich bald recht erfolgreich. Die Angst vor den durchaus den Rohrstock einsetzenden Lehrern war weitaus größer als die Unlust an der Bildung. Ich wurde von der zweiten gleich in die vierte Klasse versetzt und außerdem für die NS-Eliteschule ausgewählt, die sogenannte *Napola*. Meine Eltern wollten mich aber zu Hause behalten und lehnten es ab, mich der Eliteschule auszuliefern. Dafür war ich ihnen dankbar.

Meine Mutter kümmerte sich darum, daß ich meine Schularbeiten machte. Meinem Vater war das ziemlich egal. Nur auf besondere Aufforderung meiner Mutter wurde er gelegentlich tätig, hielt mich davon ab zu verschwinden und veranlaßte mich durch das damals übliche »Wird's bald« zur sofortigen Inangriffnahme meiner Schularbeiten. Bleibende Verdienste hat er sich freilich um meine Bildung erworben, als ich mich gleich zu Beginn meines Aufenthalts in der Grundschule weigerte, das Lesen und das Schreiben zu erlernen. Mit einer Lautstärke, die ein Bataillon in Bewegung versetzt hätte, klärte er mich über die Nützlichkeit dieser Künste auf, so daß ich ohne weiteren Widerstand meine Schiefertafel mit den seltsamen Zeichen der Sütterlinschrift bemalte.

Als meine Eltern entdeckten, daß ich kurzsichtig war, erklärte mein Vater sofort meine unzulänglichen schulischen Leistungen damit, daß ich nicht lesen könnte, was auf der Tafel geschrieben stand. Ich bekam eine Brille verpaßt, aber die Hoffnung, daß mit verbesserter Sehkraft meine Leistungskurve steil nach oben stiege, erfüllte sich nicht. Der Grund hierfür lag in meiner unglaublichen Faulheit und darin, daß ich meinte, als Generalssohn bei den Mitschülern nur durch unverschämtes und flegelhaftes Betragen gegenüber der Lehrerschaft Ansehen erwerben zu können. Meine Mutter bekam mehrmals blaue Briefe von der Schule, die ankündigten, daß meine Versetzung gefährdet sei. Dann raffte ich mich immer wieder auf, lieh mir bei Klassenkameraden die Hefte aus, die ich selbst zu führen unterlassen hatte, und arbeitete gerade soviel, daß ich mit knapper Not die nächste Klasse erreichte.

Im Kriege wollte mein Vater bei seinen kurzen Aufenthalten in Wiener Neustadt nichts von meinen Schulproblemen wissen. Als meine Mutter einmal versuchte, ihm diese nahezubringen, sagte er mir: »Manfred, wenn du das Abitur nicht schaffst, dann wirst du halt Unteroffizier. Dort braucht man auch gescheite Leute.« Er verhielt sich zu mir eher wie ein Freund, ermutigte mehr, als daß er drohte. Und er zeigte Verständnis. Offensichtlich wollte er seinen Sohn freiheitlicher erziehen, als er von seinem eigenen Vater erzogen wurde. Er sprach verhältnismäßig oft über seine Jugend, über seine Mutter, die er liebte und hoch verehrte, aber auch über seinen Vater, den er zwar respektierte, für den er aber keine besonders warmen Gefühle hegte. Er sprach davon, daß das Leben sehr betrüblich sein könne, daß man frühzeitig lernen müsse, die Zähne zusammenzubeißen, daß die Devise gelte, gelobt sei, was hart macht, daß man nach vorne blicken und die Vergangenheit hinter sich lassen müsse. Aber er versuchte in der Regel nicht, die Beachtung dieser harten Prinzipien durchzusetzen.

Wenn man seine Zeit und seinen Beruf in Rechnung stellt, war er ungewöhnlich tolerant.

Mein Vater besaß zwar eine Geige und spielte auch auf ihr zu Weihnachten, aber seine Begabung lag auf anderen Gebieten. Ganz im Gegensatz zu seiner Schwester und meiner Tante Helene, die eine Kennerin und Verehrerin von Richard Wagner war, hatte er gegen diesen eine große Abneigung. Offenbar nährte sich diese aus der Erinnerung an eine Aufführung von »Tristan und Isolde«, die bekanntlich lange dauert und die weite Passagen enthält, in denen das bereits Gesagte ständig wiederholt wird. Auch stirbt Tristan ziemlich spät, nachdem er durch bewegungsloses Verhalten in den an einem raschen Opernende Interessierten die Hoffnung erweckt hatte, er sei schon tot, leiste keine weiteren Gesangsbeiträge und sei kein Hindernis für einen baldigen Heimweg.

Der Kriegsheld

Schon von frühester Jugend an war mir klar, daß mein Vater ein Kriegsheld war und daß das blaue Malteserkreuz, der Pour le Mérite, den er zur Uniform trug, ihm einen besonderen Glanz verlieh. In Potsdam, im Alter von sieben oder acht Jahren, holte ich gelegentlich, wenn meine Eltern nicht zu Hause waren, meines Vaters Orden aus dem Schrank, legte ihn an, setzte seinen Stahlhelm auf und betrachtete mich im Spiegel. Sehr beeindruckend kann dieser Anblick nicht gewesen sein.

Mein Vater hatte aus den Kämpfen mit französischer Infanterie im Argonnerwald im Jahr 1915 eine große Narbe auf der Innenseite des Oberschenkels, die von einer Verwundung herrührte, welche ihm durch einen Querschläger beigebracht worden war und die ihm fast das Bein gekostet hätte. Diese Narbe war wirklich sehenswert, und ich empfahl einmal bei einem Sommeraufenthalt im Ostseebad Binz meinen Spielkameraden, sie sich anzuschauen. Meine Eltern waren höchst verärgert und meine Mutter versetzte mir eine Ohrfeige, welche die anderen Kinder davon abhielt, mit uns nähere Bekanntschaft schließen zu wollen.

In Dresden fuhr mein Vater oft mit dem Fahrrad zur Infanterieschule. Seinen Degen hatte er mit zwei Klammern an Vorderrad und Lenkstange befestigt. Das war praktisch. Eine besondere Würde ging von dieser Art der Fortbewegung jedoch nicht aus. Das änderte sich aber nachhaltig, als er 1933 Kommandeur des Goslarer Jägerbataillons wurde. Dieses Bataillon hatte eine lange Tradition. Es hatte während der napoleonischen Kriege unter britischer Fahne gekämpft und zur Eroberung von Gibraltar beigetragen. Wenn mein Vater hoch zu Roß an der Spitze seiner Kompanien zum Schalle der Hörner in die Stadt einzog, dann sah er einem Kriegsgott ähnlich.

Eines Tages, als ich mich gerade in einem Bach im Froschfang versuchte und dabei mehrmals ausgeglitten und in den Dreck gefallen war, wurde ich durch Militärmusik darauf aufmerksam gemacht, daß Soldaten im Anmarsch waren. Ich vermutete zu Recht, daß mein Vater bei ihnen sei, eilte ihnen entgegen und versuchte meinen Vater durch lautes Geschrei auf mich aufmerksam zu machen. Dieser beachtete mich aber kaum und ritt weiter. Ich lief dann mit dem Bataillon mit, bis ich am Kasernentor vom Posten aufgehalten wurde. Dem teilte ich mit, daß ich der Sohn des Kommandeurs sei und nicht wieder nach Hause fände. Dies versetzte den Posten in einige Verlegenheit, aber nicht lange, denn der Bursche meines Vaters erschien in Ausgehuniform, um in die Stadt zu gehen. Ihm übergab mich der Posten, und er geleitete mich, freilich in einem großen Bogen um die Innenstadt, nach Hause und lieferte mich bei meiner bereits besorgten Mutter ab. Dieser sagte er, er hätte sich geschämt, mit einem so schmutzigen Kind durch die Stadt zu gehen.

Schon als Fünfjähriger zeichnete ich mich in Goslar durch eine Heldentat aus, die, wie viele Heldentaten, zwar dem Willen entsprang, nützlich zu sein, aber auch der Unfähigkeit, die Gefahr zu erkennen. Ich spielte häufig mit einem Bergmannssohn, der etwas kleiner und noch jünger war. Im Winter begaben wir uns eines Tages auf einen zugefrorenen Teich, auf dem wir herumtrampelten. Mein Freund brach ein und brüllte wie am Spieß. Ich stellte mich an den Rand des Eises, packte ihn bei den Händen, zog ihn heraus, setzte ihn auf meinen Schlitten, weil ich gehört hatte, daß Verwundete nicht selber laufen dürften sondern transportiert werden müßten, und zog ihn nach Hause. Er fror jämmerlich, brüllte noch lauter als vorher und wollte auch laufen. Dies wußte ich zu verhindern. Schließlich kamen wir bei ihm zu Hause an, wo seine Mutter, anstatt ihn gerührt in ihre Arme zu schließen und mir dankbar die Hand zu schütteln, ihm eine Ohrfeige versetzte und mir einige unfreundliche Worte widmete.

Meine Eltern hatten bereits mit dem Mittagessen begonnen und wollten schon ihrer Verärgerung über meine Verspätung Ausdruck geben, als ich ihnen mit der Schilderung meiner Tat zuvorkam. Meine Mutter war erschüttert und malte sich aus, daß auch ich eingebrochen und ertrunken wäre. Mein Vater sagte immerhin, es verdiene Anerkennung, daß ich meinem Freund geholfen hätte, erklärte aber, daß man sich einem im Eise Eingebrochenen im Liegen nähern müsse, möglichst auf einer Leiter, die freilich in meinem Falle nicht zur Hand war. Er erzählte verschiedenen Leuten von meiner Tat und scheint auf mich stolz gewesen zu sein.

Hitler kommt nach Goslar

Der Umbruch der politischen Verhältnisse ab 1933 änderte an unserem Familienleben nichts, was mir aufgefallen wäre. Als ABC-Schütze fand ich einmal im Heizungskeller unter dem zum Anzünden bestimmten Papier die Darstellung eines gefesselten nackten Mannes, der finster auf den Boden starrte. Darunter stand nur »Versailles!«. Ich wunderte mich über dieses Wort, so wie die Sprachprüfung eines Computers sich über es wundern würde, zumal nach meinem frisch erworbenen Wissen das Wort »Seil« nicht mit »ai« sondern mit »ei« geschrieben wurde und ich eigentlich dachte, die Unterschrift wolle den armen Mann als »verseilt« bezeichnen.

Einem ähnlichen Mißverständnis unterlag ich, als meine Eltern mich zu einer patriotischen Feier mitnahmen. Auf dem Heimweg im Kreise anderer Offiziere und deren Damen gab ich meiner

Verblüffung darüber Ausdruck, daß man des verlorenen Krieges durch einen Gesang gedenke. Denn man hätte ja gesungen: »Ich hab' mich ergeben.« Diese Bemerkung erheiterte die nach Hause gehende Gesellschaft, doch nicht meine Eltern, die offenbar besorgt waren, daß weitere Ausführungen folgen könnten. Sie bedeuteten mir unfreundlich, daß kleine Kinder den Mund halten sollen, wenn Erwachsene redeten. Ich merkte dann bald, daß dieses Lied keineswegs empfahl, sich dem Feinde zu ergeben, sondern dem Land voll Lieb und Leben, dem Vaterland, das damals auf gutem Wege war, zu einem Rabenvaterland voll Haß und Tod zu werden.

1934 kam Reichskanzler Hitler nach Goslar. Mein Vater meldete ihm vor der Kaiserpfalz sein Jägerbataillon und schritt mit ihm und zahlreichen anderen Offizieren und Würdenträgern die Front ab. Ich glaube nicht, daß er mit ihm gesprochen hat. So begegnete mein Vater zum erstenmal diesen Mann, der ihn acht Jahre später wegen der Eroberung von Tobruk zum Feldmarschall ernennen und zehn Jahre später als Verschwörer töten lassen würde.

Meine Mutter und ich haben Hitler nie persönlich gesehen. Er brachte meinem Vater als hoch dekoriertem, blondem, blauäugigem, praktisch denkendem, mit taktischem Geschick und Charisma begabtem Berufsoffizier Sympathie entgegen und später sogar, angesichts seiner militärischen Leistungen, so etwas wie Bewunderung. Meinen Vater ließ das Wohlwollen dieses Mannes nicht unberührt. Er wurde 1938 von Hitler für den Mobilmachungsfall zum Kommandanten des Führerhauptquartiers berufen, dessen Aufgabe die Gewährleistung der technischen Funktionsfähigkeit des zentralen Stabes war. In dieser Eigenschaft nahm mein Vater am Polenfeldzug teil, ohne allerdings viel von den Hintergründen dieses Krieges zu wissen, denn er erfuhr erst im Herbst 1942 von einem Kundigen, daß der von Deutschland als eine der Kriegsursachen bezeichnete Überfall auf den Sender Gleiwitz nicht von polnischen Soldaten, sondern von Deutschen in polnischen Uniformen durchgeführt worden war.

Anfang 1940 erbat mein Vater ein Truppenkommando, und Hitler entschied sich, ihm die 7. Panzerdivision zu geben, obwohl er Gebirgsjäger und kein Kavallerist war. Kavalleristen wurden zur Führung von Panzerverbänden als besonders qualifiziert angesehen. Mein Vater teilte diese Ansicht nicht, hielt sich selber für genauso gut und sah einen erheblichen Unterschied zwischen einem Pferd und einem Kettenfahrzeug.

Als Befehlshaber und Oberbefehlshaber in Afrika wurde er von Hitler unterstützt. Der Chef des Generalstabs des Heeres, Generaloberst Halder, hielt hingegen von dem afrikanischen Krieg gar nichts und von meinem Vater noch weniger. Mein Vater erwiderte diese Abneigung und war fast stolz darauf, daß er sich gegen den Generalstabschef mit seiner Einschätzung der Bedeutung des afrikanischen Kriegsschauplatzes durchsetzen konnte. Halder hatte einen Schwiegersohn, Oberst Seiderer, der sowohl von ihm wie auch von meinem Vater hoch geschätzt wurde. So hatten die beiden Herren wenigstens etwas Gemeinsames.

In den fünfziger Jahren habe ich in Begleitung des britischen Militärexperten Liddell Hart Generaloberst Halder kennengelernt. Er dozierte über die Möglichkeit, Westeuropa gegen einen sowjetischen Angriff zu verteidigen, und meinte, es wäre gut, wenn ein Teil der westeuropäischen Industrie in das Zentralmassiv verlagert würde. So verstand ich ihn jedenfalls. Ich ergriff das Wort und sagte, es sei wohl nicht leicht, die Industrie an einen Standort zu verlegen, an dem es weder Kohle noch Eisen gäbe. Aber ich verstummte unter dem kritischen Blick des ehemaligen Stabschefs des Heeres.

In Afrika

Mein Vater empfand gegenüber Hitler, der sich selber 1938 zum Oberbefehlshaber der Wehrmacht und 1941 auch noch zum Oberbefehlshaber des Heeres gemacht hatte, Dankbarkeit. Diese veranlaßte ihn zunächst einmal, die Verantwortung für die nicht zu übersehenden Grausamkeiten, Härten und Mißstände eher bei den übrigen NS-Politikern als bei ihm zu suchen. Das ist ein erstaunliches Phänomen, welches allgemein in Deutschland zu beobachten war. Während des afrikanischen Feldzuges war mein Vater während der Wochen und Monate andauernden Bewegungskämpfe, aber auch während der Kampfpausen rastlos tätig. Mit Politik hat er sich gewiß nicht beschäftigt. Er sah Hitler ein paarmal im Jahr für wenige Stunden, wenn er ins Führerhauptquartier mußte. Dann wurde über militärische Fragen gesprochen.

Hitler war mit dem Verlauf des Krieges in Afrika bis zum Oktober 1942 sehr zufrieden und lobte meinen Vater über den Schellenkönig. Dies änderte sich nach der verlorenen Schlacht von El Alamein nachhaltig. Mein Vater trat entgegen einem Führerbefehl, der nach dem Muster von Stalingrad Sieg oder Tod forderte, den Rückzug an und erreichte sogar, daß Hitler diesen Befehl nachträglich wieder aufhob. Außerdem forderte er von Hitler die Aufgabe Afrikas und die Rückführung der deutschen und italienischen Truppen nach Italien. Hitler lehnte diese Vorschläge wütend ab. Mein Vater zog sich mit seiner Armee von Ägypten nach Tunis zurück, weil diese sonst von Montgomerys weit überlegener 8. Armee vollends aufgerieben worden wäre, entgegen immer wieder neuer Befehle Hitlers und Mussolinis, die jeweilige Position zu halten. Er forderte nochmals die Rückführung der deutschen und italienischen Truppen aus Afrika, weil er die weiteren Kämpfe für sinnlos und die Gefangenschaft damals für ein großes Unglück hielt. Er beauftragte aber vorsorglich meine Mutter über einen Offizier, ihm ein englisches Wörterbuch zu besorgen. Im März 1943 wurde mein Vater als Oberbefehlshaber in Afrika abgesetzt. Im Mai kapitulierte die Heeresgruppe Afrika. Kurz vor seinem Tod sagte mein Vater zu mir, Gott sei doch gescheiter als die Menschen. Er sei jetzt froh, daß die afrikanischen Truppen in britischer und amerikanischer Gefangenschaft seien. Dort seien sie wenigstens davor sicher, sinnlos verheizt zu werden.

Nach den militärischen Katastrophen von Afrika und Stalingrad hielt mein Vater einen deutschen Sieg nicht mehr für möglich. Für denkbar hielt er aber noch einen Frieden mit erträglichen Bedingungen. Offensichtlich schloß er es auch nicht aus, daß Hitler, wenn ihm die immer schlechter werdende Kriegslage ungeschminkt dargestellt würde, seine eigene Person hinter die Interessen des Volkes zurückstellen würde. Hierin täuschte er sich gründlich. Die Möglichkeit, daß Hitler das deutsche Volk in den eigenen Untergang mitzunehmen beabsichtigte, zog er wohl schon Anfang 1944 in Betracht. Im Sommer 1944 wurde sie zur Gewißheit. In der Tat hat Hitler keine Sekunde daran gedacht abzutreten.

Bei der Mobilmachung im August 1939 meinte mein Vater noch, so lange die alte Generation lebe, werde es keinen neuen Krieg geben. 1940 kam er nach dem Frankreichfeldzug nach Hause mit der Ansicht, der Frieden mit England sei eine Frage von wenigen Monaten. Er hätte im übrigen auch gerne einen Friedensschluß mit Frankreich zu fairen Bedingungen gesehen, die ein Bündnis mit Frankreich erlaubten. An dieser optimistischen Meinung änderte sich nichts bis zum Überfall auf die Sowjetunion.

Afrika war kein ungefährlicher Kriegsschauplatz, auch nicht für Generale. Neun deutsche Generale sind in Afrika gefallen. Mein Vater, der vorne führte, überstand die vielen Gefahren während der Bewegungskämpfe im Frühjahr und Sommer 1941, im Winter 1941/42 und im Sommer 1942 ohne ernsthafte Verwundung, wenn man von einem Bluterguß absieht, den ihm ein britischer Granatsplitter zugefügt hatte, der in seinem Gürtel stecken blieb. Seine Habseligkeiten hingegen wurden weithin zerstört. Ein großer Koffer, den er im Wagen mit sich führte, war Ende Mai 1942 von einem britischen Geschoß getroffen worden.

Trotz der Erfolge seiner Armee wurde mein Vater immer pessimistischer angesichts seines britischen Gegners, der an Stärke, Erfahrung und Können ständig zulegte, und angesichts des Kriegseintrittes der USA. Die Monate andauernden Kämpfe im Sommer 1942, welche die deutschen und italienischen Truppen bis nach El Alamein führten, hatten seine Gesundheit ruiniert. Er wurde mehrmals am Tage bewußtlos und fiel, wie er sagte, um wie ein Sack. Den letzten Versuch, Alexandrien und den Nil zu erreichen, unternahm er mit seiner Armee Anfang September, aber sie scheiterten wegen der Bombardierung der britischen und amerikanischen Luftwaffe, wegen der klugen Taktik Montgomerys und wegen des ausbleibenden Nachschubs an Benzin. Er sollte eigentlich die Schlacht im Liegen in einem Lastwagen führen, aber er regte sich so sehr auf, daß er sich für gesund erklärte, in seinen Schützenpanzerwagen stieg und, ohne erneut bewußtlos umzufallen, seine Truppen wieder zurückführte.

Daraufhin flog er nach Wiener Neustadt, um auf dem Semmering eine längere Kur anzutreten. Er war um Jahre gealtert, seitdem wir ihn das letzte Mal gesehen hatten, und bewegte sich schwerfällig, fast unbeholfen. Er galt nicht mehr als tropentauglich und sollte eine neue Aufgabe auf dem Kontinent erhalten. In Afrika hatte er schon einen Nachfolger, General Stumme. Wenige Wochen später, zu Beginn der Schlacht von El Alamein, verlor Stumme sein Leben, und mein Vater sollte wieder nach Afrika zurückkehren.

Aber Mitte September 1942 wurde zunächst einmal von der Reichsregierung der Sieg in Afrika gefeiert. Hitler ließ meinen Vater nach Berlin kommen, übergab ihm die Marschallstäbe, nahm ihn mit in den Sportpalast, wo er eine seiner gewaltigen Reden hielt, in deren Verlauf auch mein Vater gepriesen wurde. Ihm wurde zugejubelt. Herr und Frau Goebbels luden ihn zu sich nach Hause ein und stellten ihm stolz ihre Kinder vor, die sie nicht einmal drei Jahre später, im April 1945, in dem von sowjetischen Truppen erstürmten Berlin vergiften würden. Mein Vater wurde der Auslandspresse vorgestellt. Er sollte etwas Optimistisches sagen. Er erklärte: wir sind nicht nach Ägypten vorgedrungen, um dort stehen zu bleiben. Das hat er bald bereut. Während des Rückzuges nach der verlorenen Schlacht von El Alamein wurde nachts in der Wüste ein Film vorgeführt. Viele Soldaten, unter ihnen mein Vater, waren anwesend. Auch eine alte Wochenschau wurde gezeigt. Als darin mein Vater bei dieser Pressekonferenz in Berlin erschien und er den Vormarsch zum Nil in Aussicht stellte, erscholl ein lautes Gelächter, in welches er notgedrungen einstimmte.

Im Sommer 1943 forderte mein Vater meine Mutter auf, den Familienhaushalt nach Württemberg zu verlagern und stellte ihr für dieses Projekt, ganz gegen seine Gewohnheit, umfassende technische Hilfe durch seinen Stab in Aussicht. Wahrscheinlich sah er voraus, daß am Ende des Krieges die Russen in Wiener Neustadt sein würden oder daß Österreich wieder einen eigenen Staat bilden und die Reichsdeutschen ausweisen würde.

Seine Vorstellung, meine Mutter könnte sich gut mit einer Dreizimmerwohnung zufrieden geben, wurde von dieser nicht akzeptiert. Sie wäre ohnehin viel lieber in der Nähe von Wien geblieben, wo sie ihre Freunde und Bekannten hatte und wo sie regelmäßig Oper und Schauspiel besuchte. Schließlich wurde meinen Eltern von der Stadt Ulm ein angeblich im städtischen Eigentum stehendes Haus in Herrlingen angeboten, das früher als jüdisches Kinderheim und Altersheim gedient hatte und seit 1942 leerstand. Sie hätten besser die Finger von diesem Haus gelassen. Das Haus wurde umgebaut und angemietet. Mein Vater sollte bald darauf in diesem Haus die letzten Wochen vor seinem gewaltsamen Tod verbringen. Meine Mutter mußte dieses Haus beim Einmarsch der amerikanischen Truppen räumen.

Mit 14 Jahren Luftwaffenhelfer

Ich selber war schon Anfang 1943 zu einem Lehrgang an der Zwei-Zentimeter-Flak auf dem Übungsplatz bei Ogau am Neusiedler See einberufen worden. Das erfüllte mich mit großem Stolz, war es doch offenbar ein Zeichen dafür, daß die Gesellschaft meine Meinung, ich sei bereits erwachsen, zu teilen begann. Am ersten Wochenende bekam ich sogar Ausgang, der mich zusammen mit einigen Flaksoldaten, die mir bereits das freundschaftliche Du angeboten und mich dadurch als gleichwertig anerkannt hatten, in ein Wirtshaus führte. Dort gab es Wein, den ich nicht ablehnen konnte, ohne mich dem Verdacht auszusetzen, ich sei doch noch nicht so recht zum Manne gereift. Als ich schon ziemlich bezecht war, gab es noch einige »Stamperl« Schnaps, welche mich vollends der Fähigkeit beraubten, von meinen Beinen den rechten Gebrauch zu machen. Aber ich sollte sogleich erfahren, was echte Kameradschaft bedeutete. Meine neuen Freunde hakten mich unter und brachten mich so gekonnt durch das Lagertor, daß der Posten nichts bemerkte, steckten mich in mein Bett, deckten mich zu und stellten einen Eimer auf, dessen Nützlichkeit mir in der Nacht voll bewußt wurde.

Ich begann mich gerade an dieses schöne Leben zu gewöhnen, als ich den Befehl erhielt, mich wieder auf den Heimmarsch zu begeben. Offenbar hatte man den Jahrgang, dem ich angehörte, verwechselt und mich versehentlich für ein Jahr älter gehalten.

Ein Jahr später war es dann soweit. Mit Beginn des Jahres 1944 wurde ich, wenige Tage nach meinem 15. Geburtstag, als Luftwaffenhelfer einberufen. Ich kam zu einer Flakbatterie in Ulm, die mit russischen 3,7-cm-Geschützen ausgerüstet war. Ich muß sagen, daß ich sehr gerne Luftwaffenhelfer geworden bin und daß ich zu Tode betrübt gewesen wäre, wenn man mich als Jüngsten in meiner Klasse nicht genommen hätte. Ich war nunmehr erwachsen. Das einzige, was noch störte, war die Armbinde der Hitlerjugend, die wir Luftwaffenhelfer tragen sollten. Sie störte uns nicht aus politischen Gründen, sondern weil sie uns aus dem Kreis der Erwachsenen fortzuweisen und den Jugendlichen zuzuordnen schien. Das kam nicht in Frage. Deshalb wurde die rot-weiß leuchtende Armbinde aus Gründen der Tarnung, wie wir sagten, entfernt, damit der Feind uns nicht schon aus weiter Entfernung erkennen konnte. Unsere militärischen Vorgesetzten nahmen das in der Regel hin. Nur wenn sie uns ärgern wollten, befahlen sie, daß die Armbinde wieder angelegt werden müsse. Wir sagten dann, wir hätten sie verloren. Das löste lautstarke Beschimpfungen aus, die uns aber nicht sehr aufregten, denn wir waren schon vom Jungvolk her daran gewöhnt, dauernd angebrüllt zu werden und selber zu brüllen, wenn wir Jungenschafts-, Jungzug- oder sogar Fähnleinführer waren.

Unter den Luftwaffenhelfern entwickelte sich eine, wie man es heute nennen würde, Solidarität; damals sprach man von Kameradschaft. Sie erleichterte es, Belastungen, besonders auch die Verfolgung durch Vorgesetzte, zu ertragen. Wenn zum Beispiel »Nach rückwärts weg marsch-marsch«, oder »Kehrt marsch-marsch« befohlen wurde, durch ständiges »Hinlegen« und »Aufstehen« angereichert, oft noch durch »Gasalarm« ergänzt, dann taten wir so, als hätten wir den letzten Befehl nicht mehr gehört und rannten in einer Richtung weiter, was schließlich den Vorgesetzten zwang, hinterherzulaufen und uns zurückzuholen. Auch der Befehl, zu einem weiter entfernten Baum zu rennen und wieder zurück, verknüpft mit der Drohung, daß die letzten zwei keinen Ausgang bekämen, prallte wirkungslos an uns ab, weil wir in der Gruppe betont langsam liefen. Besondere Gelegenheit, die Vorgesetzten zu ärgern, gab der Befehl »Gasalarm«, weil dann die Brillenträger ihre normale Brille ablegen und die sogenannte Gasmaskenbrille anlegen mußten. Dies kostete Zeit. Wenn man die Gasmaskenbrille anhauchte, sah man nichts und konnte durch sinnloses Herumtaumeln den Unterhaltungswert der Veranstaltung erheblich erhöhen.

Mir ging es wie schon in der Schule: Ich konnte mir nur dadurch ein gewisses Ansehen verschaffen, daß ich kein Mustersoldat war, sondern immer wieder auffällig wurde. Zum Beispiel hatte ich eine kaputte Zweitbrille, die ich beim Exerzieren hervorzog, mit meiner intakten Brille vertauscht. Unserem Wachtmeister meldete ich, daß ich nichts mehr sähe und um die Genehmigung bitten müßte, in die Stadt gehen zu dürfen, um mir eine Brille zu besorgen. Dieser ahnte, daß hier etwas nicht stimmte, brüllte »Sie mache ich wieder sehend« und befahl mir, den Mund zu halten. Er kämpfte drei Tage mit mir, befahl mir, einen Sektor auf nicht zu erwartende Tiefflieger zu beobachten, wies meinen Hinweis, ich würde sie ohne Brille nicht sehen, brüllend zurück, befahl mir sodann, alle Stuben zu säubern, ohne meinem Hinweis, ich könnte ohne Brille den Dreck nicht sehen, weitere Beachtung zu schenken, mußte aber schließlich das unzulängliche Ergebnis meiner Bemühungen zähneknirschend hinnehmen. Schließlich ließ er mich in die Stadt ziehen, was ich zu einem Kinobesuch nutzte.

Luftwaffenhelfer Manfred Rommel 1944 in Ulm.

Ich wurde Ladekanonier beim neunten Geschütz, dessen Geschützführer Ernst Ludwig war, später Staatssekretär im Landes-Verkehrsministerium und dann Oberbürgermeister von Ulm, mein ältester Freund. Damals trennten uns freilich Welten. Ludwig gehört dem Jahrgang 1927 an und war beinahe zwei Jahre älter als ich. Er gehörte somit zu den Alten, hatte auch schon ein Dreivierteljahr länger gedient als wir, war Mannschaftsführer, der höchste Dienstgrad, den es bei den Luftwaffenhelfern gab, und verfügte über eine Art Offiziersmütze der Luftwaffe, die er aufsetzte, wenn wir in die Stadt marschierten. Sie hob ihn aus uns heraus und zeigte, daß es sich hier um einen Vorgesetzten handelte. Wir marschierten im ersten Halbjahr des Jahres 1944 jeden Morgen in die Schule nach Ulm, danach zur Donaubastion, einem alten Festungsbauwerk, wo wir unser Mittagessen einnahmen, und dann wieder zurück in die Stellung. Eine besondere Spezialität der Küche in der Donaubastion waren die sogenannten »Panzerplatten«, Fleischkuchen, deren Härte von ihrem Spitznamen zutreffend beschrieben wird.

Ernst Ludwig legte Wert darauf, daß beim Marschieren auch gesungen wurde. Dies taten wir, so gut wir es konnten. Leider spielten den Jüngeren unter uns die Nachwirkungen des Stimmbruchs manchen Streich. Einmal marschierten französische Kriegsgefangene vor uns, welche sich die Ohren zuhielten, um ihr Mißfallen an unserer musikalischen Darbietung zum Ausdruck zu bringen. Wir betrachteten dies als grobe Herabsetzung des Ansehens der deutschen Wehrmacht, gingen der Sache aber nicht weiter nach.

In der Schule wurden keine großen Anforderungen mehr gestellt. Es hieß, wer wisse, wo und wann der Führer geboren sei, der bekomme auch den sogenannten Reifevermerk, so eine Art Abiturersatz. Ich hatte mit meiner Einberufung zur Flak jede Bemühung um meine Bildung eingestellt und konnte von den Lehrern nur noch als abschreckendes Beispiel herangezogen werden. Eine Lehrerin ließ mich eine lateinische Klassenarbeit auf dem Katheder schreiben, um mich der mir sonst von Waffenkameraden geleisteten Hilfen zu berauben, und las dann unter dem Gelächter der Klasse das Ergebnis meiner Bemühungen vor, das nicht nur von Fehlern wimmelte, sondern den Sinn des zu übersetzenden Textes völlig mißverstanden hatte. Sie tat dies, um mein verstocktes Gemüt aufzuweichen. Aber ich war auch noch stolz auf mein Produkt, das meine Kameraden so sehr erheiterte.

Nach meiner Entlassung als Luftwaffenhelfer Anfang 1945 begab ich mich für wenige Tage nochmals in die Schule. In der Pause schoß ich mit einem Revolver auf eine Krähe, um den ungedienten Schülern zu imponieren. Das willkommene Ergebnis dieses Schulbesuches war in der Tat der Reifevermerk, eine schriftliche Lüge, staatlich ausgestellt und gesiegelt.

Die Diktatur gewinnt die Jugend, indem sie diese dadurch für erwachsen erklärt, daß sie diese in eine Uniform steckt und ihr einredet, sie sei die Zukunft des Vaterlands. Zunächst aber müsse sie bereit sein, den Heldentod zu sterben. Damals hieß es: »Deutschland, Du sollst leuchtend stehn, mögen wir auch untergehn.« Das wurde gesungen und auch geglaubt. Jungen Menschen fehlt es an der Phantasie. Sie fürchten den Tod nicht, weil sie sich unter ihm nichts vorstellen können.

Viele von uns haben damals gehofft, sie würden etwas erleben, zum Beispiel einen ordentlichen Jagdbomberangriff. Aber die Alliierten dachten gar nicht daran, sich freiwillig und ohne Sinn in die Reichweite unserer Geschütze zu begeben. Hoch über uns zogen ihre Bomberflotten ihre Bahn. Wir standen an den Geschützen und starrten hinauf. Nur gelegentlich kamen wir zum Schuß, einmal auf einen viermotorigen Bomber, der aber schon angeschossen war und dann abstürzte, nachdem die Besatzung mit dem Fallschirm abgesprungen war.

Ich war kein sehr überzeugender Ladekanonier. Einmal versäumte ich, durch das Geschehen abgelenkt, rechtzeitig einen neuen Streifen mit Munition hineinzuschieben, so daß das Geschütz unfreiwillig das Feuer einstellte. Meine Kameraden waren sehr enttäuscht. Aber so wurde wenigstens Munition gespart.

Kurz darauf kam es noch schlimmer. Das Geschütz ging kaputt. Der Feuerbefehl kam, aber nur ein Schuß verließ das Rohr. Ein höchst unerfreulich anzuhörendes Knirschen und Klingeln ertönte. Es stellte sich heraus, daß der Verschluß falsch eingebaut worden war. Die Gleitrollen glitten nicht in den dafür bestimmten Schienen, sondern daneben. Das hält das beste Geschütz nicht aus. Zum Glück konnte nicht geklärt werden, ob Ernst Ludwig oder ich zuletzt den Verschluß eingebaut hatte. Er behauptet heute noch, ich sei es gewesen, während ich fest an seine Täterschaft glaube. Jene, die damals den Fall untersuchten, wußten nicht, was sie sagen sollten, und stellten die Ermittlungen ein.

Dies war aber nicht mein letzter Verdruß, den ich mit diesem Geschütz hatte. Als es repariert war, betreute ich es besonders sorgfältig. Eines Tages wollte ich den Verschluß herausnehmen und bat einen frisch zu uns gekommenen Luftwaffenhelfer, eine bestimmte Operation mit dem Spannungshebel durchzuführen. Er tat aber aus Ungeschick gerade das Gegenteil, worauf mein Daumen von dem Verschluß in das Geschütz hineingezogen wurde. Zum Glück wurde ich von unserem Zugführer befreit. Aber mein Daumen war fortan ein sogenannter Schnappdaumen, der die seltsamsten Bewegungen ausführte. Zuerst war ich etwas betrübt, doch dann erkannte ich, wieviel Unterhaltungswert ich durch diesen Schnappdaumen gewonnen hatte und wieviel Freude und Heiterkeit ich durch die Vorführung des Daumens verbreiten konnte. Einige Kameraden konnten sich an ihm gar nicht satt sehen und beneideten mich regelrecht um ihn. Leider hat sich der Daumen in den letzten Jahren versteift und leistet nichts mehr, was sehenswert wäre.

Im Frühjahr 1944 übernachtete mein Vater auf dem Weg von Frankreich ins Führerhauptquartier in Herrlingen, und ich bekam für diese Nacht Urlaub. Ich nehme an, es war bei dieser Gelegenheit, daß er mich fragte: »Büble, wie geht's immer?« Ich erklärte ihm, daß ich kein »Büble« mehr sei. Das sei vorbei. Ich sei Soldat. Meinen Vorschlag, die mittlere und leichte Flak, die ohnehin kaum zum Schuß käme, aus dem Reich nach Frankreich zur Sicherung der Straßen gegen Tiefflieger zu verlegen, lehnte er ab mit dem Hinweis auf den Kindermord von Bethlehem und mit der Feststellung, daß er kein König Herodes sein wolle.

Am nächsten Morgen hatte ich einen steifen Hals. Ich meinte, mein Vater könnte mir wie früher für die Schule eine Entschuldigung schreiben, damit ich nicht sofort in die Stellung zurück müßte. Doch er erklärte, es ginge nicht um die Schule, sondern um eine Batterie. Gestern hätte ich ihm erklärt, daß ich Soldat sei, und heute wolle ich mich vor dem Dienst drücken. Das komme nicht in Frage. Er hätte schon oft einen steifen Hals gehabt, während des ganzen Ersten Weltkrieges, immer einen steifen Hals, und er habe es überlebt. Für mich komme nur eines in Betracht, nämlich der sofortige Abmarsch zum Bahnhof. Ich ging, ärgerte mich aber mächtig, besonders über die offensichtlich erfundene Geschichte vom steifen Hals im Ersten Weltkrieg. Als ich am Bahnhof ankam, war mein Hals wieder beweglich, ein Beweis, wie heilsam Ärger sein kann.

Staatsbegräbnis für einen »Verschwörer«

Am 17. Juli 1944 wurde mein Vater in der Normandie bei einem britischen Tieffliegerangriff schwer verwundet, so schwer, daß Ärzte es als ein Wunder bezeichneten, daß er überlebt hatte. Er hatte sein Leben auch Franzosen zu verdanken, die ihn zuerst versorgt hatten. Ein französischer Arzt hatte allerdings gemeint, der General werde die kommende Nacht nicht überstehen. Als das Attentat vom 20. Juli stattfand und scheiterte, war er noch bewußtlos. Noch Tage später konnte er seinen Namen nicht richtig schreiben.

Im August ließ mein Vater sich nach Herrlingen bringen. Er war in keiner guten Verfassung, litt an schweren Kopfschmerzen nach seinem vierfachen Schädelbruch. Sein rechtes Auge war noch geschlossen. Wenn er das Augenlid anhob, starrte es bewegungslos geradeaus. Er trug deshalb eine schwarze Augenklappe. Dieses Auge war sein kurzsichtiges Auge, mit dem er zu lesen pflegte. Das andere Auge war weitsichtig. Er trug deshalb nie eine Brille. Nun wurde ihm eine Brille angemessen. Diese verstärkte aber seine Kopfschmerzen derartig, daß er auf sie verzichtete. Er ließ sich vorlesen. Zu diesem Zwecke wurde ich auf seinen Wunsch hin nach Hause abkommandiert.

Trotz seiner Kopfschmerzen entwickelte er bald eine beängstigende Aktivität. Teile eines während der Kämpfe in der Normandie von einem Ordonnanzoffizier diktierten Cheftagebuchs, die kritische Äußerungen über Hitler enthielten, ließ er verbrennen und diktierte eine andere Version. Er diktierte seinem Sekretär und auch meiner Mutter. Er ließ Akten kommen. Diese und Teile der Zeitungen mußten ihm teils ich, teils sein Ordonnanzoffizier Aldinger vorlesen. Mit mir war er nur bedingt zufrieden. Ich sprach ihm zu undeutlich. Überdies erfand ich Texte, die ich, um ihn in seiner düsteren Gemütslage aufzuheitern, an passender Stelle einfügte. Seine Heiterkeit hierüber hielt sich allerdings in Grenzen. Wenn eine Passage seinen Verdacht erregte, von mir erfunden worden zu sein, prüfte er sie mit einer Lupe nach. Zum Teil stand das, was er als von mir erfunden verdächtigte, wirklich in dem Text. Er empfahl mir, Clown zu werden. Ich sagte, ich würde mir das überlegen, wenn ich mit seinem Namen werben dürfe. Das gefiel ihm.

Das Verhältnis zu meinem Vater wurde in diesen Wochen fast freundschaftlich. Wenn er nachts nicht schlafen konnte, was häufig der Fall war, unterhielt er sich stundenlang mit Aldinger oder mir. Er erzählte aus seinem Leben, das er manchmal als fast sinnlos bezeichnete. Er erklärte, er habe den Krieg im Westen beenden wollen, der sich nunmehr gegen Deutschland richte und den Russen die Eroberung Mitteleuropas ermögliche. Jeder Schuß, den wir im Westen abfeuerten, träfe uns selbst. Durch eine Kapitulation im Westen wäre mindestens erreicht worden, daß das Reich durch Einmarsch und nicht im Kampf besetzt würde. Außerdem hätten die Bombardierungen aufgehört. Er sei gegen ein Attentat auf Hitler gewesen. Der tote Hitler sei gefährlicher als der lebendige. Wenn die deutschen Truppen in Frankreich kapituliert hätten, wäre er wohl als Verräter gebrandmarkt worden, aber das hätte er in Kauf nehmen müssen. Auch 1918 sei der Krieg militärisch verloren gewesen, aber das habe man nicht wahrhaben wollen. Die Kapitulation in Frankreich wäre zum Zeitpunkt des alliierten Durchbruchs möglich gewesen. Auch die SS-Generale Sepp Dietrich und Hauser hätten wohl mitgemacht. Sepp Dietrich habe ihm gesagt: »Sie sind unser Oberbefehlshaber, wir gehen mit Ihnen.« Was der Familie passiert wäre, wisse er auch nicht. Er hätte sich sogar überlegt, meine Mutter und mich nach Frankreich bringen zu lassen, aber diesen Gedanken wieder verworfen. Ein solches Unternehmen wäre zu sehr aufgefallen.

Er sprach auch wiederholt von General von Stülpnagel, dem er sich besonders verbunden fühlte und der sich in Gestapohaft befand. Stülpnagel hatte am 20. Juli als Militärbefehlshaber in Paris den SD verhaften lassen, eine Maßnahme, die wieder rückgängig gemacht werden mußte, als sich herausgestellt hatte, daß das Attentat auf Hitler mißlungen und der Putsch gescheitert war. Stülpnagel hatte versucht, sich zu erschießen, hatte sich aber nur blind geschossen und war lebend in die Hände der Gestapo gefallen. Er wurde zum Tode verurteilt und hingerichtet. Es hieß, er hätte nach seiner schweren Verletzung in der Bewußtlosigkeit von »Rommel« gesprochen.

Mein Vater sprach wiederholt von dem blinden Mann, wie er im Kerker auf den Tod wartete. Es sei sicherer, sich nicht durch die Schläfe, sondern durch den Mund zu erschießen. Schließlich begann ich zu begreifen, daß mein Vater selber damit rechnete, getötet zu werden. Er ließ eine militärische Wache nach Herrlingen kommen und sagte, er lasse sich von den Brüdern nicht widerstandslos über den Haufen schießen. Bei Spaziergängen, zu denen er bald imstande war, führte er eine Pistole mit sich. Mit meiner Mutter sprach er auch darüber, wie Hitler es wohl anfangen würde, ihn zu beseitigen. Es war ihm klar, daß er ihn nicht durch den sogenannten, mit hohen Offizieren besetzten Ehrenhof aus der Wehrmacht ausschließen und ihm öffentlich den Prozeß vor dem Volksgerichtshof machen würde. Dies wäre ein öffentliches Signal gewesen, daß der Krieg verloren sei. Hitler würde also versuchen, ihn so aus dem Weg zu räumen, daß das Volk den wahren Grund seines Todes nicht bemerke. Aber er werde das Hitler nicht leicht machen.

Einer seiner Freunde, Oskar Farny, schlug ihm vor, in die Schweiz zu fliehen, und bot sich an, eine solche Flucht vorzubereiten, wie ich später von meiner Mutter hörte. Aber mein Vater lehnte ab und meinte: Ein General, dessen Armee zu einem großen Teil unter dem Boden liege, dürfe sich nicht selber retten. Damit hatte er recht. Sein weiteres Schicksal war vorgezeichnet, und es blieb nur übrig, ihm in Würde entgegenzugehen.

Mein Vater mußte diese schwierigen Wochen und Tage in einem Zustand körperlicher Behinderung durchstehen. Er versuchte mit wirksamer Hilfe durch zwei Tübinger Professoren, wieder gesund zu werden. Durch Übungen sollte sein verletztes Auge wieder beweglich werden. Dies gelang auch. Trotz Schwindel und Kopfschmerzen zwang er sich, spazieren zu gehen, und dehnte die Spaziergänge Tag für Tag weiter aus. Meine Mutter, Aldinger oder ich begleiteten ihn. Gesundheitlich ging es ihm schließlich recht gut. Aber Tag und Nacht standen zwei Herren vor unserer Gartentür, offensichtlich Gestapobeamte. Sie gaben sich keine Mühe, dies zu verbergen. Zu den Soldaten der Wache sagten sie, es sei nicht verboten, dort zu stehen, sie würden die Gegend betrachten. Meines Vaters Stabschef, Generalleutnant Hans Speidel, war Anfang September 1944 in Freudenstadt verhaftet worden. Frau Speidel hatte angerufen und uns mitgeteilt, am frühen Morgen hätten Gestapobeamte ihren Mann abgeholt. Kurz zuvor hatte Speidel meinen Vater in Herrlingen besucht. Die beiden hatten lange unter vier Augen gesprochen.

Mein Vater, der Speidel eher als Freund denn als Mitarbeiter betrachtete, machte sich um ihn Sorgen. Ob Speidel mißhandelt wurde? Er meinte, für Speidels Verhaftung verantwortlich zu sein. Er schrieb einen Brief an Hitler, mit dem er Speidel entlasten wollte. Aber er schickte ihn nicht ab. Hitler würde ihm nicht glauben. Der Brief könnte eher schaden als nutzen. Meine Mutter hat diesen Brief später einem Offizier ausgehändigt, mit der Bitte, ihn über Sepp Dietrich an Hitler weiterzuleiten. Er hat dazu aber keine Gelegenheit gehabt und den Brief behalten, der deshalb noch existiert.

In Berlin sprach der Volksgerichtshof ein Todesurteil nach dem anderen. Die Familien der Verschwörer wurden in Konzentrationslager gebracht. Es war das Gerücht im Umlauf, daß sie dort sofort erschossen würden, was, wie sich später zeigte, nicht stimmte. Der Oktober kam. Eines Tages rief Generalfeldmarschall Keitel meinen Vater an und forderte ihn auf, nach Berlin zu kommen, wo man mit ihm seine weitere Verwendung besprechen wolle. Mein Vater erklärte, er käme nicht, denn er sei nach seiner schweren Verwundung nicht in der Lage zu reisen. Diese Verwundung hatte im übrigen die Presse Anfang August im ganzen Reich als Folge eines Autounfalls bezeichnet. Mein Vater hatte darauf unter Hinweis auf den angeblichen Unfall das goldene Verwundetenabzeichen angemahnt, welches er anstandslos erhielt. Er hatte auch eine Darstellung des wirklichen Ablaufs des angeblichen Autounfalls verfaßt, die er an Menschen, die ihm geschrieben hatten, verschicken ließ – ein aussichtsloser Versuch, sich gegen die Propaganda des totalitären Staates zur Wehr zu setzen.

Schließlich kündigte das Oberkommando der Wehrmacht meinem Vater den Besuch von zwei Generalen am 14. Oktober an, die das Thema »weitere Verwendung« mit ihm besprechen würden. Der 14. Oktober kam und mit ihm die beiden Heeresgenerale Burgdorf und Maisel. Sie baten darum, meinen Vater allein sprechen zu können. Während der Besprechung erhielten wir zwei Anrufe von Herrlinger Bürgern, die uns mitteilten, daß die Straßen durch bewaffnete Zivilisten gesperrt würden. Nach einiger Zeit verließ als erster General Maisel den Raum. Dann ging auch Burgdorf.

Mein Vater kam die Treppe herauf und teilte meiner Mutter mit, daß es Abschied zu nehmen gelte, denn er werde in wenigen Minuten tot sein. Meine Mutter war fassungslos und ging in das elterliche Schlafzimmer. Dann sprach er mit Aldinger und mir. Ihm würde vorgeworfen, an der Verschwörung gegen Hitler beteiligt gewesen zu sein. Die Herren hätten behauptet, es lägen genügend Beweise vor. Der Führer mache ihm im Blick auf seine Verdienste in Afrika das Angebot, durch Gift zu sterben. Er werde dann ein Staatsbegräbnis erhalten. Falls er das Angebot annehme, würden die üblichen Maßnahmen gegen seine Familie nicht ergriffen und die Sache nicht weiterverfolgt. Es sei alles vorbereitet. Wenn er tot sei, werde er in ein Lazarett gebracht. Von dort aus würden wir benachrichtigt, daß er einem Hirnschlag erlegen sei. Er habe sich entschlossen, das Angebot anzunehmen. Das gebe nicht völlige, aber eine gewisse Sicherheit. Man müsse schweigen, bis der Krieg zu Ende sei. Wenn die Wahrheit durchsickere, würden alle Mitwisser als gefährliche Zeugen beseitigt.

Aldinger schlug vor, Widerstand zu leisten. Man habe Waffen im Haus. Die Wache könnte eingesetzt werden. Mein Vater erwiderte, er könne niemandem mehr Befehle geben. Sein Entschluß sei gefaßt. Er gab uns die Hand und zog seinen Mantel an. Er bat noch, man möge sich um Frau Speidel und ihre Kinder kümmern. Mir gab er einen Schlüsselbund. Die Hausschlüssel behielt er in seiner Tasche. Er hat sie wohl übersehen.

Mein Vater nahm seinen Marschallstab und ging hinaus in den Garten, wo die Herren warteten. General Maisel fragte mich, da ich Uniform trug, bei welcher Einheit ich diente. Ich antwortete ihm: »Heimatflakbatterie 36/7«. Sonst wurde nichts gesprochen. Mein Vater gab Aldinger und mir nochmals die Hand. Er sah mir lange in die Augen, ohne sich zu bewegen. Dann stieg er ein und drehte sich nicht mehr um. Der Wagen fuhr die Wippinger Steige hinauf und verschwand. Aldinger und ich gingen ins Haus zurück, ohne zu sprechen. Aldinger wartete am Telefon auf den Anruf. Der kam zur vorgesehenen Zeit. Mein Vater sei einem Hirnschlag erlegen und liege im Reservelazarett Wagnerschule in Ulm. Meine Tante Helene wurde in Stuttgart angerufen und kam mit dem nächsten Zug. Sie geriet in großen Zorn, als sie die Wahrheit erfuhr, die man ihr telefonisch nicht einmal hatte andeuten können.

Wir fuhren in das Reservelazarett. Dort lag mein Vater. Meine Tante meinte, sein Gesicht drücke Verachtung aus. Mein Vater war bereits kalt. Das war nicht mehr er. Das Personal des Lazaretts wirkte eingeschüchtert. In der Tat waren Ärzte und Schwester gezwungen worden, die Spuren der Vergiftung zu beseitigen und einen falschen Totenschein auszustellen, der die von oben befohlene falsche Todesursache enthielt.

Hitler ordnete ein Staatsbegräbnis an, das, wie es sich mein Vater ausbedungen hatte, nicht in Berlin, sondern in Ulm stattfand. Die Presse pries meinen Vater in den höchsten Tönen. Wir hatten bei dem Staatsbegräbnis eine wichtige Rolle zu spielen: die um den Helden trauernden Hinterbliebenen. Es wäre dumm gewesen, die Teilnahme zu verweigern.

So begleiteten wir meinen Vater auf seinem letzten Weg. Das Ehrenbataillon präsentierte. Die Militärmusik spielte. Oskar Farny in Heeresuniform und der einarmige Oberst Kuzmany, Standortkommandeur in Ulm, führten meine Mutter. Der Adjutant, Oberst Freyberg, trug die Orden meines Vaters auf einem schwarzen Kissen. Im Ratssaal des Ulmer Rathauses ertönte die Eroica, soweit ich mich erinnere. Viele Menschen, die am Straßenrand standen, weinten. Generalfeldmarschall von Rundstedt, der noch Anfang Juli 1944 zu meinem Vater gesagt hatte, der Führer könne ihn am Arsch lecken, vertrat Hitler und hielt an dessen Stelle die Trauerrede. Er sagte unter anderem: »Sein Herz gehörte dem Führer.« Von Rundstedt erklärte später, er hätte nicht gewußt, wie mein Vater wirklich gestorben war. Viele aber wußten es oder ahnten es. Ein Heeresoffizier meinte, er finde, daß der Führer meinem Vater gegenüber großmütig gehandelt hätte. Ich sagte nichts und dachte mir: Du bist ein Rindvieh.

Zwei Monate später, am 17. Dezember 1944, fiel die Ulmer Innenstadt einem verheerenden Bombardement zum Opfer. Das Rathaus, in dem der Staatsakt stattgefunden hatte, brannte aus und viele von denen, die den Trauerzug meines Vaters gesehen hatten, starben in den Trümmern und in den Flammen. Der Krieg ging weiter.

Ich habe in den letzten Jahrzehnten an einigen Veranstaltungen in dem neu errichteten Ratssaal des Ulmer Rathauses teilgenommen. Ich habe mich natürlich jedesmal an die Ereignisse im Oktober 1944 erinnert und an mein naives Erstaunen darüber, daß ein solches Possenspiel wie dieser Staatsakt im Deutschen Reich möglich war. Während der Rede von Rundstedt malte ich mir damals aus, was geschehen würde, wenn jetzt einer aufstünde, um zu rufen: »Rommel ist auf Befehl des Führers getötet worden.« Aber niemand stand auf. Was hätte er damit auch bewirken können? Ein Aufstand muß organisiert und geplant werden. Wie kann das geschehen in einem Land, in dem der totalitäre Staat alle jene Institutionen, die im demokratischen Staat ihre Aufgabe in der Kritik sehen wie Presse, Funk, Literatur und Kunst, in seinen Dienst gestellt hat? In dem die Justiz abhängig war. In einem Land, in dem eine große Zahl Verwirrter, Verblendeter und auch Bösartiger herumlief, Menschen, die es für ihre nationale Pflicht hielten, jeden anzuzeigen, der etwas Kritisches sagte.

Der einzelne Mensch hatte gegen diesen intakten und höchst wirksamen Machtapparat keine Chance. Die französische Revolution oder die russische Oktoberrevolution als Beispiel dafür anzuführen, daß die Beseitigung einer Herrschaft durch Revolution doch möglich ist, geht fehl. Sowohl die französische wie auch die russische Revolution richteten sich gegen Herrschaftssysteme, die bereits untergraben und nicht mehr gefestigt waren. Überdies verfügten weder Ludwig XVI. noch Zar Nikolaus über technische Mittel der Gehirnwäsche und Kontrolle, die auch nur annähernd an die heranreichten, die das NS-Regime einsetzen konnte.

Viele hofften auf das Heer. Doch das Heer hatte keinen eigenen Kopf, keine Konferenz der Oberbefehlshaber der Heeresgruppen und Armeen. Es gab nicht einmal einen Berufssoldaten als militärischen Chef. Oberhaupt und Chef war Adolf Hitler.

Es ist falsch und unklug, Hitler nur als einen tobenden Dummkopf darzustellen. So harmlos war der nicht. Er war ein Willens- und Machtmensch mit einem Blick für das Wesentliche. Und er war ein radikaler Amoralist, der die christliche Moral auf den Kopf stellte. Das sagte er aber nicht, sondern er sprach manchmal von der Vorsehung so eindrucksvoll, daß man fast meinen konnte, er sei vorher im Gottesdienst gewesen. Er war ein guter Schauspieler, und er handhabte das Prinzip »Teile und herrsche« meisterhaft.

Unter besonderen Umständen war es möglich, entgegen den Befehlen Hitlers in einem Abschnitt, vielleicht sogar an der Westfront im Sommer 1944, zu kapitulieren. Aber kein General hatte die Autorität, um seine Truppen offen gegen ihn führen zu können. Es wäre ihm gegangen wie Wallenstein, als das Regiment Pappenheim merkte, daß er, des Kaisers Heerführer, mit den Schweden gehen wollte. Graf Stauffenberg und seine Mitverschwörer wollten mit guten Gründen nicht von vornherein zugeben, daß es sich bei ihrem Unternehmen um eine Verschwörung gegen Hitler handelte, sondern zunächst die Fiktion aufrecht erhalten, daß der Führer von anderen Kräften im Staat um sein Leben gebracht worden sei. Vielleicht hätte dieser Plan, wenn das Attentat geglückt wäre, funktioniert. Jene, die gegen Hitler rebellierten, starben, und Hitler lebte weiter, in Deutschland mächtiger denn je, bis er sich Ende April 1945 das Leben nahm, als die sowjetische Infanterie im Begriff war, seinen Bunker bei der Reichskanzlei zu erobern.

Wie kam es, daß weithin und während längerer Zeit die fürchterlichen Opfer des Krieges als Verpflichtung, ihn fortzusetzen, empfunden wurden und nicht als Argument, ihn zu beenden. Nietzsche hat schon vor den großen Kriegen den Zusammenhang zwischen den ersten Gefallenen und der wachsenden Kriegsbereitschaft dargestellt. Elias Canetti meint, der erste Tote sei es, der alle mit dem Gefühl der Bedrohtheit ansteckt.

Wie entsteht der Wille zum Krieg, der schließlich auch diejenigen erfüllen kann, die gegen das Regime eingestellt sind? Wie verhält sich der Mensch unter den Bedingungen einer totalitären Herrschaft, welche, ohne das deutlich zu sagen, die Moral in ihr Gegenteil verkehrt und die es versteht, ein dumpfes Gefühl im Volk zu erzeugen, daß Auflehnung gegen die schicksalhaften Vorgänge unangemessen und unmöglich sei? Schiller meinte, jeder trüge einen idealistischen Menschen in sich. Das ist richtig. Aber in jedem steckt auch das Gegenteil. Niemand von uns kann zuverlässig sagen, wie er sich unter den Verhältnissen des Dritten Reiches in bestimmten Situationen benommen hätte. Um so mehr verdienen diejenigen Respekt, die sich gegen Hitler aufzulehnen versucht haben, besonders und gerade dann, wenn ihr Unternehmen eigentlich völlig aussichtslos und eher ein moralischer Aufschrei war. Dies traf zu auf die Weiße Rose und die Geschwister Scholl aus Ulm, die für ihre mutige Tat hingerichtet wurden. Ich hörte von ihnen und von ihrem Schicksal erst nach dem Kriege. Offen wagte über das traurige Schicksal der beiden während der NS-Herrschaft kaum jemand zu sprechen.

Sicher ist hingegen, daß es in einer Demokratie leichter fällt, moralisch zu sein als in einer Diktatur. Ich hatte nach dem Krieg keine Mühe, ein Demokrat zu sein, im Gegenteil: Es wäre anstrengend gewesen, keiner zu sein. Auch mutig zu sein ist in der Demokratie mit weitaus geringeren Risiken verbunden. Courage zu zeigen fällt am leichtesten dort, wo wenig Gefahr droht. Das trifft auch auf die Zivilcourage zu. Trotz der großen Risiken zeigten im Dritten Reich viele Menschen beachtliche Zivilcourage. Sonst wäre alles noch schlimmer gewesen. Heute ziehen manche auch bei geringen Risiken den Schwanz ein. Die dieses tun, wundern sich aber oft darüber, daß im Dritten Reich nicht wesentlich mehr Menschen sich selber und ihre Familie geopfert haben, um Hitler entgegenzutreten. Wir träumen heute von einer risikolosen Gesellschaft, in der auch der größte Feigling keine Angst mehr zu haben braucht. Aber so eine Gesellschaft gibt es nicht. Das alte Wort »Der Preis der Freiheit ist der Mut« gilt nach wie vor. Wer die Diktatur nicht will, muß die Demokratie wollen und für diese eintreten, auch und gerade dann, wenn sie in Schwierigkeiten ist und von den Bürgern Opfer fordern muß, die im Vergleich zu dem, was Diktaturen den Menschen auferlegen, geradezu lächerlich sind.

Zurück zur Heimatflak

Nach dem Staatsbegräbnis meines Vaters blieb ich noch einige Tage bei meiner Mutter und kehrte dann in meine Flakstellung zurück. Nach einiger Zeit merkte ich, daß einige meiner Kameraden doch recht kritisch gegen die NS-Führung eingestellt waren und sogar vom »Führer« nichts hielten. Das war mir früher gar nicht aufgefallen. Wir hatten im Sommer 1944 zwar englische und amerikanische Schallplatten gespielt, um unsere Vorgesetzten zu ärgern, bis unser biederer Zugführer und Wachtmeister Steeb, im Zivilberuf Maurermeister aus Berghülen auf der Schwäbischen Alb, drohte, unseren »Jeepers-creepers« zu zerstören mit den Worten: »I schmeiß eiern Jäbers Kräbers glei zum Fenschter naus.« Aber dieses Bekenntnis zu der Musik des Feindes läßt sich kaum als Widerstandshandlung ausgeben. Über die Morde des NS-Regimes wurde nichts gesprochen. Den meisten waren sie wohl unbekannt, oder sie konnten sich, wenn sie etwas von ihnen gehört hatten, nichts unter diesen wenig anschaulichen Informationen vorstellen. Manches wurde auch unter dem Stichwort »Partisanenbekämpfung« abgehakt.

Überall rückten die Alliierten vor. Der Luftraum gehörte den Alliierten. Eines Tages erreichte uns der Befehl, die Namen der feindlichen Flugzeuge nicht mehr englisch, sondern deutsch auszusprechen. Das war wohl ein schwerer Schlag gegen die Royal Air Force.

Das Essen wurde schlechter. Mein Kamerad Dettling, auch ein Generalssohn, warf eine faule Kartoffel nach dem Bild des Führers mit dem Bemerken: »Die kannst Du selber fressen.« Unglücklicherweise traf er. Adolf fiel herunter, und das ihn schützende Glas zerbrach. Da herrschte dann doch betretenes Schweigen. Wir räumten das Glas weg und hängten das Bild wieder auf. Aber es gab keinen Lumpen unter uns, der den Vorfall gemeldet hätte. Unser Wachtmeister entschloß sich, die Sache nicht zur Kenntnis zu nehmen. Das rechneten wir ihm hoch an.

Ich hatte die große 08-Pistole meines Vaters in die Stellung mitgenommen und nahm mir vor, mich im Falle meiner Verhaftung zu erschießen, und zwar durch den Mund, rechnete aber eigentlich damit, daß eine solche Situation nicht eintreten würde. Die große Pistole imponierte meinen Kameraden mächtig, bis einer von ihnen mit einer britischen Maschinenpistole erschien, die sein Bruder aus Frankreich mitgebracht hatte. Daraufhin entwendete ich meiner Mutter ein halbautomatisches zehnschüssiges Gewehr, das großes Staunen auch bei meinen Vorgesetzten auslöste und mit dem wir herumballerten. Einmal feuerten wir aus Versehen Schüsse in Richtung Ulm ab. Das machte uns sehr besorgt. Wir versicherten uns daraufhin in der Zeitung eines naheliegenden Dorfgasthofes, daß nichts passiert war. Das schlossen wir aus dem Umstand, daß nichts in der Zeitung zu lesen war, eine für die damaligen Verhältnisse ziemlich abenteuerliche Annahme.

Das Barackenleben ging weiter. Über meinem Bett quartierte sich ein Obergefreiter ein, der sich als Bettnässer erwies. Ich weiß nicht, ob er jemals den Heiligen Veit gegen sein Leiden angerufen hatte, welcher nach oberschwäbischem Volksglauben, da er mit einem Topf abgebildet ist, gegen das Bettnässen hilft (O Heiliger St. Veit, weck mi bei der Zeit, net zu früh und net zu spät, damit es nicht ins Bette geht). Wenn der Obergefreite sich überhaupt an St. Veit gewendet hatte, so hat es ihm nicht geholfen. Ich zwang ihn auf der Stelle zum Bettentausch. Inzwischen war ich Luftwaffenoberhelfer geworden und fühlte mich einem Gefreiten oder Obergefreiten durchaus gleichrangig. Hinter vorgehaltener Hand wurde damals aber erzählt, daß diesmal alle Gefreiten erschossen würden, damit niemals wieder einer von ihnen Reichskanzler werden konnte.

Während uns die alliierte Luftwaffe früher überwiegend in einer Höhe besucht hatte, welche die Reichweite unserer 3,7-cm-Geschütze überschritt, wurde ab Herbst 1944 auch die Bedrohung durch Tiefflieger zum Problem. Wir gruben rings um die Geschützstände Deckungslöcher, um in diese hineinspringen zu können, wenn die Geschützstellung durch einen Bombenteppich ausgelöscht werden würde. In der Tat wurde unsere Stellung 1945 bombardiert, aber sie war schon leer. Bei einer Besichtigung stellte ich fest, daß mein Deckungsloch unbeschädigt war. Ich wäre also davongekommen, wenn es mir gelungen wäre, es rechtzeitig aufzusuchen.

Die Verluste unter den Luftwaffenhelfern wurden größer. Zuerst starben einige Flakhelfer, die sich mit ihren 2-cm-Geschützen auf Hochständen über einer Ulmer Fabrik befanden, um diese gegen Fliegerangriffe zu schützen. Der Gegner dachte aber gar nicht daran, in das 2-cm-Feuer hineinzufliegen, sondern zerstörte die Fabrik samt einem großen Teil der Flak aus großer Höhe.

Eine besonders große Katastrophe geschah in Leipheim, wo die neuen deutschen »Strahlflugzeuge« Me 262 eingeflogen wurden. Eine Einheit unseres Regiments verließ nach dem ersten Bombenteppich aus unerfindlichen Gründen die Stellung und rannte über eine Wiese, als der zweite Bombenteppich sie erwischte und weithin tötete. Zur Trauerfeier auf dem Ulmer Friedhof wurden ein Kamerad und ich als Ehrenposten befohlen, wohl wegen unserer langen Gestalt. Wir waren so aufgeregt, daß wir unter zwanghaften Heiterkeitsanfällen litten, die wir nur mit Mühe unterdrücken konnten. Ich dachte an alles, was traurig macht, um mich von diesen unpassenden Anwandlungen zu befreien, aber als ein HJ-Führer mit krächzender Stimme von den jungen Helden sprach, da fing ich an zu prusten, was zum Glück von der Trauergemeinde nicht bemerkt wurde – wohl deshalb nicht, weil niemand mit einer so unmöglichen Reaktion rechnete. Selten im Leben habe ich eine Situation so peinlich empfunden wie diese.

Im Herbst 1944 kam unser Zug nach Schwaighofen, zum Schutz eines kleinen Flugplatzes. Unsere Geschützstellungen und unsere Unterkunft liefen voll Grundwasser, eine fürchterliche Sauerei. Wir schliefen zu zweit in den oberen Betten, weil die Strohsäcke der unteren Betten mit Wasser vollgesogen waren wie Schwämme. Einige von uns pinkelten nachts einfach in das Wasser, so daß sich ein höchst fataler Gestank einfand. Ende 1944 wurde dann unsere Batterie aus dem Ulmer Raum abgezogen und auf den Memminger Flugplatz verlegt. Auch dort wurden, wie in Leipheim, Piloten an der Me 262 ausgebildet. Im Einsatz erlebten wir diese Maschine nie.

Die Geschütze standen in einem verschneiten Feld. Unsere Baracke daneben. Die Fenster waren kaputt. Es war saumäßig kalt. Wir zogen alle Klamotten an, die wir hatten, und lagen nachts völlig angekleidet auf unseren Strohsäcken. Wir öffneten nur das Koppelschloß, um, wie es hieß, die Verdauung zu fördern, bevor wir uns zur Ruhe begaben. Nachts mußten wir auch noch Posten schieben, obwohl weder mit einem Feind noch mit dem Diebstahl der Geschütze zu rechnen war. Meine militärische Moral war schon so tief gesunken, daß ich, anstatt selber in der kalten Winternacht herumzustehen, das Flakfernrohr mit seinem Dreifuß zwischen die Geschütze stellte, ihm meinen Stahlhelm aufsetzte, es mit dem sogenannten Wachmantel umkleidete, einem ungefügen Kleidungsstück, an dem meistens einige Knöpfe fehlten und welches jeweils der Posten tragen sollte. Schließlich zierte ich noch das Ganze mit meinem Gewehr. Ich selber begab mich nach diesem schweren Wachvergehen wieder auf meinen Strohsack.

Unser Wachtmeister merkte das wohl, sagte aber zunächst nichts. Eines Morgens wurde er von der Streife angerufen, welche die Posten kontrollierte. Man sagte ihm, unser Posten habe auf Anruf nicht reagiert und solle sich künftig die Ohren nicht so sehr verhüllen, daß er nichts mehr höre. Da ergriff uns ein Schrecken, und ich verzichtete künftig darauf, mich nachts vom dreibeinigen Flakfernrohr vertreten zu lassen. Dies war auch deshalb angezeigt, weil ich erst kurz zuvor zusammen mit einem Kameraden eine Reise nach Ulm länger als befohlen ausgedehnt hatte und mit knapper Not einem Verfahren wegen Entfernung von der Truppe entgangen war.

Eines Tages wurde auch noch verdorbenes Dauerbrot an die Luftwaffenhelfer verfüttert. Dies brachte die Stimmung der Truppe vollends auf den damals oft erwähnten Tiefpunkt, von dem man nie so genau wußte, wo er war. Wir schimpften mächtig und meinten, es gehe jetzt hoffentlich mit dem Krieg zu Ende, der ohnehin verloren sei. Unser Wachtmeister Steeb sagte schließlich: »Haltet euer blödes Maul, der Krieg wird gewonnen, derbis (weil) der Führer das befohlen hat.«

Ende Februar 1945 wurden wir aus der Heimatflak entlassen. Die Einberufung zum Arbeitsdienst schloß sich unmittelbar an. Ich danke meinem Dienst bei der Flak Freundschaften, die das ganze Leben gehalten haben, die Fähigkeit, anderen Menschen zu vertrauen, ein gewisses Mißtrauen gegen alles, was von oben kommt, und das Bedürfnis, rechtzeitig Deckung zu suchen, wenn es gefährlich wird. Statt »Ja« sage ich »Jawohl«, heute noch. Ich bin auch am Gewehr, Flieger-MG, Zwillings-MG und am 3,7-cm-Flakgeschütz (russisch) ausgebildet worden. Ich weiß, wie man Handgranaten wirft, und bin so versiert, daß ich sie nicht so lange in der Hand behalten würde, bis sie explodiert. Ich habe diese Fertigkeiten Gott sei Dank nie mehr gebraucht. Ich habe auch die Gewehrgriffe gelernt. Vor einiger Zeit habe ich probiert, ob ich sie noch kann. Ein alter deutscher Unteroffizier wäre nicht zufrieden gewesen. Aber es gelang mir 1997, bei einer Veranstaltung der französischen Armee mit ehemaligen Fremdenlegionären den alten deutschen Präsentiergriff mit Hilfe eines Regenschirms so eindrucksvoll vorzuführen, daß die alten Soldaten mich fast respektvoll betrachteten.

Zum Reichsarbeitsdienst

Zum Reichsarbeitsdienst (RAD) wurde ich im März 1945 nach Reutlingen einberufen. Der erste Versuch einer Abreise mißlang, weil ich, gewöhnt, überall, wo man sitzen und liegen konnte, einzuschlafen, am Bahnhof einschlummerte und deshalb einen Tag zu spät kam. Im Zug waren viele Russen in deutschen Uniformen. Wegen meiner Verspätung wurde ich zuerst einmal angebrüllt, was mir jedoch dank der Schwielen, die sich bereits auf meiner Seele gebildet hatten, nichts ausmachte. Ich hatte mit meiner Mutter abgesprochen, daß ich, sobald Ulm in alliierter Hand war, aus meiner Einheit verschwinde und versuche, mich nach Hause oder zu dem katholischen Pfarrer nach Tannheim durchzuschlagen, der offenbar bereit war, mich zu verstecken. Dieser war ein Bruder Oskar Farnys. Vorher sollte ich mich bemühen, möglichst wenig aufzufallen. Das fiel mir schwer, denn ich hatte, wie man damals sagte, »die Schnauze voll bis oben«.

Rasch waren Gleichgesinnte gefunden. Einige von ihnen waren Elsässer, deren Freude, im RAD dienen zu dürfen, meine fast noch übertraf. Einer von ihnen erzählte einen Witz, der ihm gefährlich werden sollte: Der Führer hätte eine Wunderwaffe erfunden, die nach England fliege und mit 500 Gefangenen wieder zurückkehre. Damals gab es immer einen Idioten, der glaubte, verpflichtet zu sein, solche angeblich die Wehrkraft zersetzenden Äußerungen melden zu müssen. So war es auch hier. Ich wurde zu einem Vorgesetzten befohlen, der mich fragte, ob diese Äußerung gefallen sei. Ich bestritt dies und sagte, der elsässische Kamerad habe nur über die neuen Waffen gesprochen; die Gefangenen hätten damit nichts zu tun gehabt. Der Vorgesetzte war sichtlich erleichtert. Er nahm mir noch das Ehrenwort ab, daß meine Darstellung wahr sei, welches ich ihm ohne zu zögern gab.

Unsere Ausrüstung bestand aus alten RAD-Uniformen, Stiefeln, die nach unserer damaligen Einschätzung nicht nur im Zweiten Weltkrieg, sondern bereits im Ersten Weltkrieg den Rußlandfeldzug mitgemacht hatten, und Mänteln aus tschechischen Armeebeständen, dieses alles gekrönt mit dem sogenannten »Arsch mit Griff«, der offiziellen, der Form eines gewissen Körperteils nachempfundenen Kopfbedeckung des Reichsarbeitsdienstes.

Der Dienst am Spaten wurde uns nicht mehr abverlangt. Wir waren eine sogenannte RAD-Einsatzabteilung. Bewaffnet waren wir mit französischen Gewehren und Seitengewehren, die ebenfalls der für Frankreich so ruhmreichen Zeit des Ersten Weltkriegs entstammten. Die Munition war schon älter. Die Kugeln in den Patronenhülsen hatten sich gelockert. Man mußte beim Repetieren sehr aufpassen, daß die Kugeln nicht ausbrachen. Kurz und gut, wir empfanden uns als ein marschierendes Armeemuseum und waren eigentlich froh, daß wir keinen Ausgang bekamen, weil wir uns geschämt hätten, in dieser Aufmachung in der Stadt herumzulaufen.

Ich war besonders gestraft, weil man mir mit dem weitere Auseinandersetzungen zum Abschluß bringenden Wort »Paßt!« Stiefel von verschiedener Größe zugeteilt hatte. Der eine hatte Größe 43, was meiner Fußlänge entsprach, der andere aber Größe 45, so daß er, da ohnehin schon ausgetreten, an meinem Fuß regelrecht herumschlotterte. Bei Übungen sorgte ich dafür, daß ich diesen Stiefel einige Male verlor, und beim Antreten ließ ich den zu großen Stiefel immer etwas hervorragen, so daß die Richtung nicht den angestrebten Vollkommenheitsgrad erreichen konnte. Dadurch gelang es mir, die Aufmerksamkeit meiner Vorgesetzten auf mich und meine Stiefel sowie deren Unzulänglichkeit zu lenken. Nachdem ich auch noch Gelegenheit bekommen hatte zu schildern, daß ich Senkfüße habe und daß mir überdies einmal ein stählerner Adjustierteller mit einem ganzen an diesem befestigten Flakgeschütz auf den Fuß gefallen war, wurden mir die Stiefel weggenommen und ich mit Schnürschuhen nebst Gamaschen ausgestattet.

Wir wurden nach Calw verlegt. Die Ausbildung ging dort weiter, wobei stets auf die Tiefflieger geachtet werden mußte. Wir altgedienten Luftwaffenhelfer kannten das alles schon. Mich suchte ein fiebriger Magen- und Darmkatarrh heim, der mich zum Daueraufenthalt auf dem Klosett zwang. Das ärgerte die Kameraden, deren Möglichkeiten, ihre normalen Bedürfnisse zu befriedigen, dadurch jedenfalls nachts stark eingeschränkt wurden. Schließlich stieg mein Fieber so hoch, daß ich das Bewußtsein verlor. Als ich wieder aufwachte, fand ich mich in einem frisch überzogenen Bett wieder und war geheilt. Ein Beweis dafür, daß die Ausbildung unserer Sanitäter gar nicht schlecht war.

Wenig helfen konnten die Sanitäter aber einem Epileptiker, einem lang aufgeschossenen Professorensohn aus Freiburg, den man offenbar als Simulanten betrachtet und trotz seiner Krankheit eingezogen hatte. Wenn der einen Anfall bekam, standen wir ziemlich hilflos herum. Ich habe ihn nie mehr getroffen und hoffe, daß er alles überstanden hat.

Das Ende des Krieges naht

Die Vorgänge beim Tod meines Vaters begegneten mir in Calw in Gestalt der alten Stuttgarter Freunde meiner Eltern, Major Schaal und seiner Frau Elsbeth. Diese erwirkten die Erlaubnis, mich zu sich einzuladen, und befragten mich in ihrer Wohnung so eindringlich danach, wie sich das Ende meines Vaters wirklich abgespielt hatte, daß ich ihnen schließlich alles erzählte. Meine Mutter hatte das nicht getan, sondern vielmehr die offizielle Version aufrechterhalten, weil sie weder die Freunde noch uns gefährden wollte. Besonders Elsbeth Schaal war schon immer ziemlich unvorsichtig gewesen und behielt ihre höchst ungünstige Meinung vom Dritten Reich keineswegs für sich. Ich aber dachte mir, so alten Freunden meiner Eltern dürfe man die Wahrheit nicht vorenthalten. Das Bedürfnis, mich wichtig zu machen, dürfte auch eine Rolle gespielt haben.

Auch beim Arbeitsdienst war das Bedürfnis, für Führer, Volk und Vaterland den Heldentod zu sterben, nicht mehr sehr groß, wenn man von einigen aus dem Wehrertüchtigungslager zu uns gekommenen Jungmannen absieht, die immer noch meinten, es sei eine raffinierte Kriegslist des Führers, die Allierten weit nach Deutschland hinein zu lassen, um sie dann desto zuverlässiger vernichten zu können. Hatten wir noch vor nicht allzu langer Zeit das Lied geschmettert »Deutschland, du wirst leuchtend stehn, mögen wir auch untergehn«, wandten wir uns jetzt wesentlich weniger heroischem Liedgut zu, zum Beispiel:

»Drum Mädel, werd glücklich,
wir sehn uns nie wieder,
nur gegen England, Rußland, USA,
dann ist keiner mehr da!«

Oder, noch trauriger:

»Willst Du mich noch einmal sehen
dann mußt Du zum Bahnhof gehen.
In dem großen Wartesahahal,
ja da siehst Du mich zum allerletzten Mal.«

Die Front rückte näher. Wir wurden offenbar, was Ausbildungsgrad und Ausstattung anbetrifft, noch nicht für geeignet gehalten, die Franzosen zurückwerfen zu können, eine für die damalige Zeit ungewöhnlich realistische Einschätzung, und nach Meßkirch verlegt. Unser privates Gepäck einschließlich meiner Pistole wurde verladen. Ich hatte mich dieser wegen ihres Gewichts entledigt und statt dessen ein paar britische Kreppschuhe, die mein Vater aus Afrika mitgebracht hatte, in meinem RAD-Rucksack verstaut. In der Verwirrung des Aufbruches gelang es mir, nagelneue Militärschnürschuhe zu »organisieren« und dafür dem Deutschen Reich meine alten, ausgetretenen und nicht wasserdichten wieder zurückzugeben. Dies sollte ich bitter bereuen, denn ich marschierte mich wund. Eine Zeitlang biß ich die Zähne zusammen und machte alle Märsche mit, obwohl mein Hinken dem Gleichschritt der Einheit nicht förderlich war. Aber ich wollte den zwar gleichaltrigen, aber militärisch noch unerfahrenen Kameraden zeigen, daß ein ehemaliger Luftwaffenoberhelfer so rasch nicht aufgibt. In Meßkirch war schließlich ein Fuß voller Eiter, es zeigten sich sogar schon Streifen am Schenkel, ich konnte nicht mehr auftreten, der Schuh wurde aufgeschnitten, der vereiterte Fuß aufgestochen, der Eiter lief hinaus. Ich kam danach auf das Krankenrevier, wo, wie wir damals sagten, das Mittagessen durch stramme Haltung ersetzt und das Abendessen durch blaue Fähnchen markiert wurde, das heißt: Mahlzeiten fanden fast nicht statt. Es gelang mir, während eines Jagdbomberangriffs eine große Büchse Salzgurken zu entwenden. Die Salzgurken hatten auf den Verdauungsapparat mehrerer bettlägeriger Kameraden eine furchtbare Wirkung, aber darauf kam es bei der herrschenden Kriegslage auch nicht mehr an.

Deserteur

Inzwischen näherten sich, wie aus dem Radio zu erfahren war, die amerikanischen Truppen Ulm. Zwei Kameraden, ebenfalls aus der Ulmer Gegend, wollten zusammen mit mir verschwinden, sobald die Alliierten das Gebiet besetzt hatten. Dann wären unsere Eltern, wenn sie überhaupt noch lebten, nicht mehr in der Gefahr, Opfer von Repressalien zu werden. Einer der Kameraden hatte in Riedlingen Verwandte. Das war unser erstes Marschziel, das in einer Etappe erreicht werden sollte.

Nachts wurden einmal Konzentrationslagerhäftlinge vorbeigetrieben, ein langer Elendszug, bewacht von vielen SS-Soldaten mit Hunden. So etwas hatten wir noch nie zuvor gesehen. Während überall Auflösung und Unordnung herrschte und die Wälder voller Soldaten waren, die sich von ihren Truppenteilen – soweit noch vorhanden – bereits verabschiedet hatten, war das Konzentrationslager noch geordnet, selbst nach Aufgabe des Lagers und auf dem Rückzug. Die Wachmannschaften hätten sich eigentlich an fünf Fingern abzählen können, daß sie in wenigen Tagen selbst Gefangene sein würden, aber dieser einfache Gedanke erschien ihnen wohl so ungeheuerlich, daß sie ihn nicht zu denken wagten.

Ende April 1945, nachdem der »Führer« am 20. April, seinem 56. Geburtstag, noch in einem Tagesbefehl erklärt hatte, daß Berlin deutsch bleibe und Wien wieder deutsch werde, räumte unsere RAD-Einsatzabteilung die badische Stadt Meßkirch. Die französischen Truppen rückten nach. Ich hatte vorsorglich bereits meine Kreppschuhe angezogen, mit deren Hilfe ich den langen Marsch durchzustehen hoffte. Bei einer Marschpause – es war schon dunkel – verständigten wir uns, entledigten uns allen überflüssigen Gepäcks einschließlich der Patronentaschen und Gewehre, und verschwanden in der Dunkelheit. Die ganze Nacht achteten wir darauf, nicht der Feldgendarmerie oder sonstigen Kommandos in die Arme zu laufen.

Ich hielt es zunächst für belastend, nunmehr ein Deserteur zu sein, und fragte mich, was mein Vater wohl sagen würde, wenn er jetzt hier wäre. Schließlich ließ ich ihn sagen, ich hätte völlig richtig gehandelt. Das beruhigte mich sehr.

Wir stießen auf Soldaten, denen wir erzählten, wir seien im Schwarzwald zersprengt worden und wollten wieder zu unserer Einheit. Bald bemerkten wir aber, daß auch diese Soldaten keineswegs zu ihrer Einheit, sondern ebenfalls nach Hause strebten. Wer noch Hoffnung hatte, ließ sie bei meinem Anblick fahren. Ich sah aus wie die personifizierte Niederlage. Meine Brille war während des Aufenthalts im Revier verlorengegangen. Ich trug die sogenannte Gasmaskenbrille, ein Brillengestell, das keine

Bügel hatte, sondern mit zwei Bändern hinter den Ohren befestigt wurde. Das hatte meine Nase an der dadurch verursachten Druckstelle wundgerieben.

Ich schlurfte und hinkte. Meine Füße brannten wie Feuer. Aber wir kamen nach Riedlingen, schleppten uns todmüde über die Donaubrücke und wurden freundlich aufgenommen. In Riedlingen herrschte eine Stimmung, als ob der Krieg schon zu Ende wäre und als ob die NS-Regierung jede Macht verloren hätte. Den früher üblichen, aber bei klarem Kopf besehen unglaublich blöden Gruß »Heil Hitler« hörte man nicht mehr. Doch ein Pionierkommando des Heeres erschien und sprengte die Riedlinger Donaubrücke, um die Straße vor den Franzosen zu sperren. Der Offizier, der das Kommando befehligte, sagte, er hätte keine Lust, sich jetzt noch wegen Befehlsverweigerung aufhängen zu lassen. Deshalb habe er alle Befehle ausgeführt, und jetzt verschwinde er selber. Die dazu nützliche Ziviljacke hatte er schon im Rucksack.

Ich brach, zusammen mit einem Kameraden, zu meinem letzten Unternehmen auf. Es ging das Gerücht, daß am anderen, nunmehr französischen Ufer der Donau sich ein Lagerhaus befände, in dem es riesige Mengen von Zigaretten und Tabak gebe. Freiwillige seien aufgefordert, von diesem Schatz etwas zu holen und nach Riedlingen zu bringen. Es ist bekannt, daß bei einem starken Raucher die Lust zu rauchen weitaus stärker entwickelt ist als die Vernunft. So war es jedenfalls bei mir. Kurz und gut, wir überquerten die Donau auf den Trümmern der Brücke und setzten uns Richtung Lagerhaus in Marsch. Unterwegs stießen wir auf französische Soldaten, die damit beschäftigt waren, einen stehengebliebenen Pferdewagen zu durchsuchen. Weder sie noch wir waren aber an einer näheren Bekanntschaft interessiert, und deshalb umgingen wir diesen Gegner in einem weiten Bogen und sahen uns rasch am Ziel. Zuerst prüften wir einige Güterwaggons auf ihren Inhalt. Dieser bestand aber im wesentlichen aus Zubehör für die Luftwaffe, darunter Schlauchboote, die sich mit Hilfe einer Preßluftflasche aufblasen ließen. Dann betraten wir das Lagerhaus, wo schon lebhaft geplündert wurde.

Dieses Lagerhaus erwies sich in der Tat als ein wahres Raucherparadies. Wir beluden uns schwer mit Tabak- und Zigaretten-Kartons, die wir mit Drähten so zusammenbanden, daß wir sie über die Schultern legen konnten, und begaben uns auf den Rückmarsch, wobei wir eine erneute Begegnung mit den französischen Soldaten vermieden. Mit Mühe überquerten wir die Donau, um am Riedlinger Ufer von den Rauchern in Uniform und Zivil fast zu Boden gestoßen zu werden. Die Pakete wurden aufgerissen, jeder versuchte, soviel Tabak und Zigaretten wie möglich zu erwischen. Es gelang mir, von den ursprünglich vier Paketen eines zu behalten, weil unser Hinweis, es könnte ja jeder selber über die Brücke gehen und sich Tabak holen, soviel er tragen könne, von dem uns umgebenden Haufen offenbar als nicht ganz abwegig angesehen wurde.

Kriegsgefangener

Die gesprengte Donaubrücke hielt natürlich die Franzosen nicht auf. Sie hatten den Riedlinger Raum bereits eingeschlossen, so daß wir keine Chance mehr hatten, uns in Richtung Ulm abzusetzen. Wir besorgten uns zivile Jacken und erlebten den französischen Einmarsch in die Stadt als Zivilisten.

Meine Anwesenheit in Riedlingen hatte sich herumgesprochen. Ich hatte verschiedenen Leuten, die mir vertrauenswürdig erschienen, erzählt, wie mein Vater gestorben war. Zunächst sprach mit mir ein Herr, der Freimaurer war und der sich als Mitglied der Widerstandsbewegung bezeichnete, sowie ein deportierter Elsässer. Dieser protokollierte meine Aussagen. Ich zögerte bei dem Wort »Selbstmord«, und zwar zu Recht, weil mein Vater sich nicht aus eigenem Entschluß getötet hatte, sondern dazu gezwungen worden war. Die Herren schlugen das Wort »Freitod« vor, das mir besser gefiel, obwohl es die Sache auch nicht traf. Ich bekam eine neue Brille und einen Anzug. Dann übernahm mich die französische Armee. Ich war Kriegsgefangener. Auf meine Bitte hin ließen die Franzosen aber meine beiden Kameraden laufen und ihren Weg nach Ulm fortsetzen.

Um letzte Klarheit über meine Identität zu gewinnen, steckten sie mich in einen französischen Militärmantel, setzten mir einen französischen Stahlhelm auf und fuhren mit mir nach Herrlingen bei Ulm. Meiner Mutter war nichts passiert, sie hatte bis dahin nicht gewagt, den Amerikanern irgend etwas über den Tod meines Vaters zu sagen, weil sie nicht wußte, ob ich noch im Einflußbereich der NS-Regierung war oder nicht. Sie hatte auch in dem Haus nichts verändert und sogar das Hitlerbild stehen lassen, das dieser meinem Vater 1942 geschenkt hatte. Ich bekam zwei Stunden Zeit, um mit meiner Mutter zu sprechen, dann nahmen die Franzosen mich wieder mit und brachten mich nach Karlsruhe. Dort wurde ich nach einigen Tagen dem Oberbefehlshaber der 1. Französischen Armee »Rhin et Danube« vorgeführt. Auf dem Wege nach Karlsruhe sahen wir hoch oben einen deutschen Düsenjäger, eine Me 262. Der Krieg war noch immer nicht zu Ende.

Jean-Marie de Lattre de Tassigny, später zum Marschall von Frankreich ernannt, fragte mich nach der Meinung meines Vaters zu verschiedenen Punkten. Er sagte mir, er könne mich jetzt nicht entlassen, werde dies aber tun, sobald dies politisch möglich sei. Inzwischen stünde ich unter seinem Schutz. Ich wurde dann zunächst nach Überlingen gebracht, wo die deutschen Kriegsgefangenen im Gefängnis eine vorübergehende Bleibe fanden. Ich genoß das Privileg, in die Küche einquartiert zu werden, wo ich eine große Portion Corned beef erhielt. An einem der folgenden Tage erfuhr ich von den Franzosen zu meiner großen Erleichterung, daß auch General Speidel das Dritte Reich überlebt hatte. Offensichtlich hatte die NS-Führung darauf verzichtet, ihm den Prozeß zu machen, um nicht das Gerücht zu nähren, es sei auch beim Tode meines Vaters nicht mit rechten Dingen zugegangen.

Von Überlingen kam ich nach Lindau, und zwar in das Offiziersgefangenenlager. Dort schlief ich mit drei französischen Soldaten in einem Raum. Es waren freundliche Menschen – einer von ihnen, von Beruf *ébéniste*, also Kunsttischler, hat mir noch in den siebziger Jahren geschrieben. Bald nahm ich von diesen ein Französisch an, welches sich besonders durch die häufige Verwendung der Worte »merde alors« heraushob und als Kommunikationsmittel unter zivilisierten Menschen wenig geeignet war. Ich wurde im Büro eingesetzt. Auf meinen Hinweis, daß ich nicht Schreibmaschine schreiben könnte, erwiderte ein Offizier: Der Sohn Rommels kann alles, wenn er will. Also brachte ich mir selber das Maschinenschreiben bei, und zwar mit zwei bis drei Fingern, eine Kunst, die mir heute noch gute Dienste leistet.

Die Franzosen behandelten mich ausgesprochen freundlich und wohlwollend. Die Marokkaner waren etwas schwieriger. Weil ich gut mit den Franzosen auskam, war ich bei jenen ausgesprochen unbeliebt. Einer rammte einmal sein aufgepflanztes Seitengewehr zehn Zentimeter von meinem Kopf entfernt in eine Tür, ein anderer stieß mir den Gewehrlauf in den Magen, wieder ein anderer schlug mir den Gewehrkolben in den Rücken. Aber wir wollen nicht nachtragend sein. Um mit Bernard Shaw zu reden (Captain Brassbound's Conversion): Möge Allah ihnen die Hölle leicht machen!

Gelegentlich kam ich wegen irgendwelcher Büroprobleme auch in das Mannschaftslager, wohin ich eigentlich gehörte. Dort kochte es in der Gerüchteküche. Es hieß, der britische Oberbefehlshaber Feldmarschall Montgomery habe die deutschen Truppen nicht entwaffnet, sondern vielmehr neu ausgerüstet. Es ginge bald wieder los gegen den »Iwan«. Auch die Russen hätten deutsche Truppen aufgestellt. Die würden aber sicher überlaufen. Manche waren durch die lange Militärzeit so geprägt, um nicht zu sagen gezeichnet, daß sie sich fast nach weiterer soldatischer Tätigkeit sehnten und sich kaum noch vorstellen konnten, nicht mehr Soldaten zu sein. Die meisten aber hofften, bald nach Hause zu kommen. Diese Hoffnung sollte sich nicht immer erfüllen, was angesichts der langen Dauer der Kriegsgefangenschaft von Franzosen in Deutschland nicht sehr verwunderlich war.

Es wurde mit Inbrunst diskutiert, wie es zu dieser Katastrophe hatte kommen können. Ich sagte gelegentlich, um meine Mitgefangenen aufzuheitern, die Kriegslage sei so schlecht gewesen, daß selbst wir Luftwaffenhelfer nichts mehr hätten ausrichten können. Einige reagierten auf solche Bemerkungen ausgesprochen gereizt. Einer sagte, mein Vater hätte mir ein paar Ohrfeigen versetzt, wenn er gehört hätte, was ich da von mir gebe. Ich zog daraus die Lehre, daß es Situationen gibt, in denen Humor unwillkommen ist, und verhielt mich danach, jedenfalls im Gefangenenlager.

Die Franzosen klärten uns über den Massenmord an den Juden und über die Zustände in den Konzentrationslagern auf. Wir waren tief betroffen. Einige versuchten freilich, diese Verbrechen schlechthin abzuleugnen. Die Leichenberge seien in Wahrheit Opfer von Luftangriffen. Ein Kriegsgefangener hatte Photos bei sich, die ein halb gefülltes Massengrab zeigten. Die Franzosen nahmen ihm die Photos ab, und er sagte bei seiner Vernehmung, er sei selber bei solchen Massenerschießungen dabei gewesen, hätte aber nicht mitgewirkt. Ein früherer Häftling im Konzentrationslager Schirmeck schilderte gräßliche Begebenheiten. Mein Vater hatte mir mal von solchen Ereignissen erzählt, aber was er sagte, war abstrakt, und nun wurde das alles anschaulich, grauenvoll, beschämend.

Ich schämte mich nicht, ein Deutscher zu sein, und ich widerstand auch Versuchen, mich für die Fremdenlegion zu gewinnen, zumal ich wirklich vom Militär genug hatte. Aber ich hatte das Gefühl, daß wir Deutsche nicht nur den Krieg, sondern auch unsere Ehre verloren hatten, und daß alles, was ich bislang geliebt und bewundert hatte, durch diese Verbrechen befleckt war. Solche Gedanken bewegten und beunruhigten mich um so mehr, als die Franzosen und auch Amerikaner, mit denen ich sprach, mir durchaus freundlich begegneten. Auch Juden traf ich, gebildete Menschen, die überhaupt nicht dem Zerrbild entsprachen, das uns die NS-Propaganda eingeimpft hatte. Mir taten mein Vater und alle anderen leid, die in diesen Krieg gezogen waren und für dieses Rabenvaterland Opfer gebracht hatten. Sie sahen sich nunmehr dem Vorwurf ausgesetzt, einem verbrecherischen Regime gedient zu haben.

Ich geriet in eine große Verwirrung im Grundsätzlichen, in eine undifferenziert skeptische Haltung gegenüber moralischen Werten und gab mich viele Jahre einem Zweckmäßigkeitsdenken hin. Es ist mir damals nicht bewußt geworden, daß solches Denken immer einen Zweck voraussetzt. Es ist eine bemerkenswerte Erfahrung, daß der Mensch sich einbilden kann, zweckmäßig zu denken und zu handeln, ohne jemals darüber nachgedacht zu haben, welches eigentlich dieser Zweck sei. Als Zweck stellt sich dann unbewußt der Egoismus ein, im günstigsten Fall verfeinert durch das im Menschen verwurzelte Bedürfnis, sich selber zu achten. Die Befriedigung dieses Bedürfnisses beruht, wo die Wertebindung nicht stark ist, weitgehend auf der Achtung, die einem andere entgegenbringen. Das aber macht den Menschen von der Meinung der anderen in ungesundem Maße abhängig und zum bequemen Opfer von Massenerscheinungen.

Ähnlich wie mit dem zweckmäßigen Denken und Handeln verhält es sich mit dem vernünftigen Denken und Handeln. Dieses erfordert eigentlich Klarheit über die Ziele und Werte, denen die Vernunft dienen soll. Wo es an dieser Klarheit fehlt, dient die Vernunft oft nur dem eigenen Interesse. Die Aufforderung, vernünftig zu sein, bedeutet denn auch, daß man an sich denken und nicht zu viel riskieren soll. An dem Bewußtsein für Werte fehlt es in der Regel. Man erforsche sich selber, inwieweit man diese Klarheit besitzt. Ich habe mir später angewöhnt, mich immer wieder selber nach den Begründungen für meine Meinungen und nach den Motiven meines Verhaltens zu befragen. Ich habe diese Befragungsaktion nicht immer mit der letzten Konsequenz durchgeführt und mich mit manchen bequemen Kompromissen zufrieden gegeben, aber ich bilde mir ein, durch diese Selbstbefragung etwas gescheiter und vielleicht auch etwas besser geworden zu sein als ohne sie.

Meine Mutter durfte mich einmal im Sommer zusammen mit Oskar Farny im Gefangenenlager besuchen. Ihr Eindruck von mir war nicht sehr günstig, was ich ihr lebhaft nachfühlen kann, denn ich ließ mich einfach gehen, und es war mir ziemlich egal, was die Zukunft bringen würde. Ich erklärte ihr, daß ich keine Ziele und Pläne hätte, sondern mich von den Ereignissen überraschen lassen wollte. Aus dem Plan, Offizier zu werden, würde jedenfalls nichts. Andere Interessen hätte ich keine. So einen Schwachsinn anhören zu müssen, freut Eltern nicht gerade. Im August 1945 ließ mich der Kommandant des Lindauer Gefangenenlagers, Oberstleutnant de Buyer, zu sich kommen und sagte mir, der Oberbefehlshaber der 1. Französischen Armee, General de Lattre de Tassigny, wünsche mich erneut zu sehen. Ich hätte in einem ordentlichen Aufzug zu erscheinen. Wenn der General mich fragen sollte, ob ich inzwischen Französisch spräche, hätte ich mit »nein« zu antworten. Der Oberstleutnant fürchtete offenbar, daß mein grausames Kauderwelsch, möglicherweise noch gewürzt durch einige Kraftausdrücke, welches einige Franzosen durchaus amüsierte, den General weniger erfreuen und zu Rückschlüssen auf die Umgebung, in der ich mich bewegte, veranlassen könnte.

Dem General wurde ich in seiner Residenz in Bad Schachen vorgeführt. Ich weiß nicht mehr genau, was gesprochen wurde. Er empfing mich freundlich und fragte nicht nach meinen Französischkenntnissen. Nach meiner Erinnerung kam er schließlich auf die Konzentrationslager und Massenmorde sowie auf die Frage zu sprechen, wie dies alles die Deutschen hätten geschehen lassen können. Ich fühlte mich aufgerufen, mein Vaterland wenigstens mit Worten zu verteidigen, und sagte, wir hätten davon nichts gewußt.

Der General wies auf die Informationen über diese Verbrechen durch den alliierten Rundfunk hin. Ich erwiderte, gleichzeitig seien die deutschen Städte samt ihrer Bevölkerung durch Luftangriffe vernichtet worden. Da könne man nicht erwarten, daß die Deutschen der alliierten Propaganda Glauben schenkten. Beide Argumente, die ich vorbrachte, waren natürlich ziemlich einfältig. Aber vielleicht beeindruckte es de Lattre, daß ich den Mut hatte, ihm zu widersprechen. Er kündigte mir meine Entlassung an und legte mir ans Herz, mir die Bildung zu verschaffen, die mir fehle. Ich erhielt daraufhin eine *libération provisoire* mit der Auflage, in der französischen Besatzungszone zu bleiben.

Mich beeindruckte die vornehme und großzügige Haltung des französischen Oberbefehlshabers. Diese war alles andere als selbstverständlich, wenn man daran denkt, daß mein Vater zunächst in Afrika und später in der Normandie der wichtigste militärische Gegner der Freien Franzosen (unter Führung de Gaulles) gewesen war, und wenn man überdies die Demütigungen in Betracht zieht, die Frankreich erfahren, und die Opfer, die Frankreich gebracht hatte. Auch andere französische Soldaten, denen ich in der Gefangenschaft begegnete, zeigten damals Verständnis für uns Deutsche. Das sind jedenfalls meine Erfahrungen.

Ich habe seit dieser Zeit Sympathie für Frankreich und die Franzosen empfunden, die sich, auch durch die wachsende Zahl französischer Bekannter und die Bindungen meiner Frau an Frankreich, immer mehr verstärkt hat.

Nach meiner Entlassung aus der Gefangenschaft lud mich General de Lattre noch zweimal zu einem Gespräch ein. Bei dem ersten, das etwa 1947 in Biberach stattfand, sollte ich ihm sagen, was ich über die politische Entwicklung denke. Ich sprach recht freimütig. Nicht alles, was ich damals sagte, würde ich heute noch unterschreiben. Er beauftragte mich danach, ihm ein Exposé zu schicken, das ich – nicht ohne fremde Hilfe – produzierte und das er sich übersetzen ließ. Beim zweiten Gespräch, das, glaube ich, im Sommer 1950 in Baden-Baden stattfand, ging es schon um deutsche Soldaten unter alliiertem Kommando. De Lattre wurde Gouverneur von Indochina. Dort fiel sein Sohn, auf den er stolz war und über den er zu mir gesprochen hatte. Ich kondolierte ihm. Seinen Antwortbrief habe ich noch. Bald starb auch er. Nach seinem Tod wurde er zum Marschall von Frankreich ernannt. Ich empfinde es als besondere Ehre, diesen bedeutenden Mann gekannt zu haben.

Wachsende Verbitterung der Mutter

Meine Mutter und ihre Nichte Karla, die mit ihrem fünf Monate alten Sohn bei uns wohnte, mußten im Mai 1945 unser Haus zugunsten amerikanischer Truppen räumen. Zuvor hatte sie pünktlich das beachtliche Arsenal von Kriegs- und Jagdwaffen, das mein Vater angesammelt hatte, den US-Streitkräften ausgeliefert. Weitere Waffen waren in Oskar Farnys Gut in Dürren verlagert, wo sie die französischen Streitkräfte abholten. Die Pistole, die mein Vater während des Zweiten Weltkrieges getragen hatte, gab meine Mutter nicht heraus. Sie vergrub sie im Garten, wo sie sich heute noch befindet. Im ganzen gesehen war es nützlich und hilfreich, daß die Millionen von Schießeisen, die sich in Deutschland am Ende des Zweiten Weltkrieges angesammelt hatten, von den Alliierten konfisziert und vernichtet oder außer Landes gebracht wurden.

Die Briefe meines Vaters, die meine Mutter gesammelt hatte, mußte sie ausliefern. Die US-Streitkräfte gaben ihr diese 1951 vollzählig wieder zurück. Meine Mutter ärgerte sich mächtig, daß US-Soldaten alle möglichen Gegenstände aus ihrem Haushalt als Souvenirs mitnahmen, obwohl das eigentlich, gemessen an dem, was sonst in der Welt geschehen war und noch geschah, keine Bedeutung hatte. Sie begann mit den Amerikanern in Herrlingen und Ulm zu streiten, und sie gab, mit einer Leidenschaft erfüllt, die an die Bereitschaft zur Selbstvernichtung heranreichte, nicht nach, sondern wurde immer heftiger.

De Lattre de Tassigny ließ ihr anbieten, in die französische Zone umzuziehen. Alles schien perfekt. Eine Wohnung stand in Biberach bereit. Die Hauseigentümerin war einverstanden. Da erschien die amerikanische Militärpolizei und verbot den Umzug mit dem Bemerken, ob sie umziehe oder nicht, werde von der Militärregierung entschieden, und die sei in Ulm nicht französisch, sondern amerikanisch.

Als ich mit einem französischen Passierschein nach Herrlingen kam, wo meine Mutter im ehemaligen Lehrerhaus eine Unterkunft gefunden hatte, war sie gerade damit beschäftigt, mit einem fließend Deutsch sprechenden amerikanischen Oberleutnant darüber zu streiten, ob Österreich zu Deutschland gehörte oder nicht. Ich versuchte zu vermitteln, was aber den gebündelten Zorn meiner Mutter auf mich lenkte, die plötzlich Verständnis für die Ansicht des Oberleutnants zeigte, der ja kein Deutscher sei, aber keinerlei Verständnis für meine unpatriotische

Die Mutter als junge Frau:
Lucie-Maria Mollin
war »eine ausgesprochene schöne Frau,
schwarzhaarig, mit dunklen Augen«.

Haltung habe, der mein Vater, wenn er noch lebte, mit Nachdruck widersprechen würde. Ich erwiderte, daß mein Vater wiederholt gesagt hätte, wie sehr er es bedaure, daß Napoleon nach Rußland gezogen sei. Hätte er dies nicht getan, wäre Europa damals vereinigt und die großen Kriege vermieden worden. Meine Mutter sagte, das hätte nichts mit der Sache zu tun, über die gesprochen werde, und brach das Gespräch abrupt ab. Der amerikanische Oberleutnant gab mir draußen noch eine Schachtel Camel oder Lucky Strikes, offenbar als Lohn für meinen Vermittlungsversuch, und fuhr mit seinem Jeep weg. Meine Mutter sprach mit mir an diesem Tag nur noch das Allernötigste.

Mein Vater hatte meine Mutter vor dem Ersten Weltkrieg kennengelernt, als er Fahnenjunker und Fähnrich auf der Kriegsschule Danzig war. Meine Mutter war eine ausgesprochen schöne Frau, schwarzhaarig, mit dunklen Augen. Sie entstammte aus einer – wenn man so sagen will – preußisch-polnischen Familie, die im sogenannten Polnischen Korridor, der Ostpreußen vom Kerngebiet des Deutschen Reichs trennte, oder, anders gesagt, im alten Westpreußen ansässig war. Ihre Schwester Hedwig hatte einen Architekten aus Schleswig-Holstein geheiratet. Der Mädchenname der Geschwister war Mollin, was nach Darstellung meiner Mutter auf einen italienischen Ursprung hindeutete. Die Vorfahren hießen aber auch von Malottki, Rocknicialsky, Rybinsky usw. In dieser Familie spiegelten sich die Widersprüche eines Grenzlandes wider. Während meine Mutter sich für eine Preußin hielt, und zwar für eine hundertfünfzigprozentige, und dieses dank dieser Einstellung zweifellos auch war, gab es in der gleichen Familie auch überzeugte Polen.

Von ihren Vettern waren zwei im Ersten Weltkrieg auf deutscher Seite gefallen. Zwei waren im Zweiten Weltkrieg als Repressalie von deutscher Seite erschossen worden. Einer von diesen, Hipolyt, war Rittmeister, ein überzeugter Pole. Er hatte im Krieg gegen die Russen am Beginn der zwanziger Jahre die höchste polnische Tapferkeitsauszeichnung erhalten. Der andere, Edmund, war katholischer Geistlicher. Edmund hatte meiner

Mutter die Unterlagen für den arischen Nachweis beschafft, die, alle in polnischer Sprache abgefaßt, allerdings nur ausreichten, um den Nachweis bis einschließlich der Großeltern bescheinigt zu bekommen. Mein Vater hatte Edmund im September 1939 besucht und ihm versichert, er könne ganz unbesorgt sein, die Deutschen würden sich korrekt verhalten, ihm aber auf seine Bitte hin doch einen Brief hinterlassen, der die Beziehungen zu ihm darstellte. Der Brief nützte Edmund aber nichts. Er verschwand, ebenso wie Hipolyt. Als mein Vater sich bei der deutschen Verwaltung nach seinem Verbleib erkundigte, wurde ihm mitgeteilt, er sei wohl den Witterungsunbilden erlegen. Das Schicksal der Brüder wurde nach dem Krieg aufgeklärt. Ein mit der Familie verschwägerter Diplomat kehrte nach dem Zweiten Weltkrieg aus England nach Polen zurück, wo er aus politischen Gründen verhaftet wurde und im Kerker starb.

Meine Mutter hatte auch noch einen Bruder, der als schwarzes Schaf in der Familie galt und von dem ich so gut wie nichts erfuhr. Wenige Tage nach dem Tod meines Vaters, als ich noch zu Hause war, läutete es. Draußen stand ein SS-Offizier. Ich dachte schon, daß jetzt wir verhaftet würden, da stellte er sich vor und erklärte: »Ich bin dein Onkel«. Er war der geheimnisvolle Bruder. Die Begrüßung war ziemlich kühl, das Gespräch nichtssagend. Dann ging er wieder. Meine Mutter beschränkte sich darauf zu sagen, er hätte ihrer Mutter große Sorgen bereitet. Was aus ihm geworden ist, weiß ich nicht. Ich hörte später, er sei gefallen. Jedenfalls sind in dieser Familie, wenn ihre Angehörigen sich im Jenseits begegnen, fast alle Positionen vertreten. Ich hoffe, daß sie sich dort versöhnen und einigen.

Meine Mutter betrachtete sich, wie gesagt, als Preußin, wie offenbar auch ihr früh verstorbener Vater, der, wie man heute sagen würde, Oberstudiendirektor in Danzig war. Sie wollte, daß in der Familienwohnung nicht nur Bilder des französischen Kaisers, sondern auch ein Portrait Friedrichs des Großen aufgehängt wurde. Meine Mutter betonte stets, sie sei eine Danzigerin. Ich mußte jedoch später hören, daß es da feine Unterschiede gibt. Bei einem Treffen ehemaliger Danziger während meiner Amtszeit als

Oberbürgermeister wollte ich mich mit dem Hinweis beliebt machen, daß meine Mutter auch eine Danzigerin gewesen wäre. Ein Herr fragte mich mißtrauisch: »War Ihre Frau Mutter evangelisch?« Ich antwortete: »Nein, katholisch!« Darauf der Herr: »Dann war Ihre Frau Mutter eine Kaschubin!« Ich war zuerst verblüfft, faßte dann aber im Blick auf Günter Grass und Horst Ehmke diese Bemerkung als Kompliment auf.

Ich hielt, wie erwähnt, das Verhalten der Amerikaner, Briten und Franzosen gegenüber dem besiegten Deutschland für ausgesprochen großzügig. Das meinte meine Mutter, die ich sehr geliebt habe, auch wenn ich mit ihr in einigen Punkten nicht übereinstimmte, im Grunde ebenfalls, aber sie gab es nicht gerne zu. Sie war gescheit und leidenschaftlich und meinem Vater ganz ergeben. Doch es entstand in ihr eine ständig wachsende Verbitterung. Kritik zu ertragen war ihr immer weniger möglich. Sie las zwar viele Bücher, aber eher mit dem Bestreben, das, was sie dachte, bestätigt zu bekommen – ein Bestreben, das freilich weit verbreitet und keineswegs ungewöhnlich ist. Gelegentlich taute sie auf, zum Beispiel wenn frühere Offiziere und Soldaten zu Besuch kamen oder auch Engländer, Amerikaner und Franzosen. Aber ansonsten zog sie sich immer mehr in sich zurück. Sie sagte, am liebsten würde sie allein leben. Die Beziehungen zu Freundinnen und auch Freunden erkalteten. Wegen Nichtigkeiten kam es zum Streit und zur Trennung. Am Schluß trafen sich auch meine Mutter und meine Tante Helene nicht mehr, obwohl ihre Wohnungen nur fünfhundert Meter voneinander entfernt waren. Meine Frau und ich blieben bei ihr, bis zu ihrem Tode, der sie gnädig in Gestalt eines Herzinfarkts ereilte.

Das Zusammenleben mit ihr war nicht einfach. Alle Schwiegertöchter und Söhne in ihrem Bekanntenkreis waren liebenswürdiger, aufmerksamer und hilfsbereiter als wir. Meine Beamtenkarriere verfolgte sie mit geheimem Stolz, aber auch mit Mißtrauen. Als ich Ende 1970 im Alter von 41 Jahren Ministerialdirigent wurde, was dem Rang eines Brigadegenerals entspricht, und ich sie scherzhaft darauf hinwies, daß mein Vater in meinem Alter noch Hauptmann gewesen sei, ergriff sie ein großer Zorn, der schließlich in den Ausruf mündete: »In was für einem Land leben wir, in dem ein Mensch wie du General wird!«

Der Gerechtigkeit halber sei angemerkt, daß mein Vater im Hunderttausend-Mann-Heer wie viele andere auch fünfzehn Jahre Hauptmann geblieben war, was mit dem Überangebot an Hauptleuten nach dem Ersten Weltkrieg und der geringen Kopfstärke des Heeres zusammenhing. Ich hingegen profitierte von dem Umstand, daß die älteren Jahrgänge durch den Zweiten Weltkrieg fürchterlich dezimiert worden waren, so daß Angehörige meines Jahrgangs an die Stelle der Gefallenen traten und ungewöhnliche Beförderungschancen hatten. So ist das Unglück des einen manchmal das Glück des anderen, obwohl der Begünstigte das nicht anstrebt.

Nach der Gefangenschaft: Frustration und Rüpelei

Nach meiner Entlassung aus der Gefangenschaft im Spätsommer 1945 blieb ich einige Monate bei der Familie Farny auf dem Gut Dürren. Ich schlief in einem Nebengebäude, das auch eine von einem Professor ausgelagerte, von den französischen Truppen freilich in ziemlicher Unordnung hinterlassene Bibliothek mit ziemlich viel erotischer Literatur barg. Diese studierte ich eifrig. Oskar Farny war das nicht recht. Er fürchtete um meine Moral. Heute würden solche Werke der Jugend allenfalls ein müdes Lächeln abgewinnen.

Im übrigen hörte ich von Oskar Farny einiges über Politik, über Weimar und über den Untergang der Demokratie, was mir viel gegeben hat. Auf dem Gut Dürren lernte ich den Syndikus des Zentralverbandes der Milch-, Käse- und Butterwirtschaft, Schobacher, kennen, einen witzigen, gescheiten Juristen, der mich davon überzeugte, daß ein junger Mensch, der nicht dumm sei, aber zu nichts eine rechte Neigung verspüre, am besten Jurist würde. So kam ich wieder zu einem Berufsziel, auf das ich ohne jede Begeisterung zusteuerte.

Der Weg vom Gut Dürren nach Wangen in das dortige Gymnasium war zu weit. Ein Kriegskamerad meines Vaters aus dem Ersten Weltkrieg, der Mühlenbesitzer Julius Mühlschlegel in Biberach, war bereit, mich aufzunehmen, damit ich dort das Abitur machen konnte. Ich habe der Familie Mühlschlegel viel zu verdanken. Es gibt nicht viele Menschen, die sich zur Aufnahme eines Fremden bereit erklären, heute schon gar nicht; damals, unter dem Eindruck der allgemeinen Not, kam das häufiger vor. Eigentlich hätte von mir erwartet werden können, daß ich mich nunmehr fleißig und strebsam meinem Berufsziel näherte. Aber ich dachte gar nicht daran. Seit Sommer 1944, als immer häufiger Fliegeralarm gegeben wurde, hatte ich keinen Schulunterricht mehr genossen, wenn man von einem zweitägigen Schulbesuch im März 1945 zwischen Flak und RAD absieht, der, wie erwähnt, dazu diente, ohne sonderliche Mühe den sogenannten Reifevermerk zu erlangen. An diesen Zustand, von Bildung nicht weiter behelligt zu werden, hatte ich mich gewöhnt. Zutiefst frustriert, arbeitete ich zunächst einmal so gut wie nichts und vertrieb zusammen mit einigen Gesinnungsgenossen meine Zeit zu einem nicht geringen Teil damit, mir auszudenken, wie ich unsere armen, meistens alten Lehrer ärgern konnte. Wir stiegen nachts in die Schule ein, hoben die Tür zum Lehrerzimmer aus den Angeln, und warfen diese in den Marktbrunnen. Wir vertauschten im Lehrerzimmer die Hefte für die verschiedenen Klassen. Und vor dem Abitur versuchten wir, uns aus dem Schreibtisch des Direktors Zimmerer, genannt Guste, die Abituraufgaben zu beschaffen, die aber nicht dort lagen. Ich wundere mich heute noch über die Geduld des Direktors und der Lehrerschaft sowie darüber, daß ich nicht von der Schule verwiesen wurde.

Wir waren eine Clique von 17- bis 19jährigen, die entweder bei der Wehrmacht oder beim Reichsarbeitsdienst und dann im Kriegsgefangenenlager gewesen waren und die einschließlich der Freundinnen zusammenhielten wie Pech und Schwefel. Einige hatten sich in der US-Gefangenschaft einen wundervollen amerikanischen Slang angeeignet, welcher die Englischlehrer fast hilflos machte. Ich konnte mit meinem Französisch aufwarten, das ich zwar schnell sprechen, aber nicht schreiben konnte. Letzteres zeigte sich bald. Ich erinnere mich gerne an diese Zeit zurück, kann mich aber, was unser Benehmen gegenüber unseren Lehrern anbetrifft, eines Gefühls der Scham nicht erwehren. Wir hatten uns wohl im Krieg die Hörner nicht genügend abgestoßen. Ein älterer Bruder eines Klassenkameraden, der völlig ausgemergelt aus russischer Gefangenschaft zurückkehrte, verhielt sich weitaus ruhiger als wir.

Der inzwischen beschaffte sogenannte Reifevermerk öffnete – zu Recht – nicht automatisch den Zugang zur Universität. Es blieb nichts anderes übrig, als das Abitur zu machen. Ich zögerte die Arbeitsaufnahme lange hinaus. Schließlich überwand ich mich und legte mir selber eine Art – heute würde man sagen – Crash-Kurs auf. Ich beschaffte mir die Hefte fleißiger Schüler und schrieb sie ab, legte sogar Vokabelhefte an und stellte zu meinem Erstaunen fest, daß das meiste, was ich nicht verstanden hatte, ganz gut in den Schulbüchern erklärt wurde. Die französische Militärverwaltung gab sich wirklich Mühe, das Bildungsniveau in ihrer Zone zu erhöhen. Das Lehrmaterial war zum Teil ausgezeichnet. Das französische Zentralabitur wurde eingeführt. Die mündliche Prüfung wurde von Lehrern anderer Schulen abgenommen, welche die Kandidaten nicht kannten. Das war mein Glück.

Im Schriftlichen schnitt ich gar nicht so schlecht ab, mit Ausnahme der Mathematik. Dort hatte ich mich nicht auf eigene Kräfte, sondern auf einen Spickzettel verlassen, den ein mir bekannter Diplomingenieur angefertigt und dem ich die Aufgaben über ein Versteck auf dem Schulklosett zugeleitet hatte. Aber ich verstand seine ziemlich spät eintreffenden Lösungen noch weniger als die Aufgaben, und als ich dann selber versuchte, diese Aufgaben zu lösen, reichte die Zeit nicht mehr. Das Ergebnis war ein »Mangelhaft« in Mathematik.

In fast allen Fächern kam ich ins Mündliche. Dort machte ich durch meine Beredsamkeit, um nicht zu sagen Geschwätzigkeit, eine gute Figur. Meine französischen Sprachkenntnisse aus der Gefangenschaft, angereichert durch das, was in der Schule an mir hängengeblieben war, in Verbindung mit meinem von früheren *prisoners of war* übernommenen Amerikanisch machten Eindruck. Kurz und gut, ich machte das zweitbeste Abitur in der Klasse, verbunden mit dem Recht, in Tübingen zu studieren. Direktor Zimmerer, der mich bislang nicht als ein Genie, wohl aber als einen großen Flegel kennengelernt und der sich in Gesprächen mit mir darüber gewundert hatte, wie von meinem von ihm hochgeschätzten Großvater väterlicherseits ein solcher Tunichtgut abstammen konnte, war über dieses Ergebnis erschüttert. Er erklärte: »Da hat eine blinde Sau eine Eichel gefunden.« Wir hatten uns auch sogenannter unerlaubter Hilfsmittel bedient und uns gegenseitig nach Kräften geholfen. Aber die Lehrer, die uns beaufsichtigten, waren wohl froh, uns loszuwerden, und drückten ein Auge, manchmal auch alle beide, zu.

Begegnung mit der Demokratie

Landrat in Biberach war zunächst Fritz Erler, ein Sozialdemokrat, der lange Jahre in NS-Haft gesessen hatte. Ich war tief beeindruckt davon, wie er seine Leiden aus der NS-Zeit überwand. Er lud mich in sein Dienstzimmer ein, um zu erfahren, welche politischen Ansichten ich hatte. Diese waren ziemlich unausgereift. Zwar war mir klar, daß so etwas wie das Dritte Reich nie wieder kommen dürfe und alle Bestrebungen, es wiederherzustellen, nachhaltig bekämpft werden müßten. Aber im übrigen meinte ich, man müßte sich auf den nächsten Krieg gegen die Sowjetunion vorbereiten. Den Staat stellte ich mir wie eine militärische Struktur vor. Für Meinungsfreiheit war ich schon, aber für keine übertrieben große. Auch wollte ich lieber von Fachleuten als von Volksvertretern regiert werden.

Erler sagte zu mir: »Wissen Sie eigentlich, daß Sie noch so denken wie ein Faschist?« Das wollte ich eigentlich nicht. Jedenfalls verdanke ich ihm Anstöße, darüber nachzudenken, was Demokratie eigentlich bedeutet.

Fritz Erler wurde später von den Franzosen verhaftet, weil er, wie es hieß, Fremdenlegionären zur Flucht verholfen hatte, und in das Lager Balingen eingeliefert, in dem Menschen gefangengehalten wurden, die im Verdacht standen, ehemals Nationalsozialisten gewesen zu sein, und die das zum größten Teil wirklich gewesen waren. Er ertrug auch das.

Gelegentlich kam Erler mit irgendwelchen Arbeitskommandos in Mühlschlegels Mühle. Er beeindruckte mich so sehr, daß ich mich mit dem Gedanken trug, Sozialdemokrat zu werden. Doch Oskar Farny sagte mir, mein Vater würde das nicht wünschen, sondern ein Engagement in der CDU bevorzugen. Ich ging davon aus, daß er recht hatte, zumal die SPD von einer deutschen Armee, gleich in welcher Form, damals nichts wissen wollte. Später habe ich Herrn Erler, als er bereits ein großer Mann in der SPD war und eine Hoffnung für viele, einmal unangemeldet im Bundestag besucht. Er kam wirklich in die Halle und unterhielt sich verhältnismäßig lange mit mir. Danach habe ich ihn nicht mehr gesehen. Bei der Regierungsbildung 1966 schickte ihm der neue Kanzler der Großen Koalition, Kurt Georg Kiesinger, ein Telegramm, das dessen Verbundenheit mit ihm zum Ausdruck brachte. Ich war dabei, als es abgefaßt wurde. Erler war damals sehr krank. Er starb einige Zeit später.

Tübingen

Ausgestattet mit meinem vortrefflichen Abiturzeugnis begab ich mich 1947 nach Tübingen und wurde von der Alma Mater als Student der Jurisprudenz aufgenommen. In meiner Familie war niemand Jurist gewesen. Irgendwelche Ahnung von der Materie hatte ich nicht. Ich nahm staunend zur Kenntnis, das es einen Unterschied zwischen Strafrecht und Zivilrecht gibt, daß das allgemeine Verwaltungsrecht nicht schriftlich niedergelegt war, sondern den Studenten von den Professoren mitgeteilt wurde, und daß hinter diesen komplizierten Sachgebieten noch andere Scheußlichkeiten lauerten, wie Handels- und Wertpapierrecht, Zivilprozeßrecht, Grundbuchrecht, Arbeitsrecht, Strafprozeßrecht, Steuerrecht, Völkerrecht, Verfassungsrecht. Das entmutigte mich sehr, zumal die Vorlesungen zum Teil Hörer voraussetzten, die das, was vorgetragen wurde, bereits genau kannten.

Ich verstand nicht sehr viel. Eine bleierne Müdigkeit ergriff mich. In eine Bank in einem der Hörsäle war eingeschnitten: »O heiliger Sankt Benedikt, ich bin schon wieder eingenickt!« Dieser Spruch gibt meine Verfassung von damals gut wieder. Ich wurde meinem Grundsatz, niemals wieder in den Tag hinein zu dämmern, untreu. Schließlich blieb ich den Hörsälen, diesen Orten des Mißvergnügens und der Langeweile, fern, mit einigen Ausnahmen. Dieses waren die Vorlesungen der Professoren Dölle und Zweigert wegen ihrer Klarheit und eines Professors des Strafrechts, der nicht schlecht war, der aber die Gewohnheit hatte, nach fast jedem Satz die Zunge herauszustrecken. Unter grobem Verstoß gegen das Urheberrecht, zum Teil aber auch mit Billigung des Vortragenden, hatten Studenten Nachschriften hergestellt. Auf diese Nachschriften, die ich mir zu gegebener Zeit ausleihen würde, um dann genauso schlau wie die Vorlesungsbesucher zu sein, setzte ich meine Hoffnungen. Zunächst aber gab ich mich der Geselligkeit hin.

An der Universität studierten verschiedene Altersjahrgänge. Alte Veteranen, darunter ehemalige Hauptleute, Majore und selbst Oberstleutnants studierten neben Jünglingen, die gar nicht gedient hatten oder »nur« als Luftwaffenhelfer bei der Flak oder beim RAD gewesen waren. Man traf sich abends in Wirtshäusern, trank Dünnbier oder ziemlich sauren Most und schmetterte zum Gitarrenklang die alten Lieder, freilich in stark entschärfter Fassung. Wir Jungen wurden geduldet. Alle duzten sich. Nur wenn wir vorlaut wurden oder sogar die geschilderten Kriegserlebnisse anzweifelten, wurden wir etwas verächtlich als Flakhelfergeneration abgetan, von der man nichts anderes erwarten könne, weil sie keine Erziehung genossen hätte.

Ein wichtiger Ort der Versammlung war die Wirtschaft »zur Farb« der Tante Emilie. Tante Emilie verstand sich unter anderem darauf, Brot ohne Marken und einen recht guten Most zu beschaffen, von dem man einen wirklichen Rausch bekommen konnte. Sie war schon älter und schien in ihrer Gastwirtschaft zu schlummern. Sie merkte es aber sofort, wenn einer ihrer Gäste versuchte, sich, ohne zu zahlen, zu entfernen. Es ging das Gerücht, daß sie ein Student mit ihrem Sohn sitzengelassen hatte. Wir stimmten öfters das gemütvolle Lied an »Rosemarie, siebzehn Jahre mein Herz nach Dir schrie« usw. Dieses Lied versetzte sie in Rührung und ließ sie mit dem Kopf nicken, was wir als Bestätigung auffaßten, daß an dem Gerücht doch etwas dran sei. Ich genoß ihre Sympathie, weil sie trotz meiner zahlreichen Dementis darauf bestand, meinem Vater während eines Aufenthaltes in der Tropenklinik den Zutritt zu ihrer Gastwirtschaft verweigert zu haben. Sie hätte ihn nämlich nicht erkannt. Das wollte sie an mir wiedergutmachen. Mein Vater war aber nie in der Tropenklinik gewesen. Emilie wurde später zu einer Berühmtheit, der die Universität mit Billigung, wenn nicht auf Initiative des Rektors sogar einen Fackelzug widmete. Da war ich aber nicht mehr in Tübingen.

Ich selber hauste einige Zeit mit mehreren Kameraden im Gogenviertel – Gogen werden die berühmt-berüchtigten Tübinger Wengerter (Weingärtner) genannt – nämlich in der Ammergasse bei der Lina Pfeifer, unserer Hauswirtin, die von uns immer als »meine Herren« sprach. Unten, im Erdgeschoß, war ein ehemaliger Friseurladen, der Platz für vier Betten bot, oben war ein Zimmer mit einem Bett und einem Sofa. Dieses hatte ich von dem Sohn einer mit meinen Eltern befreundeten Familie gleichsam geerbt. Über diesem Zimmer war ein weiterer Raum, in dem ein Herr wohnte, der billigen Wodka besorgen konnte und auch sonst für Tauschgeschäfte nützlich war, der aber die selbst in der Gogei seltene Angewohnheit hatte, zum Fenster hinauszupinkeln. Im Winter führte das zur Bildung kleiner Eiszapfen an meinem oberen Fensterrahmen und einer größeren Eisfläche auf dem Hof.

Eines Tages besuchte mich Oskar Farny. Er zeigte sich von meiner Unterkunft sehr beeindruckt und fragte mich, ob er seinen Fahrer Seeberger heraufkommen lassen könnte. Ich stimmte selbstverständlich zu. Seeberger kam und Oskar Farny sagte zu ihm: »Sehet se mal, Seeberger, wie der Herr Rommel leben muß, und Sie sind mit Ihrer Wohnung unzufrieden.« Das ist schwäbischer Pragmatismus.

Ein empfindlicher Einschnitt in mein Leben war die Währungsreform im Juni 1948. Meine Mutter hatte kein Einkommen mehr, und ich hatte auch keines. Das Vermögen war abgewertet und reichte nirgends hin. Da gelang es mir, Arbeit in einer Lederfabrik zu finden, ich glaube, für einen Stundenlohn von 1,20 DM. Ich war sehr froh, diese Arbeit zu bekommen, und ich bin heute noch froh, daß ich einmal in einer Fabrik gearbeitet habe und damit nicht zu jenen Politikern gehöre, welche die Handarbeit nur aus Büchern oder Erzählungen kennen.

Später half ich meiner Mutter und einem früheren Generalstabschef meines Vaters in Afrika, General Bayerlein, der in Ulm beim amerikanischen Nachrichtendienst tätig war, Papiere meines Vaters herauszugeben. Ich hatte mit den im französischen Gefangenenlager erworbenen Schreibmaschinenkenntnissen die meisten Schreibarbeiten zu erledigen. Ich traf britische Schriftsteller und Historiker und begann den Respekt, den mein Vater vor seinen britischen Gegnern empfunden hatte, zu teilen. Auch schrieb ich selber einige Aufsätze in Zeitungen und Zeitschriften. So entfernte ich mich immer mehr von der Jurisprudenz. Ich las alles, was ich über das Dritte Reich, dessen Vorgeschichte und dessen Nachwirkungen bekommen konnte, befaßte mich mit der russischen Revolution, freilich ohne jemals irgendeine Neigung zum Marxismus zu verspüren, und las auch einige grundsätzliche oder vielmehr klassische Bücher, darunter Spenglers »Untergang des Abendlandes«, Toynbee, Machiavellis »Il Principe« und die »Discorsi«, Bismarcks »Gedanken und Erinnerungen«, Le Bons »Psychologie der Massen«, eine Geschichte der Philosophie. Ich begann sogar die Kritiken von Kant zu lesen, von denen ich so Gutes gehört hatte, muß aber eingestehen, daß ich diese Lektüre bald aufgab. Der berühmte Hans Habe von der Münchener Illustrierten riet mir, doch die Jurisprudenz an den Nagel zu hängen und Journalist zu werden. Doch dann trat ein

Ereignis ein, das alles grundlegend veränderte: Ich lernte meine spätere Frau Liselotte im Zug von Ulm nach Tübingen kennen, wo sie Neuphilologie studierte.

Liselotte und mein Fleiß

Wir waren uns bald einig, daß wir heiraten wollten. Bayerlein, ein überzeugter Junggeselle, sagte mir, wenn er ein so nettes Mädchen kennengelernt hätte, hätte er sich möglicherweise auch zur Ehe entschlossen, aber so, wie die Dinge sich entwickelt hätten, bliebe ihm nur die Hoffnung, einer erfahrenen älteren Krankenschwester zu begegnen, die ihn später einmal pflegen könnte.

Meine Mutter war wegen unserer Absichten sehr besorgt und hielt mir vor, daß jemand, der heiraten wolle, einen soliden Beruf brauche und zu diesem Zwecke zunächst einmal ein Staatsexamen ablegen müsse. Dies beeindruckte mich, zumal ich in Liselotte ein Beispiel dafür vor Augen hatte, wie zielstrebig, ordentlich und wohlorganisiert ein Mensch arbeiten kann, wenn er will. Ich entschloß mich also, die Rechtswissenschaft ernst zu nehmen, und begab mich zunächst, dem Beispiel vieler Studienkollegen folgend, zum Repetitor Guthke. Dort erkannte ich, daß die Rechtswissenschaften gar nicht so schwierig sind, wenn sie nicht kompliziert erklärt werden. Bald begann in mir ein Wissen zu sprießen, das zu besitzen ich zuvor niemals zu hoffen gewagt hatte, und mit dem Wissen sproß die Hoffnung, das erste juristische Staatsexamen bestehen zu können. Ich erinnerte mich auch meiner guten Erfahrungen vor dem Abitur, als ich mit kurzem, aber heftigem Einsatz einen schönen Erfolg erzielt hatte. Ich machte in einem einzigen Semester sämtliche Scheine, die notwendig waren, um zum Examen zugelassen zu werden. Mein Freund und Studienkollege Franz Dannecker schrieb eine meiner Arbeiten ab und erhielt eine bessere Note als ich, was ich als eine erneute Bestätigung der These ansah, daß die Welt weit davon entfernt ist, gerecht zu sein.

Liselotte Daiber, Tochter eines Schwaben aus Neu-Ulm
und einer Griechin aus Istanbul,
und Manfred Rommel im Sommer 1953 in Südtirol.

Meine Verbindungen zur Universität waren ziemlich oberflächlich. So gut ich den Repetitor Guthke kannte, so wenig kannte ich die meisten Professoren. An Guthkes Kursen nahm eine gemischte Gesellschaft teil, meistens Juristen, aber auch einige Historiker und Nationalökonomen. Letztere waren die eifrigsten, weil sie den Lebenssachverhalt, den das Recht betraf, besser durchschauten. Ich möchte die alte Universität nicht beschimpfen. Sie besaß große Qualitäten. Aber ich hatte den Eindruck, daß sie gar keinen großen Wert darauf legte, dem Studierenden den Zugang zu ihr pädagogisch zu erleichtern. Wer nicht gescheit, fleißig und willensstark genug war, um die abweisenden Barrieren zu überwinden, der gehörte aus ihrer Sicht eben nicht auf eine Universität und sollte sich eine nicht akademische Beschäftigung suchen. Oder er mußte eben zum Repetitor gehen, auf den die akademischen Lehrer herunterblickten wie viele Ärzte auf die Heilpraktiker. Diese elitäre Haltung begann sich schon zu meinen Studienzeiten abzubauen. Heute ist eine pädagogische Anlage der Vorlesungen selbstverständlich.

Ich hatte Freunde, die Mitglieder in der katholischen Studentenverbindung »Guestfalia« waren. Als diese sich entschlossen, an der Gründung einer CDU-Hochschulgruppe mitzuwirken, schloß ich mich an – erstens wegen der Botschaft meines Vaters aus dem Jenseits, auf die sich Oskar Farny berief, zweitens wegen Konrad Adenauer und Gebhard Müller, der damals Staatspräsident von Württemberg-Hohenzollern war, und drittens, weil ich doch die Verpflichtung empfand, aktiv in der neuen Demokratie mitzuwirken, welche wir den westlichen Alliierten verdankten. Ich hatte einfach den Eindruck, daß ich die Depressionen wegen der Vorgänge im Dritten Reich nur losbekäme, wenn ich etwas Positives für das demokratische Staatswesen tue.

Mein Beitrag in der Hochschulgruppe war nicht sehr bedeutend. Ich war für den Schaukasten verantwortlich, welcher die Passanten über die Ziele der CDU aufklären sollte. Ich hatte prächtige Ideen, wie der Schaukasten gestaltet werden könnte, führte sie aber nicht aus. So blieb dieser leer, bis die sozialdemokratische Konkurrenz auf ihm einen Zettel anbrachte, auf dem zu lesen stand: »Das ist das Programm der CDU!«

Auf den Gedanken, daß ich selber über die CDU ein politisches Amt erhalten könnte, kam ich damals nicht. Mein Ziel war, Richter beim Amts- oder Landgericht zu werden. Mehr wollte ich nicht. Und auch Liselotte schien mit meinem nicht gerade ehrgeizigen Lebensziel zufrieden zu sein. Später stellte ich freilich fest: Der Appetit kommt mit dem Essen. Sobald ich eine Stufe erreicht hatte, wollte ich die nächste erreichen. Erst als ich zum Oberbürgermeister der Landeshauptstadt Stuttgart gewählt wurde, zog in meine Seele jene heitere Ruhe ein, die dem Menschen kundtut, daß sein charakterlicher Reifeprozeß zum Abschluß gekommen ist.

In der zweiten Jahreshälfte 1952 meldete ich mich zur ersten juristischen Staatsprüfung an. Die sogenannten Fallklausuren, in denen konkrete Lebenssachverhalte juristisch zu begutachten waren, meisterte ich einigermaßen, bei den theoretischen Arbeiten machte ich eine ziemlich schlechte Figur. Es wurde wohl den Prüfern ziemlich deutlich, daß ich die feine geistige Nahrung der Universität verweigert und statt dessen die schlichte, aber kräftige Kost des Lehrmeisters und Repetitors Guthke zu mir genommen hatte. Im Mündlichen konnte ich mich, wenn es um konkrete Fälle ging, ganz gut behaupten, um bei rechtshistorischen Fragen weithin zu passen. Befragt, auf was dies zurückzuführen sei, erwiderte ich: »Eine richtige Antwort kann nur auf Zufall beruhen.«

Daraufhin der Prüfer: »Wie darf ich das verstehen?«

Ich: »Auf einem Umstand, den ich nicht zu vertreten habe.«

Von dieser Art Humor hielten die Prüfer nichts. Ich bekam nur die Note »ausreichend oben«. Meinem Nebensitzer ging es noch schlechter. Er verweigerte jede Aussage und fiel durch.

Heute muß ich einräumen: Die Hochschullehrer hatten mit ihrer Forderung recht, daß die Kandidaten über eine solide theoretische Grundlage verfügen sollten, zu der auch die Rechtsgeschichte gehört. Das Recht sollte beständig und verläßlich und der Ausgang der Verfahren bei Gericht möglichst voraussehbar sein. Das Wort »Vor Gericht und auf hoher See sind wir alle in Gottes Hand« ist nicht gerade ein Kompliment für die Gerichtsbarkeit. Je geringer der theoretische Tiefgang, desto größer die Gefahr der Beliebigkeit, um nicht zu sagen Willkür in der Rechtsanwendung.

Als Verwaltungsbeamter habe ich mich jedoch gelegentlich selber nicht an diese Erkenntnis gehalten. Ich sagte einmal dem leider früh verstorbenen Professor Waldemar Besson, er solle doch endlich die Doktorarbeit eines unserer Beamten akzeptieren. Er erwiderte, die Arbeit sei ganz gut, aber befasse sich nicht ausreichend mit der Literatur. Ich setzte dagegen, die Literatur sei doch weithin voneinander abgeschrieben. Er meinte, das möge sein, aber das müsse man bei einer wissenschaftlichen Arbeit zunächst einmal selber erfahren haben, sonst könne man nicht promoviert werden. Im Schwäbischen sagt man in solchem Falle: So ist es dann auch wieder!

Politische Anfänge

Nach meinem Staatsexamen, Ende 1952, war ich Gerichtsreferendar, also Beamter im juristischen Vorbereitungsdienst. Ich ließ mir Visitenkarten mit dieser Amtsbezeichnung drucken und hoffte, Respekt zu erlangen, wenn ich diese Karten überreichte. Diese Erwartung erfüllte sich nicht.

Beachtung fand ich hingegen als Redner für die CDU, CSU und für die Junge Union. Mein Thema war der Verteidigungsbeitrag der Bundesrepublik, um den in jenen Tagen heftig gestritten wurde. Aus Buch- und Zeitungslektüre, aber auch aus dem, was ich von General Speidel, dem britischen Militärtheoretiker Liddell Hart und natürlich General Bayerlein gehört hatte, komponierte ich eine wunderschöne Rede, die ich mit Begeisterung vortrug, sofern ich dazu kam. Das war aber meistens nicht der Fall. In der Regel erklangen schon nach meinen ersten Worten Pfiffe und Protestrufe, die meinen Vortrag sehr erschwerten und schließlich unmöglich machten. Anders gesinnte Menschen erklommen dann das

Rednerpult, soweit ein solches überhaupt vorhanden war, ergriffen das Wort und traten für das Gegenteil dessen ein, was ich gerne gesagt hätte, aber nicht sagen konnte. Zum Teil wurde einfach das Lied angestimmt: »Brüder, zur Sonne, zur Freiheit« und in mehreren Strophen zum Vortrag gebracht, freilich mit nachlassender Lautstärke, weil die Sänger die späteren Strophen nicht kannten. Ich kam mir vor wie ein Märtyrer des Wahren und des Richtigen, der sein Märtyrertum bis zur Seligsprechung weiter treiben mußte.

Die Presse schrieb nichts Gutes über mich, obwohl sie das, was ich gesagt hätte, wenn ich zu Wort gekommen wäre, gar nicht kannte. Von kommunistischer Seite wurden meine militärischen Fähigkeiten in Zweifel gezogen, ja sogar die ehrenrührige Behauptung aufgestellt, ich hätte trotz meiner Größe immer am Ende der Kolonne marschieren müssen, weil ich sonst den Gleichschritt der Truppe durcheinandergebracht hätte. Dies ärgerte mich gewaltig, und ich äußerte Zweifel an der Zurechnungsfähigkeit jener, die so etwas sagten, und empfahl ihnen eine psychiatrische Behandlung, sofern ich überhaupt für ein paar Sekunden zu Wort kam.

In einem Fall kam sogar die Polizei, so groß war der Tumult, den ich mit den Worten »unser Bundeskanzler Konrad Adenauer« ausgelöst hatte. Weiter war ich nicht gekommen mit meinen Betrachtungen. Ein Polizeibeamter hatte gute Erinnerungen an meinen Vater und sagte mir: »Wenn es zur Schlägerei kommt, bringen wir Sie nach hinten ins Klo. Da sind Sie sicher!« Ich stellte mir vor, was mein Vater sagen würde, wenn ich mich im Klosett verstecken würde, und entschloß mich, zu bleiben und meine politischen Gegner mit einem gelassenen, ruhigen Blick zu betrachten. Plötzlich rief einer: »Der lacht uns aus; wir sollen in den Krieg, und der lacht.« Ich war wieder einmal Opfer meines fröhlichen Aussehens geworden. Schon in der Schule hatte ich manche zusätzliche Unbill erfahren, weil meine Lehrer fälschlich glaubten, ich lachte. Auch beim Jungvolk am Heldengedenktag hatte es deshalb Ärger gegeben. Zum Glück fanden aber offenbar jetzt die anderen Gegner des deutschen Verteidigungsbeitrages, daß ich nicht lache. Schließlich löste sich die Versammlung auf.

Es ist nicht schlimm, wenn man niedergeschrien wird. Man sollte sich bloß nicht einbilden, man käme irgendwann doch zu Wort. Während meines zweiten Wahlkampfs um das Amt des Stuttgarter Oberbürgermeisters im Jahr 1982 wurde ich zu einem Vortrag über Sozialpolitik eingeladen. Versammelt am Veranstaltungsort waren zahlreiche Menschen, die nur gekommen waren, um mir nicht zuzuhören und um dafür zu sorgen, daß auch die anderen mir nicht zuhören konnten. In der Tat scholl mir von Anfang an lautes Geschrei entgegen. Ich brüllte, so laut ich konnte, daß ich nur zwei Sätze sagen wollte. Es war einen Moment ruhig. Ich erklärte: »Meine Damen und Herren, Sie wollen mir nicht zuhören, und ich will hier auch nicht mehr sprechen. Heute abend gibt es ein interessantes Fernsehprogramm, auf das ich mich freue. Ich wünsche Ihnen einen schönen Abend.« Dann verschwand ich unter heftigen Protestrufen.

Eine Dame eilte mir nach und sagte so ungefähr, daß die Jungen Leute durch mein Verhalten das Vertrauen in die Demokratie verlieren würden. Ich fragte sie: Welches Vertrauen? Ich bin im übrigen schon Anfang der fünfziger Jahre zur Meinung gelangt, daß es falsch ist, die Demokratie so darzustellen, als ob dort dank der *volonté générale* nur aufrechte Männer und Frauen, wohlmöglich sogar Heilige und Genies, in die politischen Ämter kommen. Es zeigt sich im Lichte demokratischer Kritik rasch, daß das nicht so ist. Den Wert der Demokratie erkennt man auch daran, daß man die schlechten Politiker betrachtet und sich vorstellt, welches Unheil geschähe, wenn ihnen diktatorische Gewalt übertragen würde.

Daß große Teile der deutschen Bevölkerung zunächst gegen die deutsche Wiederbewaffnung waren, ist nach den Erfahrungen des Dritten Reiches und des Krieges kein Wunder. Es wäre eher bedenklich gewesen, wenn hier eine Art nationale Übereinstimmung geherrscht hätte. Als Verfechter eines deutschen Verteidigungsbeitrages hatte ich aber auch Erfolge, vor allem in ländlichen Gegenden, zum Beispiel in einem Dorf im Bayerischen, ich glaube, es war im Landkreis Dillingen. Ich fuhr mit der Bahn in dieses Dorf und lenkte meine Schritte auf das in Aussicht genommene Veranstaltungslokal. Aus diesem dröhnte laut der bayerische Präsentiermarsch heraus. Ich dachte zunächst, dies geschähe, um mich zu verspotten, und machte mich bereits auf den fast üblich gewordenen Ablauf solcher Veranstaltungen gefaßt. Aber es war gut und ernst gemeint. Meine Ausführungen wurden nicht nur nicht gestört, sondern mit Beifall bedacht. Am Ende meiner Betrachtungen erklang wieder der erwähnte Marsch. In der Diskussion verdichtete sich die Überzeugung, daß man mit »dem Ami« zusammen den Russen gewachsen sei und daß der Russe blöd wäre, wenn er gegen uns anträte. Ein alter Veteran erklärte sogar: »Es würde langen, wenn der Ami uns sein Material gibt und seine Luftwaffe, wir würden den Iwan dann ganz alleine wieder hinaushauen.« Aber das stieß dann doch bei der großen Mehrheit der Versammelten auf Zurückhaltung.

Die bayerische Emotionalität, aber auch die Bereitschaft, selbst grobe Worte und sogar Beleidigungen nicht lange nachzutragen, überdies noch der Sinn für Dramatisierungen und für komische Situationen machten es früher einem württembergischen Redner schwer, sich vor bayerischen Zuhörern zu behaupten. Mir ging es jedenfalls so. Bei einer Rede in den sechziger Jahren zur bayerischen Landtagswahl gab ich zu, daß die Union auch Fehler gemacht hatte. Die Unionsfreunde waren entsetzt. Ein Sozialdemokrat hielt in der Diskussion eine Rede und schloß diese mit der rhetorischen Frage ab: »Wie mag es in einer Partei aussehen, in der man eigene Fehler zugeben muß?« Ein CSU-Freund hob die Wirkung dieser Worte aber wieder dadurch auf, daß er Nachteiliges über den SPD-Kandidaten aus dessen Militärzeit zum besten gab. Das imponierte selbst den Sozialdemokraten.

Bei der Debatte über den deutschen Verteidigungsbeitrag war in Bayerisch-Schwaben ein Redner berühmt, der offenbar durch sein Verhalten im Dritten Reich belastet war. Dieser schilderte mit wirksamer Dramatik, wie er, der seiner Mutter geschworen hatte, sich nie wieder mit Politik zu befassen, für die CSU gewonnen wurde. »Dann sans kommen, die Männer, und haben gesagt, der Kommunismus streckt seine Pratzen aus nach Bayern, bist Du dabei? Ich habe aber gesagt: Ich kann nicht, ich habs meinem Mutterl versprochen und mein Mutterl ist gerade im Sterben gelegen. Aber schließlich bin ich hingegangen zu meim Mutterl – ganz blaß is's gwesen – und hab nur gesagt: Mutterl, Adenauer ruft!« Nach einer Pause: »Da hat mei Mutterl gsagt: Wenn Adenauer ruft, dann mußt Du gehen!« Wirkungsvoll war auch die Frage: »Und nachts wach ich auf, in Schweiß gebadet. Warum? – Weil ich Angst hab um Deutschland!«

Es ist wichtig, daß die Politiker an der Spitze der Staaten gut gesinnt und frei von dem weitverbreiteten politischen Irrtum sind, was den anderen schade, nütze einem selbst. Zum Glück gibt es heute weit mehr solche Politiker als am Beginn dieses Jahrhunderts. Zu jener Zeit wurde noch gelegentliche Kommunikation mit dem Nachbarn über Kimme und Korn als unvermeidlich angesehen. Das ist – wenigstens in großen Teilen Europas – vorbei. Aber das allein bringt nur Teilerfolge. Es ist noch wichtiger, daß die Menschen sich im Bestreben begegnen, Freundschaft zu schließen, daß sie erleben, daß die Fremden so fremd nicht sind, daß fast alle Menschen auf Erden ähnliche Hoffnungen und Befürchtungen haben und daß Vertrauen meistens mit Vertrauen, Aufrichtigkeit mit Aufrichtigkeit und Zuneigung mit Zuneigung beantwortet wird.

Die Partnerschaften, die nach dem Kriege zwischen europäischen Gemeinden und Kreisen entstanden sind und die später auch nach Osteuropa ausgedehnt wurden, tragen sehr wirksam dazu bei, daß die Volksstimmung gegenüber den benachbarten Nationen freundlich, wenn nicht sogar freundschaftlich geworden ist. Diese Partnerschaften verdienten es deshalb, als nützliche und wichtige Beziehungen angesehen zu werden und nicht nur als Lieferantinnen von Vorwänden für Auslandsreisen der Kommunalpolitiker.

Gelegentlich waren die Kommunen bei der Verbesserung der Beziehungen zwischen der Bundesrepublik und benachbarten Nationen geradezu Vorreiter. Das war nicht immer einfach. Als wir mit der polnischen Stadt Lodz eine partnerschaftliche Beziehung eingehen wollten, erreichte uns von einer hohen Bundesbehörde ein ebenso bedenkenschwangeres wie unverständliches Papier, dessen ich mich durch Rückfragen erwehrte. Bei meiner Abreise erhielt ich einen Brief, der mir mitteilte, ich hätte dafür zu sorgen, daß in der Partnerschaftsurkunde Lodz nicht, wie hier, mit »z«, sondern mit »sch« geschrieben würde. Zu später Stunde, nach reichlichem Wodkagenuß, zog ich in Lodz bzw. Lodsch dieses Papier heraus und sagte den neu gewonnen polnischen Freunden, es gelte jetzt wieder ernst zu werden, Deutschland fordere das »sch« statt des »z«. Diese nahmen es mit Humor und erklärten, mit »Litzmannstadt« (dem Namen, den Lodz bei der deutschen Besetzung erhalten hatte) seien sie einverstanden, aber niemals damit, daß das polnische »z« in Lodz von einem deutschen »sch« verdrängt würde. Es blieb bei »Lodz«, einer Schreibweise, die, wie ich später feststellte, auch Goebbels in seinen Tagebüchern angewandt hatte. Den brauchen wir nun wirklich nicht zu übertreffen.

Besatzungsmächte, Verbündete, Freunde

Konrad Adenauer habe ich im Bundestag, auf der Bundesratsbank und im Wahlkampf gehört. Besonders in Erinnerung ist mir ein Auftritt zusammen mit Ludwig Erhard in der Donauhalle in Ulm im Wahlkampf 1957 geblieben, als er in etwa sagte: »In der deutschen Außenpolitik gab es folgende Möglichkeiten: Wir jehen mit den Soffjets, das kam nicht in Frage, wir jehen mit niemand, dann sind wir alleine, oder wir jehen mit den Amerikanern. Das habe ich jemacht, und das ist die deutsche Außenpolitik. Sie lachen, meine Damen und Herren, aber die SPD hat das immer noch nich bejriffen.« Nun werden solche Geschichten der Bedeutung und Leistung dieses Mannes nicht gerecht. Er war der rechte Mann zur rechten Zeit am rechten Platz, wohl der größte Deutsche im 20. Jahrhundert.

Wir sollten aber auch die moralische Leistung der Westmächte nicht aus den Augen verlieren. Angesichts der durch das Dritte Reich und durch den Zweiten Weltkrieg ausgelösten materiellen, moralischen und geistigen Verwüstungen haben Amerikaner, Briten und Franzosen gegenüber Deutschland eine Haltung eingenommen, die man in der vorausgegangenen Geschichte bei siegreichen Nationen nicht vorfindet. Sie haben die uneingeschränkte Macht ihrer Militärregierungen nicht dazu benutzt, um uns besiegte Deutsche so niederzudrücken, daß wir uns nicht mehr erheben konnten, sondern sie haben uns Deutschen geholfen, wieder an die Demokratie zu glauben, wieder eine Demokratie einzurichten und uns wirtschaftlich zu erholen, um schließlich so zu prosperieren, daß wir ökonomisch sogar die europäischen Siegerländer überholt haben.

Der Grund für diese Großherzigkeit der Siegermächte war nicht nur, nicht einmal vorrangig, daß der deutsche Verteidigungsbeitrag im Blick auf die Bedrohung erwünscht war, die von der Sowjetunion ausging. Es waren Erfahrung und Einsicht, die hier zum Ausdruck kamen. Man mag über Details der Entnazifizierung und *reeducation* streiten. Aber das war doch der Versuch, uns Deutschen eine Identität wiederzugeben. Ob wir es ohne Militärregierung geschafft hätten, innerhalb weniger Jahre ein glaubwürdiges und auch im Volksbewußtsein verankertes demokratisches Gemeinwesen zu errichten und den Nationalsozialismus abzutöten, möchte ich bezweifeln. Ich fürchte, wir hätten uns zunächst einmal gegenseitig massakriert, wenn wir diesen *friendly dictator* nicht gehabt hätten und auf uns selber, auf unsere Erbitterung, auf unsere Scham, auf unseren Trotz und auf unseren Haß und unser Elend zurückgeworfen gewesen wären.

In den fünfziger Jahren meinten die einen, die deutsche Wiederbewaffnung im Rahmen des Westbündnisses werde die Kriegsgefahr erhöhen, die anderen meinten, sie werde sie vermindern, wenn nicht sogar ganz beseitigen. Die Entwicklung hat den Anhängern der These von der Kriegsvermeidung, zu denen ich mich stets gezählt habe, recht gegeben. Zu keinem Zeitpunkt gab es in der Bundesrepublik ein Revanche-Denken, das hätte ernst genommen werden müssen. Von einer deutschen Militärbegeisterung war keine Rede. Nach dem Zweiten Weltkrieg bezweifelte im Unterschied zum ersten (»im Felde unbesiegt«) kein Deutscher, daß Deutschland den Krieg verloren hatte, kein vernünftiger Mensch bestritt, daß die deutsche Reichsregierung den Krieg ausgelöst hatte, und immer mehr Deutsche begriffen, daß es trotz aller Opfer besser gewesen war, den Krieg zu verlieren, als ihn mit Hitler zu gewinnen. Wenn bei Erörterung politischer, militärischer und administrativer Fragen das Wort »Krieg« ausgesprochen wurde, was sich nicht immer vermeiden ließ, wurden meistens die Worte hinzugefügt »den Gott verhüten möge«, so, wie früher bei Erwähnung des Teufels das Stoßgebet ausgesprochen wurde: »Gott sei bei uns!«, bis diese frommen Worte zu einem Synonym für den Teufel wurden. Aus der Floskel »den Gott verhüten möge« ist kein Synonym für den Krieg geworden. Gott und die Nato haben ihn verhindert.

Die Beendigung des Kalten Krieges ist gewiß ein Erfolg der in der Nato verbündeten Mächte. Einen wichtigen Beitrag hat aber auch die Ostpolitik geleistet. Ich hatte zunächst der Ostpolitik von Bundeskanzler Willy Brandt und der Außenminister Scheel und später Genscher mißtraut, habe dieses Mißtrauen aber später aufgegeben. Durch die Bemühungen Brandts und Bahrs, Scheels und Genschers, später auch einiger Unionspolitiker, ist ein wichtiger Störfaktor im Ost-West-Verhältnis, nämlich das Mißtrauen der kommunistischen Führung in die Deutschen, gemildert und fast beseitigt worden. In der Zeit des Kalten Krieges erklärte der sowjetische Botschafter Semjonow bei einem Besuch im Stuttgarter Rathaus, Rußland könne nach dem Überfall im Juni 1941 niemals wieder den Deutschen vertrauen. Ich sagte ihm daraufhin: »Dafür könnt ihr den Amerikanern vertrauen, die haben euch geholfen, uns zu besiegen, und haben euch noch nie getäuscht.« Semjonow erwiderte: »Ach, ich wünschte mir, wir könnten ihnen weniger vertrauen und sie hätten dafür mehr Erfahrung.«

Begegnung mit Justiz und Verwaltung in Ulm

Zurück aus den achtziger Jahren in die Mitte der fünfziger Jahre. Im September 1954 hatten Lilo und ich geheiratet und eine kleine Wohnung im Untergeschoß des Hauses meiner Mutter bezogen. Ich folgte eine Zeitlang weiter meinen politischen Neigungen und hielt eine große Zahl von Reden, die teils mit Unmut, teils mit Gleichgültigkeit und zum geringeren Teil auch mit Zustimmung aufgenommen wurden. Lilo bereitete sich auf das zweite Staatsexamen vor und arbeitete an ihrem kleinen Schreibtisch.

Dies empfand ich als eine große Herausforderung. Ich begann ebenfalls zu arbeiten. Aufseufzend griff ich zu den juristischen Lehrbüchern, die meinen Bücherbord zierten und die ich bislang nur von außen betrachtet hatte, begann sie zu lesen und auch zu verstehen. Ich besuchte die Referendarkurse, lauschte den Richtern, begann Gefallen daran zu finden, rechtliche Gedanken zu entwickeln, die ich früher als grauenhaft empfunden hatte, arbeitete mit Kollegen zusammen, erklärte und ließ mir erklären. Mit meinem Freund Weber, der zwar nicht fleißig, aber gescheit war, der alles sofort verstand und dann auch erklären konnte, wurde das Wesentliche durchgesprochen. Das Examen kam heran, ich erhielt ein »gut«. Was das für einen württembergischen Juristen bedeutet, läßt sich kaum ermessen. Noch bei seiner Beerdigung flüstern sich die Trauergäste zu: Er hat zehn Punkte gehabt oder, wie man früher sagte, Zweibeunten. Wer hätte das von dem vollgesichtigen Leichnam gedacht, der da, das Band seiner Verbindung um die Brust gewickelt, im Sarge lag?

Manche Juristen mit guten Examen werden irgendwie eigenartig und schrullig. In Ulm war ich einige Zeit Referendar bei einem Staatsanwalt, der ebenso gescheit wie seltsam war. Den ordnenden und bildenden Einfluß einer Frau hatte er nicht verspürt. Er war ein alter Junggeselle. In seinen Anklageschriften löste er die zivilrechtliche Seite des Falles gleich mit, obwohl das niemand erwartete. Referendaren, die er auszeichnen wollte, bot er einen Schluck Schnaps an aus einer Flasche, die er zusammen mit etwa zehn leergetrunkenen in seinem Büroschrank aufbewahrte. Er hatte eine schwache Blase, ein Andenken an den Ersten Weltkrieg und den Argonnerwald. Diese Blasenschwäche ließ ihn Wehlaute und Brummtöne ausstoßen, wenn die Sitzungen des Gerichts zu lange dauerten. Wenn der Richter dann die Sitzung unterbrach, eilte er zur Toilette mit einer Geschwindigkeit, daß fast sein Talar noch auf dem Gang wehte, während er sich bereits Erleichterung verschaffte.

Der Ulmer Oberstaatsanwalt war ein Sonnenanbeter. Bei schönem Wetter öffnete er ein Fenster seines Dienstzimmers, setzte sich auf einen Stuhl und ließ sich von der Sonne bestrahlen. Dieser Anblick versetzte meinen Staatsanwalt in großen Zorn, denn nach seiner Darstellung verdankte der Oberstaatsanwalt sein Amt nicht einer herausragenden Examensleistung, sondern dem Umstand, daß er nicht in der NSDAP gewesen war. Aber diese Mitgliedschaft zu vermeiden war gewiß nicht einfach gewesen.

Trotz solcher Schrulligkeiten funktionierte die Justiz während der fünfziger Jahre recht gut. Sie befaßte sich damals auch noch mit der Bekämpfung der Unzucht, vor der die Gesellschaft geschützt werden sollte. Aber die Unzucht war stärker. Eines Tages gelang es der Polizei, eine Sammlung unanständiger Bilder zu beschlagnahmen, die, offensichtlich zur Veräußerung an Kenner bestimmt, als Werkzeuge des Verbrechens eingezogen werden sollten. Aber offenbar hatte sich der Ungeist der Zeit selbst in die Justiz Eingang verschafft, denn die Zahl der schändlichen Bilder nahm um so mehr ab, je weiter das Verfahren fortschritt. Die Polizei übersandte noch siebzig, der Anklageschrift waren fünfundsechzig angefügt, und eingezogen wurden dann achtundfünfzig.

Als Referendar hatte ich viel von den Richtern profitiert, vor allem von den Richtern der Obergerichte, die mit großer Klarheit die schwierigsten und verwickeltsten Probleme darstellen konnten und die sich nicht in der Verbreitung von Unverständlichkeiten gefielen. Ich hatte eine Zuneigung zum Staatsrecht und zum öffentlichen Recht gefaßt, was mit der Faszination zusammenhing, die vom damaligen Oberverwaltungsgerichtsrat und späteren Präsidenten des Verwaltungsgerichtshofes Peter Rössler ausging. Damals interessierte mich eher die Rechtsanwendung. Später merkte ich, daß die juristische Ausbildung eine allgemeine Schulung des Denkvermögens ist, die dazu verhilft, auch komplexe Probleme, die keine oder nicht nur Rechtsfragen sind, zu erfassen, zu ordnen, zu begreifen, darzustellen und gelegentlich auch zu lösen. Wenn sich zu dieser Fähigkeit noch eine gewisse Fertigkeit im Umgang mit den Grundrechenarten gesellt sowie der Mut, eigene Irrtümer zuzugeben und zu korrigieren, vor allem aber die Kraft zu entscheiden, dann ist eine technische Eignung für politische und administrative Funktionen vorhanden.

1956 bewarb ich mich erfolgreich beim baden-württembergischen Innenministerium um die Übernahme in den höheren Verwaltungsdienst. Meine erste Station war das Landratsamt in Ulm. Dort wurde ich von einigen sehr tüchtigen gehobenen Verwaltungsbeamten in die praktischen Fragen der Verwaltung eingeführt. Das war auch dringend notwendig, denn ich sah die Welt als eine Sammlung von Rechtsproblemen, so wie jener Rechtsprofessor, der von einem Auto überfahren worden war und der, befragt nach seinen ersten Gedanken beim Erwachen aus der Bewußtlosigkeit, antwortete: »Ich dachte, mir ist ein Anspruch erwachsen.«

Bei meiner Tätigkeit lernte ich rasch, wie schön es ist, wenn man nur das unterschreiben muß, was ein anderer entworfen hat, und erstmals begriff ich die Vorstellung von einem Manager, der vor einem leeren Schreibtisch sitzt, nichts selber tut und doch alles leitet. Später lehrte mich die Erfahrung, daß ein leerer Schreibtisch weniger darauf hindeutet, daß dort ein Manager sitzt, sondern einer, der überflüssig ist.

Vor Landräten habe ich seitdem eine Achtung, die mir auch als Oberbürgermeister nicht abhanden gekommen ist. Unser Landrat war klug, er ruhte in sich und war immer freundlich. Er sah die Post durch und unterschrieb auch in der Regel das, was wir ihm vorbereitet hatten. Er telefonierte mit Kreisräten und Bürgermeistern, besprach mit uns besondere Fälle und störte uns nicht durch sterile Emsigkeit.

Im Landratsamt wurde erzählt, daß die Landräte früher die Post nicht mit einem Brieföffner geöffnet hätten, sondern mit einem in Rotation versetzten Bleistift. So wurde der Briefumschlag nicht beschädigt und konnte, umgekehrt gefaltet, noch einmal verwendet werden. In der Tat: Im Landratsamt Ulm gab es solche Poststücke aus der guten alten Zeit. Aber unser Landrat, wohl schon sein Vorgänger, hatte diese traditionsreiche Tätigkeit nicht weitergeführt, welche schwäbische Sparsamkeit so wirkungsvoll demonstriert und dem letzten Kreisbürger klar gemacht hatte, daß Geld nicht vorhanden war.

In den Monaten beim Landratsamt Ulm hatte ich viel Zeit, die ich für endlose Diskussionen mit meinen Freunden Ludwig und Dannecker über den großen Nutzen verwendete, den die CDU für unser Volk hatte, und über die verfehlten Ansichten der Sozialdemokratie. Wenn die Kriegsdienstverweigerer öffentlich tagten, gingen wir in die Versammlung und verwickelten sie in endlose Gespräche. Schließlich baten sie uns, wenigstens einmal nicht zu kommen, damit sie ihre Satzung beschließen konnten. Wir taten ihnen den Gefallen.

Dannecker war nicht nur Referendar, sondern auch in einem Reisebüro tätig. Überdies stand er der Öffentlichkeit noch als Karnevalsprinz zur Verfügung. In dieser Eigenschaft besetzte er das Ulmer Rathaus, verhaftete Oberbürgermeister Pfizer und nahm ihn mit in den Ratskeller, wo man ihm sein Haupt mit Rotwein einrieb. Pfizer, ein feiner, zurückhaltender und kultivierter Mensch, schätzte dieses närrische Treiben nicht sehr. Zur gleichen Zeit tagte im Gerichtsgebäude die große Strafkammer. Der Vorsitzende zeigte sich erleichtert, daß Dannecker und seine Narrengarde nicht auch sie eines Besuches gewürdigt hatten.

Mein Freund Dannecker vergaß über all diesen Aktivitäten, daß er eine Arbeit im Zivilrecht vorlegen mußte, für die ihm drei Wochen Zeit zur Verfügung standen. Am Tage vor Ablauf der Frist fiel ihm alles wieder ein, und er erschien bei mir mit der Aufforderung, mich mit dem Problem zu befassen. Ich diktierte, so gut ich konnte, das verlangte Gutachten in die Schreibmaschine. Später beschwerte sich Dannecker bei mir, daß er nur das Zeugnis »befriedigend« erhalten hätte mit dem Zusatz: »Eine reichlich flüchtige Arbeit!« Dannecker war später Anwalt in München und einer der engsten Freunde von Franz Josef Strauß. Zu dieser Männerfreundschaft trug wohl auch Danneckers Fähigkeit bei, Tag und Nacht fröhlich sein zu können.

Schon im Wahlkampf 1953 hatte ich Ludwig Erhard kennengelernt, der in Ulm seinen Wahlkreis hatte. Gelegentlich wurde mir die große Ehre zuteil, im Bundesbahnhotel in Ulm unter der Regie des Kreisvorsitzenden Franz Wiedemaier, genannt der Heilige Franz, dem Bundeswirtschaftsminister zu begegnen und seinen sowie den Worten des Heiligen Franz lauschen zu können. Ich hörte auch fast alle Reden, die Erhard in Ulm und Umgebung hielt und war, ohne ihn immer ganz verstanden zu haben, davon überzeugt, daß er hundertprozentig recht hatte.

Erhards Reden nahmen zeitweilig den Charakter von Vorlesungen an: Selbststeuerung der Wirtschaft durch den Markt anstatt durch Befehle der Planungsbehörden; die Kaufentscheidung des Bürgers soll bestimmen, was produziert wird und nicht die Planentscheidung der Politik, was der Bürger konsumieren darf; die Wirtschaft als Dienerin sozialer Ziele; das Streben nach Gewinn in einen sozialen Rahmen gespannt (ein Mechanismus, der dem Eigeninteresse freie Bahn ließ, aber moralische Ergebnisse produzierte); vernünftiges und realistisches Wirtschaften als Voraussetzung des sozialen Fortschrittes. Heute, im Zeichen der Globalisierung, ist das alles schwieriger geworden. Die Wirtschaft hängt immer stärker von weltweit gültigen Rahmenbedingungen ab, die sich dem Einfluß einzelner Nationalstaaten entziehen, bei denen allerdings die Verantwortung für die sozialen Fragen bleibt.

Ludwig Erhard, schon damals berühmt und populär, war freundlich und bescheiden. Gegen Unverschämtheiten schien er manchmal ziemlich hilflos zu sein. Bei einer Sprechstunde trug ihm einmal ein Bürger ein ziemlich abwegiges Anliegen vor. Bundeswirtschaftsminister Erhard hörte sich das alles geduldig an. Da sagte der unverfrorene Mensch zu ihm: »Können Sie sich das alles merken, Herr Minischter, warum schreiben Sie sich nichts auf?«

Vor den Bundestagswahlen 1953 und 1957 machte ich für

Erhard Wahlkampf, klebte Plakate, entfernte auch nächtlich einzelne Plakate der Konkurrenzparteien und hielt in den Dörfern viele Reden, die glücklicherweise niemand niedergeschrieben hat und die deshalb dem gnädigen Vergessen anheimgefallen sind. Irgendwelchen Ehrgeiz in Richtung auf das Bundeswirtschaftsministerium hatte ich nicht. Als mich eines Tages ein Herr aus der Begleitung des Ministers fragte, ob ich an einer solchen Tätigkeit Interesse hätte, lehnte ich fast erschrocken ab, denn Erhard strahlte soviel Wissen und Können aus, daß ich glaubte, in seinem Umfeld nicht nützlich sein zu können.

Als Redner hatte ich weniger Hemmungen. Die Aufmerksamkeit der Besucher galt freilich weniger mir als dem Sohn meines Vaters und dem Schwiegersohn von Otto Daiber, der ein bekannter Futtermittel-, Getreide- und Mehlhändler war. Ich befaßte mich nicht nur mit Wirtschaftspolitik, sondern auch mit Außen- und Verteidigungspolitik, ja, ich schreckte sogar vor der Landwirtschaftspolitik nicht zurück. Als ich 1957 einmal in dem Dorf Türkheim vor einem sachkundigen Publikum landwirtschaftspolitische Ausführungen machte, erhob sich nach meiner Rede der Bürgermeister und erklärte: »Der Herr Assessor weiß ebbes, aber nix rechtes, drum müsset mir Baure ihm sagen, was recht ist, damit er des, was er bei uns gesagt hat, net au no woanders verzählt!« Als Dank für meinen Einsatz schenkte Professor Erhard mir ein Buch mit einer persönlichen Widmung, auf das ich heute noch verweise, falls irgendwo an meiner marktwirtschaftlichen Gesinnung gezweifelt wird.

Im Stuttgarter Innenministerium

Die Ulmer Idylle ging vorüber. Ich wurde nach Stuttgart zum Vertreter des öffentlichen Interesses beim Verwaltungsgericht und Verwaltungsgerichtshof Württemberg-Baden versetzt, der sich in einer inzwischen abgerissenen, einstmals hochherrschaftlichen Villa in der Alexanderstraße befand. Mein Dienstzimmer war nicht so herrschaftlich, sondern hatte nach meiner Einschätzung früher als Toilette gedient. Diesen Eindruck vermittelte dieses mit Milchglasscheiben gegen Einsicht geschützte Zimmer auch auf dem Gang. Es kam, vor allem bei Sitzungen des Flurbereinigungssenats, immer wieder vor, daß Menschen in mein Zimmer stürzten und offensichtlich tief enttäuscht waren, mich hier vorzufinden. Der Aufgabe, dem Recht zur Geltung zu verhelfen, widmete ich mich mit großer Hingabe, las Aufsätze und Gerichtsentscheidungen, bildete mir ein, nunmehr gescheiter zu sein als jemals zuvor, erörterte mir wichtig erscheinende Rechtsprobleme mit meinen Kollegen, was diesen manchmal gewaltig auf die Nerven gefallen sein muß, verfaßte lange Schriftsätze und war rundum zufrieden.

Diese Zufriedenheit fand ein rasches Ende, als ich in das Innenministerium versetzt wurde, um dort bei der Herstellung von Entwürfen für ein neues Beamtenrecht im Personalrechtsreferat der Personalabteilung auszuhelfen. Ich sollte dort nur wenige Monate bleiben und dann wieder zu einem Landratsamt versetzt werden, um dort genügend praktische Erfahrungen zu erwerben. Aber die Verwaltung denkt, und Gott lenkt. Ich blieb 17 Jahre im Ministerialdienst.

Als ich mich im Innenministerium einfand, sah ich nur eine bescheidene Laufbahn vor mir. Bei Gott, es gefiel mir dort zunächst gar nicht. An Schreibkräften herrschte großer Mangel. Deshalb tippten die Beamten selber auf mitgebrachten privaten Schreibmaschinen, sofern sie nicht das Produkt ihrer geistigen Tätigkeit mit der Hand niederlegten. Sowohl das mit Schreibmaschine wie auch das mit der Hand geschriebene Schriftstück wurde sodann von dem Schreibdienst des Hauses nochmals formgerecht als Entwurf geschrieben, was wegen des Personalmangels nur mit erheblicher zeitlicher Verzögerung möglich war. Sodann zeichnete der Verfasser den Entwurf ab und schickte ihn seinem Vorgesetzten. Dieser wiederum prüfte den Entwurf. War dieser von einem jüngeren Beamten gefertigt worden, betrachtete er es geradezu als seine Pflicht, von dem Entwurf außer der Anrede und Schlußformel nichts stehen zu lassen und das Ergebnis der Überarbeitung dem Mitarbeiter zur Kenntnis zu geben.

Ich füge hier erläuternd an, daß nach dem Sprachgebrauch der Verwaltung ein Vorgesetzter seinem Untergebenen etwas *zur Kenntnis gibt*, während dieser seinem Vorgesetzten etwas *mit der Bitte um Kenntnisnahme vorlegt*. Das sind feine, aber wichtige Unterschiede. Ein neuer Kollege im Innenministerium wußte das nicht und schickte dem höchsten Beamten im Hause, dem Ministerialdirektor, etwas »zur Kenntnis«. Dieser änderte diese ungebührliche Formulierung in das angemessene »mit der Bitte um Kenntnisnahme« ab und schickte dem Kollegen das Schriftstück wieder zurück mit dem Anfügen »zur Kenntnis«. Wenn mir später im Stuttgarter Rathaus ein Mitarbeiter etwas zur Kenntnis schickte, zuckte ich jedes Mal zusammen, so sehr ist mir die Sprachpraxis des Ministeriums in Fleisch und Blut übergegangen.

Meine erste Tätigkeit befaßte sich mit einem Beamten, der Dienstunfähigkeit durch eine Rückenerkrankung simuliert hatte und dem zahlreiche Ärzte bestätigt hatten, daß er wirklich leidend war. Schließlich kam ein Tübinger Professor drauf, daß hier etwas nicht stimmen konnte, und zwar nicht durch die medizinische Untersuchung, sondern dadurch, daß er dem Patienten die Hand schüttelte und feststellte, daß diese voller Schwielen war. Daraus schloß er zu Recht, daß dessen Rückenerkrankung so schlimm wie dargestellt nicht sein konnte. In der Tat ergaben weitere Erhebungen, daß der Beamte ein Haus baute und, anstatt seine Arbeitskraft dem Staat zur Verfügung zu stellen, wie es seine Pflicht gewesen wäre, bei den Bauarbeiten selbst kräftig Hand anlegte. Daraufhin wurde gegen ihn ein Dienststrafverfahren mit dem Ziel der Entfernung aus dem Dienst eingeleitet. Das Disziplinargericht aber versetzte ihn in den Ruhestand.

Das wiederum freute den Beamten sehr, denn das Haus war noch nicht fertig, und es war noch viel zu tun. Er gab seiner Freude durch einen Brief an das Innenministerium Ausdruck. Dieses wiederum war dumm, denn das Innenministerium empfand dies als Affront und suchte einen Weg, um den Beamten mit den Schwielenhänden dennoch züchtigen zu können. Der Weg war bald gefunden, denn nach damaligem Recht konnten im ehemaligen Land Südwürttemberg-Hohenzollern Dienstbezüge zurückgefordert werden, soweit ein Beamter unerlaubt dem Dienst ferngeblieben war. Dies geschah, und die triumphierende Freude des Beamten verwandelte sich in blankes Entsetzen, obwohl er sich eigentlich hätte denken können, daß das Ministerium nicht mit sich, wie wir im Schwäbischen sagen, »Hugoles« treiben läßt.

Er begab sich dann mit seiner Gattin in ein Tübinger Lokal, in dem sich Innenminister Renner aufzuhalten pflegte und erklärte: »Herr Minister, morgen müssen wir uns aufhängen!« Der Minister, der ebenso gescheit wie gutmütig war, fragte bestürzt: »Warum denn?« und erfuhr daraufhin aus dem Munde des pensionierten Handarbeiters dessen Version des Sachverhalts. Von der Sache hatte er nie etwas gehört. Unser Ministerialdirektor vertrat nämlich die Meinung, daß das Ministerium dem Minister nur die allernötigsten Informationen geben sollte, damit dieser nicht in Versuchung komme, Dinge, die er nicht übersehe, an sich zu ziehen und zu entscheiden. Der Innenminister sah das ganz anders. Jedenfalls war der Minister gerührt, bat den Ruheständler und Hausbesitzer nebst Gattin, sich nicht aufzuhängen und wies den Ministerialdirektor an, die ganze Angelegenheit auf sich beruhen zu lassen. Dieser sträubte sich hiergegen mit Händen und Füßen, ließ sogar prüfen, ob sich der Minister nicht der Untreue schuldig mache, bis der Minister selber einen Brief schrieb, durch den sein Klient von allen Forderungen freigestellt wurde. Auf den Durchschlag schrieb er völlig korrekt: »Herrn Ministerialdirektor zur Kenntnis und Beachtung.«

Vorgesetzte: Reiff, Fetzer und Minister Renner

Ich selbst spielte in diesem Verwaltungsdrama nur eine bescheidene Rolle. Mein erster, ziemlich langer Entwurf hatte nicht das Wohlgefallen meines Vorgesetzten gefunden. Dieser Vorgesetzte war der Oberregierungsrat Reiff, einer der besten Beamten, die ich in meinem Leben kennengelernt habe. Vielseitig gebildet, ein guter Jurist und ein Meister der deutschen Sprache, dazuhin noch ein Mann mit großer Zivilcourage. Freilich pflegte Reiff geradezu genußvoll württembergische Verwaltungstradition, zu der unter anderem gehörte, daß schon im Anfang eines Absatzes auf den wesentlichen Inhalt hingewiesen werden mußte, aber auch, daß nicht »hiernach« und »hierwegen« geschrieben werden durfte, sondern »hiewegen« und »hienach«, eine Schreibweise, gegen die sich heute mein mit einer Rechtschreibkontrolle ausgestatteter Computer energisch wehrt.

Reiff pflegte mich nach jedem Entwurf, den ich ihm vorlegte, zu sich zu zitieren, um die Vorlage mit mir unter juristischen, praktischen und stilistischen Aspekten eingehend zu erörtern. Danach schrieb er sie um, mit dem Ergebnis, daß sie weit besser wurde als mein Produkt. Er ließ mich aber die von ihm gefertigte Vorlage unterzeichnen. So entstand der Eindruck, daß sie von mir stamme. Jedenfalls war der Umfang, in dem meine Vorschläge unberücksichtigt geblieben waren, nicht aus den Akten ersichtlich. Reiff kam offensichtlich zur Meinung, daß mein Stil nicht nur verbesserungsbedürftig, sondern auch verbesserungsfähig sei. Er empfahl mir deshalb das eingehende Studium von Reiners Stilkunde. Ich kaufte mir das dicke Werk und arbeitete es durch, mit der Folge, daß ich drei Wochen lang kaum einen Brief zu schreiben imstande war, weil ich ständig an die Empfehlungen des Stilisten Reiners denken mußte.

Wenn Reiff einmal etwas gebilligt hatte, galt es als richtig und wurde gegen jede Kritik verteidigt. Sobald die Zuständigkeiten anderer Abteilungen berührt waren, mußten diese um Mitzeichnung entsprechender Vorlagen gebeten werden. Fast läßt sich sagen, daß die Abteilungen den Ehrgeiz hatten, diese Mitzeichnung entweder ganz zu verweigern oder nur unter der Voraussetzung vorzunehmen, daß Teile der Vorlage geändert wurden. Einigten sich die Abteilungen nicht, wurde die Sache dem Amtschef, Ministerialdirektor Dr. Max Fetzer, zur Entscheidung vorgelegt. Dieser war zwar ein überaus tüchtiger, sachkundiger, charakterstarker, aber auch, wie man heute sagen würde, etwas autoritärer Herr, der seine Meinung grundsätzlich für zutreffend hielt und der Mitarbeiter, die beharrlich daran zweifelten und diesem Zweifel auch in seiner Gegenwart Ausdruck gaben, zunächst mit ihrem Dienstgrad anredete, um ihnen den Rangunterschied bewußt zu machen, und dann aufforderte, sein Dienstzimmer zu verlassen. Wenn nichts mehr half, pflegte er darauf hinzuweisen, daß er ein besseres Examen hätte als wir – er hatte nämlich »gut oben« während Reiff und ich nur »gut unten« hatten – und daß er deshalb, nicht nur wegen seiner höheren Besoldungsgruppe, sich nicht irren könnte.

Um Begegnungen mit dem Ministerialdirektor nicht allzu häufig zu riskieren, wurde bei Mitzeichnungen eine Formel üblich, die lautete: »Trotz Bedenken mitgezeichnet«. Durch die Formel wurde einerseits dargetan, daß derjenige, der sie verwendete, meinte, es besser machen zu können, aber andererseits den Lauf des Verwaltungsgeschehens nicht behindern wolle. Dabei hätte einer, der Bedenken hatte, überhaupt nicht mitzeichnen dürfen. Er hätte im Fall eines gerichtlichen Verfahrens besser dagestanden, weil man ihm keinen bedingten Vorsatz, sondern allenfalls Fahrlässigkeit hätte nachweisen können. Aber diese Überlegung wurde als rabulistisch empfunden, und es spricht für die Lebenskraft der baden-württembergischen Verwaltung, daß sie ihr nicht weiter nachgegangen ist.

Die Aktenordnung im Innenministerium war eine ehrwürdige Antiquität. Während die badischen Akten mit einer Schnur zusammengeheftet wurden, die durch zwei eng benachbarte, mit Hilfe eines speziellen Instruments hergestellte Löcher gezogen wurde, wurden die württembergischen Akten lose mit einer Schnur auf einer dicken Pappe aufgebunden. Diese Schnur war mit Hilfe eines speziellen Aktenknotens zu befestigen. Dieser Knoten war so herzustellen, daß einerseits das Aktenstück leicht zu öffnen war, andererseits aber nicht auseinanderfiel, wenn es an der Schnur hochgehoben wurde. Ich versichere, daß ich diesen Aktenknoten damals beherrschte, obwohl ich heute vergessen habe, wie er funktioniert.

Jedes Blatt erhielt eine Nummer. In der Registratur wurde überwacht, daß die Nummern erledigt wurden. Blieb eine Nummer lange offen, erregte das den Verdacht, daß das Aktenstück nicht mit der gebotenen Energie bearbeitet wurde. Blieb eine Nummer länger als ein Jahr offen, mußten die Akten dem Ministerialdirektor vorgelegt werden, damit dieser den Schuldigen zur Rechenschaft ziehen konnte. Dieser Gefahr konnte man aber dadurch entrinnen, daß man vor Ablauf der Jahresfrist einfach eine neue Nummer hinzufügte, die Akte auf »Wiedervorlage« schrieb und so ein Jahr Zeit gewann, sofern nicht die Sache durch irgendwelche Schriftsätze aus ihrem Schlummer geweckt wurde.

Ich empfehle dieses Verhalten nicht. Es gibt zwar Verwaltungssachen, die so unwichtig und gleichzeitig unbequem sind, daß man versucht ist, ihre Bearbeitung immer wieder zu verschieben. Aber je länger eine Sache verschleppt und hinausgezögert wird, desto schwerer fällt es, sie mit einigen markigen Sätzen zu erledigen, weil der Vorgesetzte oder der Empfänger des Bescheides sich darüber wundern würden, daß der Bearbeiter so lange gebraucht hat, um so wenig zu schreiben. Deshalb muß man schließlich, um die Sache loszuwerden und ihre Bearbeitungsdauer zu rechtfertigen, sie viel komplizierter machen, als sie ist, was viel Arbeit kostet und wenig Ruhm einträgt. Ich habe später als Ministerialdirektor und als Oberbürgermeister versucht, alles, was auf meinen Tisch kam, möglichst noch am gleichen Tage zu erledigen, und dabei an die Worte gedacht, die Leo Trotzki in seinen Erinnerungen über den Aufbau der Roten Armee geschrieben hat: »Hätten wir noch mehr Zeit gehabt, hätten wir sicherlich noch mehr Fehler gemacht.« Ich kann nur allen, die in der Verwaltung tätig sind, raten, dieses Satzes zu gedenken.

Eine andere Methode, schwer zu bearbeitende Aktenstücke vorübergehend loszuwerden, besteht darin, sie einem Kollegen mit der Bitte um Stellungnahme zu übersenden. Man muß sich allerdings einen hierfür Geeigneten aussuchen und nicht einen, der das Ganze, womöglich auf dem Dienstwege, wieder zurückschickt mit der Stellungnahme: »Es wird empfohlen, endlich mit der Bearbeitung zu beginnen.« Im Innenministerium gab es einen

Kollegen, dessen juristische Fähigkeiten, dessen Gutmütigkeit und dessen Entscheidungsschwäche in gleichem Maße beachtlich waren. Er war sehr geeignet, um Akten mit unangebrachten Bitten um Stellungnahme entgegenzunehmen und auch zu behalten in der Hoffnung, sie irgendwann einmal bearbeiten zu können. Das wurde weidlich ausgenützt. In seinem Zimmer stapelten sich die Akten, zunächst auf dem Schreibtisch, dann auf dem Besprechungstisch und schließlich entlang der Wände. Der Eingang überstieg bei weitem den Ausgang. Auch Fachzeitschriften vermochte er weder zu lesen noch ungelesen weiterzugeben, und so gesellten sich auch diese zu dem gestapelten Papier. Eines Tages merkte der Ministerialdirektor, daß der Umlauf von Akten sichtbar nachließ und daß Fälle, die schon längst hätten bearbeitet sein müssen, einfach nicht auf seinen Tisch kamen. Der Engpaß war rasch entdeckt, und die dort ruhenden Akten wurden von denen, die sie zur Ruhe gelegt hatten, in kürzester Frist bearbeitet.

Ich muß zugeben, daß mir Vorfälle dieser Art ein kindliches Vergnügen bereiteten und mich mit der seelischen Kraft ausstatteten, die nötig war, um mich als Ministerialbeamter zu behaupten. Dies gelang mir. Ich verschaffte mir sogar ein gewisses Ansehen als Verfasser verzwickter juristischer Gutachten und als hartnäckiger Streithammel; manche meiner Entwürfe wurden schließlich fast unverändert dem Ministerialdirektor, ja dem Minister vorgelegt und von diesen sogar unterschrieben. Ich durfte sogar kleinere Gesetz- und Verordnungsentwürfe herstellen.

Eines Tages wurde mir der Auftrag zuteil, für Innenminister Viktor Renner den Entwurf einer Rede zur Einweihung des Verwaltungsgerichtes Sigmaringen herzustellen. Dieser ehrenvollen Aufgabe unterzog ich mich mit großem Eifer und bot meinen ganzen juristischen Sachverstand und meine nicht geringe Kenntnis der Literatur auf, um etwas herzustellen, bei dessen Vortrag die Spitzenjuristen des Landes bewundernd mit dem Kopf nicken und sich flüsternd fragen sollten: »Wer ihm diese Rede wohl entworfen hat?« Vielleicht würde einer sogar vermuten: »Das war der Regierungsassessor Rommel!«

Der Minister erhielt meinen Redeentwurf, der den Dienstweg ohne größere Beanstandung passiert hatte, und ließ mich kommen. Er lobte zunächst meine wie ein Hasenbraten mit juristischen Fundstellen gespickte Rede, las mir aber dann Teile aus ihr vor und fragte mich, ob ich so etwas gerne hören würde. Mir kamen gewisse Zweifel, die ich aber für mich behielt. Der Minister fragte mich sodann, weshalb er sich wohl nach meiner Einschätzung dafür eingesetzt hätte, daß das Verwaltungsgericht nicht in die Universitätsstadt Tübingen komme, sondern in das etwas abgelegene Sigmaringen. Ich wußte es nicht. Der Minister sagte: Damit dieses Gericht möglichst weit von der Universitätsbibliothek in Tübingen entfernt ist, denn die Richter würden die Urteile nicht so abfassen, daß das Volk sie versteht, sondern so, wie sie glauben, daß es der Oberinstanz imponiert. Der Rechtsfrieden verlange aber Verständlichkeit der Entscheidungen, und dieser stehe die umfangreiche Sammlung juristischer Literatur in Tübingen entgegen. Das werde er bei der Einweihung sagen. Ich erhob noch pflichtgemäß einige Bedenken, zumal meinen Entwurf außer mir vier andere Beamte abgezeichnet hatten, aber ich war beeindruckt und verwundert, daß ein sozialdemokratischer Minister soviel praktische Vernunft besitzen konnte.

In der alten württembergischen Verwaltung war es Brauch, daß nur die Hälfte einer Seite beschrieben wurde, damit die andere Hälfte dem Vorgesetzten für Korrekturen zur Verfügung stand. Der Verfasser unterstellte also von vornherein, daß sein geistiges Erzeugnis unvollkommen sei und nur bei Überarbeitung durch Vorgesetzte dem Zustand der Vollkommenheit nähergebracht werden könnte. Durch den Einsatz der Schreibmaschine war der Rand etwas schmaler geworden, aber er war immer noch da. Auch war es nicht üblich, gleich das zur Unterzeichnung bestimmte Original zu produzieren, sondern nur den Entwurf. War der Entwurf gebilligt, wurde dann das Original oder die Reinschrift hergestellt. Diese wurde aber im Behördenverkehr in der Regel nicht unterschrieben, sondern es wurde nur beglaubigt, daß der Entwurf unterzeichnet worden war. Der Vorgesetzte, der einen von einem erfahrenen Beamten gefertigten

Entwurf durchsah, versuchte bei seinen Korrekturen möglichst viel vom ursprünglichen Text stehen zu lassen. Wenn Teile eines Wortes richtig waren und andere falsch, so wurde nur der falsche Teil korrigiert.

Ich will ein Beispiel nennen: In einer unserer Sonderbehörden hatte eine etwas wilde Geburtstagsparty stattgefunden, in deren Verlauf Damengesellschaft gewünscht wurde. Ein jüngerer Beamter wurde zu nächtlicher Stunde beauftragt, eine Dame herbeizuschaffen, was ihm auch gelang. Diese war aber gerade aus der Strafhaft entlassen worden und offensichtlich geneigt, weitere Straftaten zu begehen. Die Gelegenheit hierfür bekam sie, denn es wurde ihr gestattet, in einem Dienstzimmer zu übernachten, aus dem sie früh am Morgen zusammen mit einer amtlichen Schreibmaschine verschwand. In meinem Entwurf einer Verfügung zur Einleitung eines Dienststrafverfahrens schrieb ich unter anderem, der Beamte hätte seine ihm obliegenden Pflichten auch dadurch verletzt, daß er eine ihm bis dahin unbekannte Frau zu nächtlicher Stunde in die Diensträume eingeladen hätte. Als ich meinen Entwurf wieder bekam, befand sich hinter dem Wort »Frau« ein Haken und am Rand war geschrieben »ensperson«, was zusammengesetzt »Frauensperson« ergibt. Heute dürfte man ein solches Wort gar nicht mehr verwenden, um nicht in den schrecklichen Verdacht zu geraten, frauenfeindlich zu sein.

Trotz solcher Verwaltungskuriosa war das Innenministerium eine effektive und leistungsfähige Behörde, mit ausgesuchtem und qualifiziertem Personal, straff organisiert, gut geführt und zu Recht bemüht, Details des Verwaltungsvollzugs nicht an sich zu ziehen, sondern den nachgeordneten Behörden zu überlassen. Irgendwelche Gefälligkeiten wurden niemandem erwiesen, auch nicht den Landtagsabgeordneten.

Die Grenze zwischen Verwaltung und Politik verlief zwischen dem Ministerialdirektor Max Fetzer und dem Minister Viktor Renner. Da der Minister nur sparsam mit Informationen versehen wurde, kam es gelegentlich zum Streit, der oft durch Notizen auf kleinen Zetteln, zum Beispiel Kalenderblättern, ausgetragen wurde. Aber Fetzer verteidigte das Innenministerium und den Innenminister auf alle Fälle nach außen, auch gegen Kritik des Ministerpräsidenten. Dieser war schließlich froh, wenn er nichts mit Fetzer zu tun hatte. Im Landtag und in der Regierung schimpfte man über den Gewaltmenschen Fetzer, aber dieser rückte seinen Kritikern so massiv zu Leibe, daß diese fast immer den Rückzug antraten.

Obwohl Fetzer in der Politik alles andere als populär oder gar beliebt war, erreichte er, daß er bis zu seinem 68. Geburtstag Amtschef des Innenministeriums bleiben konnte, zuletzt als Angestellter, für württembergisches Staatsverständnis eine Ungeheuerlichkeit. Aber niemand hat es gewagt, ihn mit seinem Namen und nicht mit seinem Titel anzusprechen. Er sagte einmal, er wisse nicht genau, ob seine schlechte Laune von seinem Gallenleiden oder sein Gallenleiden von seiner schlechten Laune komme. Er las nach meiner Meinung keineswegs alle Vorlagen durch, die er unterschrieb, denn so schnell, wie sie aus seinem Dienstzimmer wieder herauskamen, konnte niemand lesen. Aber gelegentlich widmete er sich mit penibler Sorgfalt einem Aktenstück, ließ den Sachbearbeiter kommen und wies ihm alle möglichen Fehler nach. Das sprach sich im Ministerium herum und förderte die Sorgfalt bei der Bearbeitung.

In den Fachgebieten, die in die Zuständigkeit des Ministeriums gehörten, war er sachkundig und phantasievoll. Er schätzte es aber nicht sonderlich, wenn ihm Beamte aus eigener Initiative irgendwelche Ratschläge erteilen wollten. Deshalb gingen ihm viele aus dem Wege. Einige Mitarbeiter verzichteten sogar darauf, einen Lift zu betreten, wenn sie sahen, daß sich Max Fetzer in ihm befand, weil sie fürchteten, Unerfreuliches hören zu müssen. Ich möchte die Zusammenarbeit mit ihm nicht missen. Im Dritten Reich war er in erhebliche Schwierigkeiten gekommen, weil er als Landrat die Verwüstung eines jüdischen Kaufhauses, ich glaube, in Heidenheim, als Störung von Recht und Ordnung auffaßte und mit polizeilichen Mitteln zu verhindern versuchte.

Der Pförtner

In der Zeit, als man unter RAF noch ausschließlich die Royal Air Force verstand und keine terroristische Vereinigung, konnte jeder ohne weiteres das Innenministerium betreten. Heute hindern einen Stahl und Panzerglas daran. An der Pforte begegnete man damals einem kleinen flinken Mann, der gelegentlich ein Parteiabzeichen der SPD am Revers trug. Wurde dieser des Ministers oder des Ministerialdirektors ansichtig, sauste er wie ein geölter Blitz zum Lift und begrüßte die Herren mit den Worten »Scho druckt!«. Gemeint war, daß durch Betätigung des Druckknopfes der Lift bereits angefordert war. Dieser diensteifrige Mann war der Pförtner Rappold, allgemein im Hause bekannt auch deshalb, weil er auf dem Cannstatter Volksfest sozusagen im Nebenamt ein Toilettenhäuschen betrieb, in dem er Kollegen aus dem Innenministerium mit Namen und Dienstgrad herzlich begrüßte. Minister Renner nahm dessen Pförtnerdienste geduldig entgegen, bis Rappold ihn eines Tages fragte, ob er ihm etwas von Genosse zu Genosse sagen dürfe. Der Minister stimmte zu, und Rappold fragte: »Genosse Renner, wie ist es mit dem da?« und machte mit Daumen und Zeigefinger eine zählende Bewegung. Auf weitere Nachfrage erklärte er dem Minister, daß er ihn wegen dem »Pulver« anspreche, worunter man im Schwäbischen das Geld versteht.

Der Minister verwies ihn an seinen persönlichen Referenten, der ihm offenbar sagte: »Genosse Rappold, wenn es dir hier nicht paßt, kannst du dir ein anderes Geschäft suchen.« Rappold war erschüttert und erzählte im ganzen Haus herum, wie es ihm ergangen war und fügte hinzu: »Und das sagte er mir vom Genossen zum Genossen!« Seine früher so festgefügte sozialdemokratische Grundhaltung war sichtlich ins Wanken geraten.

Als 1960 der Sozialdemokrat Renner durch den Christdemokraten Hans Filbinger abgelöst wurde, grüßte Rappold diesen mit den Worten »Mit Gott, Herr Minister!« Da ich an der Aufrichtigkeit dieses Grußes zweifelte, zog Rappold unter seinem Hemd eine goldene oder vergoldete Münze hervor, die einen

Heiligen darstellte, demonstrierte auf diese Weise unwiderlegbar seine christliche Gesinnung und trat schließlich, um vollends klarzustellen, wie er gesinnt sei, der CDU bei, bei der er auch dann blieb, als wieder ein Sozialdemokrat Innenminister wurde.

Persönlicher Referent Filbingers

1959 und 1960 war ich im Nebenamt Assistent des früheren badischen Innenministers Professor Dr. Schühly in der Hochschule für Verwaltungswissenschaften in Speyer. Ich hatte unter anderem die Aufgabe, die Klausuren der dort fortgebildeten Gerichtsreferendare zu korrigieren. Der Minister, ein Ausbund an Gutmütigkeit, verbesserte jeweils die von mir vorgeschlagenen Noten um ein bis drei Punkte, was ich für pädagogisch falsch hielt. Deshalb sagte ich den Referendaren, wenn der Minister nicht da war und ich ihn vertreten mußte, daß sie jeweils von ihren Noten ein bis drei Punkte wieder abziehen müßten, wenn sie ihre Leistungen nach den Maßstäben des Staatsexamens richtig bewerten wollten.

Um diese Zeit wurde die neue Verwaltungshochschule eingeweiht. Aus diesem Anlaß kam der Bundespräsident. Auf einem Empfang reihte ich mich in die Schlange derjenigen ein, die vorgestellt werden wollten. Als ich schließlich in die Nähe Heinrich Lübkes kam, fuhr mich ein Protokollbeamter barsch an: »Wie heißen Sie?« – Ich sagte: »Regierungsrat Rommel!« Der verkündete laut: »Herr Rammel!« Ich ergriff die Hand des Bundespräsidenten und wollte meinen richtigen Namen sagen, doch ich erhielt einen Stoß in den Rücken und den Befehl: »Weitergehen!« Ich hatte keine Gelegenheit mehr, dem Bundespräsidenten meinen richtigen Namen zu sagen. Er starb in der Meinung, ich heiße »Rammel«.

Nach der Landtagswahl im Sommer 1960, die für die CDU und den Regierungschef Kurt Georg Kiesinger nicht gerade glorreich ausgegangen war, wurde die ganz große Koalition von allen im Landtag vertretenen Parteien beendet und eine kleine Koalition

Als Regierungsdirektor im Innenministerium, 1966.

zwischen CDU und FDP gebildet. Neuer Innenminister wurde Hans Filbinger. Als Persönlichen Referenten schlug Max Fetzer dem Minister mich vor. Zaghafte Bedenken, die ich im Blick auf Überlegungen anstellte, ob ich nicht im Raum Ulm-Heidenheim einen Landtagswahlkreis erhalten könnte, wischte er mit der Drohung beiseite: »Wer einmal ein Angebot, das ich ihm mache, ablehnt, bekommt nie wieder eines!« Das beeindruckte mich, obwohl mir die Vernunft hätte sagen können, daß Max Fetzer bald altershalber ausscheiden würde, so daß seine Fähigkeit, mir Nachteile zuzufügen, zeitlich begrenzt wäre. Also stimmte ich zu. Dabei spielte auch eine Rolle, daß ich es als eine große Ehre empfand, eine solche Aufgabe übertragen zu bekommen.

Mit stolzgeschwellter Brust fuhr ich nach Hause, um meiner Frau diese Rangerhöhung mitzuteilen. Sie zeigte sich jedoch wenig begeistert, sondern befürchtete, daß ich mich voller Übereifer dieser Aufgabe widmen würde. In diesem Punkte hatte sie recht. Aber ich verkenne nicht, daß diese Funktion und die enge Zusammenarbeit mit Filbinger, die mehr als ein Jahrzehnt andauern sollte, dazu beigetragen hat, daß die Entwicklung meiner Persönlichkeit in einer Richtung verlief, mit der ich rückblickend nicht unzufrieden bin.

Die Zusammenarbeit mit Filbinger hatte ihre Höhen und Tiefen. Er war ziemlich hart gegen sich und neigte dazu, sich selber und die Mitarbeiter in seiner unmittelbaren Umgebung zu überfordern. Er konnte motivieren. Seine Mitarbeiter arbeiteten gerne für ihn, weil ihre Arbeit genutzt wurde und nicht einfach als bürokratischer Humbug in den Papierkorb wanderte. Zunächst kam ich mit Filbinger sehr gut aus. Er unterschrieb in der Regel das, was ich für ihn entworfen hatte, hielt auch meistens die Reden, die ich für ihn geschrieben hatte. Im Lauf der Zeit bildete ich mir ein, ich verstünde alles besser, und begann auch Vorlagen der Abteilungen umzuarbeiten, die der Ministerialdirektor abgezeichnet hatte. So lange Dr. Fetzer da war, legte ich mir noch eine gewisse Zurückhaltung auf. Aber danach fiel auch diese Hemmung. Ich arbeitete buchstäblich Tag und Nacht. Nachts diktierte ich Reden in ein Diktiergerät und trank dabei, um mich zu enthemmen, das heißt von Bedenken zu befreien, eine halbe Flasche Korn, um morgens wieder im Innenministerium zu erscheinen, und rauchte täglich bis zu achtzig Zigaretten. Ich wundere mich noch heute, daß mich dieses hektische Treiben nicht umgebracht hat.

Viktor Renners Pressearbeit hatte sich auf die monatliche Bekanntgabe eines ziemlich langweiligen Verkehrsberichtes beschränkt. Zu seiner Zeit hatte die Presse aus dem Innenministerium so gut wie nichts erfahren. Filbinger hingegen sollte durch eine aggressive Medienkampagne an Popularität gewinnen, schon deshalb, damit das Innenministerium in der Landespolitik sein Gewicht behielt. Zum Glück konnte Freund Ulrich Weber für die Aufgabe des Pressereferenten gewonnen werden. Bald erschien eine Pressemitteilung nach der anderen, welche verkündete, was Filbinger sagte, dachte, wollte und tat. Wir freuten uns, wenn wieder einmal etwas, was wir beigetragen hatten, in den Zeitungen stand.

Auch Weber verfaßte gelegentlich eine Rede, die immer gut und wirkungsvoll war. Einmal schrieb er die Einleitung einer Rede zur Begrüßung von Flüchtlingen im Notaufnahmelager in Rastatt. Ich produzierte den Rest. Das hätte ich bleiben lassen können, denn Weber hatte in seiner Einleitung die zurückgelassene Heimat einschließlich der Elterngräber so ergreifend beschrieben, daß die Versammelten laut schluchzten und auch Filbinger sich der Rührung nicht erwehren konnte, die ihn so mitnahm, daß er die Rede abbrach und darauf verzichtete, den von mir verfaßten Teil vorzutragen.

Ein Problem, das wie ein Damoklesschwert über der Landesregierung hing, war die Landesplanung. Sie hatte den Entwurf eines Landesplanungsgesetzes versprochen und auch einen Landesentwicklungsplan, aber es war nicht so recht klar, wie beides aussehen könnte. Unsere Abteilung Landesplanung werkelte an einem Entwurf herum, der die sozialökonomischen Verflechtungen der verschiedenen Orte aufzeigte, und zwar in bunten Farben. Er war vom Gedanken der Entballung geradezu durchtränkt – einige dachten sogar an Zwangsaussiedlung aus dem unheimlichen Stuttgarter Ballungsraum in die peripheren Räume – und enthielt markige Sätze wie: »Das Spannungsverhältnis zwischen Arbeit und Kapital ist abzubauen und durch die vertrauensvolle Kooperation zwischen Produzent und Konsument zu ersetzen.« Oder: »Neben der Tätigkeit an der toten Materie bedarf der Mensch zu seiner Entfaltung der Wirksamkeit am lebendig Gewachsenen.« Letzteres umfaßt von der Definition her die Herstellung einer Wurst ebenso wie eine Liebesbeziehung. Es war klar, daß so etwas nicht der Landesregierung und dem Landtag vorgelegt werden konnte.

Ein gravierenderes Problem war auch das Landesplanungsgesetz und besonders die Frage, wer Entwicklungspläne für kommunale Planungen verbindlich erklären sollte. Eine Verbindlicherklärung durch die Landesregierung oder etwa das Innenministerium hätte der Landtag mit den vielen Kommunalpolitikern in seinen Reihen damals abgelehnt. Eine Verbindlicherklärung durch ein kommunales Gremium, womöglich mit Wirkung auf die raumwirksamen Planungen des Landes, war staatspolitisch problematisch. Max Fetzer hielt von der ganzen Sache nicht viel und ließ den Entwurf eines Landesplanungsgesetzes herstellen, nach dem ein kommunales Gremium das Sagen haben sollte. Diesen Entwurf übersandte er in Abwesenheit von Minister Filbinger dem Ministerrat und übermittelte jenem eine Abschrift, damit er nachlesen konnte, was sein Ministerialdirektor entschieden hatte.

Der Minister wäre vor dem Ministerpräsidenten und den übrigen Ministern blamiert gewesen, wenn er sich das hätte gefallen lassen. Ich schlug ihm vor, daß ich über Nacht einen anderen Entwurf herstellte, der am nächsten Tag als Ministerentwurf bei gleichzeitiger Rücknahme des Entwurfs von Max Fetzer dem Kabinett vorgelegt werden könnte. In einem Gespräch mit Hermann Reiff war uns nämlich der Gedanke gekommen, daß, wenn der Gesetzentwurf die Verbindlicherklärung des Entwicklungsplans dem Landtag vorbehielt, der Landtag dies schwerlich ablehnen und sich damit selber das Mißtrauen aussprechen konnte. Ich produzierte also über Nacht das Papier und begab mich am nächsten Morgen um acht Uhr aus Gründen der Fairneß zu Max Fetzer. Ich erwartete eigentlich einen Zornausbruch und den Hinauswurf. Aber Fetzer las das Papier durch, blieb ganz ruhig, sagte, es handle sich um eine gute Arbeit, zu der er mich beglückwünsche, und entließ mich in Frieden. Auf der Basis dieses Papiers hat Hermann Reiff später eine Gesetzesvorlage gefertigt, die vom Ministerrat und vom Landtag beschlossen wurde.

Ich habe später noch ein langes Gutachten über Form und Inhalt der Entwicklungspläne gemacht, das zur Lösung des Rätsels, wie solche Pläne in etwa aussehen sollten, einen Beitrag leistete. Im übrigen wurde die Landesplanung nicht zu einem gefährlichen Machtinstrument in der Hand des Staates, wie dies die kommunale Selbstverwaltung damals gefürchtet hatte. Ich fühlte mich jedenfalls als Oberbürgermeister der Landeshauptstadt Stuttgart vom Landesentwicklungsplan zu keiner Zeit bedroht, eher in meinen wesentlichen Zielen unterstützt.

Landesvater Kiesinger

Hans Filbinger erlegte sich selber ein sehr umfangreiches Arbeitsprogramm auf. Noch nie hatte sich ein Minister so sehr für das interessiert, was die Beamten arbeiteten. Ich hielt es auch für wichtig, die Verbindung zur CDU-Fraktion zu pflegen. Bald war ich mit dem Fraktionsgeschäftsführer Robert Gleichauf und seinem parlamentarischen Mitarbeiter Manfred Wörner wohlvertraut, man kann sagen befreundet. Ich nahm an den Fraktionssitzungen teil und lernte dort auch Ministerpräsident Kiesinger kennen.

Ich fand den Ministerpräsidenten faszinierend: vielseitig gebildet, ein politischer Debattenredner von nationalem Rang, ein Mann der großen Perspektive, engagiert für die bedeutenden Fragen der Zeit, war er fast etwas deplaziert im Land, das sich noch nicht ganz klar zu sein schien, ob es überwiegend eine politische Einheit oder eher eine große Verwaltungsbehörde sein wollte. Die Vorgänger von Kiesinger, Reinhold Maier und Gebhard Müller, waren zwar beide Persönlichkeiten von beachtlichem Format. Aber sie paßten doch besser in die mit administrativen und bürokratischen Einflüssen durchsetzte Landespolitik als Kiesinger. Diesem merkte man den Schliff an, den er durch seinen Aufenthalt in Berlin und durch den Umgang mit bedeutenden Industriellen, aber auch durch seine Zeit im Deutschen Bundestag erhalten hatte. Bei ihm und bei unserem Altbundespräsidenten Richard von Weizsäcker zeigte sich, was aus begabten Schwaben werden kann, wenn sie des Hochdeutschen mächtig sind. Gebhard Müller war zwar mit seinem Nachfolger, bei dem er den Sinn für das Praktische und auch den Fleiß vermißte, nicht ganz zufrieden, aber er erkannte die Bedeutung und den Rang Kiesingers durchaus an, wie ich aus guten Gesprächen mit ihm weiß.

Ich genoß bald das Wohlwollen des Landesvaters, was meinem Chef Hans Filbinger nicht gelingen mochte. Kiesinger und Filbinger waren wohl zu verschiedene Charaktere, als daß sie im täglichen Umgang miteinander hätten auskommen können. Später, im November 1966, als Kiesinger Bundeskanzler wurde, trat er eindeutig für Filbinger als seinen Nachfolger in Baden-Württemberg ein. Aber im baden-württembergischen Kabinett bemühte sich Kiesinger geradezu, seinen Innenminister zu ärgern. Wenn im Kabinett der vom Innenministerium gefertigte Entwurf einer Vorschrift beraten wurde, konnte Kiesinger Filbinger plötzlich fragen, wie sich der eine Paragraph zu einem anderen verhält, eine Frage, die kein Mensch aus dem Stand beantworten kann. Kiesinger freute sich dann, wenn Filbinger hastig nachzublättern begann, und gab einige weitere Anzüglichkeiten von sich. Ich fragte Kiesinger einmal, weshalb er seinen Innenminister, der doch loyal zu ihm stehe, so unfreundlich behandle. Er sagte: »Lieber Herr Rommel, ich will das doch gar nicht, aber ich kann nicht anders, wenn er so dasitzt.«

Filbinger ließ sich nach außen nicht anmerken, wie sehr ihn solche Vorfälle ärgerten. Es war eine seiner Stärken, daß er sich, ganz im Unterschied zu Kiesinger, in der Regel unter Kontrolle hatte. Nur wenn er sehr stark belastet war, konnte er »durchdrehen«. Aber am nächsten Tag war dieser Zustand vorüber.

Weber und ich brauchten ständig neue Zahlen für Erfolgsmeldungen, die damals, wenn in Pressemitteilungen ansprechend serviert, gerne von den Medien übernommen wurden. Heute drucken die Redakteure nicht mehr so freudig Pressemitteilungen ab, weil diese immer zahlreicher geworden sind und gelegentlich mit der Dichte eines Gewitterregens auf die Redaktionen niederprasseln. Aber damals war das anders. Eine aktive Pressepolitik der Ministerien war neu. Bisher hatte die Reaktion der Ministerien auf den Besuch eines Journalisten noch in der Verweigerung jeder nützlichen Auskunft und darin bestanden, daß die Akten umgedreht wurden, damit der Journalist nichts lesen konnte.

Ein wichtiger Lieferant von Zahlen war der damalige Oberamtsrat Weiß, der die Mittel zur Förderung des Wohnungsbaus verwaltete. Diesem schlauen Menschen verdanke ich tiefe Einsichten in die Gestaltbarkeit von Statistiken und in die rechte Handhabung von Subventionen. Weiß setzte zunächst einmal die gleichen Mittel für mehrere Programme ein, also die gleiche Mark tauchte auf im Programm für den ländlichen Raum, im Programm junge Familien, in dem Programm für Vertriebene und Flüchtlinge und im Programm Eigentumsbildung. Das optische Volumen der Programme stieg dadurch um ein Mehrfaches, was für Erfolgsmeldungen bei Pressekonferenzen und im Rahmen von Ministerreden wichtig war. Überdies teilte mir Weiß unter dem Siegel der Verschwiegenheit, das ich heute, mehr als dreißig Jahre später, mit gutem Gewissen brechen kann, mit: »Am besten fördert man nur das, was ohnehin gebaut wird. Das gibt eine gute Statistik.« Ich habe in meiner langen Dienstzeit als Politiker und Beamter viele Förderungsprogramme darauf untersucht, inwieweit sie nach den beiden Grundgedanken von Weiß gestaltet worden waren, und, weiß Gott, viele waren es.

Da die Wünsche stärker wachsen als die Mittel, um sie zu erfüllen, reichten bald selbst die hohen Steuerzuwächse, die uns das Wirtschaftswunder bescherte, nicht mehr aus, um all die Wohltaten, die sich Politiker und Beamte ausgedacht hatten, zu finanzieren. Deshalb bekam auch Weiß nicht mehr so viel Geld, wie er dies zuvor gewohnt gewesen war. Er wußte sich aber zu helfen. Er stellte sein Förderprogramm nämlich von Darlehen auf Zinsbeihilfen um, von denen nur der im konkreten Haushaltsjahr zur Zahlung fällige Teil im Haushalt als Ausgabe veranschlagt wurde und der weit größere Teil, wenn überhaupt, in einer klein gedruckten Fußnote als Belastung kommender Jahre nebelhaft in Erscheinung trat. Aber wenn der Mensch die Wahl hat, in der Gegenwart einen kleinen Schmerz zu ertragen und dafür einen sehr großen Schmerz in der Zukunft zu vermeiden, wird er fast immer der Erlösung vom kleinen gegenwärtigen Schmerz den Vorzug einräumen. An sich ist die Gegenwart eine sehr flüchtige Sache, da sie nichts anderes ist als die Umwandlung von Zukunft in Vergangenheit, aber wir Menschen nehmen sie unglaublich ernst.

Damals bediente sich im übrigen der mit allen Wassern gewaschene Landesfinanzminister Hermann Müller ähnlicher Tricks wie Oberamtsrat Weiß. Er erwähnte in dem neuen Haushaltsplan ganze Ausgabenblöcke nicht mehr, zum Beispiel durchlaufende Bundesmittel, die der alte Haushalt noch ausgewiesen hatte. So entstand der Eindruck, die Gesamtausgaben wüchsen weit weniger, als das tatsächlich der Fall war. Das Land erhielt hierfür sogar Dankschreiben von Professor Ludwig Erhard, der ständig forderte, Maß zu halten. Da er und sein Haus diese Tricks nicht durchschauten, glaubte er, in Baden-Württemberg würden seine Forderungen besonders ernst genommen. Die vorprogrammierten finanzwirtschaftlichen Schwierigkeiten stellten sich dann nach einigen Jahren ein, und Finanzminister Müller sah sich schließlich 1966 veranlaßt, ein Papier zu verfassen mit der Überschrift: »Warum ist kein Geld da?«

Wahlkampf 1964

Vor der Landtagswahl 1964 stürzte ich mich zusammen mit Manfred Wörner und Heiner Geißler in die Vorbereitung des Wahlkampfes. Das war kein leichtes Geschäft, weil Kurt Georg Kiesinger kaum jemals die Zustimmung zu einem Papier abzuringen war. Entweder mißfiel es ihm aus stilistischen oder aus sachlichen Gründen. Der erste Entwurf eines Wahlprogramms, der von Wörner und mir stammte, wurde von ihm als materialistisch und sozialistisch abqualifiziert. Die CDU begreife den Menschen als ein leib-seelisches Wesen, und über die Seele stünde in unserem Entwurf überhaupt nichts. Wir bemühten uns dann, etwas über die Seele zu Papier zu bringen, aber es fiel uns nichts Rechtes ein außer ein paar schrecklichen Sprüchen.

Der Landesvater warf auch das neue Papier, nachdem er vielleicht 30 Sekunden Einblick genommen hatte, auf den Tisch und bezeichnete es als unbrauchbar. Daraufhin gelang es Wörner, den erregten Ministerpräsidenten zu veranlassen, ihm ein Programm zu diktieren. Kiesinger, durch diese Zumutung verblüfft, tat es. Nach kurzer Zeit hatte er aber keine Lust mehr, erklärte das Programm für abgeschlossen und verschwand. Das Ergebnis war gar nicht schlecht. Ich habe es bis zum heutigen Tage aufgehoben als ein gutes Beispiel dafür, wie mit wenigen Worten Wesentliches gesagt werden kann und wie vortrefflich sich wohlformulierte Unverbindlichkeiten als politische Programmsätze ausmachen.

George Bernard Shaw hat ein Programm der Fabianer, an dem er selber mitgewirkt hatte, als ein Meisterwerk der Unverbindlichkeit bezeichnet. In der Tat, Politiker sind gut beraten, sich allenfalls dann verbindlich zu äußern, wenn sie ihrer Sache absolut sicher sind. Das aber können sie meistens nicht sein, denn fast jede Aussage über die Zukunft und damit auch fast jeder größere Plan ist mit dem Risiko behaftet, daß sie nicht ganz stimmen.

Die Sprache eröffnet aber viele Möglichkeiten, sich nur scheinbar zu binden, sich aber in Wirklichkeit die Freiheit der Entscheidung zu bewahren. Es ist unklug und unverzeihlich, diese Möglichkeiten ungenutzt zu lassen. Man sollte deshalb niemals etwas versprechen, sondern planen, beabsichtigen, anstreben, darauf abzielen. Wer etwas verspricht, verpfändet seine Ehre dafür, daß es geschieht. Das lasse man lieber bleiben, zumal es in der Demokratie nur wenige Dinge von Bedeutung gibt, die einer allein entscheiden kann. Überdies können sich die Verhältnisse ändern, ohne daß das voraussehbar gewesen wäre. Wo der Mensch im Spiel ist, hört die Berechenbarkeit auf. Man verwende unverzagt die Worte »wenn« und »sofern« oder »unter der Voraussetzung, daß« und man lasse sich nicht ins Bockshorn jagen durch Leute, die wissen wollen, was wann konkret geschehen wird. Niemand ist verpflichtet, mehr Wissen weiterzugeben, als er selber hat, im Gegenteil, wer mehr sagt, als er weiß, riskiert, daß er lügt.

Der Wahlkampf nahm mich immer stärker in Anspruch. Damals, lange vor den Parteispendenprozessen, bekam die CDU noch verhältnismäßig viel Geld von der Wirtschaft und konnte sich teure Annoncenkampagnen leisten. Die Anzeigen wurden von uns entworfen und Kiesinger vor der Veröffentlichung nicht gezeigt, um ihm keine Gelegenheit zu geben, sie zu verwerfen. Die Verantwortung hierfür übernahm der Papierfabrikant Klaus Scheuffelen, damals Bezirksvorsitzender der CDU in Nordwürttemberg, der von der Partei völlig unabhängig und vor etwaigen Zornesausbrüchen Kiesingers sicher war. Aber Kiesinger tat so, als hätte er keine Wahlkampfanzeigen gesehen.

Mit einer von Manfred Wörner entworfenen Annonce erregten wir in kirchlichen Kreisen Anstoß. Sie lautete in etwa: »Glauben Sie an Wunder? Wir nicht. Ein Wunder müßte aber geschehen, wenn die SPD ihre Versprechungen halten könnte ...« Aber die Verärgerung über den Zweifel an der Möglichkeit von Wundern drang nicht in die Öffentlichkeit. Viele kirchlich gebundene Menschen wählten die CDU. In Ulm sagte eine Frau sogar: »Wir müssen doch die Partei von unserem Herrgott wählen!«

Ich vernachlässigte während des Wahlkampfes die Betreuung Hans Filbingers, der in Freiburg schwer um seinen Wahlkreis kämpfen mußte. Das verdroß ihn, nicht ganz zu Unrecht. Ich hatte mir auch einige Eigenmächtigkeiten zuschulden kommen lassen. So hatte ich dem Nachfolger Max Fetzers, Kurt Geiger, der sich darüber beklagt hatte, daß Filbinger alles Wichtige selber unterschreiben wolle, empfohlen, den Minister als abwesend zu behandeln und selber »in Vertretung« zu unterzeichnen. Dies tat Geiger auch, aber nicht, ohne dies hinterher dem Minister zu gestehen und mich als denjenigen zu bezeichnen, dem er diesen Tip verdanke. Es schlug dem Faß den Boden aus, daß Kiesinger die Absicht äußerte, Weber und mich in sein Staatsministerium zu holen. Filbinger beschwerte sich, behauptete, er hätte uns erst zu dem gemacht, was wir jetzt seien, und erreichte, daß nur Weber ging, um Pressechef Kiesingers zu werden, und ich im Innenministerium blieb. Ich aber hatte den Eindruck, zwischen zwei Stühle gefallen zu sein und fühlte mich sowohl vom Ministerpräsidenten wie von Filbinger schlecht, nämlich als Bauer auf dem Schachbrett, behandelt. Es kam zu einer Auseinandersetzung zwischen Filbinger und mir, die mit meinem Ausscheiden als Persönlicher Referent endete.

Mein Nachfolger wurde auf meinen Vorschlag hin Gerhard Mayer-Vorfelder, der mir schon als Referendar wegen seiner überdurchschnittlichen Intelligenz und später auch wegen seines stark ausgeprägten Charakters aufgefallen war. Mayer-Vorfelder stieg in den folgenden Jahren bis zum Kultusminister und danach zum Finanzminister auf. Wir wurden später Freunde, und unser Verhältnis trübte sich nicht um ein Jota, wenn wir in einer Sachfrage unterschiedlicher Meinung waren. Das kam gelegentlich vor, denn seine Grundeinstellung ist etwas konservativer als meine. Ich wurde Referent für Grundsatzfragen, behielt aber das unmittelbare Vortragsrecht bei Filbinger. Unser Verhältnis war zunächst ziemlich kühl, wurde dann aber wieder freundlicher.

Bei der CDU-Landtagsfraktion stieg mein Kredit erheblich, denn ich galt als Märtyrer, weil ich nicht in das Staatsministerium aufgerückt war. Das Staatsministerium galt damals fast als ein Olymp, in dem Göttervater Kiesinger nach der gewonnenen Wahl die Freuden des Elysiums genoß und manchmal seine

Blitze schleuderte. Freilich wurden seine Mitarbeiter verhältnismäßig häufig von diesen Blitzen getroffen, während Außenstehende allenfalls ein gelindes Donnergrollen zu hören bekamen. Aber dieses reichte in der Regel völlig aus, um seinen Willen durchzusetzen.

Mein Freund Weber konnte es mit Kiesinger gut, was ich erwartet hatte. Seine Bildung, Eleganz, Klugheit und psychologisches Geschick ließen ihn Einfluß auf den Regierungschef gewinnen, der diesem genutzt hat. Ich wurde gelegentlich von Kiesinger herangezogen, zum Beispiel, um an der Regierungserklärung 1964 mitzuwirken oder auch, um Sachthemen zu besprechen, wie die Finanzlage des Landes oder den Komplex Eni-Pipeline.

Kiesingers Universitäten

Zwei andere Fragen erschienen am Horizont, die Politiker, Bürger und Medien Tag und Nacht umtreiben sollten: der Mangel an öffentlichen Mitteln und die Bildungspolitik. Kiesinger legte das Gewicht auf die qualitative Frage, also darauf, daß Bildungspolitik nicht nur auf die Vermittlung von Wissen, sondern auch auf die Ausformung des Charakters abzielen müsse. Seine Vorstellungen waren offensichtlich von Schriften Schillers geprägt, jedenfalls zitierte er diesen häufig; er hatte aber auch das Gedankengut anderer Größen des deutschen Geisteslebens verarbeitet. Beim späteren Verlauf der Diskussion über Bildungsreform hatte ich den Eindruck, daß die Meinung die Szene beherrschte, wo das Wissen sei, komme der Charakter von selber. Die Fragen der Charakterbildung und der Wertbindung standen jedenfalls dann nicht mehr im Vordergrund. Das ist ein erstaunliches Phänomen angesichts der Erfahrungen mit dem Dritten Reich, das doch seine Macht erlangen und behaupten konnte durch Umwandlung des Wertesystems in ein Unwertsystem.

Kiesinger entschloß sich, die Universität Konstanz zu gründen und in dieser seine Vorstellungen Gestalt werden zu lassen. Von seiner Idee begeistert, schob er alle Bedenken beiseite, sofern man überhaupt wagte, sie an ihn heranzutragen. Die Finanzierungsfrage interessierte ihn zunächst, glaube ich, herzlich wenig. Die alten Universitäten begannen etwas unruhig zu werden, weil sie fürchteten, daß die neue das Geld beanspruchen könnte, das sie selber gerne haben wollten. Aber vielleicht reichte das Geld für alle. Jedenfalls wurde es wieder ruhiger.

Da entstand in Ulm die Meinung, was Konstanz recht sei, müsse Ulm billig sein. Die Ulmer – Theodor Pfizer, Hans Lorenser und mein Freund Ernst Ludwig – warben Verbündete und Hilfstruppen wie einst der schwäbische Städtebund, vor allem in Oberschwaben, und siehe da, Kiesinger erklärte, daß er sich auch in Ulm gut eine Universität vorstellen könnte. Mannheim sollte auch etwas bekommen, und so kam es, daß das ohnehin an Hochschulen reichste Land Baden-Württemberg zwei weitere Universitäten und eine Akademie fast auf der Landesgrenze gründete.

Inzwischen war der Landeshaushalt nicht mehr in der Lage, die wichtigsten Wünsche der Ressorts zu erfüllen. Die den alten badischen und württembergischen Beamten seit den Brüningschen Notverordnungen eingeprägte Überzeugung, daß Ausgaben möglichst vermieden werden sollten, zeigte Auflösungserscheinungen. Dies einerseits wegen des Hinzutritts jüngerer Kräfte und andererseits wegen des Vorwurfes, die angebliche Tugend der Sparsamkeit sei in Wahrheit das Laster der Initiativlosigkeit.

Das Innenministerium war damals das größte Ressort im Land. Es war zuständig für Programme auf dem Gebiete des Verkehrswesens, der Wasserwirtschaft, der Krankenhäuser, der sozialen Einrichtungen und des Wohnungsbaus. Diese Programme kosteten viel Geld, und wie ein düsteres Gewölk hing die Gefahr in der Luft, daß der Ausbau der neuen Hochschulen auf Kosten des Innenministeriums und seiner Mittel finanziert werden müßte. Dies beunruhigte Filbinger, und ich kann nicht leugnen, daß ich diese Unruhe schürte. Ich schürte die Unruhe wegen der Gefahr für jene Mittel des Innenministeriums, deren Verteilung jedem Abgeordneten viel Freude macht, auch in der CDU-Landtagsfraktion. Unter anderem fertigte ich auf der Grundlage von groben Schätzungen der Kosten der Neugründungen eine Liste an, in der die Zahl der Straßenkilometer, der Sozialwohnungen, der Krankenhausbetten dargestellt waren, die sich bei Verzicht auf eine der Neugründungen finanzieren ließen, und verteilte sie in der Fraktion.

Kaum war ich danach wieder im Innenministerium in meinem Dienstzimmer eingetroffen, als mich der Ministerpräsident aus Bonn anrief. Er verbat sich ziemlich energisch meine Kritik an seinen Neugründungsplänen in der CDU-Fraktion und wies mich auf meine Beamtenpflichten sowie auf die Möglichkeit dienstrechtlicher Maßnahmen hin. Ich fragte ihn, ob ich auch etwas sagen dürfe. Das bejahte er. Ich las ihm meine Liste vor. Diese beeindruckte ihn offensichtlich, und er erklärte, er würde darüber nachdenken, ob sich das Land vielleicht nur eine Neugründung, nämlich die in Konstanz, leisten könne. Aber sein Wunsch, auch in Ulm eine medizinische Universität zu gründen, war stärker als die Sorge um den Etat, zumal das Gründungskonzept für Ulm fast überzeugender war als das für Konstanz.

Es gelang Kiesinger, das Kabinett für seine Vorstellungen zu gewinnen und in einem fulminanten rhetorischen Auftritt auch die CDU-Fraktion und den Landtag. Viele Parteifreunde schimpften zwar über ihn, wenn er nicht da war, und erklärten, er werde seine blauen Wunder erleben, wenn er das nächste Mal in die Fraktion komme. Aber dann überließen sie es doch dem Fraktionsvorsitzenden Wurz und dem Fraktionsgeschäftsführer Gleichauf, einige Bedenken und etwas Kritik vorzutragen, um sich dann von der Kraft der Kiesingerschen Rede mitreißen zu lassen. Ich weiß nicht, wie freiwillig FDP-Finanzminister Müller handelte, als er die Neugründungen für finanzierbar erklärte. Kiesinger brachte ihn sogar in die entscheidende Sitzung der CDU-Fraktion mit und sagte zu ihm, als es doch mehrere Wortmeldungen gab: »Herr Finanzminister, erklären Sie es bitte noch einmal, die Leutchen haben es immer noch nicht begriffen!« Der Dank, der Kiesinger für seine kulturpolitische Tat zuteil wurde, blieb bescheiden. Zwar wurde er Ehrendoktor der Universität Konstanz, aber als er bei der Feier zu Recht darauf hinwies, daß er der Vater dieser Universität sei, skandierten Studenten: »Papi, Papi!«

Finanzplanung

Ein Denkfehler, der nicht auszurotten ist und der sich deshalb in der Geschichte ständig wiederholt, ist die Annahme, man hätte das, was man hinterher weiß, sehr gut von vornherein wissen können. Dieser Denkfehler verleitet die Jüngeren dazu, auf die Älteren herabzusehen, sich selber zu überschätzen und herzlich wenig aus dem, was die Alten falsch gemacht haben, zu lernen. In den fünfziger und sechziger Jahren war in Politik und Verwaltung noch die Erinnerung wach an die radikale Sparpolitik des Reiches und der Länder in der Endzeit der Weimarer Republik. Der staatliche Aufwand in Württemberg war beispielsweise von 161,2 Millionen Mark im Jahr 1929 auf 118,3 Millionen Mark im Jahr 1932, also um ein Viertel, gesenkt worden. Das Haushaltsrecht und die von ihm bestimmte Haushaltspraxis wurden von Voraussetzungen geprägt, welche überholt waren. Es wurde nämlich vorausgesetzt: erstens, daß die meisten Ausgaben im Haushalt notfalls von der Volksvertretung wieder gestrichen werden könnten, so daß man alle Risiken im Griff hat; zweitens, daß die Verhältnisse im wesentlichen gleich blieben und sich bei günstiger Entwicklung allenfalls langsam verbesserten, so daß eine Vorausberechnung und Vorausplanung des Haushaltsgeschehens für kommende Jahre nicht notwendig ist.

Diese Voraussetzungen wurden in der Nachkriegszeit hinfällig. Überdies ging die Periode des Wiederaufbaus, also der Wiederherstellung von etwas, was einmal da war, in die Periode der Erneuerung und Verbesserung über. Ein wachsender Anteil der Haushaltsausgaben wurde rechtlich gebunden. Das heißt, die Entwicklung dieser Ausgaben war grundsätzlich nur prognostizierbar, aber nicht steuerbar, es sei denn durch Änderung der ihnen zugrundeliegenden Gesetze oder Verträge. Der Schwerpunkt politischer Tätigkeit lag auch nicht mehr darauf, einen bestehenden Zustand zu bewahren, sondern mit einer rasanten Veränderung der Verhältnisse fertig zu werden. Alles wuchs und mußte wachsen: Sozialprodukt, Ausgaben, Einnahmen, auch der Personalbestand, denn der Wandel von der Agrar- zur Produktions- und von dieser zur Dienstleistungsgesellschaft hatte an Beschleunigung zugelegt. Beispielsweise war der Zuschußbedarf für den Betrieb der Universitäten in Baden-Württemberg von 37,9 Mio. DM im Jahr 1953 auf 287,4 Mio. DM im Jahr 1965 angewachsen und der Bauaufwand von 12 Mio. DM auf 154 Mio. DM. Angesichts dieser neuen Verhältnisse genügte der Einjahreshaushalt als Steuerungsinstrument nicht mehr. Er ließ die auf ihn folgenden Jahre im Dunkeln. In diesem fühlen sich zwar manche Politiker, Wissenschaftler, Funktionäre und Beamte ganz wohl, es ist aber einer sinnvollen Politik nicht zuträglich. Es können und müssen die unmittelbaren und mittelbaren Folgen von Entscheidungen für die Zukunft sichtbar gemacht werden. Deshalb war und ist eine mehrjährige Darstellung, ja sogar Steuerung des Haushaltsgeschehens notwendig. Wer bei schlechter Sicht fahren muß, sollte darauf achten, daß der Weg, der vor ihm liegt, wenigstens etwas beleuchtet ist. Zwar stimmt eine Planung meistens nicht ganz, aber sie stimmt immer mehr als gar keine Planung.

Mitte der sechziger Jahre habe ich unter dem Eindruck der finanzwirtschaftlichen Verwirrung die für einen Juristen typische Abneigung gegen Zahlen überwunden, mich an meine Abstammung von mathematisch begabten Menschen erinnert, einige Mathematikbücher gelesen, mir einen Rechenschieber gekauft und mich mit der Haushaltsentwicklung beschäftigt. Dabei haben mir die Haushaltsexperten des Innenministeriums sehr geholfen.

Hochrechnungen zeigten, daß bei zu starker Vermehrung des Personals der Anteil der Personalausgaben an den Gesamtausgaben zwangsläufig steigen mußte. Das mußte auf Kosten der Sachausgaben gehen. Nicht betroffen von solchen Einschränkungen waren die »zwingenden«, besonders die rechtlich gebundenen Sachausgaben. Stark betroffen waren aber die »freiwilligen« Investitionsprogramme. Den Ausweg über hohe Kreditfinanzierung zu suchen, war aus wirtschaftspolitischen Gründen bedenklich, denn damals flossen noch nicht wie heute gewaltige Geldströme, durch Staatsgrenzen unbehindert, über den Globus.

Aber auch finanzwirtschaftliche Gründe sprachen gegen zu hohe Kreditfinanzierungen. Modellrechnungen zeigten, daß, wenn jedes Jahr ein Investitionsvolumen von, sagen wir einmal, hundert Millionen DM einschließlich Zins und Zinseszins durch Kredite finanziert wird, die Zinsen und Kreditaufnahmekosten schon nach einigen Jahren hundert Millionen DM erreichen. Von da an wird die ganze Operation zu einem kostspieligen Minusgeschäft. Das bleibt sie auch dann sehr lange, auch wenn keine neuen Investitionsprogramme aufgelegt werden. Es zeigte sich auch, wie Programme, die im ersten Haushalt wie ein dünnes Rinnsal anmuten, in kurzer Zeit zu reißenden Sturzbächen werden können, welche die finanzwirtschaftliche Ordnung unterhöhlen und wegschwemmen. Vor allem aber erwies sich, wie abwegig die in vielen Verwaltungen bis zum heutigen Tage eingewurzelte Vorstellung ist, daß dort, wo ein Bedarf nachgewiesen wird, auch, offenbar durch unmittelbare Einwirkung des Hegelschen Weltgeistes, die Mittel vorhanden sein müssen, die notwendig sind, um ihn zu erfüllen.

Schon diese Betrachtungen zeigen, daß Finanzpolitik eine ziemlich trockene und abstrakte Angelegenheit ist, von der sich viele mit Abscheu abwenden. Ich habe eine Sammlung finanzwirtschaftlich unsinniger Behauptungen von Politikern und Beamten zusammengetragen, deren Namen ich aus christlicher Nächstenliebe hier nicht nenne. Um ihre Probleme zu veranschaulichen und sie im politischen Raum bewußt zu machen, habe ich mich damals des gleichen Mittels bedient wie heute die Firmen, die sich mit Wirtschaftsberatung befassen: der graphischen Darstellung. Ich kaufte mir ein Zeichenbrett und diverse Schablonen und malte auf Transparentpapier auf, welch trauriges Schicksal dem Landeshaushalt und seinen Investitionsprogrammen beschieden sein würde, wenn sich die Kosten, insbesondere die Personalkosten, in Form eines bedarfsorientierten Wildwuchses entwickelten.

Filbinger interessierte sich für diese Arbeiten, förderte sie und gab wichtige und nützliche Anregungen. Kiesinger kam dies alles ziemlich bürokratisch vor. Aber es gelang mir, die Unterstützung der CDU-Fraktion, besonders von Robert Gleichauf, zu finden, denen ohnehin die Entscheidung für die Hochschulneugründungen schwer auf der Seele lag. Die Fraktion stellte einen detaillierten Antrag, die Landesregierung möge eine mittelfristige Haushaltsvorausschau vorlegen. Dies geschah dann. Sie war eine wichtige Vorstufe für die mittelfristige Finanzplanung, mit der nicht nur die Grundlage für die Bestimmung von Vorrang und Nachrang geschaffen, sondern auch erreicht werden sollte, daß die Ressorts bei der Haushaltsaufstellung weniger um die Erfüllung unrealistischer Wünsche kämpfen, sondern ihre Kraft der Aufgabe widmen, mit begrenzten Mitteln möglichst viel für Land und Bürger zu leisten.

Es geht um die Sicherung des Spielraums für Politik. Diese kann erfahrungsgemäß im laufenden Haushaltsjahr nur noch wenig bewegen, wesentlich mehr im darauffolgenden und noch mehr in dem an dieses anschließenden Jahr. Die Entwicklung neuer finanzwirksamer Aufgaben bedarf in der Regel einer mehrjährigen Startstrecke und die Einschränkung alter finanzwirksamer Aufgaben eines längeren Bremswegs. Alles sprach für mittelfristige Finanzplanung und, wenn es um größere längerfristige Aufgabenplanungen geht, auch für längerfristige Finanzperspektiven. Angesichts der engen Zusammenhänge und Wechselwirkungen zwischen dem Bundeshaushalt, den Länderhaushalten und den Haushaltsplänen der Kommunen habe ich mich später über viele Jahre hinweg eingesetzt für längere Finanzperspektiven als Rahmenplanung für Bund, Länder und Kommunen unter der Federführung des Bundes. Aber daraus wurde nichts. Filbinger hat sich während seiner ganzen Amtszeit für solche Planungen ausgesprochen. Das sollten auch seine Kritiker anerkennen.

Viele, auch begabte und gescheite Politiker wollen sich nicht in ein selbstgefertigtes Planungskorsett einzwängen lassen. Sie wollen ihre Erfolge in der Gegenwart haben und nicht nur in der Zukunft. Mitte der sechziger Jahre war der Kreditmarkt, wie man damals sagte, ausgetrocknet. Das Land Baden-Württemberg mußte eine Zeitlang mit hohen Kassenkrediten seine Zahlungsfähigkeit sicherstellen. Als wir das Kiesinger bei einem Spaziergang auf der Schwäbischen Alb erläuterten, sprach er am anderen Tage mit Finanzminister Hermann Müller und fragte diesen, ob es stimme, daß das Land keine Mittel mehr habe. Müller verneinte dies und erklärte, man habe doch Kassenmittel. Kiesinger wollte wissen, ob das echte Mittel seien. Müller erwiderte ihm, es gebe keine unechten Kassenmittel. Das beruhigte den Ministerpräsidenten.

In späteren Jahren erlaubten die Finanzmärkte hohe Kreditaufnahmen. Theorien, die hohe Kreditmarktverschuldung für vertretbar erklärten, waren rasch gefunden. Lange Zeit wurde Keynes zur Rechtfertigung von Schuldaufnahmen bemüht. Der hätte sich sicherlich im Grabe herumgedreht, wenn ihm bekannt geworden wäre, zu was sein Name herhalten mußte. Die Konjunkturpolitik wurde als eine Art Zaubermittel dargestellt, welches die rechenhafte Logik der Finanzpolitik aufheben könnte.

Im Rahmen der Fortschreibungen änderte sich das Zahlenwerk der Finanzplanungen naturgemäß von Jahr zu Jahr. Das macht nichts aus, denn es kommt ja nicht auf die absoluten Zahlen, sondern auf die Relationen und Wechselwirkungen an. Aber diese Veränderungen bewirkten Unlust an der Planung. Hinzu kam noch, daß, zumal bei längerfristigen Perspektiven, die Ausgaben in relativen Preisen dargestellt, also die unterschiedlichen Inflationsraten bei den einzelnen Ausgabenarten berücksichtigt werden sollten.

Kurz, aber nicht gut: Die Hoffnung auf eine realistische Politik, die ich vor dreißig Jahren an die Finanzplanung knüpfte, erfüllten sich nur zum geringen Teil. Es kam schon vor der Wiedervereinigung zu einem massiven Zuwachs der öffentlichen Verschuldung, wobei auch noch oft behauptet wurde, dies geschehe im Interesse unserer Jugend, die schließlich die Verzinsungs- und Tilgungslast wird tragen müssen. Ein magerer Trost ist, daß eine solche in die Verschuldung ausweichende Politik von vielen Industriestaaten gemacht wurde. Aber eine Sache, die viele falsch machen, wird dadurch nicht richtig. In den USA unterzeichnete Präsident Reagan im Dezember 1985 das Gramm-Rudman-Hollings-Gesetz, durch das sich der amerikanische Gesetzgeber selber verbieten wollte, überhöhte Schuldaufnahmen zu beschließen. Das Gesetz hat dem Ansturm der Wünsche und der Unlust, sie abzuwehren, nicht standgehalten.

In der Bundesrepublik trat die Notwendigkeit von längerfristigen Finanzperspektiven im Zusammenhang mit der Bildungsreform deutlich hervor. Die Bildungsplanung nahm gewaltige Mittel in Anspruch. Es wäre doch nützlich gewesen, von vornherein zu prüfen, ob diese Mittel vorhanden waren oder nicht, also einen Rahmen für die möglichen Finanzierungen festzulegen. Dies setzte voraus, daß erstens festgestellt wird, wie viele Mittel insgesamt für alle öffentlichen Aufgaben zur Verfügung stehen, und daß zweitens festgelegt wird, wie viele Mittel für die übrigen Aufgabenbereiche bereitgestellt werden müssen beziehungsweise sollen. Dann ergibt sich der mögliche Spielraum für die Bildungsplanung.

Wie ich noch schildern werde, unterblieb diese Arbeit – nicht, weil man sie nicht leisten konnte, sondern weil keine Übereinstimmung darüber erzielt werden konnte, daß sie geleistet werden sollte.

Nun konnten Politiker für die Finanzierung der Aufgaben ihres Ressorts weiterhin so kämpfen, als ob der Finanzbedarf anderer Ressorts beliebig zurückgeschraubt werden könnte. Bund und Länder konnten so tun, als würde die jeweils andere politische Ebene beraubt. In der Demokratie sollte nach einem von Kiesinger viel zitierten Wort des Philosophen Eduard Spranger jeder Bürger ein Gewissen für das Ganze haben. Das gilt auch für Politiker. Jeder, der für sein Sachgebiet etwas fordert, sollte auch für die Einschränkungen Verantwortung übernehmen, die wegen seiner Forderungen in anderen Sachgebieten notwendig werden. Aber das setzt voraus, daß ein Planungswerk soviel Durchblick und Übersicht herstellt, daß konkret sichtbar wird, was solche Einschränkungen bedeuten.

Gegen Ende des Jahres 1966 trat ein anderes Ereignis in den Vordergrund, welches die baden-württembergische Finanzwirtschaft vorübergehend in den Hintergrund treten ließ: dieses Ereignis war die Wahl Kurt Georg Kiesingers zum neuen Bundeskanzler und Nachfolger von Ludwig Erhard.

Teil II

Begegnungen

Der Verwaltungsfachmann.

Gastspiel in Bonn

Im November 1966 ging es mit der Regierung Erhard zu Ende. Ludwig Erhard verdankte die Union wesentlich ihre Wirtschaftskompetenz und ihren Ruf als Partei des Wirtschaftswunders. Bei den Wahlen war er ein Zugpferd gewesen. In Baden-Württemberg war er zusammen mit Kiesinger auf sehr wirksamen Wahlplakaten erschienen, die Köpfe beider wie bei siamesischen Zwillingen verbunden durch einen schwarzen Einheitskörper. Keiner von beiden sollte hinter dem anderen zurücktreten.

Adenauer hatte offenbar immer Bedenken, ob der bedeutende Wirtschaftspolitiker dem Amt des Bundeskanzlers gewachsen wäre, besonders auf dem Felde der Außenpolitik. Und Kiesinger sagte einmal über ihn, daß er die Kunst verstanden hätte, am rechten Ort, zur rechten Zeit und bei der richtigen Sache untätig zu bleiben. Wie ich später von den Beamten des Kanzleramts hörte, hatte Ludwig Erhard Probleme, sich des Machtapparats Konrad Adenauers zu bedienen. Es gebrach ihm am taktischen Geschick. So konnte er sich gegen die Wunschpolitiker, auch die im linken Flügel der CDU, nicht durchsetzen.

Leider galt es damals wie heute als eine moralische Tat, etwas zu fordern, was wünschenswert, aber nicht möglich ist. Besonderen Erfolg erzielt, wer seine Darlegungen mit den Worten einleitet: »In einem reichen Land wie der Bundesrepublik müßte es möglich sein ...« In Wahrheit ist aber nur der reich, der mehr hat, als er braucht, und der mehr einnimmt, als er ausgibt. In dieser erfreulichen Lage befindet sich die Bundesrepublik seit langem nicht mehr.

Die berechtigten Maßhalteappelle Ludwig Erhards wurden damals im Zusammenhang mit dem Münchener Oktoberfest als

Aufforderung, Bier zu trinken, persifliert oder, weniger humorvoll, als moralisch bedenklich bezeichnet, nachdem doch überall Bedarf sichtbar war. Schließlich klaffte ein Defizit im Bundeshaushalt, dessen Volumen, verglichen mit späteren Defiziten, geradezu lächerlich war. Doch damals löste das Wort »Milliarden« – Kiesinger sagte gelegentlich: tausend Millionen, das muß man sich erst einmal vorstellen – geradezu Ehrfurcht aus, die so weit gehen konnte, daß eine Scheu entstand zu fragen, ob sie nun da waren oder fehlten. Im Herbst 1966 wußte man: Sie fehlen. Die FDP stieß, wie oft in schwieriger Lage, den Notschrei aus: »Keine Steuererhöhung!« Die Union wollte die Lücke nicht nur durch Kürzungen schließen. Die wirtschaftliche Lage war auch nicht gerade glänzend.

In dieser Situation kamen aus der SPD, der alten Gegnerin der Union, Hinweise, daß eine Große Koalition durchaus denkbar wäre. Man könnte den Haushalt konsolidieren, die Konjunktur wieder in Schwung bringen, die anderen großen Fragen der Bundespolitik einschließlich des Notstandsrechts lösen und man könnte gegebenenfalls ein Mehrheitswahlrecht schaffen, das die Abhängigkeit der großen Parteien von den kleinen beseitige. So kamen sich CDU/CSU und die SPD näher.

Die Unionsfraktion brauchte einen neuen Kanzlerkandidaten. Zur Wahl standen Gerhard Schröder und Kurt Georg Kiesinger, für den der Ruf nach Bonn nach meiner Einschätzung so überraschend kam wie das Angebot der Königskrone für Heinrich am Vogelherd. Kiesinger war alles andere als ein Karriereplaner. Er behauptete einmal, es sei eigentlich alles, was er geworden sei, auf ihn zugekommen. Ich nehme ihm das ab. Er war zwar ein Star, aber kein Egozentriker, eher ein Idealist. Es berührte ihn damals sehr, daß Herbert Wehner ihm eines seiner Bücher mit einer freundlichen Widmung schickte, und er empfand dies offensichtlich als Ehre. Er wollte auch, daß die SPD nach 17 Jahren Opposition im Bund an der Regierungsverantwortung beteiligt wurde, im Interesse einer Festigung der deutschen Demokratie.

Kiesinger, gewiß auch von der Idee fasziniert, Nachfolger Konrad Adenauers werden zu können, brach nach Bonn auf. Er nahm seinen Pressesprecher, meinen Freund Ulrich Weber, mit. Dieser erklärte dem Kanzlerkandidaten, daß zur Erledigung sachlicher Arbeiten während der Koalitionsverhandlungen bis zur Regierungserklärung kein anderer in Frage käme als ich. Deshalb sollte ich nach Bonn kommen. Kiesinger war einverstanden. Weber rief daraufhin Innenminister Filbinger an und empfahl dem zunächst Widerstrebenden, mich im Blick auf weitere Entwicklungen freizugeben. Filbinger stimmte schließlich zu.

Ich packte meinen Koffer, las noch einmal die Ausschnitte aus den Wirtschaftsteilen der FAZ und der Stuttgarter Zeitung, die ich gesammelt hatte, und begab mich ebenfalls nach Bonn. Die baden-württembergische Landesvertretung bot mir zwar Nachtquartier und einen kleinen Arbeitsraum, jedoch keine Schreibkraft. Diese stellte mir nach zwischenstaatlichen Verhandlungen die benachbarte bayerische Landesvertretung zur Verfügung. Mein Freund Weber und der persönliche Referent des Ministerpräsidenten, Schwarzwälder, freuten sich über meine Ankunft, weil man zu dritt die schwierigen Tage, die vor uns lagen, leichter, jedenfalls aber vergnüglicher würde hinter sich bringen können. Ich las die Akten, die man Kiesinger für die Koalitionsverhandlungen gegeben hatte, fand meine Meinung bestätigt, daß alles Wesentliche kürzer und besser in den Zeitungen stünde, und fertigte auf Verdacht kurze Vermerke für den Kanzlerkandidaten, zweifle aber, ob er sie alle gelesen hat. Ich trug sie ihm jedenfalls zur Sicherheit auch noch mündlich vor, auch die finanzpolitischen Gesichtspunkte, die mir für einen Kanzler besonders nützlich zu sein schienen.

Kiesinger, der in dem Gästehaus der Landesvertretung in der Argelanderstraße wohnte, sprach häufig mit uns, meistens beim Frühstück oder bei einem von der völlig überforderten, den Tränen nahen Hausmeistersgattin improvisierten Abendessen. Meistens gab es badische Schäufele. An einem Abend hatte Kiesinger vergessen, daß er Herbert Wehner eingeladen hatte. Zum Glück fiel ihm das noch ein, als wir gerade mit ihm zu Abend aßen. Wir beendeten sofort die Nahrungsaufnahme und sammelten das

Fleisch aus unseren Tellern für Herbert Wehner. Kartoffelsalat war in der Küche noch genug vorhanden.

Weber und ich waren beide starke Raucher, und wir rauchten auch in Gegenwart von Kiesinger, was diesen einmal in großen Zorn versetzte, weil er an einer Augenentzündung litt. Er rief: »Ich werde noch blind« und forderte, daß jeweils nur einer von uns und nicht alle beide gleichzeitig rauchten. Wenn man dieses großzügige Verhalten mit dem Terror vergleicht, dem heute die Raucher ausgesetzt sind, dann erkennt man, daß Freiheitsspielräume verlorengegangen sind. Ich selber habe übrigens inzwischen das Rauchen aufgegeben, aber nicht aus dem niedrigen Motiv der Feigheit, sondern aus dem edlen Motiv der Sparsamkeit. Ich hatte nämlich am Beginn der achtziger Jahre meine Zähne durch das Rauchen von Tabakspfeifen so sehr verunstaltet, daß ich sie einer umfangreichen Reparatur unterziehen mußte. Als ich dann die Rechnung erhielt, entschloß ich mich angesichts meines doch stark reduzierten Restbuchwertes, das Rauchen einzustellen. Trotz dieser persönlichen Entscheidung habe ich aber lange darum gekämpft, daß bei Sitzungen des Stuttgarter Gemeinderates geraucht werden darf als Zeichen dafür, daß in den Sitzungssälen Freiheit herrscht. Am Schluß bin ich überstimmt worden und mit einer Minderheit von Aufrechten dem raucherfeindlichen Zeitgeist unterlegen.

»Für einen Kammerdiener gibt es keinen Helden, aber nicht weil dieser kein Held, sondern weil jener der Kammerdiener ist«, schreibt Hegel. Kammerdiener waren wir nicht. Doch aus der Nähe erlebt, gewannen die bedeutenden Figuren der deutschen Politik menschliche Züge einschließlich der Ecken und Kanten. Das wirkte sich keineswegs zu ihrem Nachteil aus.

Weber und ich nahmen nicht an den Koalitionsgesprächen teil. Wir wurden aber einmal in der Argelanderstraße mit unseren Materialien in ein Nebenzimmer beordert, während im Speisezimmer ein Spitzengespräch stattfand, das die noch offenen Fragen der neuen Koalition klären sollte. Besonders wichtig war, Franz Josef Strauß als Bundesfinanzminister zu gewinnen, denn dieser gescheite, temperamentvolle, phantasievolle, nie um eine Formulierung verlegene Machtmensch galt für den Fall, daß er nicht ins Kabinett eintrat, als Sicherheitsrisiko. In dieser Nacht erklärte sich Strauß offensichtlich bereit, Bundesfinanzminister zu werden, was die Stimmung, wie man durch die Tür hören konnte, erheblich verbesserte. Anschließend verschlechterte sie sich, nach den durch die Tür dringenden Geräuschen zu urteilen, wieder etwas.

Da erschien Kiesinger bei uns im Nebenzimmer und fragte nach einer Denkschrift des Präsidenten des Bundesrechnungshofes, Hopf, der unter anderem vorgeschlagen hatte, zur Vorbereitung qualifizierter Nachwuchspolitiker die Institution des parlamentarischen Staatssekretärs zu schaffen. Wir hatten diese Denkschrift, fanden sofort die richtige Seite, der Kanzler begab sich zurück zu seinen Gesprächspartnern, und bald ertönten durch die Tür Laute, die auf eine erneute und nachhaltige Aufhellung der Stimmung hindeuteten. Offenbar schienen die Personalfragen gelöst zu sein, Fröhlichkeit kam auf, es wurde sogar gelacht. Kiesinger sagte am nächsten Morgen, Strauß hätte gesagt, am liebsten wäre er kein Minister, sondern ein Playboy, aber einer mit Niveau. Man müsse sich einmal vorstellen, was in diesem Kopf vorgehe.

Der Großen Koalition und der Wahl Kiesingers zum Bundeskanzler stand jetzt nichts mehr im Wege. Kiesinger war bewegt und sprach von Weimar und von dem Fehler, den die bürgerlichen Parteien gemacht hätten durch ihr Mißtrauen in die SPD. Zur Wahl und Vereidigung des Kanzlers und der Minister am 1. Dezember 1966 begaben wir uns in das Bundeshaus. Unser Landsmann und württembergischer Parteifreund, Bundestagspräsident Dr. Eugen Gerstenmaier fragte mich, ob es mich jetzt auch nach der Bonner Futterkrippe dränge. Ich versicherte ihm, daß dies nicht so sei. Wir Landesbeamte wollten nur dem Bund helfen, nachdem er so sehr in Not geraten sei. Die Antwort gefiel ihm nicht, und er zog sich zurück.

Der neue Bundeskanzler fuhr mit uns in das Kanzleramt, damals noch das Palais Schaumburg, ergänzt durch einige stark an Kasernen erinnernde Anbauten. Wir betraten voller Respekt das Portal, durch das Adenauer so oft geschritten war. Unser christdemokratisches Gemüt ging zu Recht davon aus, daß wir einer geschichtlichen Stunde beiwohnten. Aber auch Kiesingers Gedanken weilten offensichtlich in höheren Sphären und keineswegs in den dunklen Abgründen der praktischen Fragen und Schwierigkeiten.

Wir wurden in einen Raum geführt, in dem Staatssekretäre der Bundesressorts und andere hohe Beamte versammelt waren. Der Kanzler begrüßte sie. Einige kannte er offenbar schon. Schließlich fragte einer der Staatssekretäre, ob Kiesinger Weisungen für die Regierungserklärung hätte, womit ein Thema berührt war, das zu behandeln sich der Kanzler bislang strikt geweigert hatte. Er sagte in heiterer Gelassenheit: »Nun, Herr Rommel, tragen Sie mal vor, was Sie sich überlegt haben.« Ich erklärte, ziemlich verdattert, es müsse eine kurze Regierungserklärung sein, eine, die nichts verspreche und die sich auf Wirtschafts-, Finanz- und Außenpolitik beschränke. Kiesinger meinte: »Ja, so etwa könnte es gehen, meine Herren, Sie entschuldigen mich, ich habe einen Fernsehtermin« und verschwand.

Die hohen Herren waren etwas befremdet, erkundigten sich bei mir, wer ich überhaupt sei, und nahmen es ungnädig auf, als ich mit schüchterner Stimme eingestand, Regierungsdirektor im baden-württembergischen Innenministerium zu sein. Einer fragte, ob das der Stil des neuen Herren sei, daß er sich für seine Regierungsgeschäfte der mitgebrachten Beamten aus Schwaben bediente. Mein Hinweis, daß wir nicht in Bonn zu bleiben gedächten, sondern beabsichtigten, baldmöglichst in das liebe Stuttgart zurückzukehren, wirkte offensichtlich beruhigend und schien geeignet zu sein, den Verdacht zu zerstreuen, daß nun ein schwäbisches Hofschranzentum in Bonn nach der Macht greifen wollte.

Der Stilist Kiesinger

Nach der von Kiesinger gewonnenen Landtagswahl 1964 war ich in das baden-württembergische Staatsministerium gerufen worden, um bei der Herstellung der Regierungserklärung zu helfen. Ich produzierte einige nach meiner damaligen Vorstellung gelungene Texte. Als ich sie Landesvater Kiesinger in seinem Dienstzimmer übergab, erklärte dieser kurz und bündig: »Viel zu schmalzig.« Ich erwiderte: »Ich dachte, das gefällt Ihnen besonders gut.« Kiesinger schwieg etwa eine halbe Minute, was mir sehr lang vorkam. Dann meinte er: »Der Unterschied zwischen Ihnen und mir ist: Ich kann es, und Sie können es nicht.« Damit war die Sache abgeschlossen.

In Kiesingers Staatsministerium – so heißt in Baden-Württemberg die Staatskanzlei – waren ausgesprochen gute Beamte tätig. Dennoch zeigte sich Kiesinger oft von dem, was diese ihm lieferten, enttäuscht. Meistens war er selber an seiner Enttäuschung schuld, weil er Anforderungen stellte und Forderungen erhob, die sich nicht erfüllen ließen. Wenn die Beamten ihn schicksalsergeben betrachteten, dann geriet er erst recht in Zorn, in dem ihn seine rhetorischen Fähigkeiten leider nicht verließen, sondern im Gegenteil noch eine Steigerung erfuhren. Er erklärte dann zum Beispiel, bei der letzten Vorlage hätte er bereits angenommen, daß sich das Niveau beim besten Willen nicht mehr senken lasse. »Meine Herren, meinen Respekt, Sie haben das mit Ihrer neuen Vorlage geschafft.« Er wäre wohl sofort ruhiger geworden, wenn ihm einer sachlich und bestimmt widersprochen hätte.

Nach meiner Erfahrung veranlaßt Widerspruch auch andere Politiker aus Leidenschaft wie Franz Josef Strauß oder Helmut Schmidt, ihr Temperament zu zügeln, wenn derjenige, der den Widerspruch wagt, in der Lage ist, in einem Wortwechsel einigermaßen seinen Mann zu stehen. Aber viele Beamte halten es nicht für angemessen, ihrem politischen Chef zu widersprechen, wenigstens nicht nachhaltig, auch wenn das angebracht wäre und in dessen eigenem Interesse läge. Sie würden wenig riskieren und viel gewinnen, nämlich Achtung und Einfluß. Das ist auch wünschenswert. Das Aktionsfeld, das sich die Politik auf Kosten der Verwaltung geschaffen hat, ist zu groß. Es ist ein falsches Verständnis des Zusammenwirkens zwischen Politik und Verwaltung, daß die Politik befiehlt und die Verwaltung das in blindem Gehorsam ausführt. Die Politik bedarf der Beratung durch eine qualifizierte Verwaltung, auch in den großen Fragen, und sie sollte auch deshalb an der Qualität der Verwaltung interessiert sein.

Eine Zeitlang hörte man oft: Experten hätten sich schon häufig geirrt. Das ist wahr. Aber noch weniger läßt sich die These widerlegen: Dilettanten irren sich fast immer. Natürlich spricht die Politik das letzte Wort. Aber das erste Wort, nämlich das, was der Politik zuerst einfällt, sollte nicht unbedingt das letzte sein. Wessen Selbstbewußtsein es nicht erträgt, daß seine Meinung auf den Prüfstand gestellt wird, der ist auf einer höheren Hierarchiestufe am falschen Platz.

Als Amtschef im baden-württembergischen Finanzministerium und erst recht als Oberbürgermeister von Stuttgart legte mir die Praxis täglich die Erkenntnis nahe, daß Gott mir weder Allwissenheit noch Fehlerfreiheit verliehen hatte. Von einem Chef wird verlangt, daß er in nützlicher Frist eine Entscheidung trifft. Weit verbreitet ist die Annahme, wer sich entscheide, verliere seine Freiheit (so Wallenstein: »Wie, könnt ich nicht mehr wie ich wollte« oder Faust: »Beim ersten sind wir frei, beim zweiten sind wir Knechte«). Aber das ist die faule Ausrede aller Unentschlossenen. Wer sich entscheidet, macht von seiner Freiheit wenigstens Gebrauch, während jener, der sich nicht entscheidet, die Freiheit zu entscheiden verliert, ohne sie genutzt zu haben.

Kurt Georg Kiesinger war ein künstlerischer Mensch. In seiner Jugend hatte er Gedichte geschrieben, die aber nach meiner Erinnerung eher ins 19. Jahrhundert paßten. In Stilfragen war er ein Perfektionist, kaum zufriedenzustellen. Stand er am Rednerpult, schienen ihm die Gedanken, Bilder und Formulierungen gleichsam zuzufliegen. Seine Perioden waren kunstvoll und doch anschaulich. Sie führten den Zuhörer genau dorthin, wo er ihn haben wollte. Er sprach druckreif, gelegentlich in Pathos verfallend. Als Redner machte er wenig Witze, weder auf eigene noch auf fremde Kosten. Was er sagte, war trotzdem unterhaltend.

Gegen Ironie und Spott war er nach meiner Einschätzung ziemlich hilflos, zum Beispiel gegen den von Helmut Schmidt erfundenen Spitznamen König Silberzunge. Über Kritik konnte er sich mächtig ärgern. Zum Beispiel wurmte ihn einmal ein Artikel des landespolitischen Redakteurs der Stuttgarter Zeitung so sehr, daß er – offenbar höchstpersönlich – einen Brief tippte, unterschrieb und absandte, worin diesem mitgeteilt wurde, daß die Beziehungen hiermit abgebrochen wären. Der Redakteur reihte diesen Brief als ein besonderes Schmuckstück seiner Sammlung ein und zeigte ihn mit Stolz herum.

Als Erzähler im Freundeskreis, aber auch in der vom Zufall zusammengeführten Gesellschaft in einer Gastwirtschaft war Kiesinger kaum zu schlagen. Er erzählte in solchen Fällen auch Witze und Anekdoten. Die letzte Anekdote, die ich von ihm kurz vor seinem Tode hörte, betraf die Reichspräsidentenwahl 1925, bei der Hindenburg gegen den Zentrumspolitiker Wilhelm Marx kandidierte und gewann. Als Marx sich in einer katholischen Gegend im württembergischen Oberland, wo überwiegend für Hindenburg gestimmt worden war, erkundigte, weshalb er als Katholik nicht ein besseres Ergebnis erzielt hatte, erhielt er zur Antwort: »O Herr Marx, sie sind gewiß ein guter Christ, aber wir haben uns gedacht, der Herr mit der Kerze in der Hand ist gewiß auch kein Heide.« Gemeint war Hindenburgs Marschallstab.

Wenn Kiesinger etwas selber schrieb oder etwas billigen sollte, was unter seinem Namen zu erscheinen bestimmt war, dann fiel die Leichtigkeit von ihm ab, die ihn als Redner beflügelte. Nicht daß er schlechter formuliert hätte, aber er hatte Zeit, seinem Streben nach Vollkommenheit zu huldigen und nach der idealen Lösung zu suchen. Das war meist ein quälender Prozeß. Er machte sich viel Mühe. Oft formulierte er den gleichen Satz mehrmals auf einem Blatt Papier, und zwar unabhängig davon, ob der Satz wichtig war oder nicht. Seine heute noch aktuellen, glanzvollen Aufsätze in dem Buch »Ideen vom Ganzen« sind nicht mit genialischer Leichtigkeit hingeworfen worden, sondern durch quälende Anstrengung entstanden.

Besonders schwer fiel es Kiesinger, seine Erinnerungen zu schreiben. Wenn man ihn nach deren Gedeihen fragte, reagierte er mißgelaunt. Er quälte sich mit ihnen, las neue Bücher, ärgerte sich über diese. Anläßlich eines Geburtstages von Professor Walter Hallstein in Stuttgart beklagte sich Kiesinger über die Memoiren von Carlo Schmid, der kurz zuvor verstorben war, und sagte: »Schmid schwindelt wie ein Gascogner.« Ich versuchte ihn mit dem Hinweis zu beruhigen, daß er doch Schmid gegenüber im Vorteil sei, weil dieser bereits gestorben, er aber noch am Leben sei und somit ohne Gefahr des Widerspruchs seine eigene Version darlegen könnte. Kiesinger meinte, das nütze ihm gar nichts. Hallstein jedoch erklärte ihm: »Ich würde diesen Vorteil nicht für gering erachten.«

Gelegentlich las Kiesinger seine Unterlagen erst auf der Hinfahrt zu einer Veranstaltung, bei der er als Hauptredner auftreten sollte. Es kam vor, daß er dann in großen Zorn geriet und das zusammengetragene Material als unbrauchbar und beschämend bezeichnete, ja sogar den Verdacht äußerte, das habe man ihm alles »zum Possen« geschrieben. Dieser Zorn brachte ihn in die richtige seelische Verfassung, um eine gute, manchmal auch glänzende Rede zu halten. Er scheute dabei nicht davor zurück, etwas ungewöhnliche Thesen aufzustellen. So behauptete er, die Marxsche Prophezeiung, daß die Maschinen immer größer, die Reichen immer weniger, dafür immer reicher, und die Armen immer ärmer und dafür immer zahlreicher würden, sei aufgrund der Erfindung des Elektromotors zum Glück nicht Realität geworden. Der Elektromotor habe nämlich den Mittelstand, vor allem das Handwerk, gerettet.

Nun mag an dieser These durchaus etwas dran sein, aber er trug diese mit solcher Inbrunst und Leidenschaft vor, daß so mancher Zuhörer ein Gefühl tiefer Dankbarkeit für die Erfinder des Elektromotors und für die diesen offenbar eng verbundene CDU empfand. Kiesinger verstand es meisterhaft, während seiner Rede mit Hilfe von zwei Gelenksätzen das Thema zu verlassen und gegen Schluß wieder in dieses hineinzukommen. Ich habe viel von Kiesinger gelernt, ohne ihn kopieren zu können und zu wollen. Freilich fanden erst dann, als ich Oberbürgermeister war, einige meiner Reden Gnade vor seinen Ohren.

Mein Glaube, daß die Menschen begierig darauf sind, sich von einem Redner neue Wahrheiten mitteilen zu lassen und sie wie eine Offenbarung entgegenzunehmen, war nicht so gefestigt wie seiner. Meine Erfahrung ist, daß die Menschen im allgemeinen mit dem, was sie für wahr und richtig halten, zufrieden sind und daß sie einen Redner desto mehr loben, je wirkungsvoller er ihre Meinung wiedergibt und bestätigt. Ich jedenfalls beobachte bei mir selber, daß ich dort am lautesten applaudiere, wo etwas gesagt wird, was ich schon kenne und auch für richtig halte. So ist eben der Mensch.

Die Regierungserklärung des Bundeskanzlers

Die Gespräche mit Ludwig Erhards Berater Karl Hohmann und den Abteilungsleitern im Kanzleramt, den Ministerialdirektoren Horst Osterheld und Johannes Prass bekräftigten uns in der nun auch vom Kanzler abgesegneten Vorstellung, daß in der Regierungserklärung nichts versprochen werden sollte, was Geld kostete, sondern daß ihr Inhalt aus allgemeinen, staatstragenden und möglichst unverbindlichen Gedanken bestehen sollte, was zu einer segensreichen Kürze zwinge. Im übrigen war ich schwer beeindruckt von dem Respekt, den die alte Mannschaft im Kanzleramt Konrad Adenauer als Verwaltungschef entgegenbrachte. Ich bedrängte Kiesinger, mich Adenauer vorzustellen. Dieser sagte zwar nur zu mir: »Juten Morjen, Herr Rommel.« Aber diese Worte aus seinem Munde empfand ich als eine Auszeichnung.

Einige Zeitungen haben später geschrieben, ich sei Kiesingers Ghostwriter gewesen. Ich erkläre hiermit feierlich und an Eides Statt, daß ich das nie war. Ich habe in den kurzen Zeitabschnitten, in denen ich für ihn tätig war, nie eine Seite schreiben können, die er gebilligt hätte und die nicht durch seine oft von kräftigen Leidenschaftsausbrüchen begleitete Bearbeitung besser geworden wäre. Es war wichtig, ihm zu widersprechen. Das respektierte und akzeptierte er. Er brauchte Widerstand, um in Hochform zu kommen. Er war ein Mann der großen Perspektive und der ganzheitlichen Sicht. Er befaßte sich mit der zunehmenden Interdependenz alles Geschehens auf der Welt als Grundlage der gegenwärtigen und kommenden Politik. Er stieg tief in die Philosophie ein, wenn er sich mit der Selbstverwaltung befaßte. Seine Reden über Alexis de Tocqueville und über grundsätzliche Fragen sind alle noch lesenswert. Aber er war kein strategisch operierender Planer. Er war auch kein Taktiker, der vorausdenkend einen Zug nach dem anderen prüft und vollzieht. Er neigte zur Spontaneität. Solide, methodische Verwaltungsarbeit war ihm eher lästig. Er verschob gerne Entscheidungen, bis es 5 Minuten vor 12 war, aber dann war er meistens sehr gut. Seine Rednergabe war seine wichtigste Waffe. Es war ausgesprochen schwer, in einer Debatte gegen ihn zu bestehen.

In der letzten Woche vor Abgabe der Regierungserklärung, welche im Bundestag am Dienstag, dem 13. Dezember, erfolgen sollte – die Beratung im Kabinett der Großen Koalition war auf Montag terminiert –, versuchten Freund Weber und ich den Kanzler von der Notwendigkeit zu überzeugen, einen Entwurf dieser Regierungserklärung herzustellen. Dies fiel nicht schwer. Aber alles, was wir ihm nach Absprache mit den Abteilungsleitern des Kanzleramts an schriftlichen Vorschlägen vorlegten, verfiel schon nach sekundenlanger Durchsicht und Draufsicht der Ablehnung mit Kommentaren wie: »viel zu theoretisch«, »unbrauchbar« usw.

Der Kanzler war der Einfachheit halber aus dem Gästehaus der baden-württembergischen Landesvertretung in der Argelanderstraße in das Kanzleramt umgezogen. Hinter dem langgezogenen, großen Arbeitszimmer von Konrad Adenauer und Ludwig Erhard befand sich noch ein kleines Besprechungs- und Frühstückszimmer und dahinter ein Raum, in dem ein Bett stand. In diesem schlief Kiesinger, soweit er dazu noch Gelegenheit hatte. Mit den Koalitionsparteien und Fraktionen war zu beraten, mit den vorgesehenen Ministern Personalentscheidungen zu treffen. Bei einer Personalentscheidung, für die Weber und ich einen Vorschlag gemacht hatten, gab es Schwierigkeiten, weil der Beamte von einem wohlmeinenden CDU-Politiker verdächtigt wurde, ein praktizierender Liebhaber der Damenwelt und Vater eines unehelichen Kindes zu sein. Daraufhin erklärte Weber dem aufgebrachten Kanzler: »Sie brauchen doch aktive Beamte!« worauf Kiesinger erwiderte: »Aber nicht auf diesem Gebiet!«

Genervt von unserem ständigen Lamentieren wegen der mangelnden Weisungen hinsichtlich der Regierungserklärung, ließ mich Kiesinger schließlich – ich glaube, es war am Freitag – in das Frühstückszimmer kommen, übergab mir mehrere mit Notizen versehene Zettel und erklärte, daß dies 80 Prozent der Regierungserklärung seien. Auf den Zetteln stand nach meiner Erinnerung in etwa: »Finanzpolitik, schwere Krise. Wirtschaftspolitik: Wir dürfen die Rechnung nicht ohne den Wirt machen. Karl Schiller. Dies alles hat keinen Sinn, wenn nicht der Friede gewahrt bleibt. Außenpolitik. Mit der Sowjetunion beginnen.« Überdies erklärte der Kanzler, daß er über das Wochenende mit dem Sonderzug nach Hause zu fahren und am Montag wieder nach Bonn zurückzukehren gedenke. Man könne dann die Regierungserklärung unterwegs herstellen.

Ich war das, was man als »baff« bezeichnet, und sagte ihm, falls diese Notizen 80 Prozent der Regierungserklärung seien und alles von der Bearbeitung im Sonderzug abhinge, dann täte mir das deutsche Volk am kommenden Dienstag leid. Er wurde fürchterlich zornig, verbat sich diese Bemerkungen, die mir in Form und Inhalt nicht zustünden, stand auf, ging, die Tür hinter sich zuschlagend, in sein Ruhezimmer, und ich hörte nur noch das Knarren des Bettes, in welches er sich offenbar gelegt hatte. Ich wartete noch eine Weile darauf, daß er wieder herauskäme, aber er erschien nicht. Schließlich ging auch ich, photokopierte seine Notizen und begab mich zusammen mit Weber zu den Herren Prass und Osterheld, um zu beraten, was zu tun sei.

Wir entschlossen uns, bis zum nächsten Morgen anhand der Notizen des Kanzlers einen Entwurf herzustellen. Weber übernahm die Einleitung, ich auf der Grundlage von Papieren von Strauß, Schiller und Prass die Finanz- und Wirtschaftspolitik, und Osterheld die Außenpolitik. Ich hatte schon eine ganze Weile auf Band diktiert – es war inzwischen später Abend – da rief mich die Sekretärin der Kanzlers an und lud mich in seinem Na-

Im Sonderzug an der Arbeit für die Regierungserklärung Bundeskanzler Kiesingers im Dezember 1966: auf dem Foto Seite 171 (von links): Johannes Prass, Horst Osterheld, Lommel, Kiesinger und Gerd Stamp.

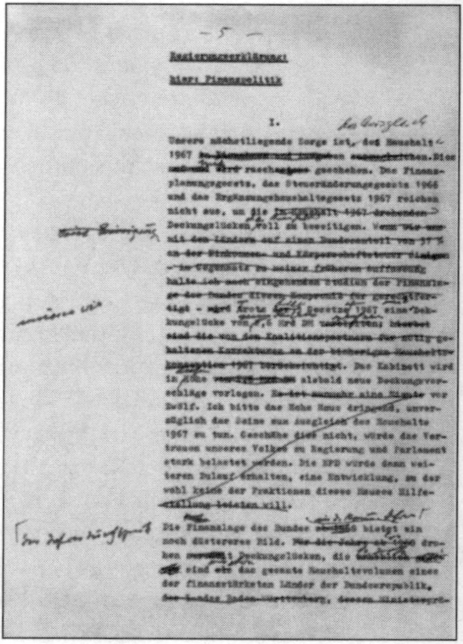

– 5 –

Regierungserklärung:

hier: Finanzpolitik

I.

Unsere nächstliegende Sorge ist, den Haushalt 1967 [illegible] Dies [illegible] rasch [illegible] geschehen. Das Finanzplanungsgesetz, das Steueränderungsgesetz 1966 und das Ergänzungshaushaltsgesetz 1967 reichen nicht aus, um die [illegible] Deckungslücken voll zu beseitigen. [illegible]

[illegible] Das Kabinett wird in [illegible] alsbald neue Deckungsvorschläge vorlegen. [illegible] vor Zwölf. Ich bitte das Hohe Haus dringend, unverzüglich das Seine zum Ausgleich des Haushalts 1967 zu tun. Geschähe dies nicht, würde das Vertrauen unseres Volkes zu Regierung und Parlament stark belastet werden. Die NPD würde dann weiteren Zulauf erhalten, eine Entwicklung, zu der wohl keine der Fraktionen dieses Hauses Hilfestellung leisten will.

Die Finanzlage des Bundes [illegible] bietet ein noch düstereres Bild. [illegible] Deckungslücken, die [illegible] sind wie das gesamte Haushaltsvolumen eines der finanzstärksten Länder der Bundesrepublik, [illegible]

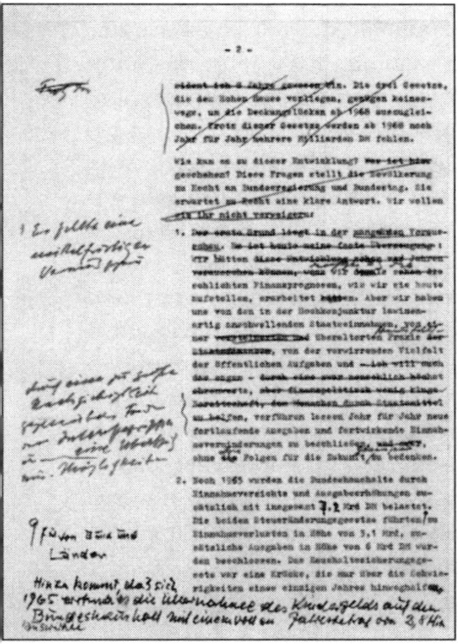

\- 2 -

sident ich 6 Jahre gewesen bin. Die drei Gesetze, die dem Hohen Hause vorliegen, genügen keineswegs, um die Deckungslücken ab 1968 auszugleichen. Trotz dieser Gesetze werden ab 1968 noch Jahr für Jahr mehrere Milliarden DM fehlen.

Wie kam es zu dieser Entwicklung? Was ist hier geschehen? Diese Fragen stellt die Bevölkerung zu Recht an Bundesregierung und Bundestag. Sie erwartet zu Recht eine klare Antwort. Wir wollen sie ihr nicht verweigern:

1. Der erste Grund liegt in der [illegible] Vorausschau. [illegible] Wir hätten diese Entwicklung sehen und Jahren vorhersehen können, wenn wir damals schon die [illegible] Finanzprognosen, wie wir sie heute aufstellen, erarbeitet hätten. Aber wir haben uns von den in der Hochkonjunktur lawinenartig anschwellenden Staatseinnahmen, von einer [illegible] und überalterten Praxis der [illegible], von der verwirrenden Vielfalt der öffentlichen Aufgaben und – ich will auch das sagen – [illegible] ehrenwerte, aber finanzpolitisch wenig kluge Bereitschaft, den Menschen durch Staatsmittel zu helfen, verführen lassen Jahr für Jahr neue fortlaufende Ausgaben und fortwirkende Einnahmeverminderungen zu beschließen, und zwar, ohne die Folgen für die Zukunft zu bedenken.

2. Noch 1965 wurden die Bundeshaushalte durch Einnahmeverzichte und Ausgabeerhöhungen zusätzlich mit insgesamt 7,2 Mrd DM belastet. Die beiden Steueränderungsgesetze führten zu Einnahmeverlusten in Höhe von 3,1 Mrd, zusätzliche Ausgaben in Höhe von 6 Mrd DM wurden beschlossen. Das Haushaltssicherungsgesetz war eine Krücke, die nur über die Schwierigkeiten eines einzigen Jahres hinweghalf.

9 für den Bund und Länder

Hinzu kommt, daß sich 1965 [illegible] die Übernahme des Kindergelds auf den Bundeshaushalt mit einem vollen Jahresbetrag von 2,8 Mia [illegible]

»Ich habe nie eine Seite für Kiesinger schreiben können, die er gebilligt hätte.«

men ein, zu Kiesinger heraufzukommen, der mit uns noch eine Flasche Wein trinken wolle. Ich sagte ihr, ich könnte das unter keinen Umständen tun, weil sonst morgen auf der Fahrt des Sonderzuges nach Tübingen kein Papier da wäre, über das man beraten könnte. Weber, dessen Beitrag am schnellsten fertig war, ging schließlich zum Kanzler hinauf, um ihm beim Rotwein aus der Ära Adenauer Gesellschaft zu leisten. Als ich am nächsten Morgen das Gemeinschaftswerk des Entwurfs der Regierungserklärung beim Kanzler ablieferte, meinte er, Weber sei gestern abend recht deprimiert und nicht so fröhlich gewesen wie sonst.

In aufgeräumter Stimmung ging es zum Bonner Bahnhof, wo der Sonderzug stand, ausgestattet mit zwei Schlafwagen. Prass und Osterheld, die neue Sekretärin des Kanzlers und seinen persönlichen Referenten hatte ich schon darauf vorbereitet, daß es bei der Herstellung der Regierungserklärung laut hergehen werde und daß man sich das, was der Kanzler in seiner engagierten Art von sich gebe, nicht zu Herzen nehmen solle.

Kiesinger griff zu dem Entwurf. Die Einleitung gefiel ihm, aber er erklärte sie für viel zu lang und strich den größten Teil des Textes heraus, was ich mit Sorge sah, denn die Regierungserklärung schien mir ohnehin ziemlich kurz geraten zu sein. Der von mir diktierte Teil veranlaßte ihn sofort zu verschiedenen Mißfallensbekundungen. Ich weiß nicht mehr, was er alles sagte. Unter anderem behauptete er, ich sei ein Psalmodierer, wie er im Alten Testament vorkomme. Es gefiel ihm eigentlich nichts, und er setzte zu einer größeren Streichaktion an, der womöglich wichtige Teile der Regierungserklärung zum Opfer gefallen wären. Ich sagte ihm, so gut wie er könne ich nicht formulieren, und er solle doch anhand des Materials den Text so diktieren, wie er ihn haben wolle. Er diktierte tatsächlich, aber es war nicht besonders gut, was er zuwege brachte. Ich fragte ihn, ob ein offenes Wort erlaubt sei. Als er bejahte, erklärte ich, was er diktiert hätte, sei nicht besser als das, was im Text stünde. Das beeindruckte und veranlaßte ihn, sich der Verbesserung des Textes zuzuwenden. Dieses gelang dann auch, und als wir in Tübingen ankamen, war der erste Durchgang des finanz- und wirtschaftspolitischen Teils abgeschlossen.

Dies stimmte den Kanzler froh. Er blieb noch einige Zeit in unserer Runde, Wein wurde geholt, und es war fast gemütlich. Der Kanzler plauderte zuerst mit uns, behauptete, ein wesentlicher Grund für seinen Entschluß, Ministerpräsident zu werden, sei gewesen, daß er auf diese Weise in den Besitz eines Versorgungsanspruches gekommen sei. Ich meinte, daß man solche Dinge am besten für sich behalte, was ihn zur Replik veranlaßte, was wahr sei, könne man überall sagen. Das bezweifle ich heute noch.

Als Kiesinger uns verließ, ging ich mit ihm hinaus zum Wagen und machte ihn darauf aufmerksam, daß der außenpolitische Teil des Manuskripts aus Osterhelds Feder stamme. Dieser kenne ihn noch nicht so gut. Ich würde empfehlen, daß er bei der Bearbeitung des Manuskripts sein Temperament dämpfe im Interesse eines guten Verhältnisses zu einem seiner wichtigsten Mitarbeiter. Kiesinger reagierte auf meinen gut gemeinten Rat ziemlich unwirsch und ungnädig. Am nächsten Morgen erschien er aber ausgesprochen gut gelaunt. Er sagte Osterheld, er hätte seine Ausarbeitung gelesen. Sie sei gut. Aber er hätte sicherlich Verständnis dafür, daß er als früherer Außenpolitiker seine eigene Version diktiere. Dies geschah dann. Die Diskussion war sachlich, Kiesinger formulierte, und es entstand ein recht beachtlicher außenpolitischer Teil, gemessen an den Umständen, unter denen er entstanden ist.

Am Montag traten wir die Rückfahrt nach Bonn an. Mein Freund Weber stieg in Stuttgart wieder zu. Er war nicht mit nach Tübingen gekommen, sondern nach Hause gegangen. Ich war geblieben. Das Vaterland zuerst. Weber hatte nicht verabsäumt, in Stuttgart meine Frau anzurufen, sich selber als vorbildlichen Ehegatten hinzustellen und ihr die Telefonnummer des Kanzlers im Sonderzug auszuhändigen. Meine Frau machte von dieser Möglichkeit, mich zu erreichen, Gebrauch und zieh mich telefonisch unter Tränen der Lieblosigkeit – zum Glücke nicht lange, so daß ich mich wieder meiner Arbeit für Volk und Staat zuwenden konnte.

Schließlich gedieh das Werk zu einer gewissen Reife, nachdem ich immer wieder Teile hatte vorlesen müssen, die dann diskutiert und meistens nochmals abgeändert wurden. Der Kanzler besaß außer der Vorlage, die er mit grüner Tinte vollgeschrieben hatte, nur flüchtig hingeworfene Notizen. Der einzige, der einen einigermaßen vollständigen Entwurf der Regierungserklärung hatte, war ich. Wir trafen in Bonn ein. Das Kanzleramt wartete bereits begierig auf den Entwurf, denn die ersten Minister versammelten sich bereits zur Kabinettssitzung, in der die Regierungserklärung abgesegnet und gebilligt werden sollte. Ich hatte die Ehre, an dieser Kabinettssitzung teilnehmen zu dürfen und für die richtige Wiedergabe des endgültigen Textes verantwortlich zu sein.

Zuerst versuchte der Kanzler, anhand seiner Aufzeichnungen die Regierungserklärung frei vorzutragen, wobei ihm Formulierungen gelangen, die wesentlich besser waren als die im Manuskript. Aber Vizekanzler und Außenminister Willy Brandt unterbrach ihn, erklärte sich beeindruckt von dem Vortrag, aber erklärte, die SPD hätte das alles doch gern schriftlich. Darauf sagte der Kanzler mir, ich solle dem Außenminister mein Manuskript geben. Ich erklärte, ich hätte lediglich eine nur für Eingeweihte lesbare Photokopie. Das Manuskript würde gerade geschrieben und träfe demnächst ratenweise ein. Der Kanzler zieh mich mangelnder Praxisnähe. Ich sollte meine Photokopie photokopieren. Ich erwiderte, daß man dann gar nichts mehr lesen könnte. Der Kanzler bestritt dies. Ich bat ihn, anzuerkennen, daß ich wenigstens hinsichtlich des Photokopierens größere Sachkunde hätte als er. Diese Diskussion hätte wohl noch länger angedauert und womöglich noch einige Bundesminister zu Wortbeiträgen zum Thema der Photokopierfähigkeit von Photokopien veranlaßt, doch da öffnete sich die Tür zum Kabinettsaal, und die ersten Seiten des Entwurfs wurden hereingebracht und verteilt. Behagen breitete sich aus, aber nicht lange.

Die Regierungserklärung enthielt gleich zu Anfang einen Satz, der auf das Scheitern der Regierung Erhard hinwies. Willy Brandt meldete sich und erklärte, dieser Satz müsse doch deutlicher formuliert werden. Da rief zu meinem Erstaunen Minister Herbert Wehner, den ich bislang nur von der liebenswürdigsten

Seite kennengelernt hatte, dazwischen: »Unsinn, der Satz kann stehenbleiben.« Das gefiel Willy Brandt offensichtlich nicht, aber er sagte nichts, sondern blickte eine Zeitlang in die Ferne. Wehner machte dann noch eine witzig gemeinte Bemerkung, deren Inhalt ich vergessen habe. Der Kanzler konnte dieser nur ein säuerliches Lächeln abgewinnen, worauf Wehner rief: »Sie können mir eben geistig nicht folgen.« Der Kanzler tat so, als ob er das nicht gehört hätte und trug den Entwurf weiter vor, nicht ohne ein gewisses Pathos in seinen Vortrag hineinzulegen. Daraufhin blinzelte Franz Josef Strauß seinen Kabinettskollegen zu, offensichtlich in der Absicht, diese zur Heiterkeit anzuregen. Kiesinger merkte aber, was hier geschah, und fragte plötzlich: »Herr Bundesfinanzminister, kann dieser Satz stehenbleiben?« Strauß erwiderte blitzschnell: »Der kann ohne weiteres stehenbleiben.«

Daraufhin Kiesinger: »Welchen Satz meinen Sie denn?« Strauß las einen Satz vor, sichtlich verblüfft. Kiesinger: »Wir sind zwei Seiten weiter, ich bitte doch um mehr Aufmerksamkeit.«

Die Verblüffung von Strauß hielt nicht lange an. Nach einiger Zeit meldete er sich zu Wort und meinte: »Herr Bundeskanzler, nur daß Sie sehen, wie aufmerksam ich Ihren Vortrag verfolge, im zweiten Absatz dritte Zeile auf dieser Seite befindet sich das scheußliche Wort ›insbesondere‹. Dieses Wort paßt nicht zu Ihrer Sprache und ist gewiß von Beamten eingebracht worden. Vorschlag: Dieses Wort durch das Wort ›besonders‹ zu ersetzen.« Kiesinger nickte, warf mir einen unfreundlichen Blick zu, weil er mich für den Urheber des beanstandeten Wortes hielt. Wenige Minuten später meldete sich Strauß erneut und erklärte: »Dritter Absatz, vierte Zeile, wieder das bewußte Wort. Ich bitte, ›besonders‹ einzusetzen. So geschah es. Nach wenigen Minuten meldete sich Strauß wieder und sagte: «Das übliche, zweiter Absatz, erste Zeile.«

Inzwischen hatte Kiesinger gemerkt, daß die Bestrebungen des Bundesfinanzministers weniger der Pflege der deutschen Sprache galten, als auf die Belustigung der Anwesenden auf seine Kosten abzielten. Er wurde ungehalten und warf sogar die Frage auf, ob

»besonders« nicht bayerischer Dialekt sei. Fast wäre ein Duden geholt worden, um diese Frage zu klären, wenn nicht Willy Brandt eine zuvor zurückgestellte Frage aufgeworfen hätte, nämlich, wo Italien erwähnt werden solle. Außerdem erschien immer wieder der Sprecher der Bundesregierung Karl-Günther von Hase und bemerkte, falls er jetzt kein gültiges Manuskript bekäme, dann könnte die Presse nicht mehr rechtzeitig unterrichtet werden. Das aber wollten schließlich alle. So wurden die Beratungen für beendet erklärt und ich übergab mein Manuskript, in dem ich hoffte, alles richtig niedergelegt zu haben, einschließlich des eingefügten Wortes »Italien«, dem Schreibdienst und erfreute mich des Gedankens, zur großen Politik einen Beitrag geleistet zu haben.

Die Debatte über das Wort »insbesondere« ist mir noch lange nachgegangen. Ich hatte einfach Hemmungen, dieses Wort zu verwenden. Es verursachte mir Unbehagen. Das Wort »insbesondere« ist als Mittel zur Herstellung von Unverbindlichkeit unentbehrlich, denn es ist ein Hinweis darauf, daß nicht alles gesagt und geschrieben ist, sondern nur das Wichtigste. In das Wort »besonders« hatte ich auch kein Vertrauen, und so bemühte ich mich krampfhaft, das, was die beiden Worte aussagten, auszudrücken, ohne sie zu verwenden. Mit fortschreitendem Alter stellte ich diese Bemühungen ein, insbesondere weil die deutsche Sprache noch ganz andere Herausforderungen und Prüfungen überstanden hat.

Am Dienstag begleitete ich den Kanzler auf seiner Fahrt in den Bundestag. Unterwegs las er das Manuskript noch einmal durch und sagte, ein Satz, an den ich mich nicht mehr erinnere, sei gestrichen worden, aber immer noch im Text. Er müsse unbedingt aus den für die Presse bestimmten Unterlagen entfernt werden. Ich sagte, es seien alle Unterlagen verteilt, er solle den Satz, der ihm nicht gefalle, eben nicht sagen. Er hätte das Thema weiter diskutiert, aber wir waren am Ziel angekommen. Der Kanzler betrat die Regierungsbank, ich marschierte hinterdrein, um hinter den Sitzen der Minister neben dem dicken Fahnenmast Platz zu nehmen. Deshalb kam ich abends im Fernsehen, worauf meine

Familie mir und meiner Tätigkeit eine größere Bedeutung zumaß.

Es gab dann noch einen Presseempfang, bei dem ich neben Wohnungsbauminister Lauritz Lauritzen saß. Der Kanzler, der gehen wollte, stand hinter dessen Gattin. Ich wollte mich auch gerade erheben, da fragte sie mich: »Stimmt das, daß der Kanzler ein so schrecklicher Vorgesetzter ist?« Ich antwortete: »Gnädige Frau, fragen Sie ihn selber, er steht direkt hinter Ihnen.« Kiesinger selber kam auf diese Bemerkung nicht zurück.

Wie mit Kiesinger abgesprochen, verließen Weber und ich am darauffolgenden Tage Bonn und fuhren zurück nach Stuttgart, nach Bonner Meinung in die Provinz, nach Stuttgarter Meinung aus der Provinz in eine Metropole. Schwarzwälder blieb noch im Kanzleramt, damit Kiesinger wenigstens ein vertrautes schwäbisches Gesicht in seinem engeren Kreis sehen konnte. Der Kanzler gab uns sein Buch mit dem Titel »Ideen vom Ganzen« mit einer freundlichen Widmung. Das war es.

Weder Weber noch ich hatten jemals die Absicht gehabt, mit Kiesinger in Bonn zu bleiben. Erstens lebten wir gerne in Stuttgart, zweitens schien uns Bonn, dessen Gastronomie damals in der Nähe des Regierungsviertels durch die inzwischen abgerissene Gastwirtschaft »Rheinlust« repräsentiert wurde, nicht sonderlich anziehend zu sein (das wahre Bonn hatten wir gar nicht kennengelernt), drittens war Kiesinger zwar ein faszinierender, aber auch ein unglaublich anstrengender Chef, und viertens hielten wir von einem schwäbischen Zwischenglied zwischen Kiesinger und seinem neuen und qualifizierten Apparat nichts. Inzwischen war auch in Stuttgart eine Große Koalition unter Hans Filbinger vereinbart worden. Weber wurde bei Filbinger Pressesprecher und ich Leiter einer von mir aufzubauenden Abteilung Grundsatz und Planung, die heute noch existiert, womit der Beweis erbracht ist, daß sie notwendig war. Hermann Reiff wurde Ministerialdirektor und Chef der Staatskanzlei und Gerhard Mayer-Vorfelder Persönlicher Referent.

Als Kanzler habe ich Kiesinger noch einmal im Palais Schaumburg getroffen, als es um die Finanzreform ging, die dann 1970 in Kraft treten sollte. Sie war eine der bedeutenden Leistungen der Großen Koalition. Sie brachte den Gemeinden eine Beteiligung an der Einkommensteuer und eine wesentliche Verbesserung ihrer Finanzausstattung. Sie brachte aber auch eine erhebliche Intensivierung des Länderfinanzausgleichs; die Länder mit überdurchschnittlicher Steuerkraft mußten künftig an die Länder mit geringerer Steuerkraft wesentlich mehr zahlen.

Zum allgemeinen Entsetzen der sogenannten reichen Länder strebte Bundesfinanzminister Strauß zusammen mit seinem ihm wesensverschiedenen, aber in diesem Punkte mit ihm einigen Staatssekretär Hettlage eine noch stärkere Nivellierung der Finanzkraft der Länder an – er wollte sogar die Verteilung des Steueraufkommens der Länder auf die einzelnen Länder in der Verfassung so regeln, daß ein einfaches Bundesgesetz genügte. Baden-Württemberg drohte dadurch der Verlust von hunderten Millionen Mark im Jahr. Außerdem drohte eine Minderung der Staatsqualität der Länder. Das beeindruckte besonders Bayern, das schon damals auf gutem Wege aus der Finanzschwäche in die Finanzstärke war. Jedenfalls gelang es damals, zuerst auf Beamtenebene und dann auf der Ebene der Regierungschefs ein Bündnis der finanzstarken Länder und Bayerns zustande zu bringen, ein Bündnis, das eine Mehrheit im Bundesrat hatte und ohne dessen Zustimmung die Finanzreform von Franz Josef Strauß nicht zu verwirklichen war.

Dieser Zusammenschluß von einem CDU-Land mit dem CSU-Land und vier von der SPD regierten Ländern gefiel Franz Josef Strauß gar nicht. Er sprach von einer unheiligen Allianz und bedrängte insbesondere – oder, falls man es so will: besonders – den bayerischen Ministerpräsidenten Alfons Goppel, die Gemeinschaft mit den »roten« Ländern wieder aufzukündigen. Goppel erzählte damals, Strauß habe ihn am Telefon minutenlang beschimpft. Er, Goppel, habe aber gar nichts gesagt. Schließlich habe Strauß gefragt: »Alfons, bist Du noch da?« Da hätte er lediglich geantwortet: »Ja.«

Zunächst gelang es Strauß, mit Stimmen von CDU, CSU und SPD im deutschen Bundestag sein Konzept mit verfassungsändernder Mehrheit durchzusetzen. Gleichzeitig erklärte aber die »unheilige Allianz« der sechs Länder, daß die Reform, falls sie nicht wesentlich geändert würde, im Bundesrat scheitern müßte. Ich hatte soviel wie möglich mit den Beamten der alliierten Länder vorweg besprochen, zahlreiche komplizierte Unterlagen gefertigt mit engagierter Unterstützung unseres Finanzministeriums, die Unterlagen grafisch aufbereitet, damit sie verständlicher wurden, und ich war auch als Einflüsterer tätig, wenn dies geboten erschien. Um die Kuh vom Eise und dorthin zu bekommen, wo Franz Josef Strauß sie haben wollte, wurden die CDU/CSU-Ministerpräsidenten zu einem Spitzengespräch mit dem Bundeskanzler in das Kanzleramt eingeladen. Ich zog mit Ministerpräsident Filbinger ein, als Strauß meiner ansichtig wurde. Er sagte mir freundlich, aber deutlich: »Hier haben die Beamten nichts verloren.« Kurz darauf traf ich meinen alten Chef Kiesinger und sagte ihm: »Jetzt wirft man Ihre alten Mitarbeiter aus dem Kanzleramt hinaus.« Er fragte: »Wer hat das getan?« – »Der Herr Bundesfinanzminister.« Daraufhin er: »Wer an der Besprechung teilnimmt, bestimme immer noch ich. Sie bleiben hier.«

So konnte ich meinem Ministerpräsidenten in einer schweren Stunde beistehen. Strauß wurde ganz massiv und erklärte: »Wenn diese Finanzreform nicht zustandekommt, muß dieser Kanzler zurücktreten; ich werde jetzt alle Vertreter der Unionsländer fragen, ob sie das in Kauf nehmen, und bitte jeweils meine Frage mit ja oder nein zu beantworten.« Zuerst fragte er den bayerischen Vertreter, Staatsminister Heubl. Dieser antwortete, darüber habe die bayerische Staatsregierung noch keinen Beschluß gefaßt. Diese Bemerkung ärgerte Strauß mächtig. Er äußerte sich abfällig über Heubl und Bayern, und meinte, daß ihn dort nichts mehr wundere.

Der Bundesfinanzminister wandte sich dann an Filbinger und fragte auch diesen: »Ja oder nein?« Filbinger wollte etwas ausholen, aber Strauß rief erneut: »Ja oder nein?« Schließlich sagte Filbinger, daß Baden-Württemberg die Finanzreform in der Fassung der Bundesregierung und der Koalitionsfraktionen ablehnen werde. Die verbündeten Länder hätten den finanzschwachen

Ländern ein Kompromißangebot gemacht, das großzügig sei und ausreiche. Die Ergebnisse seien auf einer Grafik dargestellt, die nun von Ministerialrat Rommel verteilt würde.

Für eine Grafik war diese Darstellung verhältnismäßig richtig, aber zu unseren Gunsten gestaltet war sie schon. Ein Vertreter des Bundesfinanzministeriums fand denn auch rasch heraus, daß die kommunale Steuerkraft nur teilweise berücksichtigt worden war. Ich erklärte, darauf würde auf der Grafik hingewiesen. Das wirkte beruhigend. Man wandte sich dann kritisch den finanzschwachen Ländern zu und forderte diese auf, sich etwas bescheidener zu geben. Der Bundestag mußte seinen Beschluß ändern. Es kam zu einem Kompromiß zwischen Bundestags- und Bundesratsmehrheit, aber im Ganzen zu einer Reform, die sich sehen lassen konnte und die sich segensreich auswirkte. Der Kanzler freilich schien etwas verärgert darüber zu sein, daß sein Rücktritt von Strauß für den Fall des Scheiterns der Reform angekündigt worden war. Offenbar hatte Strauß ihn nicht vorher gefragt, ob er das sagen könne.

Politische Planung in der Villa Reitzenstein

Auch in Stuttgart mußte die Ende 1966 gebildete Große Koalition von CDU und SPD unter dem neuen Ministerpräsidenten Hans Filbinger den Haushalt konsolidieren und mittelfristig ordnen. Überdies mußte die Verfassung des Landes mit dem Ziel geändert werden, die christliche Gemeinschaftsschule im ganzen Lande einzuführen. Bis dahin hatte es nämlich im württembergisch-hohenzollerischen Landesteil die sogenannte Bekenntnisschule gegeben, eine eher museale Institution, deren Fortbestand von der CDU mit dem »Elternrecht« begründet wurde. Dieses Argument vorzutragen fiel auch der CDU immer schwerer, und viele treue Parteifreunde waren froh, daß sie den Kampf um das Elternrecht nicht mehr führen mußten.

Das Stuttgarter Staatsministerium ist in der Villa Reitzenstein untergebracht, einem von der Baronin Reitzenstein (aus der Verlegerfamilie Hallberger, Gründer der Deutschen Verlags-Anstalt) am Beginn dieses Jahrhunderts errichteten hochherrschaftlichen Gebäude mit einem großen Park. Der Komplex ist inzwischen wie eine Festung gegen Eindringlinge abgesichert und verfügt über ein modernes Nebengebäude. Damals, Ende 1966, war das noch alles bescheiden, etwas veraltet und offen nach fast allen Seiten. Auch das Innere des Gebäudes und die Büros waren leicht zugänglich. Während der Amtszeit Kurt Georg Kiesingers hatte eines Tages ein Bürger das Amtszimmer des Ministerpräsidenten betreten, ohne das Vorzimmer zum Zwecke der Anmeldung zu bemühen. Kiesinger erschien eine solche Bürgernähe etwas übertrieben zu sein, und er fragte, was er tun solle, wenn ihn jemand belästige oder gar bedrohe. Ein älterer Beamter des Staatsministeriums erinnerte sich, daß ein Klingelknopf da sein müsse, der Alarm auslöse. Man wußte nur nicht, wo der Klingelknopf war. Schließlich fand man ihn unter dem Schreibtisch. Auf die Frage Kiesingers, was passiere, wenn er den Klingelknopf drücke, ergaben Ermittlungen, daß dieses Signal während der Dienstzeit einen Polizeibeamten erreiche, der sich im Pförtnergebäude beim unteren Tor aufhalte. Der Beamte sei nicht bewaffnet, zum Außendienst nicht mehr tauglich und deshalb nicht gut zu Fuß, so daß, sofern er überhaupt da sei, einige Zeit vergehe, bevor er von dem unteren Tor den Weg ins Hauptgebäude zurücklegen und dort dem Ministerpräsidenten zu Hilfe kommen könne.

Das obere Tor des Parks war tagsüber geöffnet. Es konnte jeder hereinkommen. Am Portal stand oft der frühere Fahrer des Ministerpräsidenten Kiesinger, der Opfer seiner Lust auf Alkohol geworden war und nun Pförtnerdienste versah. Er war damals eine Berühmtheit. Trotz seiner alkoholischen Freuden hatte er nie einen Unfall gehabt. Auf die Frage seiner Chefs Gebhard Müller und später Kiesinger, ob er etwas getrunken habe, pflegte er zu antworten: »Bloß einen Kaffee, Herr Ministerpräsident!«, was ihm auch geglaubt wurde, obwohl ihn, wie seine Kollegen behaupteten, seine Beine nicht mehr trugen. Seine Zeit als Kraftfahrer war abgelaufen, als er mit Kiesinger von Bonn nach Stuttgart fuhr und es ihm so übel wurde, daß er sich übergab. Nachdem er die Frage Kiesingers, ob er etwas getrunken hätte, wie üblich beantwortet hatte, aber den Ministerpräsidenten nicht überzeugen konnte, fuhr Kiesinger den Wagen heim. Als Pförtner hatte er seine Neigung zu einem kräftigen Schluck nicht aufgegeben, und manchmal schwankte er und mußte sich mit der Hand an der Brust eines Besuchers abstützen, um nicht das Gleichgewicht zu verlieren. So sahen viele, die in die Villa Reitzenstein kamen, daß Baden-Württemberg nicht nur ein großes, sondern auch ein tolerantes und ein fröhliches Land ist, auch wenn das nicht immer auf den ersten Blick erkannt werden kann.

Während Kurt Georg Kiesinger hinsichtlich seiner Präsenz im Staatsministerium recht extravagante Vorstellungen und Gewohnheiten hatte – es kam vor, daß er von seinem Haus in Tübingen erst am späteren Nachmittag aufbrach und sich in das Staatsministerium begab, um dort bis in die Nacht hinein eine hektische Tätigkeit zu entfalten –, war Filbinger, wenn er keine auswärtigen Termine hatte, von morgens bis in die späten Abendstunden anwesend und ansprechbar. Er hörte geduldig zu, wenn ihm etwas vorgetragen wurde, billigte in der Regel, was ihm vorgeschlagen wurde, er traf rasch Entscheidungen, und er schob verhältnismäßig wenig auf die lange Bank. Deshalb arbeitete die Verwaltung gerne für ihn und gab sich auch Mühe, alles recht zu machen, zumal es ihm um eine sachliche, in die Zukunft zielende Politik aus einem Guß ging und er die bürokratischen Verdrießlichkeiten, die mit einer solchen Politik verbunden sind, nicht scheute. Er lobte sogar gelegentlich seine Mitarbeiter, was diese mit Behagen erfüllte.

Auch seinem Vorgänger Kurt Georg Kiesinger und seinem Nachfolger Lothar Späth ging es um langfristige Ziele. Aber beide waren Menschen, die aus dem eigenen Kopf heraus spontan Politik formulieren und Widerstände durch überlegene Rhetorik überwanden. Bei ihnen waren größere Reibungsflächen mit der Verwaltung unvermeidlich, wobei die Reibungsflächen bei Kiesinger weitaus größer waren als bei Späth. Lothar Späth war nämlich als Ministerpräsident nicht nur einfallsreich, sondern auch furchtbar fleißig und effizient, so effizient, daß es zeitweilig den Anschein hatte, als hätte er auch die Leitung der Firma Daimler-Benz übernommen. Das versöhnt eine Verwaltung mit vielem.

Filbinger war, als ich ihn 1960 kennenlernte, nur ein – sagen wir einmal – mittelmäßiger Redner, der dazu neigte, Manuskripte ab- und über Pointen hinwegzulesen. Gelegentlich entschloß er sich bei einer solchen Verlesung, wie er das bezeichnete, »frei zu extemporieren«. Das ging manchmal schief, weil er den Anschluß zum Manuskript nicht mehr so recht schaffte und schließlich, nervös geworden, irgendeinen Gedanken »breittrat«. Ich kenne aber keinen Menschen, der im reiferen Alter so sehr an sich gearbeitet hat wie er. Von Jahr zu Jahr wurde er ein besserer Redner. Beim Ablesen von Manuskripten erlangte er geradezu Virtuosität. Die Zuhörer hatten wirklich den Eindruck, das, was er vortrug, komme aus seinem tiefsten Inneren. Natürlich überarbeitete er in der Regel das, was ihm vorgelegt wurde, ein bißchen. Aber er verließ sich manchmal auch auf seine Vortragskunst und verzichtete auf die vorherige Lektüre des ihm vorgelegten Redemanuskripts, was zweifellos der Zeitökonomie diente.

Als er noch Innenminister war, mußte er einen Vortrag über ein kulturelles Thema halten. Mit der Anfertigung eines Entwurfs wurde ein tüchtiger, gut formulierender, gebildeter, aber zu radikalen religiösen Vorstellungen neigender Kollege beauftragt. Ich las das Manuskript nicht durch und Filbinger offensichtlich auch nicht. Als er es dann vortrug, stand auf einer Seite: »... der Teufel wäre ein arger Dilettant« und auf der folgenden Seite »... wenn er sich für seine Zwecke nicht der Kunst bediente«. Ich will der Frage, ob diese Aussage berechtigt ist, nicht nachgehen, jedenfalls wurde sie damals von den anwesenden Kunstschaffenden und Feuilletonisten sehr zurückhaltend aufgenommen, was auch in den Medien seinen Niederschlag fand. Später, vor allem in den siebziger Jahren, sprach Filbinger immer öfter frei. Ich erinnere mich besonders an einige Reden, die er aus gesellschaftlichen Anlässen hielt und die wirklich geistreich waren.

Bei Verhandlungen war Filbinger gut vorbereitet, ausgesprochen hart und zäh, bestrebt, ein Optimum zu erreichen. Mir ist der Kampf um extreme Positionen immer peinlich gewesen, und es lag mir mehr, mich von vornherein auf einen auch für die andere Seite tragfähigen Kompromiß hinzubewegen. Aber ich kann nicht leugnen, daß Filbinger mit seiner Methode manches erreicht hat, was ich nicht für möglich gehalten und was ich wohl auch nicht erreicht hätte. Wenn er etwas durchsetzen wollte im politischen Raum, konnte er auch sehr freundlich werden, was um so mehr geschätzt wurde, als er sonst seinen politischen Freunden und Gegnern eher höflich-distanziert zu begegnen pflegte. Gelegentlich zitierte er eine Dame aus seiner Familie – ich glaube es war seine Großmutter: Man solle dem bösesten Hund den größten Knochen geben. Diesem praktischen Machiavellismus folgte er aber nicht konsequent, weil er viel zu klug war, um zu verkennen, daß eine solche Praxis nach und nach die besten Hunde verderben mußte.

Jedenfalls war er ein gewiefter Taktiker, was sich auch bei den Koalitionsverhandlungen zeigte. Im Jahr 1968 erlitt die SPD bei den Landtagswahlen schmerzliche Verluste, und die NPD kam in den Landtag. Die FDP lehnte es ab, mit der CDU eine Koalition einzugehen, aber die Sitze der SPD und FDP im Landtag reichten für eine Mehrheit nicht aus. Als deshalb als einzige Möglichkeit die Fortsetzung der Großen Koalition von CDU und SPD verblieb, pokerte er in einer Weise mit der SPD, daß ich fürchtete, die Koalitionsverhandlungen würden platzen. Das wäre eine Katastrophe auch für die CDU gewesen.

Die SPD-Fraktion im Landtag wollte die Fortsetzung der Koalition, aber der SPD-Parteitag in Kehl hatte sich dagegen ausgesprochen. Die SPD-Fraktion blieb trotz dieses Parteitagsbeschlusses bei ihrer Meinung. In dieser explosiven Atmosphäre erklärte Filbinger, daß die SPD wegen ihres schlechten Wahlergebnisses in der neuen Regierung nicht mehr vier, sondern nur noch drei Minister erhalten könnte. Daraufhin kam Walter Krause, Vorsitzender der SPD und Innenminister, zu mir und erklärte, daß damit wohl die Verhandlungen gescheitert seien. Ich sagte ihm, er solle sich doch nicht ins Bockshorn jagen lassen, die

SPD bekomme ihre vier Minister, wenn er Filbinger gegenüber klar die Konsequenzen darstelle.

Damals kam ich mir fast wie ein Verräter vor, aber der Gedanke war mir unerträglich, daß die demokratischen Parteien wegen der paar Rechtsradikalen im Parlament keine handlungsfähige Koalition zustandebringen und wir Christdemokraten uns selber ins Abseits manövrieren könnten. Ich hatte eben nicht, wie mein Chef Hans Filbinger, Nerven wie breite Nudeln, wie man im Schwäbischen sagt. Später habe ich mir durch eine Art autogenes Training (»Reg dich nicht auf, reg dich nicht auf, reg dich nicht auf!«) solche Nerven zugelegt. Jedenfalls bekam die SPD 1968 ihre vier Minister. Die Koalitionsverhandlungen schritten weiter fort. Da wurde ich von seiten der SPD gefragt, wie sie sich zu dem von Filbinger geforderten Staatssekretär für Vertriebenenangelegenheiten verhalten sollte. Ich hielt die Forderung Filbingers für aussichtslos, sagte aber, die SPD müsse selber wissen, wie sie in diesem Punkte operieren wolle. Filbinger setzte sich durch und bekam seinen Staatssekretär.

Die Beziehungen der christdemokratischen Beamten Weber, Mayer-Vorfelder und Rommel zur SPD waren offen und vertrauensvoll. Das Vertrauen ist nie enttäuscht worden. Eine wichtige Rolle bei diesen Beziehungen spielte der Persönliche Referent von Walter Krause, Manfred Lehmann, ein gescheiter, lebenskluger und pragmatisch denkender Beamter im Innenministerium und überdies ein Freund von mir aus Ulmer Tagen. Wir waren daran interessiert, daß die Große Koalition funktionierte und erfolgreich war. Beide Koalitionsparteien erhofften sich natürlich, daß ihnen der Erfolg der Koalition bei den Wahlen zugute kam.

Weber hatte Filbinger geraten, bei Pressekonferenzen von Anfang an seinen sozialdemokratischen Stellvertreter Walter Krause zuzuziehen. Für diese Überlegung war nicht nur das Prinzip der Fairneß maßgebend, sondern auch die Überlegung, auf diese Weise würde ständig demonstriert, daß Filbinger der Chef vom Ganzen sei, der von seinem Stellvertreter unterstützt werde. Freund Lehmann roch den Braten sofort und warnte Walter Krause davor, sich auf das freundliche Angebot aus dem Staatsministerium einzulassen. Er hatte damit freilich keinen Erfolg. Lehmann rief mich an und bezeichnete uns als Lumpen. Das tat aber der Freundschaft keinen Abbruch.

Nach meiner Erfahrung ist auch in der großen Koalition die Position des Regierungschefs sehr stark, wenn er sich um eine Politik bemüht, die vom Koalitionspartner mitgetragen wird und wenn er diese Politik möglichst oft gemeinsam mit diesem nach außen vertritt. Schwierig wird es, wenn der Regierungschef sich vor der Öffentlichkeit mit den Ministern des Koalitionspartners streitet. Das wird zwar von Parteifreunden oft gewünscht, es ist aber sachlich und taktisch falsch, wenn der Regierungschef sich mit seinem Koalitionspartner im Staube wälzt.

Nach Rivarol sind zwar die Leidenschaften die Redner in den großen Versammlungen, sie eignen sich jedoch nicht als Ratgeber in Fragen der Taktik. Die enge Verbindung durch den kurzen Draht zu Lehmann hat sich auch in ziemlich kritischen Situationen bewährt, zum Beispiel, als Walter Krauses Modell einer Kreisreform, das die Zahl der Kreise auf 25 vermindern wollte, durch eine Indiskretion an die Öffentlichkeit gelangte, bevor es Filbinger oder wir gesehen hatten. Filbinger war leicht zu überzeugen, daß dies nicht zum Anlaß für die große Konfrontation genommen werden durfte, sondern daß es viel klüger war, gute Miene zum bösen Spiel zu machen, auf den fahrenden Zug aufzuspringen und von diesem aus den Versuch zu unternehmen, Richtung und Geschwindigkeit neu zu bestimmen.

Natürlich konnte die CDU nicht einfach dem ziemlich radikalen Modell Walter Krauses zustimmen, das in hohem Maße geeignet war, die ländliche Anhängerschaft der Union zu vergrämen. Aber die CDU hatte zunächst selber nichts in der Hand, was als Gegenvorschlag geeignet gewesen wäre. Mit der Kreisreform beschäftigte sich zwar auch eine staatliche Sachverständigenkommission unter der sachkundigen Moderation von Manfred Bulling. Aber die CDU konnte nicht einfach deren Ergebnisse übernehmen und sagen, so ungefähr hätte sie es auch gemacht. Sie brauchte ein eigenes Alternativmodell mit mehr Landkreisen, als Walter Krause vorgeschlagen hatte, und weniger, als vorhanden waren. Wir benötigten zunächst einmal Planungsgrundlagen, über die wir im Staatsministerium nicht verfügten.

Ich begab mich zu Manfred Lehmann ins Innenministerium und bat ihn, mir eine Karte mit den landesplanerischen Mittelbereichen zu geben, aus denen die neue Kreisstruktur zusammengesetzt werden sollte. Wir waren uns rasch einig, daß die Kreisreform nicht in vollem Umfang scheitern dürfe, sondern etwas herauskommen müsse, in dem sich CDU und SPD wiederfanden. Ich bekam die Karte, kaufte mir Transparentpapier, eine Verwaltungsreformkommission der CDU war rasch gebildet, und in verhältnismäßig kurzer Zeit hatten wir einen Alternativvorschlag zu Papier gebracht, der 35 Landkreise vorsah und auf die Eingliederung von Stadtkreisen in die sie umschließenden Landkreise verzichtete.

Besondere Schwierigkeiten entstanden dadurch, daß von Regierungspräsident Dichtel ein Landkreis Hochschwarzwald gefordert wurde. Über die Grenzziehung für diesen Kreis konnte man sich in der CDU-Kommission fast nicht einigen. Als ich die Grenze mit einem Farbstift markieren wollte, riefen die einen »nauf« und die anderen »nunter«. Ich folgte das eine Mal den einen und das andere Mal den anderen, so daß auf dem geduldigen Papier eine Grenze entstand, über die sich nachher die Ortskundigen sehr wunderten. Aber das war ein nebensächliches Detail. Hauptsache war, daß sich die Koalitionspartner schließlich im Kompromißwege auf eine Kreisreform und auf Ansätze zu einer Gemeindereform und Funktionalreform einigen konnten. Das war einer der herausragenden Erfolge der Großen Koalition, die nach der Landtagswahl 1972 beendet wurde.

Natürlich gab es in Fragen der Kreisreform noch manche Unstimmigkeit. Der damalige Saulgauer Landrat und spätere Vorstandsvorsitzende der Energieversorgung Schwaben, Wilfried Steuer, ein gescheiter und mit allen Wassern gewaschener Mensch, verschaffte sich Zugang zum Hause Filbinger und versuchte dort mit Hilfe seines oberschwäbischen Charmes und diversen Blumensträußen, den kleinen Landkreis Saulgau zu retten. Ich mußte meine ganze Überzeugungskraft aufbieten, um das zu verhindern, weil sonst ein gefährlicher Berufungsfall entstanden wäre. Einige Mittelbereiche wehrten sich mit Händen und Füßen, benachbarten Kreisen angegliedert zu werden, so daß nicht nur soziale Verflechtungen und Topographie, sondern auch die gegenseitige Sympathie oder Antipathie beachtet werden mußten. Zum Beispiel: Wir wollten den Mittelbereich Kenzingen an Lahr angliedern. Da erschien im Staatsministerium eine Delegation aus Kenzingen, um dieser Absicht energisch zu widersprechen. Der Sprecher der Delegation sagte: »Eher gehet mir zu de Mohre als nach Lahr!«

Ende 1966, am Beginn der Großen Koalition, war es ein herausragendes Ziel, die Landesfinanzen dauerhaft zu ordnen. Diese Ordnung sollte durch eine mittelfristige Finanzplanung erreicht werden. Über mittelfristige Finanzplanungen gab es zwar Literatur, aus der sich ein Aufsatz des Hamburger Bürgermeisters Herbert Weichmann besonders hervorhob. Aber in einem Flächenstaat gab es noch keine, und die Aufgabe war, erstmals in Baden-Württemberg eine solche herzustellen. Diesem Geschäft widmete ich mich mit Leidenschaft und finsterer Entschlossenheit. Zu meiner verfinsterten Gemütsverfassung trug bei, daß ich aus gesundheitlichen Gründen das Rauchen von Zigaretten einstellen mußte. Mir zur Seite stand ein gescheiter, wohlgelaunter und witziger Mitarbeiter, Dr. Guntram Blaser, der manches wieder abmilderte. Außerdem hatten wir noch eine Sekretärin. Das war die ganze Mannschaft in meiner Abteilung.

Ein Problem meiner Tätigkeit als Grundsatz- und Planungsreferent bestand darin, daß ich mich ständig in Aufgabengebiete einschalten, ja sogar Aufgaben an mich ziehen mußte, für die im Hause auch andere Abteilungen zuständig waren. Das gelang, ohne daß es größere Probleme gegeben hätte. Dies halte ich angesichts der Eifersucht, mit der im allgemeinen Zuständigkeiten verteidigt werden, heute noch für ein Wunder und für den Beweis dafür, daß auch in einer stark spezialisierten Verwaltung der Blick für das Ganze möglich ist. Das Finanzministerium des Landes hat mit mir vorbildlich zusammengearbeitet. Das war nicht selbstverständlich. Aber ich hatte mich nicht auf das hohe Roß gesetzt, von dem aus Beamte der Staatskanzleien gerne in die Ministerien hinein regieren, sondern mich um ein kollegiales Verhältnis bemüht.

Die mittelfristige Finanzplanung wurde im Ministerrat praktisch aus Einzelteilen zusammengefügt. Schließlich war ein Planungwerk entstanden, das sich sehen lassen konnte. Ich begab mich mit Filbinger erwartungsfroh in den Finanzausschuß des Landtages, um dort für Antworten auf die vielen Fragen, die sicherlich gestellt würden, zur Verfügung zu stehen. Aber zu meiner Verwunderung wurden gar keine Fragen gestellt und das Planungswerk mit einem Volumen von 40 Milliarden DM zur Kenntnis genommen.

Dafür löste kurz darauf die Bemerkung unseres Archivdirektors, daß einer seiner Mitarbeiter nicht weniger als ein Jahr damit beschäftigt gewesen sei, für eine Kreisbeschreibung ganze dreißig Seiten zu schreiben, eine leidenschaftliche Debatte aus. Es wurde gefragt, ob es nicht möglich sei, diesen faulen Menschen aus dem öffentlichen Dienst hinauszuwerfen. Die Auskunft, daß dies nicht möglich sei, löste neben Unmutsäußerungen zahlreiche Vorschläge aus, wie man den Bediensteten zu größerem Fleiß anhalten könnte. Dieser Vorgang demonstriert, daß in einer Welt, die von den Medien immer mehr durch das Bild und immer weniger durch Worte oder gar durch Zahlen dargestellt wird, das konkrete kleine Problem mit weit mehr Aufmerksamkeit rechnen kann als das große abstrakte Problem. Wer somit eine unangenehme und grundsätzliche Wahrheit bekanntgeben muß und das tun möchte, ohne beschimpft zu werden, der hüte sich, konkret zu werden, und bediene sich der Zahlen und der abstrakten Begriffe.

Die Herstellung der Finanzplanung wurde auch von allen SPD-Ministern unterstützt, darunter auch Finanzminister Kurt Angstmann, ein wackerer, aufrichtiger, aber stockkonservativer Sozialdemokrat. Sparsamkeit und Fleiß und Pünktlichkeit sowie Verzicht auf Schulden waren die Tugenden, für die er sich nachhaltig einsetzte. Morgens stand er in der Vorhalle des Finanzministeriums, um jene zu rügen, die zu spät zum Dienst kamen.

Er näherte sich diesen, stellte sich vor und fragte sie, ob sie nicht wüßten, daß der Dienst schon längst begonnen hätte. Auch die Cafés in der Innenstadt suchte er um die Mittagszeit auf, um diejenigen zu ermahnen, die zu lange ihrem Arbeitsplatz fernblieben. Bei Einladungen des Landes mit Verzehr wollte er von den Gästen einen Unkostenbeitrag erheben. Ich mochte Kurt Angstmann gerne und riet ihm davon ab, sich durch solche Aktionen, die außer Aufsehen nichts bringen, bei Menschen, die er brauchte, unbeliebt zu machen. Doch Kurt Angstmann war schwer zu bremsen. Kreditaufnahmen, auch solche aus Gründen der Konjunkturbelebung, waren ihm höchst verdächtig. Er kam hierdurch in Konflikt mit dem versierten sozialdemokratischen Wirtschaftsminister Schwarz.

Einen Konflikt mit allen sozialdemokratischen Ministerkollegen provozierte Angstmann schließlich, als er Modelle für Kunstwerke in den Kabinettsaal bringen ließ, die im Zusammenhang mit staatlichen Hochbauten aufgestellt werden sollten und die er als Produkte der Phallus-Kultur bezeichnete. Er kündigte an, daß er im Staatsanzeiger einen Aufsatz über den Staat als Kunstmäzen schreiben wolle, um der Geldverschwendung für sogenannte Kunstwerke, die gar keine seien, entgegenzutreten. Seine Parteifreunde im Kabinett sagten: »Kurt, das läßt du bleiben!« Hans Filbinger freute sich, daß die Sozialdemokraten untereinander Streit hatten, und richtete an den Finanzminister Worte des Wohlwollens. Ich versuchte, Angstmann von dem Kulturkampf, den er vom Zaun gebrochen hatte, wieder abzubringen mit dem Hinweis, daß der demokratische Staat sich ohnehin nur wenig herausnehmen dürfe, am allerwenigsten Kritik an der Kunst, auch nicht an der, die er bezahle. Die Kunst könne Kritik überhaupt schlecht vertragen. Der einzige von ihr geduldete Inhaber des Züchtigungsrechts sei der Feuilletonist, der aber eifersüchtig darüber wache, daß ihm kein anderer, vor allem kein Politiker, dieses Recht streitig mache. Aber Kurt Angstmann wollte weiter für das kämpfen, was er für wahr hielt. Ich weiß nicht mehr, ob er seinen Aufsatz im Staatsanzeiger geschrieben hat. Nach einiger Zeit hat er sich jedenfalls nicht mehr als Kunstkritiker geäußert.

Die eindrucksvollste Persönlichkeit unter den sozialdemokratischen Ministern war Walter Krause, ein aufrechter, mutiger, kenntnisreicher und gescheiter Mann. Walter Krause war fast zu redlich für die Politik, die ohne Winkelzüge nicht funktioniert. Man braucht ja nicht so weit zu gehen wie Ludwig Börne, der angeblich, als ihm auf dem Hambacher Fest seine Uhr gestohlen worden war, gesagt haben soll: »Das macht mir nichts aus, das gibt mir Mut, wir haben Spitzbuben unter uns und werden um so besser reüssieren.«

Vorrangig an die Sache denkend, war Krauses Sinn für Taktik nicht so stark entwickelt wie seine sonstigen Fähigkeiten. Das Argument, etwas sei vernünftig oder unvernünftig, wog bei ihm als Mathematiker schwer. Meine Praxis, die Prozente mit dem Rechenschieber nur bis zur ersten Dezimalstelle hinter dem Komma auszurechnen, genügte ihm nicht.

Walter Krause hat im Kabinett viel zu einer rationalen, die Tatsachen beachtenden Politik beigetragen. Als ihm nachgewiesen wurde, daß das Land auf die Dauer nicht, ohne sich finanziell zu ruinieren, alle Lehramtskandidaten einstellen könne, die, gleichgültig wie, ihr Examen bestanden hatten, scheute er sich nicht, das zusammen mit dem Ministerpräsidenten bei einer Pressekonferenz zu sagen. Dies trug Filbinger und ihm den vereinigten Zorn all jener ein, die an der Spitze des kulturpolitischen Fortschritts zu marschieren wähnten und die meinten, ihre Begeisterung oder ihre Erregung würde die Finanzierung ersetzen und mathematische Zusammenhänge aufheben. Das waren damals ziemlich viele.

Das Wünschenswerte und das Mögliche

Im Februar 1964 hatte Georg Picht seine »Bildungskatastrophe« publiziert, in der bei passivem Verhalten die Funktionsunfähigkeit des deutschen Bildungswesens bis 1970 vorausgesagt wurde. Mitte der sechziger Jahre erschienen auch Aufsätze von Professor Dahrendorf, die den Nachweis führten, daß relativ weit weniger Arbeiterkinder studierten als Beamtenkinder, so daß eine schwere Störung der gerechten Verteilung der Bildungschancen zu verzeichnen sei. Beide Herren haben mit ihren Darstellungen, die wie Alarmglocken durch das Land tönten, unbestreitbar den Anstoß gegeben, daß zweierlei erkannt wurde: die Gefahren, die der Bundesrepublik durch ein Verharren beim bestehenden Zustand drohten, sowie die Dringlichkeit einer langfristig angelegten Bildungspolitik.

Wie in solchen Fällen in Deutschland üblich, entstand eine Stimmung, die zwischen Leidenschaft und Aufgeregtheit hin und her pendelte. Stocksauer wurde reagiert, wenn jemand die Frage nach den Grenzen der Finanzierbarkeit dieser Aufgabe stellte. Picht meinte in seinem Buch, vom Volk müßten die entsprechenden Opfer verlangt werden; ein Volk, das 1961 für Tabakwaren ebensoviel wie für seinen ganzen Schuletat ausgeben konnte (5,9 Milliarden DM) und das im Jahr 1963 allein für Tourismus im Ausland 7,2 Milliarden DM übrig habe, könne auch die Mittel aufbringen, die nötig seien, um sein Bildungswesen und damit seine Wirtschaft vor einem katastrophalen Rückgang zu retten. Der Wissenschaftsrat meinte in seinem Bedarfsprogramm für die Hochschulen lakonisch, die Finanzierbarkeit dürfte bei einem jährlichen Zuwachs des realen Bruttoinlandsproduktes um 4 Prozent und bei gutem Willen gegeben sein.

Nun, es ist auch später immer wieder vorgeschlagen worden, das Geld, welches der Bürger für Zigaretten und Zigarren, für Alkohol, Kosmetika und Reisen auszugeben gedenkt, diesem wegzunehmen, um mit ihm öffentliche Programme zu finanzieren. Funktionieren kann so etwas natürlich nicht. Der Glaube, solche Programme ließen sich am besten verwirklichen, wenn die Frage »Was ist möglich?« gar nicht gestellt und die ganze Sache zur sogenannten »absoluten Priorität« erklärt wird, ist eine moderne Version deutschen Traum- und Wunschdenkens oder – deutlicher gesagt – jener Feigheit vor der Realität, die uns schon manchen üblen Streich gespielt hat. Die »absolute Priorität« ist ein Begriff, der nicht in die reale Welt paßt, denn eine Priorität ist immer relativ. Um es deutsch zu sagen: Es gibt keinen Vorrang ohne Nachrang. Neuerdings wird gelegentlich der Begriff der nachrangigen Priorität verwendet, der so etwas ist wie warme Kälte. Wenn mit »absoluter Priorität« für die Bildung hingegen gemeint wäre eine Priorität, die alles andere nachrangig macht, dann wäre doch zu hinterfragen, ob das am wenigsten gebrauchte Klassenzimmer wirklich dringlicher ist als das am meisten gebrauchte Krankenhausbett.

Die Herstellung von mittelfristigen und langfristigen Bedarfsabschätzungen ist ein notwendiger Planungsschritt. Der reicht aber nicht aus. Der Nachweis, daß ein Bedarf besteht, beweist nicht, daß Mittel da sind, um ihn zu befriedigen. Im Gegenteil, der Bedarf besteht meistens deshalb, weil keine Mittel da sind. Das ist eine Wahrheit, die so schlicht ist, daß sie fast dumm klingt. Aber sie wird häufig nicht beachtet.

Nach der Ermittlung des Bedarfs muß die Frage beantwortet werden: Was ist möglich? Innerhalb von langfristigen Finanzperspektiven für Bund, Länder und Kommunen hätte ein realistischer Finanzierungsrahmen für die Bildungsplanung abgesteckt werden können. Aber da solche Perspektiven nicht erarbeitet wurden und deshalb kein Rahmen da war, kam es zu einem seltsamen Schwarzer-Peter-Spiel.

Die Bildungsplanung kostete auf allen drei Ebenen Geld, auf der des Bundes, der Länder und der Kommunen. Die Länder hatten schon wegen der gewaltig anschwellenden Personalkosten die Hauptlast zu tragen. Sie forderten deshalb den Bund auf, Steueranteile an sie und die Kommunen abzutreten. Der Bund sträubte sich mit Händen und Füßen. Helmut Schmidt, Bundesfinanzminister der sozial-liberalen Koalition, war aber offensichtlich an mehr Realismus in der Bildungsplanung interessiert und hielt es für unerträglich, daß bei dem Wort »Bildung« jeweils der Kassendeckel aufsprang. Es gelang mir, ihn zu bewegen, eine Studie über langfristige Finanzperspektiven in Auftrag zu geben, die sein Staatssekretär Schüler, Staatsrat Ranft aus Hamburg und ich erarbeiten sollten. Wir produzierten ein eindrucksvolles Zahlenwerk in sogenannten relativen Preisen und verständigten uns über weitere Schritte. Doch Helmut Schmidt meinte, daß das wohl nichts werde. Er hätte sich selber in Parteigremien der SPD mit langfristigen Hochrechnungen befaßt. Man wolle sich nicht eingrenzen lassen. Mehr scherzhaft sagte er mir, ich wolle doch bloß die Sozis ärgern.

Mitte der siebziger Jahre begann langsam das öffentliche Interesse an der Bildungsplanung zu erlahmen. Ich wurde noch von Sozialdemokraten zum Vorsitzenden der Budgetkommission vorgeschlagen, aber von meiner eigenen Partei wegen meines unverdienten Rufes als Bildungsfeind abgelehnt. Aber dann wurde ich Oberbürgermeister von Stuttgart und jeder Verantwortung ledig. Als Präsident des Deutschen Städtetages gelang es mir, noch einmal in den Finanzplanungsrat eingeladen zu werden, um dort das Konzept der Finanzperspektiven vorzutragen. Das war ebenso ehrenvoll wie erfolglos.

Die Politik gewinnt durch den Verzicht auf Planung keine Freiräume, sondern sie wird die Gefangene ihrer eigenen, in den Folgen nicht durchdachten Entscheidungen aus früheren Jahren. Ihr Spielraum schrumpft. Wie im menschlichen Leben ganz allgemein, so ist es auch in der Politik nicht zu schaffen, daß immer das Richtige geschieht. Aber die Politik sollte grundlegende Denkfehler vermeiden. Ein solcher Denkfehler ist die eine Zeitlang oft gebrauchte Formel: Politik sei der Kompromiß zwischen Wünschenswertem und Möglichem. Ein solcher Kompromiß wäre denklogisch unmöglich. Politik ist der Versuch, den Rahmen des Möglichen zu erweitern und innerhalb dieses Rahmens ein Maximum zu leisten.

Ihre eigene Selbstentmachtung durch Verzicht auf Planung versucht die Politik durch um so emsigere Pressearbeit wettzumachen. Da die Bürger im Durchschnitt nicht dumm sind, merken sie schon, daß zwischen Wort und Tat eine Lücke klafft. Und das ärgert sie. Hier finden auch Demagogen Angriffsflächen, welche die Demokratie mit Fundamentalkritik überziehen. Der Bürger sieht in der Regel ein, daß die Mittel begrenzt sind und daß die Devise meistens nicht »sowohl als auch« als vielmehr »entweder oder« lauten muß, denn das erlebt er ständig in seinem häuslichen Kreise.

Die Argumentations- und Verhaltensweise der Politik ist im Familienleben nicht vorstellbar. Folgendes Beispiel: In einer Familie reicht das Geld entweder für ein Sofa oder für ein Motorrad. Der Vater erklärt, es sei beschämend, daß die Sehnsucht des Menschen nach Ruhe, die sich in einem Sofa äußere, ausgespielt werde gegen die Bedürfnisse der Jugend, die in einem Motorrad ihren Ausdruck fänden. Der Sohn pflichtet dem bei mit dem Bemerken, das Mobilitätsbedürfnis der Jugend dürfe nicht unterdrückt werden, so daß sich die Anschaffung eines Motorrads als unabweisbar darstelle. Im politischen Leben sind solche Argumente durchaus üblich. Aber im Licht privater Anschaulichkeit wirken sie lächerlich. Und das sind sie auch.

Weber geht

Weber wurde nach der Bildung der zweiten Großen Koalition 1968 vom Intendanten des Südwestfunks, Hammerschmidt, angesprochen, ob er nicht Verwaltungsdirektor des Südwestfunks werden wollte, und Weber sagte ja. Filbinger empfand dieses Angebot, das ihn seines tüchtigen Pressechefs beraubte, als Affront. Er bat Hammerschmidt zu sich nach Stuttgart und stellte ihm das Ausscheiden Webers als ein Unglück dar, welches das ganze Land heimsuchen werde, und deutete wohl auch an, daß sein Wohlwollen für den Intendanten Schaden leiden könnte. Mir war es natürlich nicht recht, daß Weber ging. Aber als Hammerschmidt mir erzählte, wie er von Filbinger unter Druck gesetzt worden sei, sagte ich ihm, er werde sich doch nicht vom Regierungschef gleichsam nötigen lassen, seine Entscheidung wieder rückgängig zu machen. Das hielt auch Hammerschmidt für unangemessen, und Weber ging nach Baden-Baden. Filbinger verabschiedete ihn ungnädig. Weber erhielt zwar in Benno Bueble einen sehr tüchtigen Nachfolger, aber wir vermißten ihn noch lange.

Filbinger neigte dazu, seine engen Mitarbeiter, sofern er sie zu brauchen meinte, festzuhalten, wenn sie etwas anderes tun wollten, als wollte er Besitzrechte an ihnen geltend machen. Robert Gleichauf, der bei der Regierungsbildung 1968 Finanzminister geworden war, forderte mich als Ministerialdirektor und Nachfolger von Staatsrat Vowinkel an. Dadurch entstand eine fast dramatische Situation. Ich wollte weg aus dem Staatsministerium, weil es mir unheimlich wurde, daß die mir sehr freundlich gesinnte Presse mich als den grauen Mann hinter Filbinger einschätzte, was zu Spannungen führen mußte. Auch wollte ich gerne für Gleichauf arbeiten, für den ich Sympathie und Wertschätzung empfand. Überdies hatte ich in Gerhard Mayer-Vorfelder einen ebenbürtigen Nachfolger, der allerdings auch nicht lange Abteilungsleiter bleiben würde.

Jedenfalls war im Herbst 1971 meine Loslösung vom Staatsministerium ziemlich schwierig. Filbinger brachte meine Sache nicht ins Kabinett, bis Walter Krause sich einschaltete. Ende Oktober ließ mich Filbinger kommen und legte mir ein Papier vor, das er eigenhändig geschrieben hatte und in dem ich ihm durch Unterschrift versprechen sollte, verschiedene Aufgaben bis zur und nach der Landtagswahl 1972 für ihn zu übernehmen. Ich hätte ihn ohnehin nicht im Stich gelassen, und deshalb regte ich mich zunächst über sein Ansinnen gewaltig auf. Unter dem besänftigenden Zuspruch der Kollegen wurde ich wieder gelassener. Es wurde mir bewußt, daß es Filbinger beruhigen würde, wenn er etwas Schriftliches hätte, und so zeichnete ich das Papier ab. Ich erhielt meine Ernennungsurkunde als Ministerialdirektor, zog in das Finanzministerium um und hörte von dem Papier fast nichts mehr.

Was ist Bildung?

Schon Mitte der sechziger Jahre hatte ich mich gewundert, daß bei der Diskussion über die Bildungsreform die Frage, was Bildung eigentlich sei und zu was sie taugen solle, eine ziemlich geringe Rolle spielte. Daß Bildung etwas mit Kultur zu tun hatte und Kultur mit der Kunst zu leben, mit Wertvorstellungen, Zielen und Hoffnungen, vor allem mit der Möglichkeit, sich selber zu formen, und nicht nur mit der wirklichen oder geheuchelten Freude an Musik, Literatur und Malerei, das klang gelegentlich bei Festreden und ähnlichen erhabenen Anlässen an, spielte aber in der Bildungspolitik keine große Rolle. Solche Gedanken tauchten da und dort in APO-Kreisen auf, verflüchtigten sich aber bald wieder angesichts der Versuche, Lehrsätzen des Marxismus, die bereits tot waren, zur Wiederauferstehung zu verhelfen. Immerhin gab es die Vorstellung, daß Bildung nicht etwas war, was man in der Schule und auf der Universität lernte, um es dann sein ganzes Leben lang zu besitzen. Die These vom lebenslangen Lernen wurde gefunden, doch diese bezog sich mehr auf die Anforderungen der künftigen Berufswelt als auf die Entwicklung und Entfaltung der Persönlichkeit.

Grundsätzlich galt der Mensch nach wie vor als um so gebildeter, je weiter oben in der Hierarchie die Institution stand, von der er seine Bildung bezogen hatte. Man war dann angeblich auch flexibler und mobiler als die Empfänger niedrigerer Weihen. Es war aber schwer zu begreifen, warum ein hochspezialisierter Akademiker, der in seinem Fach keinen Arbeitsplatz finden konnte, besonders flexibel und mobil sein sollte. Beunruhigend für den nach gesicherten Wahrheiten lechzenden Praktiker war, daß die Wissenschaft manchmal in fundamentalen Fragen so uneinig war, wie man überhaupt uneinig sein kann. Die einen sagten, der junge Mensch entfalte sich am prächtigsten, wenn er wie ein Wildkraut in einem antiautoritären Umfeld aufwachse und treiben könne, was er wolle. Andere meinten, man müsse ihn dressieren und in Form bringen, so wie die Barockgärtner die Natur in Kunst verwandelten. Die Wahrheit liegt wohl irgendwo dazwischen.

Goethe hat es noch als Fehler der Aufklärung bezeichnet, daß sie Menschen Vielfältigkeit gebe, deren einseitige Lage man nicht ändern könne. Die ökonomischen Verhältnisse seiner Zeit erlaubten es nur einer kleinen Minderheit, sich vom Kampf um den täglichen Lebensunterhalt soweit frei zu machen, um sich bilden zu können. Das sollte sich durch die Industrialisierung und den auf ihrer Grundlage erkämpften sozialen Fortschritt ändern. Schopenhauer schrieb bereits: Wenn das Maschinenwesen seine Fortschritte weiterführe, dann könne man an eine gewisse Allgemeinheit der Geisteskultur des Menschengeschlechtes denken. Seit mehr als einem Jahrhundert haben wir diese Möglichkeit. Wir sollten sie nutzen.

Wie sieht der Idealtypus eines Bildungsbürgers in einer demokratischen Gesellschaft aus, den unser Bildungssystem anstreben könnte? Dies wäre erstens ein Mensch, der einen moralischen Kompaß in sich hat und sich nach diesem ausrichtet. Die totalitären Systeme in unserem Jahrhundert haben demonstriert, in welchem Maße der Mensch verführbar ist, wenn dieser moralische Kompaß nicht funktioniert. Zweitens ein Mensch, der Tatsachen erkennen kann und will und der auch dann weiterdenkt, wenn es unbequem wird. Drittens einer, dessen Selbstbewußtsein nicht beschädigt wird, wenn er Fehler zugibt. Oft wundert man sich über weit hergeholte, komplizierte und nicht recht verständliche Betrachtungen. Solche Betrachtungen sind manchmal nichts anderes als Versuche, zwar erkannte, aber nie eingestandene Denkfehler und Fehlbewertungen in einem Wortnebel zum Verschwinden zu bringen. Viertens einer, der über sein berufliches Können hinausgehend an sich arbeitet, um mehr zu wissen, zu erkennen und zu erfassen. Schließlich einer, der sich für das allgemeine Wohl engagiert, und zwar im Geiste der Toleranz.

Eine unzulängliche Rolle in der Bildungsdebatte spielte auch die grundlegende Veränderung der Wirtschaft und damit auch der Arbeitswelt. Diese zeichnete sich deutlich ab. Um was es ging, konnte man damals in den Büchern von Jean Fourastié, Vance Packard und John Kenneth Galbraith nachlesen. Fourastié beschrieb, wie sich die Agrargesellschaft über die Industriegesellschaft zur Dienstleistungsgesellschaft verändern würde oder, um es in seiner präziseren Terminologie auszudrücken, von einem Zustand, in dem 80 Prozent der Beschäftigten im primären Sektor tätig waren hin zu einem Zustand, in dem 80 Prozent im tertiären Sektor tätig sein werden. Diese dramatische

Entwicklung würde bewirkt durch die erhöhte Produktivität, die durch den wissenschaftlichen, technischen und organisatorischen Fortschritt ausgelöst wird und die dazu führt, daß mit immer weniger menschlicher Arbeit immer mehr und immer besser produziert wird.

Im tertiären Sektor faßt Fourastié jene menschliche Arbeit zusammen, die keine oder nur geringe Produktivitätsverbesserungen erfahren kann. Das sind in seinen Augen vor allem die Dienstleistungen. Die Steigerung der Produktivität bewertet Fourastié positiv. Die Produktivität sei vor allem eine innere Einstellung, es sei die fortschrittliche Gesinnung, die ständige Verbesserung dessen, was ist. Daß Fourastié mit seiner Kernaussage recht hatte, das hat die Entwicklung der letzten Jahre bestätigt. Schon Mitte der sechziger Jahre war abzusehen, daß er recht bekommen werde. Was nicht vorausgesehen werden konnte, war das Ausmaß, in dem menschliche Arbeit durch Rationalisierung, Aus- und Fortbildung effizienter gemacht, vor allem aber der Umfang, in dem menschliche Arbeit durch Maschinenarbeit ersetzt werden kann, auch bei solchen Dienstleistungen, die Fourastié noch dem tertiären Sektor zugerechnet hat.

Die Achtundsechziger-Bewegung

Ich kenne einige Menschen ganz gut, welche der Achtundsechziger-Bewegung angehört haben. Sie sind fast alle ordentliche Menschen geworden. Nur gelegentlich schwärmen sie von ihren tollen Jugendjahren, so, wie sich manchmal der Familienvater an seine Zeit als ungebundener Junggeselle erinnert, ohne auch nur entfernt daran zu denken, in sein damaliges Treiben zurückzufallen. Sie wissen, daß der Nulltarif nicht zu finanzieren ist, daß die Ökonomie ihren Nutzen, aber auch ihre Regeln hat, daß die Amerikaner ganz ordentliche Menschen sind und daß sich der Marxismus leichter studieren als praktizieren läßt. Ein russischer Witz: Sozialismus ist wie eine Schiffsreise auf stürmischem Meer. Der Horizont ist herrlich, aber da, wo man sich befindet, ist es zum Kotzen. Das trifft freilich nicht auf alle Formen des Sozialismus zu.

Die Außerparlamentarische Opposition – abgekürzt: APO – oder, wie man heute sagt, die Achtundsechziger-Bewegung wies die für eine Bewegung typischen Merkmale auf: Die hinten glauben, daß die vorne wissen, wo es hin geht, und die vorne meinen, sie würden von den hinteren geschoben. Und alle meinen, sie hätten in einem Maße recht, daß jeder, der anderer Meinung ist, nicht nur falsch denke, sondern auch noch unredlich sei.

Ich kann heute verstehen, daß die damalige Politik den Widerspruch junger Menschen auslöste, die das Dritte Reich nicht mehr bewußt erlebt hatten und deshalb auch nicht ihre demokratische Gesinnung auf eigenen bösen Erfahrungen mit der Diktatur aufbauen konnten. Die damalige Politik war pragmatisch. Sie sah in der ökonomischen Vernunft einen tragenden Wert. Sie verwies moralische Fragen in den Hintergrund und betrachtete die Vergangenheit mehr oder weniger als erledigt. Ich kann verstehen, daß die Begegnung mit den Greueltaten des Dritten Reiches ein Schock für Angehörige der jungen Generation war und daß sie den Eindruck hatten, viele Ältere hätten die Ereignisse einfach wegschoben. Und ich kann auch die Faszination verstehen, die der Marxismus in seinen verschiedenen Varianten für einen Menschen mit geringer Lebenserfahrung besitzt.

Was ich auch heute noch nicht verstehe, das ist die Feindschaft, welche die Bewegung für die Amerikaner empfunden hat. Jeder, der die Landkarte betrachtete, mußte erkennen, daß der Vietnam-Krieg nicht im Norden, sondern im Süden stattfand. Also konnten die Amerikaner kaum die Aggressoren sein. Daß der Krieg schrecklich war, konnte man jeden Abend im Fernsehen sehen. Man konnte es deshalb sehen, weil die Amerikaner im Unterschied zu den Vietkong den Journalisten erlaubten, das Kriegsgeschehen zu verfolgen und darüber frei zu berichten. Dennoch gab es diesen massiven antiamerikanischen Trend und den Kampfruf »Ho-Ho-Ho-tschi-Minh!«.

Der antiamerikanische Trend zeigte sich im übrigen erneut während des Golfkrieges, als die Amerikaner im Interesse des

Weltfriedens Saddam Hussein davon abhalten wollten, benachbarte Länder zu überfallen sowie Giftgas, Bakterienwaffen und Atombomben für weitere Angriffskriege zu entwickeln. Auch in Stuttgart formierte sich ein Protestzug für den Frieden, der schließlich, gleichsam automatisch, zum amerikanischen Generalkonsulat marschierte. Als ich später Teilnehmer fragte, ob sie wirklich dafür seien, daß Saddam Hussein mit seinen Kriegsvorbereitungen weiter machen könne, waren sie ganz verblüfft.

Besonders unentwegte Friedensfreunde führten vor dem amerikanischen Hauptquartier für Europa Sitzblockaden durch. Ich würdigte diese Bemühungen mit einem Gedicht, das nach meiner Erinnerung damals sogar im *Spiegel* abgedruckt wurde.

Wieder einmal sitzen wir
als Blockierer vor dem Hauptquartier.
Mit dem Krieg muß endlich Schluß sein,
Friede auch für Saddam Hussein.
Laßt ihn doch um Himmels Willen
weiter züchten die Bazillen
und erforschen das Atom,
dann sind wir bald am Himmel drom.

Damals hatte ich für die Achtundsechziger-Bewegung kein Verständnis. Wir hatten nicht die gleiche Wellenlänge. Alles erschien mir so unsinnig, ungereimt, unbegründet, vorlaut und überheblich. Den Kommunismus hatte man vor der Haustür und brauchte ihn weder in Büchern noch im fernen China zu suchen. Ich las einige von Maos Schriften, nicht nur die »Mao-Bibel«, sondern auch den »Guerillakrieg« und fand sie eigentlich recht gescheit, aber in die Versuchung, mich für sie oder ihn zu begeistern, fiel ich nicht. Das gleiche galt für die Schriften der Vertreter der Frankfurter Schule. Ich empfand sie eher als ein Ruinenfeld, aus dem man sich Steine holen konnte, um neue Häuser zu bauen, aber hielt sie für keinen Anlaß, um einen so gewaltigen politischen Lärm zu machen.

In Baden-Württemberg wurde zunächst durch Sitzblockaden gegen eine Tariferhöhung der Heidelberger Verkehrsbetriebe demonstriert. Die Polizei konnte dagegen nicht viel tun. Sobald sie die Sitzenden an einer Stelle vertrieben oder sogar weggetragen hatte, setzten diese sich an eine andere Stelle. Ich schlug damals vor, die Demonstranten so lange sitzen zu lassen, wie sie wollten, durch eine Annoncenkampagne der Bürgerschaft zu erklären, warum die Straßenbahn nicht mehr fuhr, und im übrigen einige der Akteure zivilrechtlich zum Schadensersatz heranzuziehen. Dieser Vorschlag fand keine Zustimmung. Schließlich wurde die Tariferhöhung rückgängig gemacht.

Einen anderen größeren Auftritt hatte die APO bei dem Versuch, die Auslieferung der *Bild*-Zeitung aus einer Esslinger Druckerei zu verhindern. Die Polizei verhielt sich sehr besonnen. Dennoch war der Schauspieldirektor Palitzsch von einem Hund gebissen worden. Ein Polizeibeamter sagte, der Schauspieldirektor sei in einem Aufzug erschienen, der jeden Polizeihund zum Zubeißen veranlasse. Schon damals hatten jene, die verbal kein gutes Haar am Staat und den sogenannten »Bullen« ließen, in Wirklichkeit großes Vertrauen in die rechtsstaatliche Gesinnung der Polizei, denn andernfalls hätten sie sich vieles nicht herausgenommen. Der einzige, der noch wirklich gefürchtet wird, ist der Polizeihund, weil dieser das Grundgesetz nicht gelesen hat. Gerne wird herausgestellt, daß »friedlich« oder »gewaltfrei« demonstriert worden sei. Aber bei manchen Ereignissen habe ich schon den Eindruck, daß die Begriffe »friedlich« und »gewaltfrei« dort so großzügig angewendet werden wie der Begriff »platonische Liebe« in dem Witz von Klein-Erna, die, befragt, was sie darunter verstünde, erklärte, platonisch bedeute, daß sie kein Honorar nähme.

Wer sich mit einer Bewegung wie damals der APO auseinandersetzt, muß vor allem ruhig Blut bewahren, auch wenn es schwer fällt. Wie er das macht, ist seine Sache. In Betracht kommen die Einnahme von Valium, das Zerknittern von Wutzetteln, Yoga und Sport, kurz alles, was die Entwicklung von Adrenalin zu hemmen geeignet ist. Er muß sodann versuchen, die Ursachen der Bewegung und den Kern ihrer sachlichen Anliegen herausfinden. Das ist manchmal gar nicht so einfach, weil sich eine Bewegung eher durch Gefühlsausbrüche als durch Argumente artikuliert. »Ho-Ho-Ho-tschi-Minh« haben mehr Menschen gerufen als »Südvietnam den Nordvietnamesen«; der zweite Slogan, der sachlich nichts anderes sagt als der erste, wäre wohl nicht sehr populär gewesen. Man sollte versuchen, Ursachen und sachliche Anliegen ernst zu nehmen und sich darüber eine in sich schlüssige Meinung bilden. Keinesfalls sollte man sich nur auf Polemik beschränken. Darin sind die anderen besser. Im übrigen wappne man sich mit Geduld. Wir sind alle in Gottes Hand. Und alles ist einmal vorbei. Heute erinnere ich mich an die Achtundsechziger ganz gerne.

Die Herausforderung durch die APO stand die Große Koalition durch, ohne daß ihre Arbeitsfähigkeit beschädigt worden wäre. Natürlich schadeten die Unternehmungen der APO den Sozialdemokraten mehr als der CDU, zumal das bürgerliche Lager sich durch den Spektakel auf den Straßen und an den Universitäten bedroht fühlte und im linken Flügel der SPD einige waren, die mit der APO sympathisierten und die zur Freude der CDU auch immer wieder etwas sagten, was sich in Wahlkämpfen gut verwerten ließ.

Wahlkämpfe

Die öffentliche und veröffentlichende Meinung verlangt gelegentlich von den Unionsparteien und der SPD, daß sie sich einerseits deutlich voneinander unterscheiden, daß sie aber andererseits in den großen Fragen der Politik einig sind. In diesem Zusammenhang ist es interessant, daß Politiker, die als Christdemokraten etwas sagen, was sozialdemokratisch klingt, und Sozialdemokraten, die etwas sagen, was christdemokratisch klingt, in der Regel populär sind. Soweit hinter diesem Verhalten nicht nur Taktik, sondern eine wirkliche Meinung steht, ist diese Popularität auch verdient. Ich habe in den vielen Jahren, in denen ich auf verschiedenen Ebenen mit Sozialdemokraten zusammengearbeitet habe, festgestellt, daß die Unterschiede zur Union nicht groß sind. Das hat mich nicht betrübt, sondern erfreut, denn das zeigt, daß Tatsachen, die ja für alle politischen Gruppierungen gleich sind, zur Kenntnis genommen werden. Je deutlicher die Tatsachen hervortreten und die realen Möglichkeiten, sie besser zu machen, desto größer muß im Idealfall die Übereinstimmung zwischen den Parteien sein. Ich halte es nicht für glücklich, wenn den Parteien krampfhafte Bemühungen, sich voneinander zu unterscheiden, abverlangt werden, mit dem Argument, es fehle ihnen sonst am Profil. Das Profil, das man durch an den Haaren herbeigezogene Konflikte erlangen kann, ist das des Querulanten und des schwachen Demokraten, dem das Parteiinteresse wichtiger ist als das allgemeine Wohl. Die Parteien werden sich immer unterscheiden durch die Persönlichkeiten, die für sie stehen, und durch die Art, wie sie an die Sachprobleme herangehen, durch die Lösungen, die sie vorschlagen. Das reicht.

Die alte Vorstellung vom Ethos des öffentlichen Dienstes erwartete vom Beamten, daß er sich möglichst aus der Politik heraushält und sich als Inhaber und Sachwalter des objektiven Sachwissens versteht, welches unmittelbar in ewigen Wahrheiten wurzelt. Diese Vorstellung stammt noch aus der konstitutionellen Monarchie. In der Demokratie brauchen wir den politisch engagierten, wenngleich gegenüber seinen politischen Chefs loyalen Beamten. Das funktioniert auch, wie die Verhältnisse in zahlreichen Gemeinden zeigen. Ich habe in der Stadt von sozialdemokratischen, liberalen oder grünen Mitarbeitern nie eine Illoyalität erlebt. Natürlich habe ich von ihnen auch nicht erwartet, daß sie bei Wahlen für die CDU eintreten. Beim Staat gibt es ähnliche Beispiele.

Allerdings sollten die jeweils in der Regierungsverantwortung stehenden Parteien nicht versuchen, alle bessere Positionen nur mit Parteifreunden zu besetzen. Eine solche Praxis, die einer Beuteverteilung im Dreißigjährigen Krieg ähnelt, ist sachfremd und unklug. Sinnvoll wäre es, die rechtliche Möglichkeit zu schaffen, Funktionen in der Verwaltung, die eine besondere politische Prägung haben, auf Zeit zu vergeben, zum Beispiel die des Persönlichen Referenten, des Leiters der Grundsatzabteilung oder der

Stabsstelle. Einige Kollegen haben sich wie ich in den Wahlkämpfen engagiert, und unsere Nachfolger tun das wohl heute noch. Ich sehe das als normal an. Wir konnten den Wahlkampf nicht den Werbeagenturen überlassen. Die Zeit, die für den Wahlkampf nötig war, habe ich dem Staat, der mich bezahlt hat, nicht gestohlen. Bei einem 12- bis 15-Stundentag ließen sich ohne weiteres ein oder zwei Stunden für die CDU abzweigen.

Die Landtagswahlkämpfe 1968 und 1972 stellten uns vor das Dilemma: Was sollten wir gegen eine SPD sagen, mit der die Union im Kabinett und im Landtag gut zusammenarbeitete? 1968 gab es überdies noch die Große Koalition in Bonn, so daß auch die Bundesregierung nicht für Kritik zur Verfügung stand. Kiesinger griff selber in den Wahlkampf ein. Der wichtigste Trumpf der CDU in den beiden Wahlen war indes Ministerpräsident Filbinger, dessen Politik und dessen Person weit über die Stammwählerschaft der CDU hinaus Vertrauen und Anerkennung gefunden hatte.

Eine Partei braucht Persönlichkeiten, die sie repräsentieren, denn der Wähler bewertet nach meiner Erfahrung die Parteien wie Personen, nämlich nach Tüchtigkeit und Charakter. Der FDP-Wählerschaft konnte sich die CDU selber als die wahrhaft liberale Partei und die Erbin der alten FDP darstellen. Dies gelang besonders seit der Bildung der SPD/FDP-Koalition in Bonn nach der Bundestagswahl 1969. Was die SPD anbetrifft, unterschieden wir zwischen der guten SPD, die es gut mit der CDU konnte, und dem bösen linken Flügel der SPD, der alles umstürzen wollte und mit der APO kokettierte.

Vor der Landtagswahl 1968 kam uns eine etwas unglückliche Wahlkampfführung und Annoncengestaltung der SPD zu Hilfe. Die SPD-Annoncen bestanden nämlich aus schwarzen Flächen. Das sah betrüblich aus. Der Text in den Flächen war auch nicht geeignet, jemand aufzuheitern. Wir nahmen die Leistungen der Großen Koalition in Bonn und Stuttgart für die CDU in Anspruch und stellten in einer Annonce die Frage: »Die SPD trägt Trauer. Warum eigentlich?«

Landtagswahlkampf 1972. Ministerpräsident Filbinger mit seinen Helfern Rommel, Mayer-Vorfelder, Bueble, Daiber (von rechts).

Die Villa Reitzenstein, Amtssitz des baden-württembergischen Ministerpräsidenten.

Die Formulierung der Texte für die Werbemittel, vor allem für die Annoncen, überließen wir nicht der Agentur. Wir schrieben sie selber. Es besteht ein Unterschied zwischen einem Feinwaschmittel und einer politischen Partei, oder es sollte zumindest einer bestehen. Der Fabrikant Klaus Scheuffelen leitete den Wahlkampf 1968, der spätere Staatssekretär Gerhard Mahler den Wahlkampf 1972. Beide ließen Benno Bueble und mir weithin freie Hand. Für beide Wahlkämpfe entwarf ich zusammen mit einigen Kollegen die Wahlprogramme, die damals noch ohne große Diskussion beschlossen wurden. Heute wird so etwas auch in der CDU heftig diskutiert. Das Vertrauen der Partei, die Oberen würden es schon recht machen, hat sich vermindert.

Was ist bei Annoncen das Wichtigste? Daß sie gelesen werden! Deshalb fabrizierte ich 1972 zunächst einmal Annoncen mit Überschriften wie »Rotkäppchen und die SPD« und »Rumpelstilzchen und die SPD«. Diese erregten die gewünschte Aufmerksamkeit in der Öffentlichkeit, aber auch die unerwünschte von Hans Filbinger, denn der teilte meine Freude an diesen Werken gar nicht. In dieser Haltung wurde er von seinem privaten Freundeskreis bestärkt, der ebenfalls einige Annoncen für ihn in die Zeitungen einrücken ließ. Aber der Wahlkampf war eine zu ernste Angelegenheit, als daß man ihn dem Spitzenkandidaten übertragen konnte, zumal dieser etwas nervös wirkte. So machten wir weiter wie bisher, trotz aller Äußerungen des Unmuts und der Ungnade. Die Wahl endete mit einem großen Erfolg Filbingers und der CDU, nämlich der absoluten Mehrheit, welche die CDU zwanzig Jahre halten sollte. Zu mir sagte Filbinger, die Annoncen seines Freundeskreises hätten den Wahlsieg herbeigeführt. Aber ich kannte meinen Pappenheimer und regte mich nicht über seine Bemerkungen auf.

Meine Hoffnung, Staatssekretär mit Kabinettsrang zu werden, erfüllte sich nicht. Aber mir wurde nach der Wahl der Titel »Staatssekretär« verliehen, der heutzutage durch weite Verbreitung etwas abgenützt ist. Damals galt er noch viel. Auch schmückte meine Brust das Bundesverdienstkreuz am Bande, das ich wegen meiner Leistungen auf dem Felde der Finanzwirtschaft erhalten hatte. Das Wichtigste war aber: Ich konnte wieder mit ganzer Kraft den Finanzminister bei seinen schwierigen Aufgaben unterstützen.

Staatssekretär im Finanzministerium

Finanzminister Robert Gleichauf war ein Christdemokrat wie aus dem Bilderbuch. Begonnen hatte er als Arbeiter bei der Firma Mauser in Oberndorf. Später wurde er Werkmeister, dann Betriebsratsvorsitzender, Landtagsabgeordneter und Geschäftsführer der Landtagsfraktion der CDU. Der Vater von 11 Kindern war ein Mann von untadeligem Charakter, gescheit, lebensklug und unbegrenzt belastbar. Auch als Finanzminister blieb er bescheiden, beherrscht, freundlich. Wenn er einer Sache oder einem Begriff begegnete, den er nicht kannte, fragte er so lange, bis klar war, was gemeint war, was den Befragten gelegentlich in keine geringe Verlegenheit versetzte. So wußte er fast immer mehr als die anderen. Ich hörte ihn nie etwas sagen, was dumm war, und das will etwas heißen.

Gelegentlich fertigte ich ihm einen Entwurf für seine Haushaltsrede. Diesen Entwurf bearbeitete er zusammen mit weiterem Material so lange auf einer alten Schreibmaschine, bis ein Text entstanden war, der seine eigenen Gedanken und auch seinen eigenen Duktus enthielt. Er fand blitzschnell heraus, wo der Kern des Problems lag, so kompliziert die Sache auch immer war. Zu den Bonner Terminen im Bundesrat und Finanzplanungsrat fuhr meistens ich, weil er sich auf das Land und besonders die Pflege der CDU-Fraktion konzentrierte, die durch die absolute Mehrheit sehr mächtig geworden war und die einen vernünftigen finanzpolitischen Kurs mittragen sollte. Das war nicht leicht, zumal das Wunschdenken im Parlament durch das Ausscheiden der SPD aus der Regierung 1972 eine mächtige Verstärkung erhalten hatte.

Die Opposition hat von alters her das Recht, Wünschenswertes, aber nicht Mögliches zu beantragen in der sicheren Erwartung, daß sich eine Mehrheit findet, die das ablehnt. Als Regierungsfraktion oder Regierungskoalition das Gute und Wünschenswerte abzulehnen, welches die Opposition beantragt hat, setzt jedoch eine erhebliche Charakterstärke voraus. Diese entsteht oder bleibt nur dann, wenn ein paar Leute da sind, die, Kapuzinerpatern gleich, sie ständig pflegen und betreuen. Der wichtigste unter ihnen war Robert Gleichauf. Alle Versuche, eine Geldmenge durch moralische Beschwörungen zu vermehren, sind bislang fehlgeschlagen. Auch aus der Bibel oder aus den Heiligengeschichten ist kein Fall einer wunderbaren Geldvermehrung bekannt.

Es gibt zwar solche Hinweise in Grimms Volksmärchen, wobei immer wieder der Teufel die Hand im Spiel hat. Aber diese Hinweise eignen sich nicht als Richtlinie der Finanzpolitik. Es gibt Politiker, die immer noch glauben oder zu glauben vorgeben, daß, wenn zu hohe Ausgaben zusammengezählt werden, sich trotzdem ein ausgeglichener Haushalt ergibt. Aber wer falsche Zahlen zusammenzählt, kann nur dann ein richtiges Ergebnis erzielen, wenn er auch noch falsch addiert. Die Politik kann den Grundrechenarten nicht entkommen. Nicht alles, was falsch ist, ist unmöglich, doch alles, was unmöglich ist, ist auch falsch. Allerdings darf ich darauf hinweisen, daß in der Politik, dieser Kunst, durch Kompromisse das Schlimmste zu verhindern, auch Begriffe wie weniger oder mehr falsch eine Rolle spielen. Ich will das erläutern: Drei mal drei sind bekanntlich neun. Wenn jemand sagt, dies seien elf, ist das zwar falsch, aber weniger falsch als fünfzehn. Wenn es nicht gelingt, das Richtige zu tun, soll man wenigstens das am wenigsten Falsche wählen. Auch das ist Vernunft.

Im Rahmen meiner Tätigkeit im Finanzministerium hatte ich zahlreiche Funktionen in Aufsichtsräten und Verwaltungsräten, in Energieversorgungsunternehmen, in einer Bank und in der Kreditanstalt für Wiederaufbau. Verwaltungsratsvorsitzender war dort eine Zeitlang Bundeskanzler Helmut Schmidt, der darauf bedacht war, die Sitzungen in möglichst kurzer Zeit abzuwickeln, und deshalb Wortmeldungen nicht schätzte. Der legendäre Bankier Hermann Josef Abs meldete sich einmal zu Wort und begann seine Ausführungen: »In einem Aufsichtsrat würde man in einem solchen Falle…«. Als er dann eine Pause machte, sagte Helmut Schmidt: »Ich stelle zwei Dinge fest: Wir sind nicht in einem Aufsichtsrat, und wir wissen, wie es in einem Aufsichtsrat zugeht. Weitere Wortmeldungen? Keine. Ich danke Ihnen.«

Bei dieser doch recht ungnädigen Haltung des Vorsitzenden beschränkte ich meine Wortmeldungen auf das Allernötigste. Als er einmal bei der Behandlung des Geschäftsberichts erklärte, dieser gehe in Ordnung, nur müßten auf einer bestimmten Seite die Inflationsraten der übrigen westeuropäischen Länder eingefügt werden, erlaubte ich mir den Hinweis, daß diese auf der nächsten Seite zu finden wären. Der Vorsitzende erwiderte: »Die gehören nicht auf die nächste Seite, sondern auf diese Seite.« Damit war die Diskussion zu Ende.

Aus dem Staatsministerium mitgebracht hatte ich die Aufgabe, das Land im Fernsehrat des Zweiten Deutschen Fernsehens zu vertreten. Auf der Fahrt nach Mainz traf ich oft den von mir hochgeschätzten Professor Waldemar Besson, den ich aus der gemeinsamen Zeit in der Jungen Union recht gut kannte. Besson war ein ebenso geistreicher wie kenntnisreicher Mensch. Ich brachte ihn sogar dazu, Papiere über meine finanzpolitischen Vorstellungen zu lesen, eine Zumutung, die noch den Vorschlag eines Gastgebers übertrifft, man möge sich doch seine Dias von der letzten Urlaubsreise ansehen. Dafür lauschte ich mit Gewinn seinen Ausführungen über die deutsche Außenpolitik in der Weimarer Zeit und über verschiedene andere große Fragen. Besson strebte die Nachfolge des Intendanten Holzamer an, und er hätte gute Chancen gehabt, sein Ziel zu erreichen, wenn er nicht, viel zu früh, an einer Penicillinallergie gestorben wäre. Die rechte Hand des Intendanten war der heutige Intendant des ZDF, Dieter Stolte, der, in allen Sparten wohlinformiert, stets den Schild so zu halten wußte, daß der Intendant nicht getroffen wurde.

Im Ausschuß für Politik und Zeitgeschehen gingen die ersten Punkte rasch über die Bühne, weil die Mitglieder des Fernsehrats damit beschäftigt waren, das Formular für die Reisekosten auszufüllen. Das war eine anstrengende und höchste Aufmerksamkeit erfordernde Tätigkeit. Ich erwähne dieses Detail, weil es ein hilfreicher Ratschlag sein kann, um Gremien zu veranlassen, heiklen Beschlußvorlagen zuzustimmen. In dem Ausschuß wurde vor allem geprüft, ob die Sendungen des ZDF ausgewogen seien. Jede Seite meinte, daß die Waage auf der anderen Seite tiefer stand, und verlangte, daß entweder auf ihrer Seite etwas draufgelegt oder auf der anderen Seite etwas weggenommen würde. Links und rechts hatten ihre roten Tücher, auf die sie losstürmten. Rotes Tuch war für die SPD das ZDF-Magazin und Gerhard Löwenthal und für die Union bestimmte Kultursendungen. Löwenthal kämpfte gegen den Sozialismus und genoß seine Heldenrolle. In den Kultursendungen wurde immer wieder verschlüsselt oder offen gegen die Union gestichelt, ohne daß die Stichler so recht dingfest gemacht werden konnten. Da war man dann froh, wenn einer sagte, den bayerischen Kultusminister könne man nicht festhalten, weil er so schlüpfrig wie ein Aal sei. Der Vergleich eines Unionsministers mit einem Aal mußte als große Unverschämtheit angesehen werden und damit als moralisches Guthaben für die Union, von welchem dann Richard Löwenthal und seine Sozialismuskritik zehren konnte.

In der Vollversammlung des Fernsehrates war Waldemar Besson der beliebteste Redner. Ich sagte dort meistens nichts. Einmal habe ich mich jedoch hinreißen lassen, das Wort zu ergreifen. Stolte schilderte, daß bei einer bestimmten Sendung die Einschaltquote des ZDF höher gewesen sei als die der ARD. Er wies aber auch darauf hin, daß ein erheblicher Teil der Besitzer eines Fernsehapparates überhaupt nicht eingeschaltet hätten, so daß sie in den Einschaltquoten überhaupt nicht in Erscheinung treten. Man müsse sich auch mit dieser Gruppe befassen. Diese durchaus richtigen Betrachtungen nahm ich zum Anlaß, die Frage zu stellen, ob es wirklich ein gesellschaftspolitisches Ziel sein könne, das ganze Volk vor dem Fernsehapparat zu versammeln.

So etwas fragt man nicht, schon gar nicht in einem Fernseh-Gremium. Die Frage löste zahlreiche Wortmeldungen aus. Als Auslöser der Debatte konnte ich anstandshalber nicht gehen, versäumte meinen Zug und bereute bitter, daß ich etwas gesagt hatte.

Eine neue Politikergeneration: Helmut Kohl und Lothar Späth

Die beherrschende Figur in Mainz und im Fernsehrat war freilich Helmut Kohl, damals gerade Ministerpräsident in Rheinland-Pfalz. Nichts von jener gespreizten Würde, die Willy Brandt in seiner Regierungserklärung 1969 bei Amtsträgern kritisiert hatte, haftete ihm an. Lebendig, aktiv, kooperativ, für alles Lösungen suchend, war er ein neuer Typus eines Politikers. Schon damals hielt er die Fäden in der Hand. Kohl fiel angenehm auf durch seinen Blick für die große Linie, aber auch durch Unlust an administrativen Details, soweit es sich nicht um Organisation und Personalpolitik handelte. Im übrigen war er hellwach, fröhlich und unkompliziert. Sein Einfluß war enorm, auch im ZDF.

Helmut Kohl empfing Besson und mich wiederholt zu Gesprächen in seinem Dienstzimmer in der Mainzer Staatskanzlei. Dort war alles etwas großzügiger, voluminöser und heiterer als in Stuttgart. An der Wand seines Dienstzimmers hing eine Art Poster, auf dem die verschiedenen Planungsschritte dargestellt waren: Begeisterung, Ernüchterung, Panik, Suche nach den Schuldigen, Bestrafung der Unschuldigen, Auszeichnung der nicht Beteiligten. Auf die Anrede mit seinem Titel legte er keinen Wert. Das war damals ungewöhnlich. Vom Tabakrauch umwölkt entwickelte er bei einer Flasche Spät- oder sogar Auslese seine Gedanken und seine Absichten, soweit er das für opportun hielt. Ich bilde mir ein, er hätte damals schon angedeutet, wenn nicht sogar gesagt, daß er eines Tages Kanzler würde. Wir hielten ihn beide für dieses Amt geeignet.

1971 bot mir Helmut Kohl an, in Rheinland-Pfalz Ministerialdirektor zu werden. Ich lehnte ab, weil meine Ernennung zum

Amtschef im baden-württembergischen Finanzministerium unmittelbar bevorstand. Besson meinte, daß ich wohl mit Kohl nicht so gut zusammenarbeiten würde wie mit Filbinger, weil die neue Politikergeneration, deren typischer Repräsentant er sei, das, was sie für Politik halte, selber machen wolle. Damit hatte Besson wohl recht. Ich wäre wahrscheinlich weder als Mitarbeiter von Kohl glücklich geworden noch als Mitarbeiter des neuen Sterns, der in Baden-Württemberg aufzugehen im Begriffe war: Lothar Späth. Der Berufsbeamte, der sich in die Politik einmischt und versucht, eigene Vorstellungen einzubringen, hatte sich fast schon wieder überlebt. Ob das gut ist, ist eine andere Frage.

Lothar Späth ist auch ein Vertreter der neuen Politikergeneration, aber nicht nur ein Vertreter der großen Linie, sondern auch des fachlichen Details. Er war Beigeordneter, das heißt Bürgermeister in der Mittelstadt Bietigheim, als er 1968 in den Landtag gewählt wurde. Er fiel mir in der Fraktion gleich auf wegen seiner Managementqualitäten, wegen seiner Beredsamkeit und Schlagfertigkeit, aber auch durch Aggressivität und durch kritische Bemerkungen über unsere Wahlkampfführung, die mir natürlich mißfielen. Der Fraktionsvorsitzende Professor Ganzenmüller, der ständig besorgt war, die Politik könnte von der Ministerialbürokratie gesteuert und davon abgehalten werden, die Schätze ihrer eigenen Gedanken zu heben, erklärte mir: »Jetzt hend mir einen, wo der Ministerialbürokratie auf die Finger gucke kann« und erklärte, daß nunmehr die Politiker die Politik bestimmen würden und nicht die Beamten. Ich erwiderte ihm: »Wenn sie's könnet, ist es schon recht.«

Der Fraktionsvorsitzende sprach nur das aus, was viele Abgeordnete dachten. Sie wollten frei sein von den Ratschlägen von Ministerialbeamten, die sie als Bevormundung empfanden, sondern vielmehr den Ministerialbeamten sagen, wo es lang geht. Ich war zwar in den Landesvorstand der CDU gewählt worden, empfand es aber immer deutlicher als Nachteil, daß ich kein vom Volk oder wenigstens einer Volksvertretung gewählter Politiker war. Als Ganzenmüller wegen unbedachter Äußerungen den Fraktionsvorsitz niederlegte, war es auch für den Ministerpräsidenten klar, daß der künftige Fraktionsvorsitzende nur Lothar Späth sein konnte. Späth wußte von Anfang an das Streben der Fraktion nach mehr Eigenständigkeit zu artikulieren, die Fraktion auf sich einzuschwören und gelegentlich eine Oppositionspolitik gegen die Landesregierung zu machen, welche an Wirksamkeit die der eigentlichen Oppositionsfraktionen, nämlich von SPD und FDP, übertraf.

Späth erfaßte auch komplizierte Dinge blitzschnell, er lernte rasch, und er entschied sich ohne zu zögern. Es machte ihm auch gar nichts aus, die Meinung, die er verkündet hatte, wieder zu ändern, und er tat dies mit solchem Geschick, daß er dafür auch noch gelobt wurde. Hierbei half ihm sein Pressechef Kleinert, einer der gewandtesten Menschen, die ich in meinem Leben kennengelernt habe. Späth redet schnell. Am Anfang hatte ich Schwierigkeiten, ihn zu verstehen. Solange ich noch über den ersten Satz nachdachte, war er schon drei Sätze weiter. Der Süddeutsche Rundfunk wollte einmal in der Silvesternacht Späth mit meiner Stimme eine Ansprache halten lassen. Das Vorhaben mißlang, weil ich nicht so schnell reden konnte wie er, so daß die Synchronisierung scheiterte.

Ich gestehe ein, daß ich Späth zunächst für einen virtuosen Navigator in flachen Gewässern hielt. Aber ich erkannte, daß diese Ansicht ein Vorurteil war. Er hat durchaus Tiefgang. Er ist ein guter Beobachter der Wirklichkeit, und – das ist entscheidend – er vermag aus seinen Beobachtungen und Erfahrungen eine Theorie zu machen, deren konkrete Ausformung zwar nicht immer lange Bestand hat, die aber immer da ist. Vor allem aber drängt es ihn, etwas zu gestalten. In der Regel genügt ihm nicht, etwas zu verkünden, er will es verwirklicht sehen. Ständig hat er neue Einfälle, und die meisten sind gut. Die weniger guten erkannte er fast immer und ließ sie wieder fallen.

Bald nach seiner Wahl in den Landtag wurde Späth Geschäftsführer der Neuen Heimat. Man hatte den Eindruck, er wäre überall gleichzeitig und hätte mehrere Mappen, die er in den jeweiligen Sälen als Zeichen seiner Anwesenheit eine Zeitlang deponierte, nachdem er das Wort ergriffen hatte, und später wieder abholen ließ. Er kannte sich bald hervorragend im Land aus, hatte überall Freunde, in der Kultur und bei den Gewerkschaften, vor allem aber in der Wirtschaft. Er war ständig im Einsatz. Ein Redner, der, wie man im Schwäbischen sagt, dem Teufel ein Ohr wegschwätzt, dazu noch witzig und erfolgreich. Er konnte unangenehme Wahrheiten so elegant verpacken, daß die von ihm Kritisierten ihm auch noch begeistert applaudierten. Bei einer Rede in Nordrhein-Westfalen kritisierte er die Subventionierung alter Strukturen und verglich diese Politik mit dem Verhalten einer Trauergemeinde, die ständig den Sarg vor dem Friedhof hin und her trage und sich nicht entschließen könne, ihn in das Grab zu senken. Einige Zuhörer aus der Kohlenbranche waren begeistert, bis ich ihnen sagte: Da seid ihr gemeint! Da verfielen sie in Nachdenklichkeit. Aber der emotionale Wert der Ruhrkohle ist so groß, daß demgegenüber die Frage, ob es denn vertretbar ist, diese Kohle weiter zu fördern, nachdem die Kosten den Weltmarktpreis mehr als dreifach überschreiten, fast blasphemisch wirkt.

Familie und Privatleben

Als Staatsbeamter hatte ich gegenüber den Politikern den Vorteil, daß ich in der Regel am Wochenende keine Termine wahrzunehmen hatte. Ich mußte zwar arbeiten, aber das mußte meine Frau als Oberstudienrätin im Königin-Katharina-Stift auch. Über das Wochenende fuhren wir oft nach Neu-Ulm, wo sich die Eltern meiner Frau der Erziehung ihrer Enkelin Catherine widmeten. Catherine war das Produkt einer Ehe meiner Schwägerin Hanne mit Jacques Coupé, der an der berühmten Hochschule für politische Wissenschaften in Paris studierte. Gescheit und gebildet, war er ein Träumer und Ästhet, den die Vaterrolle etwas überforderte. Die Verbindung hat nicht lange gehalten. Wir haben Catherine später adoptiert.

Mein Schwiegervater Otto Daiber betrieb ein Getreide-, Mehl- und Futtermittelgeschäft, das er trotz aller Schwierigkeiten der Verhältnisse erfolgreich umtrieb, erfolgreich vielleicht auch deshalb, weil sich die Firmenphilosophie auf zwei Kernsätze beschränkte, die bereits der Vater meines Schwiegervaters überall hatte anbringen lassen. Der eine lautete: »Tu es gleich!« und der andere: »Türe zu!« Der erste förderte die Initiative und der zweite sparte Heizkosten und schützte vor Diebstahl.

Otto Daiber war ein gebildeter, belesener Mann. Er war einige Zeit Angestellter bei einer Bank gewesen, hatte einige Semester Jurisprudenz und auch einige Semester Medizin studiert, als ihn sein Vater zurückholte, damit er ihm im Geschäft helfe. Er war auch sehr gesellig – unter anderem Präsident eines Kegelklubs, ein versierter Skatspieler, ein kenntnisreicher Eisschütze und ein engagierter Jäger. Diese Leidenschaften mußte er aber teuer bezahlen, denn er hatte eine kranke Niere, die gegen fast alle Vergnügungen eingestellt war und auf sie durch heftige Koliken reagierte. Meine Schwiegermutter war in Konstantinopel geboren, entstammte einer griechischen Familie, sprach neben Deutsch fließend Französisch und Griechisch, und sogar etwas Türkisch. Sie war eine schöne Frau.

Catherine, die Hoffnung der Familie, hatte je drei Mütter und Väter, die sie erziehen wollten. Hinzu kamen noch ein Großonkel und eine Großtante, die ihr reines Ulmerisch beibrachten. Am Wochenende nahm meistens ich sie mit, wenn ich in die Stadt ging oder meinen Freund Ludwig besuchte. Catherine entwickelte eine Abneigung gegen politische Gespräche, auf die sie mit den dauernd wiederholten Worten »Jetzt gehen mir« und »mir ist weillangig« reagierte.

Jede Andeutung, daß man über den Erwerb eines von ihr begehrten Gegenstandes reden konnte, merkte sie sich und erinnerte einen daran, daß das Wort noch nicht zur Tat geworden wäre: »Du wolltest mir doch eine Garage kaufen, das hast du aber noch gar nie gemacht!« Im Tabakgeschäft forderte Catherine ihre Rechte ein, indem sie ausrief: »Du sollst sagen, man soll dem Kind ein Bonbon geben!« Trotz aller Ermahnungen zerbiß sie die Bonbons sofort. Es konnte nicht ausbleiben, daß sie schlechte Zähne bekam. Als meine Frau mit ihr zum Zahnarzt ging, machte sie aber den Mund nicht auf, so daß der Behandlungsversuch scheiterte. Natürlich wurde sie von den vielen Familienmitgliedern mit Geschenken überhäuft, die abends im Zimmer herumlagen. Dann sagte sie zu ihrem Großvater und mir: »Nun macht mal Sauberkeit!«

Das Fernsehprogramm interessierte sie außerordentlich. Sie ins Bett zu bringen, war schwierig. Nach kurzer Zeit war sie wieder im Fernsehzimmer und erklärte: »Ich habe noch ein bißchen Kopfweh.« Nachdem man sie mühsam wieder ins Bett gesteckt hatte, erschien sie nach kurzer Zeit wieder und behauptete: »Jetzt habe ich ein bißchen Bauchweh!« – offenbar, weil sie meinte, die erste Krankheit sei verbraucht, und sie müsse sich etwas Neues einfallen lassen. Eines Tages saß Catherine wieder einmal vor dem Fernsehapparat, in dem ein Western lief. Ein Mann wurde erschossen und in einen Fluß geworfen. Ich fragte Catherine, was denn da los sei. Sie antwortete: »Das ist Umweltverschmutzung!« Da wurde mir bewußt, daß das Kind vom Geist der Zeit ergriffen war, der der Umwelt den Vorrang vor dem Menschen einräumt.

Den Sonntagabend verbrachten wir meistens bei meiner Tante Helene, die in Stuttgart-Sillenbuch in einem kleinen Reihenhäuschen in der Nachbarschaft zum Silberwald wohnte, das sie und meine Großmutter Anfang der dreißiger Jahre gebaut hatten. Meine Eltern waren mit mir vor dem Krieg dort wiederholt zu Besuch gewesen. Die Nacht hatten wir in zwei winzigen Kammern unter dem Dach verbracht, die mit zahlreichen Gegenständen angefüllt waren, die Helene für würdig hielt, aufgehoben zu werden und die sie sorgfältig pflegte. Zu diesen Gegenständen gehörte das Brautkleid meiner Großmutter ebenso wie ein Kasperletheater, der Kinderstuhl meines Vaters, Bücher und Zeitschriften, ein Waschtisch mit Marmorplatte, Schüsseln und Kannen aus der Zeit, in der es noch keine Badezimmer mit fließendem Wasser gab, und Bilder und Handarbeiten, erzeugt von kunstsinnigen Verwandten.

Weit heraus aus diesem Kreis von Kunstschaffenden ragte die Großmutter meines Vaters, Magdalene Luz, geborene Kißling, die Gattin des mit dem persönlichen Adel geschmückten Präsidenten des Schwarzwaldkreises von Luz. Magdalene Luz verfertigte sehr schöne Miniaturen und Stickereien, die sie in einer Ausstellung zeigte, welche sogar die Zarin besuchte. Die Zarin hätte gerne dieses oder jenes Stück erworben, aber Magdalene verkaufte nichts. Und deshalb hängen einige ihrer Werke bei uns zu Hause an der Wand. Magdalene gab im übrigen ihrer Tochter und meiner Großmutter den Namen Helene, ein Akt unbewußter Frivolität, denn zwischen der büßenden Magdalena und der leichtfertigen Gattin des Paris besteht ein nicht zu übersehender Unterschied. So kam auch meine Tante zu ihrem Vornamen, obwohl diese es niemals zugelassen hätte, daß sich Trojaner und Griechen wegen ihr umbringen.

Mein Vater nutzte bei unseren Sommeraufenthalten in Sillenbuch die Nähe des Waldes zu einem morgendlichen Waldlauf, wobei anzumerken ist, daß für ihn der Morgen schon um fünf Uhr begann. Es gelang ihm auch meistens, andere zur Teilnahme an diesem anstrengenden Unternehmen zu motivieren, darunter eine holländische Schwägerin, die in einem Haus in der Nachbarschaft wohnte. Ich wurde von ihm zum Pflichtmitglied der Sportgemeinschaft ernannt. Mir waren diese Unternehmungen jedoch zu mühsam. Ich setzte mich nach kurzer Zeit an den Wegesrand und wartete, bis die Sportsleute wieder zurückkamen. Dies war nicht nach der Devise gehandelt »Gelobt sei, was hart macht«, die mein Vater oft gebrauchte.

Nach dem Zweiten Weltkrieg wurden die Waldorfschulen wieder geöffnet, auch in Stuttgart, und meine Tante nahm ihre Tätigkeit als Lehrerin für Kunst und Handarbeit wieder auf. Ich traf noch in den achtziger Jahren würdige Herren, die sich rühmten, bei ihr Stricken gelernt zu haben. Sie war sehr lange in ihrem Beruf tätig, am Schluß noch in einer Schule für geistig behinderte Kinder, um die sie sich rührend kümmerte. Ihr Charakter war dem meines Vaters ähnlich: verläßlich, gescheit, willensstark, bescheiden, verantwortungsbewußt und wohlorganisiert. Nur ihr Interesse für Kunst teilte mein Vater nicht, obwohl er nicht unbegabt gewesen wäre, vor allem als Zeichner.

Aber er zeichnete nur, was einen praktischen Zweck hatte: zum

Beispiel Geländeskizzen für taktische Zwecke. Es gibt Hunderte davon, auf Glasplatte und auf Papier. Ich habe befreundeten Militärs – Deutschen, Amerikanern und Franzosen – solche Skizzen geschenkt als Erinnerung an ihn. Sie alle waren erstaunt über die penible Sorgfalt, die er in seinem Beruf anwandte und über die Bedeutung, die er der genauen Kenntnis der Geländeverhältnisse beimaß. Auch in Afrika entwarf er seine Pläne zunächst mit dem Zeichenstift, wobei die deutschen Truppen blau, die Briten rot und die Italiener grün dargestellt wurden. Für mich zeichnete er einmal eine Skizze ohne taktischen Zweck. Sie stellte dar, wie der Krieg wirklich aussieht: Es ist alles dunkel, nur ein Stacheldraht in der oberen Bildhälfte zeigt, daß der Betrachter vom Schützengraben aus in die Düsternis blickt.

Nach dem Ersten Weltkrieg versuchte Helene, in meinem Vater die Freude an Literatur und Kunst zu erwecken und ihm vielleicht sogar die anthroposophische Weltanschauung näherzubringen. Mein Vater als ein mathematisch, pragmatisch und realistisch veranlagter Mensch erwies sich hierzu jedoch als ungeeignet. Ihm genügte die Religion aus seiner Jugendzeit. Eines Abends nahm Helene ihn in einen Vortrag mit. Es hieß, daß mein Vater, als der Redner erschien, spaßeshalber ausgerufen habe: »Den Mann kenne ich doch. In welchem Regiment hat der gedient?« Helene war das nicht recht, und sie verzichtete fürderhin auf eine solche Begleitung. Sie verübelte ihm sein Verhalten aber auch nicht, denn sie war ein guter Mensch. Hart gegen sich selber, freundlich und hilfsbereit gegenüber anderen. Sie lebte nur von einem Bruchteil ihrer laufenden Einkünfte. Sie spendete aber etwa das Doppelte dessen, was sie zu ihrem Lebensunterhalt verbrauchte, für wohltätige Zwecke. Der Rest wurde gespart.

Im übrigen weigerte sie sich strikt, die Zinseinkünfte aus ihren Sparkonten zu versteuern, wie ich ihr dies als Amtschef des Finanzministeriums nahelegte. Sie meinte, sie hätte das Geld ja auch verlumpen können, dann bräuchte sie auch keine Steuern zu zahlen. Im übrigen hätte sie beim Finanzamt die Auskunft bekommen, daß sie als Rentnerin nicht steuerpflichtig sei. Ich erkundigte mich, ob sie dem Mitarbeiter des Finanzamtes etwas von ihren Sparkonten gesagt hätte. Sie verneinte; er habe sie auch nicht danach gefragt. Als sie starb und ich sie beerbte, stellte ich den Frieden mit dem Fiskus durch Einkommens- und Vermögenserklärungen für sechs Jahre wieder her. Ich brauchte fast nichts nachzuzahlen wegen ihrer hohen Spenden, die von der Bemessungsgrundlage abgezogen werden konnten.

Es ist mir nicht gelungen, meine Tante dazu zu bringen, CDU zu wählen. Mit der Beredsamkeit, die ich hierfür aufwendete, hätte ich einen ganzen Stamm widerspenstiger Heiden bekehren können. Einmal wähnte ich mich fast am Ziel, aber dann traf meine Tante ihren Nachbarn, den Chef der ÖTV, Heinz Kluncker, der mit seiner gefürchteten Rhetorik alle ihr von mir ins Herz gesenkten Zweifel zerstreute und sie wieder als SPD-Wählerin zurückgewann.

Catherine, die ich gelegentlich zu ihr mitnahm, fragte sie einmal, ob man im Himmel alle Vorfahren kennenlerne. Das seien doch ziemlich viele, weil jeder eine Mutter und einen Vater habe. Helene meinte, man träfe nur die, welche man gekannt hätte, aber Catherine erwiderte: »Die du kennst, die stellen dir ihre Eltern vor und dann kennst du die auch.« Helene und ich waren sehr überrascht von diesen ungewöhnlichen Vorstellungen, trösteten uns aber mit der Überlegung, daß die Ewigkeit ausreichend Zeit einräume, um mit einem sehr großen Bekannten- und Verwandtenkreis Umgang zu pflegen.

Wie dem auch immer sei: Wenn es einen Himmel gibt, dann ist, davon bin ich überzeugt, meine Tante Helene in diesen gekommen.

Vertrauenerweckende Grautöne

Nobelpreisträger Konrad Lorenz hat herausgefunden, daß sich Buntbarsche und Brandenten nur dann begeistern können, wenn es gegen einen gemeinsamen Feind geht, während Graugänse der Begeisterung auch ohne einen solchen Feind fähig sind. Ich sehe das emotionale Niveau von politischen Parteien doch eher bei den Graugänsen. Aber ein Feind fördert natürlich die Begeisterung, und deshalb will ich nicht in Abrede stellen, daß der von mir nicht sehr geschätzte Slogan »Freiheit statt Sozialismus«, mit dem die CDU 1976 in den Wahlkampf zog, erheblich dazu beitrug, daß Filbinger den größten Wahlsieg in Baden-Württemberg errang, den die CDU jemals in Baden-Württemberg erzielt hat.

Ich habe an die Großen Koalitionen gute Erinnerungen. Sie leisteten durchweg gute Sacharbeit. In diesem Sinne funktionierte auch die Große Koalition in Baden-Württemberg bis zu ihrem Ende im Jahr 1972, trotz des Umstandes, daß seit 1969 in Bonn eine SPD/FDP-Koalition die Regierung stellte und die Union in der Opposition war. Meine letzte größere Aufgabe im Staatsministerium vor meinem Übertritt in das Finanzministerium war die Herstellung einer Gesamtplanung für die ganze Landespolitik. Ich hielt von dem Projekt nichts, weil es mir nicht sinnvoll erschien, so unterschiedliche Vorhaben wie die Finanzplanung, die Planung der Verwaltungsreform, den Landesentwicklungsplan sowie Fachplanungen aller Art in einem Planungswerk darzustellen. Ich wehrte mich mit Händen und Füßen, aber es half nichts.

Ministerpräsident Filbinger hatte von einem Bonner Parteifreund aus der Bundesverwaltung, Rüdiger Göb, gehört, daß das Land eine operationale Planung brauche. Filbinger war Feuer und Flamme. Zwar wußte niemand genau, wie die operationale Planung aussehen sollte, aber die Begeisterung war um so größer, allerdings mich und Gerhard Mayer-Vorfelder ausgenommen, der inzwischen mein Stellvertreter geworden war und auch wenig Lust hatte, an der Herstellung von so viel bemaltem und bedrucktem Papier mitzuwirken. Wir fühlten bei der SPD vor, ob nicht wenigstens dort Bedenken geltend gemacht würden, aber es waren offenbar keine da. In der Not erinnerte ich mich des Lehrsatzes: »Der einfachste taktische Entschluß ist der Schrei nach neuen Truppen« und erklärte Filbinger, daß das große Projekt ohne eine massive personelle Verstärkung meiner Abteilung nicht machbar sei. Das sah Hans Filbinger ein. Aber anstatt das Projekt aufzugeben, übernahm er meine Personalforderungen und setzte sie durch. Ich stellte daraufhin die Kampfhandlungen ein.

Wir bekamen einige hervorragende Kollegen. Die Arbeit an der operationalen Großplanung konnte beginnen. Ich widmete mich schließlich der zunächst so wenig geschätzten Aufgabe fast mit Leidenschaft. Heraus kam ein schönes Werk, mit zwei Bänden, in blaues Leinen gebunden. Die SPD arbeitete intensiv mit. Es war möglich, sich über fast alle der vielen Punkte zu einigen, die das Planungswerk enthielt. Auch ein Vorwort wurde vom Kabinett einstimmig verabschiedet. Und ein schönes Photo von Hans Filbinger begrüßte den Leser, das den Landesvater mit formenden Händen wie einen Demiurgen, also einen Weltenschöpfer, darstellte.

Allzu viele Leser hat dieses Werk allerdings nicht gefunden. Schon die Ergebnisse der Pressekonferenz, auf der wir dieses Vermächtnis der Großen Koalition vorstellten, ließen sehr zu wünschen übrig. Die Medien mögen nichts, was dick ist. Einspaltige Meldungen verkündeten den Lesern, daß es eine solche Planung gibt. Das war es. Als ich nach meiner Ernennung zum Ministerialdirektor im Finanzministerium das Staatsministerium verließ, gab man mir etwa zwanzig Exemplare des großen Planungswerks mit, weil man nicht wußte, was man mit ihm anfangen sollte. Ich verschenkte es, zum Teil wegen der umfangreichen aus meiner Feder stammenden Textbeiträge mit persönlicher Widmung, an Kollegen und Mitarbeiter. Vor allem an letztere, weil sie das Geschenk nicht ablehnen konnten. Ich habe selber noch ein Exemplar. Gelegentlich schaue ich mal hinein. Es liest sich gar nicht so schlecht.

Mein altes Büro im Staatsministerium, das ich von Weber geerbt hatte, war recht repräsentativ gewesen – es handelte sich um das ehemalige Schlafzimmer der Baronin Reitzenstein –, aber mein neues Büro im Finanzministerium war noch attraktiver. Es war von der bedeutenden Innenarchitektin Professor Witzemann so eindrucksvoll gestaltet worden, daß ich mir gleich einen neuen Anzug kaufen mußte, um den Vergleich mit meiner neuen Umgebung aushalten zu können. Vor den Fenstern breiteten sich die königlichen Anlagen aus. Freilich blieb mir wenig Zeit, um diesen Anblick genießen zu können.

An der Wand hinter mir hing ein Bild, dessen Gegenstand mit »Abendstimmung« beschrieben werden kann und das die Gemütslage eines sich dem Ruhestand nähernden Beamten zutreffend wiedergab. Die Hochbauabteilung im Finanzministerium empfahl mir, statt dieses etwas konservativen Kunstwerkes ein neues, modernes anbringen zu lassen. Diesem Vorschlag stimmte ich zu, und bald hing hinter mir ein Bild, auf dem Hunderte von naturgetreu portraitierten Kieselsteinen zu sehen waren. Ich behauptete nach einiger Zeit, demjenigen, der das Bild länger betrachte, zeigten sich die Konturen eines weiblichen Aktes. Und in der Tat, manche Besucher, denen ich das erzählte, glaubten, diesen Akt tatsächlich zu sehen. Das waren die wahren Kunstsinnigen, die, wenn auch unbewußt, begriffen hatten, daß die Phantasie des Künstlers durch die Phantasie des Betrachters ergänzt werden muß und daß ein Kunstwerk um so moderner ist, je mehr Phantasie der Betrachter braucht und mit um so weniger eigener Phantasie der Künstler ihn dabei stört.

Im Vorzimmer arbeiteten zwei tüchtige Damen. Die Chefsekretärin, Frau Laue, kannte die Finanzverwaltung bestens. Ihr konnte ich ohne weiteres die Entscheidung überlassen, welches Aktenstück ich lesen mußte und welches nicht. Wer nämlich bei dieser Arbeit alles liest, was ihm zugeleitet wird, der braucht bald nervenärztliche Hilfe, die schließlich nicht mehr ambulant gewährt werden kann, sondern nur noch stationär. Der Alte Fritz hat geschrieben: »Wer alles defendieren will, defendiert gar nichts.« Dieser Satz läßt sich auch anwenden auf bearbeiten, entscheiden, lesen.

Ein Amtschef eines Ressorts ist ein Generalist. Er muß darauf achten, daß ihm nicht widerfährt, was ein gängiger Definitionsversuch sagt: Ein Generalist ist ein Mensch, der von immer mehr immer weniger weiß, bis er schließlich von allem nichts weiß, und ein Spezialist ist ein Mensch, der von immer weniger immer mehr weiß, bis er schließlich von nichts alles weiß. Wenn ein Problem wichtig wird, muß er befähigt sein, sich in dieses binnen kurzer Frist so einzuarbeiten, daß er eine kompetente Entscheidung treffen kann. Die dafür notwendige Zeit muß er sich nehmen können, das heißt, er sollte nicht in dem täglichen Routinegeschäft ertrinken. Wenn eine grundsätzliche Frage gestellt war und ich etwas nicht verstand – das kam oft genug vor –, ließ ich mir das so lange von dem zuständigen Mitarbeiter erklären, bis ich die Problemlage mit eigenen Worten so beschreiben konnte, daß dies den Mitarbeiter befriedigte. Autorität habe ich dadurch eher gewonnen als verloren.

Noch wichtiger ist es, daß der Amtschef nicht wartet, bis die Probleme an ihn herankommen, um sich dann womöglich im Zustand der Unlösbarkeit zu präsentieren, sondern daß er vorausdenkend die Probleme erkennt. Damit dies gelingt, muß er sich die Instrumente schaffen, mit deren Hilfe er rechtzeitig merkt, was geschieht, soweit das möglich ist. Ein rechtzeitig erkanntes Problem ist in der Regel leichter zu lösen als eines, das überraschend auftritt. Selbst dann, wenn es nicht gelöst werden kann, ist es leichter, mit ihm fertig zu werden, wenn man vorausgesagt hat, daß es kommt.

Ich bin gegen Schwarzmalerei, aber auch gegen Weißmalerei. Ich bin für vertrauenerweckende Grautöne. Wenn sich eine negative Entwicklung am Horizont abzeichnet oder demnächst abzeichnen wird, ist es unsinnig, so zu tun, als ob »alles in Butter« wäre. Ein solches Verhalten ist genau so dumm wie das eines Steuerzahlers, der die Post vom Finanzamt nicht öffnet in der Erwartung, daß er so der Steuerpflicht entkommt. Die Zukunft in zu hellen Farben zu malen ist riskant. Wenn sie wird, wie vorausgesagt, mag es ja noch angehen. Wenn nicht, dann ist man besser dran, wenn man sich etwas zurückhaltender geäußert hat. Wer sich zurückhaltend äußert, dem wird auch eher geglaubt. Kommt es besser als vorausgesagt, läßt sich das als Ergebnis der eigenen Leistung darstellen. Somit bestimmt der Politiker oder leitende Beamte durch seine eigene Voraussage, wie er bewertet wird. Man verzeihe mir diese machiavellistischen Anmerkungen in einem Buch, das sich im übrigen bemüht, moralischen Ansprüchen zu genügen.

Nach meiner Ernennung zum Ministerialdirektor stand mir ein Dienstwagen zu mit der Nummer: BWL 6 – 2. Den durfte ich innerhalb des Landes auch privat benutzen. Das ließ ich aber bleiben. Ich legte meine privaten Wege mit meinem eigenen VW 1600 zurück mit Ausnahme der Strecke zwischen unserer Wohnung und dem Finanzministerium. Auf dem Weg ins Ministerium brachte ich meine Frau Lilo ins Katharinenstift, damit sie dort den ihr an das Herz gewachsenen Französischunterricht erteilen konnte. Sie hatte zwar nur noch einen halben Lehrauftrag, aber mein Eindruck trog wohl nicht, daß die Arbeitszeit, die sie für diesen aufwendete, der eines vollen Lehrauftrages entsprach. Schließlich schied meine Frau ganz aus dem Schuldienst aus.

Catherine kam auf Dauer zu uns nach Stuttgart, nachdem sie zuvor nur einen Teil ihrer Ferien bei uns verbracht hatte. Das »R« im schmiedeeisernen Gitter über dem Tor zum Finanzministerium beeindruckte sie, bis ich ihr erklärte, daß dieses nichts mit »Rommel« zu tun hätte, sondern mit »Rex«, dem lateinischen Wort für König. Lilo versuchte, ihr pädagogisches Können nunmehr Catherine zugute kommen zu lassen. Diese wehrte sich gegen die Begegnung mit soviel Sachkunde, wurde aber doch eine gute Schülerin, die uns viel Freude bereitete.

OB-Kandidatur

Ich fühlte mich im Finanzministerium wohl und hatte eigentlich keinen akuten Ehrgeiz außer dem, als Staatssekretär Kabinettsmitglied zu werden, damit ich das Land im Bundesrat und vor allem im Vermittlungsausschuß vertreten konnte. Für die Landtagswahl 1976 hatte ich einen Wahlkreis in Aussicht. Eine Karrierestrategie, die planmäßig nützliche Freunde und Parteigänger sammelt, verfolgte ich aber nicht. So sehr ich mich in meiner Arbeit darum bemühte, das Interesse an einer mittelfristigen und langfristigen Anlage der Politik zu wecken und zu fördern – für mich persönlich lagen mir solche Überlegungen fern.

Bereits 1965 hatte mich die Stuttgarter CDU aufgefordert, bei der Stuttgarter Oberbürgermeisterwahl in der Landeshauptstadt gegen den amtierenden Oberbürgermeister Arnulf Klett zu kandidieren. Ich hatte über dieses Angebot eine Nacht lang nachgedacht, dann aber darauf verzichtet, es anzunehmen, erstens, weil Klett ein ausgezeichneter Bürgermeister war, der seine Wiederwahl verdient hatte, und zweitens, weil ich von der Stuttgarter Kommunalpolitik zu wenig wußte. 1974 war ich zwar etwas besser informiert über Stuttgart, weil ich als Staatssekretär des Finanzministeriums mit Klett über einige Fragen der Finanzen und der Grundstückspolitik verhandelt hatte, aber viel wußte ich nicht. Es war mir nicht einmal in allen Einzelheiten klar, wo genau die Grenzen der Landeshauptstadt lagen.

Im Sommer 1974 starb plötzlich Oberbürgermeister Klett, der beabsichtigt hatte, bis zum Jahre 1977 im Amt zu bleiben, um dann im Glanz der Bundesgartenschau in den Ruhestand zu treten. Kaum war Klett unter dem Boden, dampfte schon die Gerüchteküche. Aus der CDU wurden die Namen Lothar Späth, Heiner Geißler, Manfred Wörner und Walther Zügel genannt, unter ferner liefen auch mein Name. Ich wollte gerade wie die anderen erklären, daß ich nicht zur Verfügung stünde, als mich Gerhard Mayer-Vorfelder anrief und mich bat, eine solche Stellungnahme nicht abzugeben, damit derjenige, der schließlich kandidiere, sich nicht in der traurigen Rolle desjenigen befände, der nach dem Ausscheiden der Qualifizierten übrig geblieben war. Ich sah dies ein und hielt die Möglichkeit meiner Kandidatur offen, bemerkte aber mit einer gewissen Unruhe, daß die anderen Namen nach kurzem Aufleuchten wieder in der Dunkelheit verschwanden. Diesen Weg gedachte ich auch einzuschlagen, sobald sich abzeichnete, wer kandidierte. Im übrigen hatte ich keineswegs das Aussehen eines aussichtsreichen Kandidaten. Mir drohte zwar keine Midlifecrisis, aber ich hatte mir aus Gründen, die ich heute noch nicht begreife, die Haare bis auf Schulterlänge wachsen lassen und bot den Anblick eines Menschen, der so tut, als ob er jung sei. Aber es zeigte sich kein anderer Kandidat, dem Filbinger und der Landesvorstand Chancen eingeräumt hätten. Bürgermeister Thieringer, Gesundheits- und Sozialreferent der Landeshauptstadt, ein Mann von beachtlicher Qualität, wäre zwar zur Kandidatur bereit gewesen. Aber der Prophet gilt bekanntlich nichts im eigenen Lande.

Hinzu kam, daß die SPD zur allgemeinen Überraschung nicht etwa den auch im bürgerlichen Lager populären Ersten Bürgermeister Jürgen Hahn als Kandidaten aufgestellt hatte, sondern Peter Conradi, Repräsentant des linken Flügels, der die CDU schon oft geärgert hatte. Das regte meine Parteifreunde fürchterlich auf. Sie fürchteten, daß sich, wenn Conradi in Stuttgart Oberbürgermeister würde, die Chancen der Union in den Landtagswahlen verschlechterten. Ich erschien als Retter in der Not. Ich wollte nicht, aber man schob mich. Siegbert Alber, der Kreisvorsitzende, und Otto Müller, der Vorsitzende der CDU-Gemeinderatsfraktion drängten mich. Der Landesvorstand forderte mich gegen die Stimme meines Chefs Robert Gleichauf und gegen meine eigene Stimme auf, zu kandidieren. Filbinger bestellte mich zu sich, appellierte an mein christdemokratisches Herz und beschwor mich, endlich ja zu sagen.

Mir wurde nun klar, daß ich, wenn ich weiterhin ablehnte, mich als Schlappschwanz disqualifizieren würde, sprach mit Robert Gleichauf und erklärte mich unfroh zur Kandidatur bereit. Dabei war es mir zunächst ziemlich egal, ob ich als Sieger in das Stuttgarter Rathaus einziehen oder als Geschlagener in das Finanzministerium zurückkehren würde. Die Kandidatenvorstellung bei dem Kreisausschuß der CDU war nur eine Formsache. Ich wurde gewählt. Ein letztes Photo von mir mit meiner ganzen Haarpracht erschien in den Zeitungen. Der CDU-Geschäftsführer Heinze meinte, einer, der so aussehe, wie ich, würde nicht gewählt. So ließ ich meine Haare schneiden, fühlte mich aber fast wie der von Delila geschorene Simson. Ich kaufte mir eine moderne Brille. Nun war ich Kandidat, wohlgerüstet, um mich auf bunten Plakaten den Stuttgartern, von der Höhensonne gebräunt, vorzustellen.

Mein Hauptgegner im Wahlkampf war Peter Conradi, Bundestagsabgeordneter, Architekt, früher Beamter in der Hochbauverwaltung des Landes, gebildet, gut informiert, ausgestattet mit einem Engagement, das ihn gelegentlich über die Tatsachen hinwegtrug, empfindlich, aber hart im Austeilen. Er war ein gewandter, schlagfertiger Redner. Er kannte sich in Stuttgart gut aus und hatte jeweils gute und detaillierte Unterlagen, die ihm sachkundige Parteifreunde zusammengestellt hatten.

Ein weiterer Konkurrent war der Kandidat der FDP, Kurt Gebhardt, Jurist, früher Oberbürgermeister in Waiblingen, Hauptgeschäftsführer des baden-württembergischen Städtetages, ein Mann mit Substanz und Erfahrung und eine ausgesprochen elegante Erscheinung. Ich kannte Kurt Gebhardt gut aus der gemeinsamen Tübinger Zeit, und es fiel mir ausgesprochen schwer, gegen ihn etwas zu sagen. Daneben gab es noch als Bewerber Stadtrat Beck, ein mit den Problemen der Stadt wohlvertrauter Kaufmann, den die Unabhängige Bürgerliste aufgeboten hatte. Die Deutsche Kommunistische Partei hatte Herrn Heinz Laufer ins Rennen geschickt, früherer Olympiateilnehmer und ein angenehmer Mensch. Weniger erfreulich erschien mir damals, daß auch Helmut Palmer, Obstbaufachmann, Obst- und Gemüsehändler, bekannt als Remstalrebell, um das Amt des Oberbürgermeisters kandidierte. Ich kannte Palmer nicht persönlich. Mir war er als wahre Schreckensgestalt beschrieben worden. Er hatte damals bei mehreren Oberbürgermeisterwahlen viele Stimmen bekommen und war sogar in der Mittelstadt Schwäbisch Hall fast gewählt worden. Er galt als guter Redner und starker Polemiker sowie als äußerst schlagfertig.

Der Wahlkampf wurde weitgehend in Podiumsdiskussionen ausgetragen, die in den einzelnen Stadtbezirken, aber auch, bezogen auf bestimmte Sachthemen, zentral stattfanden. Eine wichtige Rolle spielten Plakate, auf denen die Matadoren das Volk anlächelten. Meines war besonders schön, fast hätte man es ein Meisterwerk nennen können. Dies war auch dringend geboten, denn Catherine hatte mir, nachdem sie lange meine Konkurrenten in den Zeitungen betrachtet hatte, mitgeteilt: »Es tut mir leid, aber du bist der Wüschteste«, also, auf Hochdeutsch, der Häßlichste.

Ich versuchte mich, so gut es ging, vorzubereiten. Gleich die erste Podiumsdiskussion im Stadtbezirk Feuerbach verlief allerdings ziemlich blamabel. Erstens wußte ich teilweise nicht, über was die anderen redeten, zweitens nahm ich mich selber zu ernst, um einfach etwas zu behaupten, und drittens beging ich den Fehler, mich gleich mit dem neben mir sitzenden Helmut Palmer anzulegen, den ich darauf hinwies, daß nicht der Karnevalsprinz, sondern der Oberbürgermeister gewählt würde. Das gefiel Palmer gar nicht, und er fuhr auf mich los wie ein Stier auf das rote Tuch. Mir fiel nicht viel ein, was ich ihm hätte entgegnen können, und deshalb versuchte ich, wenigstens Würde zu bewahren, was immer das heißen mag. An der weiteren Diskussion beteiligte ich mich kaum mehr, sondern rauchte meine Pfeife. Meine Förderer und Anhänger waren überwiegend erschüttert von meinem Auftreten, bereuten meine Nominierung und sahen dem Wahlausgang mit rabenschwarzem Pessimismus entgegen. Nur Gerhard Mayer-Vorfelder hatte das Vertrauen in mich noch nicht verloren.

Ein Schwall von kritischen Anmerkungen und guten Ratschlägen meiner Parteifreunde ergoß sich nun über mich und lief an mir herunter. Mir wurde klar, daß ich hinsichtlich der Kenntnis kommunaler Details den Abstand zu meinen Konkurrenten während des Wahlkampfes nicht mehr einholen konnte und daß ich versuchen mußte, aus dieser Not eine Tugend zu machen. Zum Glück kommt der Name »Rommel« nach Beck, Conradi und Gebhardt, so daß ich, bevor ich nach dem Alphabet das Wort bekam, zunächst einmal hören konnte, was die anderen sagten. Aus diesem entnahm ich dann die mir zusagenden Stichworte und begab mich mit ihrer Hilfe auf das Feld der Landespolitik, wo ich mich den anderen überlegen fühlte und dies wohl auch war. Wurde das Wort entgegen der alphabetischen Reihenfolge erteilt, sagte ich manchmal, zu den Details werde nachher Conradi Stellung nehmen, der alles wisse. Ich würde mich erst dann, wenn ich zum Oberbürgermeister gewählt sei, mit den Detailfragen befassen und sie sachlich entscheiden. Es widerspreche meinem Stil, aus dem hohlen Bauch eine Meinung zu äußern.

Rommel
tut
was er

Amtsblatt der Stadt Stuttgart

E 1229 C
Nummer 49
Donnerstag, 5. Dezember 1974
Preis 25 Pf

Manfred Rommel — Stuttgarts neuer Oberbürgermeister Foto: Rudel

Vertrauen bedeutet Verpflichtung

Meine sehr geehrten Mitbürgerinnen und Mitbürger!

Am vergangenen Sonntag haben Sie mich zum Oberbürgermeister unserer Stadt gewählt. Ich darf Ihnen allen — gleich ob Sie mir oder einem anderen Kandidaten Ihre Stimme gegeben haben — danken für Ihr Interesse an der Kommunalpolitik in Stuttgart.

Ich habe mich sehr darüber gefreut, daß mir so viele Stuttgarter mit dem Stimmzettel ihr Vertrauen ausgesprochen haben. Ich weiß aber auch, daß dies vor allem Verpflichtung für mich bedeutet: Verpflichtung, an erster Stelle das Interesse der Bürger unserer Stadt zu sehen, Verpflichtung zu einer soliden Politik und Verpflichtung zur Zusammenarbeit, die das Gemeinsame sucht und vom Geist der Toleranz erfüllt ist.

Mit freundlichen Grüßen
Ihr
Rommel

Entscheidung bei der OB-Wahl:

Manfred Rommel Nachfolger von Dr. Arnulf Klett

Voraussichtlich am 14. Januar 1975 tritt der der-zeitige Staatssekretär im Finanzministerium der Landesregierung Baden-Württemberg, Manfred Rommel (CDU), seinen Posten als Oberbürgermeister der Stadt Stuttgart an. Die Bürger der Landeshauptstadt entschieden bei der Neuwahl am 1. Dezember — die Hauptwahl am 10. November hatte keinem Kandidaten die vorgeschriebene absolute Mehrheit gebracht — zu seinen Gunsten. 58,9 Prozent der abgegebenen Stimmen entfielen auf ihn, 39,5 Prozent auf Peter Conradi. (Weitere Ergebnisse sowie Pressestimmen auf den Seiten 14, 15 und …)

Manfred Rommel

Peter Conradi	103 476	—	39,5 Prozent
Arno Tombach	115	—	0,0 Prozent
Helmut Palmer	1 833	—	0,7 Prozent
Manfred Rommel	154 233	—	58,9 Prozent
Heinz Laufer	1 402	—	0,5 Prozent
Ulrich Maschke	100	—	0,0 Prozent
Martin Pope	141	—	0,1 Prozent
Sonstige	626	—	0,2 Prozent

1974 wird Manfred Rommel zum Oberbürgermeister gewählt (Seite 230 oben nach dem ersten Wahlgang) und im Stuttgarter Rathaus in sein Amt eingeführt (darunter, mit Innenminister Schiess, links, und Finanzminister Gleichauf).

Mit Palmer legte ich mich nicht mehr an, zumal meine ursprüngliche Meinung, er sei ein verkappter Rechtsradikaler, sich als falsch erwies. Seine Rhetorik und Polemik wandte sich daraufhin von mir ab und meinen Konkurrenten zu. Sein Opfer war vor allem der Stadtrat Beck, der sich eine Werbekonzeption hatte ausarbeiten lassen, die ihn mit einer Aktenmappe abbildete und als »nervenstarken Schaffer« bezeichnete. Es beruhte wohl auch auf den Empfehlungen dieser Werbekonzeption, daß sich Beck regelmäßig mit den Worten vorstellte: »Ich bin der Bürger Beck!«, worauf Palmer in den Saal rief »Meck-meck!« Schon dies löste große Heiterkeit aus, die dann noch gesteigert wurde, wenn Palmer ziemlich grobschlächtig behauptete, daß Beck auf seinen Plakaten aussehe wie eine »schwangere Wanz«. Gegen solche »Argumente« ist man hilflos.

Ich hielt mich möglichst heraus, wenn es polemisch zuging, zumal ich den Eindruck hatte, daß ich in einem solchen Streit keine gute Figur machte. Ich hatte aber immer mehr Formulierungen parat, die zuverlässig Applaus auslösten, und so wurde ich in den Augen meiner Parteifreunde von Mal zu Mal besser, ohne daß ich imstande gewesen wäre, den Schaltplan der Verkehrsampeln in Feuerbach oder Bad Cannstatt darzustellen. Es half mir wohl auch, daß ich meine Annoncen selber entwarf und sie lediglich durch einen Werbetexter überarbeiten ließ. So erschien alles, was von mir an die Öffentlichkeit kam, aus einem Guß zu sein.

Langsam begann ich den Ehrgeiz zu entwickeln, die Wahl zu gewinnen. Ich bestrahlte mich sogar mit einer Höhensonne, um den Eindruck zu vermitteln, der Wahlkampf sei ein wahrer Jungbrunnen für mich, und redete, fabulierte und schwätzte den ganzen Tag bis in den späten Abend hinein, trat als Tänzer auf beim »Tanz über Sechzig« und zeigte Interesse an allen möglichen Dingen, die mich früher wenig interessiert hatten. Meine – nicht von mir erfundene – Devise war: »Er tut, was er sagt!« Ich hütete mich aber davor, irgend etwas zu sagen, was im Verdacht stehen konnte, ich würde etwas versprechen, so daß die sozialdemokratische Konkurrenz konterte: »Aber er sagt nicht, was er tut!« Diese Retourkutsche gefiel mir so gut, daß ich sie in viele meiner Reden übernommen habe.

Meine Parteifreunde, viele Kollegen aus der Staatsverwaltung und zahlreiche andere Bürgerinnen und Bürger setzten sich nachhaltig für mich ein. Als besonders günstig erschien einigen von ihnen, meinen Vater als Wahlargument zu verwenden. Filme mit und über meinen Vater wurden aufgeführt, und bald breitete sich der von Generalkonsul Hans Schmidtgen erfundene Spruch aus: »Schultes wird bloß einer, dem Wüstenfuchs sein Kleiner.« Meine Begeisterung für diese Werbung hielt sich in engen Grenzen. Aber sie war gut gemeint, und ich kann nicht bestreiten, daß sie mir zu meinem Wahlsieg wenn auch nicht verholfen, so doch dabei geholfen hat. Geholfen hat mir auch das Ansehen meiner Tante Helene als Lehrerin und auch das meiner Frau Lilo. Die Tochter des stellvertretenden Kreisvorsitzenden der DKP, die am Katharinenstift eine ihrer Schülerinnen gewesen war, sagte Lilo bei einer Versammlung: »Frau Rommel, ich als Kommunistin kann Ihren Mann nicht wählen, aber ich will es Ihnen wenigstens vorher sagen.«

Der Umstand, daß ich mich nach Kandidatur und Amt nicht gerade gedrängt hatte, verlieh mir eine beachtliche Unabhängigkeit und ersparte es mir, politische Dankesschulden gegenüber dem Regierungschef abtragen zu müssen. Ich verließ Robert Gleichauf und meine Mitarbeiterinnen und Mitarbeiter im Finanzministerium mit Wehmut, ließ den riesigen Berg von Handakten, den ich in meiner staatlichen Zeit angesammelt hatte, in das Rathaus herüberbringen und bezog das Dienstzimmer von Arnulf Klett. Ich nahm meinen Fahrer aus dem Finanzministerium mit; im übrigen bat ich die Mannschaft meines Amtsvorgängers, auch für mich zu arbeiten. Die beiden Vorzimmerdamen Bohlinger und Häfele kannten das Rathaus bis in die letzten Verästelungen. Sie haben es mir sehr erleichtert, mich in meinem neuen Geschäft zurechtzufinden.

Es war auch erfreulich, daß ich den Persönlichen Referenten Arnulf Kletts, Walter Gehring, zur Zusammenarbeit gewinnen konnte. Erstens war und ist er ausgesprochen tüchtig, und zweitens war und ist er Sozialdemokrat. Daß er blieb, war ein Signal an die SPD, daß die Parole nicht »Konfrontation«, sondern »Zusammenarbeit« lauten sollte. Das entsprach und entspricht dem Geist der baden-württembergischen Gemeindeordnung und der in ihr geregelten starken Stellung des vom Volk direkt gewählten Bürgermeisters.

Im Unterschied zu Kommunalverfassungen anderer Bundesländer, die den Bürgermeister vom Gemeinderat wählen lassen, gibt die baden-württembergische Gemeindeordnung keinen Raum für eine Aufspaltung in eine Regierungsfraktion oder Regierungskoalition, die den Bürgermeister politisch trägt, und in eine Opposition, die ihn bekämpft. Daß es dennoch solche Konstellationen faktisch gibt, läßt sich nicht bestreiten. Aber dem Geist der Gemeindeordnung, die ja auch vorschreibt, daß die Beigeordnetenbank die Mehrheiten im Rat widerspiegeln und somit nicht politisch an den Bürgermeister gebunden sein soll, entspricht die Koalition/Opposition-Struktur nicht. Ich hielt und halte diese Regelung unserer Gemeindeordnung auch für sachgerecht. Mir war es jedenfalls damals klar, daß ich umdenken mußte von den Verhältnissen beim Land in die Verhältnisse der Stadt. Das war gar nicht so einfach, aber ich bilde mir ein, daß es mir gelungen ist.

Das Dienstzimmer des Oberbürgermeisters der Landeshauptstadt ist ziemlich groß. Aber es war mit ziemlich vielen Möbeln angefüllt: zwei Sessel vor dem Schreibtisch für Mitarbeiter, ein großer Tisch mit zwölf Sesseln für größere Besprechungen und ein kleiner Tisch mit zwei Sesseln für ausgewählte Besucher. Ich ließ den kleinen Tisch entfernen unter Verzicht auf die protokollarische Möglichkeit, Einzelbesucher besonders ehren zu können. Im übrigen ließ ich alles beim alten. Das Leder der roten Sessel war nach zwanzigjährigem Gebrauch schon brüchig. Ich ließ die Sessel flicken, so gut es ging. Aber es bildeten sich erneut sogenannte Dreiangeln, also dreieckige Einrisse in dem Überzug. Auch hingen Fäden herab. Mir machte das nichts aus, denn ich wollte in der Repräsentation der Stadt nicht Reichtum, sondern eher Kärglichkeit sichtbar werden lassen, damit jene Besucher, die von der Stadt Geld wollten, nicht auch noch ermutigt würden. Aus diesem Grunde sträubte ich mich auch erfolgreich gegen Vorschläge, dem sogenannten Festraum, der sich zwischen den Dienstzimmern des Oberbürgermeisters und des Ersten Bürgermeisters befindet, durch Innenarchitektur Glanz und Würde zu geben. Dieser Festraum ist nämlich von den Proportionen und von der Ausgestaltung her so beschaffen, daß im Vergleich zu ihm die Trauerhalle auf dem Pragfriedhof als ein regelrecht anheimelnder Aufenthaltsort bezeichnet werden kann.

Die Sessel in meinem Dienstzimmer dienten mir bei einem Besuch von Edzard Reuter und Werner Niefer, die sich über die Hebesätze unserer Gewerbesteuer beschwerten, als Hinweis auf die bescheidenen Umstände, in denen die Stadt im Unterschied zum »Daimler« leben müsse. Werner Niefer riß mir daraufhin eine besonders große Dreiangel in einen Sessel und erklärte, er hoffe, das nächste Mal neue Sessel vorzufinden und den Hinweis auf deren traurige Verfassung nicht mehr anhören zu müssen. Aber ich ließ mich nicht entmutigen, sondern behielt die Sessel so lange, bis ihre metallenen Beine so korrodiert waren, daß einer eines Tages unter mir zusammenbrach. Dann kamen neue Sessel ins Büro. Mein Nachfolger Wolfgang Schuster hat nach seinem Amtsantritt, bevor die Last von Tradition und Gewohnheit zu groß werden konnte, das Dienstzimmer erneuert und mit hellen Farben versehen lassen. Er hatte recht. Hätte er alles so gelassen, wie es war, hätte sich der Denkmalschutz dieses Raumes bemächtigt und ihn konserviert.

Mit den Vorständen der Stuttgarter Firmen, nicht zuletzt mit denen von Daimler-Benz, Bosch, Porsche, IBM und Allianz, arbeitete ich fast problemlos zusammen. Mir ist kein Fall in Erinnerung, in dem die Firmen soziale Fragen beiseite geschoben oder sich an der Stuttgarter Region uninteressiert gezeigt hätten. Dies darf ich anmerken angesichts des Schreckbildes vom kaltschnäuzigen Manager, das heute an die Wand projiziert wird. Zahlreiche Einzelvorhaben wurden verhandelt und verwirklicht, fast immer erfolgreich. Ich habe die großen Firmenchefs – die Herren Zahn, Prinz, Breitschwerdt, Reuter, Niefer, Werner, Schrempp,

Porsche, Adolff und wie sie alle heißen, natürlich auch Professor Merkle, wegen seiner Autorität und seines an Unfehlbarkeit grenzenden Überblicks in seinem Hause »Gottvater« genannt – nur aufgesucht, wenn es wirklich wichtig war.

Edzard Reuter hat seine Erinnerungen geschrieben und sich in diesen ziemlich offen über Personen und Ereignisse geäußert. Diese Offenheit findet sich nicht nur in den Abschnitten, die sich mit seiner Zeit als Vorstandsmitglied und Vorstandsvorsitzender bei Daimler-Benz beschäftigen, sondern sie durchzieht wie ein roter Faden das ganze Buch. In der heutigen Welt wird das Schicksal der Völker vorwiegend von dem wirtschaftlichen Geschehen bestimmt und nicht, wie früher, von militärischen Ereignissen. Deshalb ist das Interesse an den Vorgängen in den großen Firmen und an dem Verhalten jener, die an der Spitze dieser Firmen stehen, ganz natürlich. Früher gab es eine militärische Memoirenliteratur, die sich mit dem Verhalten der Generale auseinandersetzte. Jetzt wird es eine ökonomische geben, die sich mit den Unternehmern und Managern beschäftigt. So wie es früher interessierte, wie es 1914 zu dem Marnewunder kam und weshalb die Armee von Kluck nicht nach Paris durchgebrochen ist, stehen heute die für die Wirtschaft bedeutenden Vorgänge im Blickpunkt. Kritische Betrachtungen über diesen oder jenen Akteur sind keine Rufschädigungen, sondern geben ihm Profil und lassen ihn als Menschen aus der grauen Abstraktion hervor treten. Es sollte der Eindruck vermieden werden, als sei die Geschichte wirtschaftlicher Vorgänge nur erträglich, wenn im Stile von Jubiläumsschriften die Akteure unter Einebnung aller ihrer Ecken und Kanten zu fehlerfreien Heldengestalten hochstilisiert werden. Das erregt bloß Mißtrauen.

Mängel am Rückgrat

Auch im Staats- und Kommunaldienst wird gelitten, aber weniger unter kritischen Veröffentlichungen. An die ist man bald gewöhnt. Schon als Staatssekretär hatte mich ein übles Bandscheibenproblem heimgesucht, das mich auf Fahrten nach Bonn dazu zwang, mehrmals den Wagen zu verlassen, weil ich es sitzend vor Schmerzen nicht mehr aushielt.

In einer solchen Verfassung war ich einmal in Bonn bei einem Gespräch über Fragen der Steuerreform mit Franz Josef Strauß aneinandergeraten. Dieser sagte nämlich, angesichts des Verhaltens der baden-württembergischen Landesregierung würde Konrad Adenauer in seinem Grabe rotieren wie ein Ventilator. Wir sollten einen Verein zur Förderung der SPD gründen, dies sei die konsequente Fortsetzung unserer Politik. Als ich die Frage aufwarf, ob er dort nicht Ehrenmitglied werden wollte, weil er doch für die SPD mehr getan habe als jeder andere von uns, erklärte er, daß er mich überhaupt nicht gemeint hätte, sondern vielmehr meinen Ministerpräsidenten, der sich offenbar nicht traue, persönlich zu dieser Besprechung zu kommen.

Meine Rückenschmerzen waren plötzlich wieder verschwunden, nachdem ich eine Spritze erhalten hatte, die, wenn ich mich richtig erinnere, den Namen »Tübinger Bombe« trug. Ein paar Monate nach meinem Amtsantritt als Oberbürgermeister bekam ich jedoch erneut Rückenschmerzen. Trotz erneuten Einsatzes der Tübinger Bombe verstärkten sie sich so sehr, daß ich mich eines Stockes bedienen mußte, um stehen und gehen zu können. Dies war ein gefundenes Fressen für viele Bürger, denn im Schwäbischen geht auch im übertragenen Sinne einer am Stock, der sich mit letzter Kraft fortbewegt. Wo ich auch hinkam, es fand sich immer einer, der zu mir sagte: »Jetzt sind Sie grade Oberbürgermeister geworden, und schon gehen Sie am Stock!« Solche Bemerkungen erfreuten mich gar nicht, aber ich ließ mir nichts anmerken und zog mit großer Mühe meine Mundwinkel nach oben, als machte mich diese Bemerkung vergnügt.

Ich ging zu vielen Veranstaltungen in den Stadtbezirken, die im Sommer unter freiem Himmel stattfanden und sich Hocketsen nannten (von hocken: sitzen; die Schweizer sagen nicht »hinsitzen« sondern »abhocken«). Überall trank ich als Zeichen der Bürgernähe mehrere Biere und Viertele und verschlang Zwiebelkuchen, Rote Würste und Laugenbrezeln. Die Bürger staunten.

Bei Stadtteil-Hocketsen ist der OB ein gern gesehener Gast.

An meinem Körper bildete sich eine beachtliche Fettschicht. Mein Bauch entwickelte sich zu einer eindrucksvollen Auflage für die Amtskette. Die salzige Laugenbrezel ist, vor allem, wenn sie mit Butter bestrichen wird, eine gefährliche Erfindung. Erstens macht man, wenn man sie während der Arbeit ißt, die Akten fettig, zweitens erweckt sie durch ihr das Herz anrührendes Aussehen den Eindruck, sie sei harmlos und unschuldig. Das ist aber nicht wahr. Sie ist unglaublich nahrhaft.

Es geht das Gerücht, daß Heinz Kluncker, der frühere ÖTV-Chef, den beachtlichen Leibesumfang, den er in seiner aktiven Zeit hatte, dem Umstand verdanke, daß treusorgende Menschen während der Tarifverhandlungen und sonstiger Besprechungen ständig frische Laugenbrezeln vor ihn hingestellt hätten. Zusammen mit Kluncker war ich einmal beim Oberbefehlshaber des amerikanischen Heeres in Europa, General Fritz Kroesen, eingeladen. Kluncker war amerikanischer Kriegsgefangener gewesen. Ich sagte zu Fritz Kroesen, der Leibesumfang von Kluncker zeige, wie die Vereinigten Staaten ihre Kriegsgefangenen mißhandelt hätten. Kluncker dementierte das aber und sagte, er sei bei seiner Entlassung aus der Gefangenschaft rank und schlank gewesen und habe seine Gestalt erst später angenommen.

A propos Laugenbrezel: Diese schwäbische Spezialität war und ist für die städtische Repräsentation unentbehrlich. Durch ihre Verabreichung an Gäste gelang es, mit den knapp bemessenen Haushaltsmitteln wenigstens während einiger Jahre auszukommen. Wird sie angeboten, ist es angebracht, mit der angeblich schwäbischen Sparsamkeit zu kokettieren und das, was die Gäste zu dem bescheidenen kulinarischen Angebot im Blick auf die Schwaben vielleicht bemerken würden, gleich selber zu sagen. Ich habe beispielsweise behauptet, daß der wichtigste protokollarische Grundsatz bei der Bewirtung von Gästen der Landeshauptstadt laute: »Lieber fünf Minuten geschämt als zuviel Geld ausgegeben.« Überdies sei es bei der Stadt Stuttgart üblich, von den Laugenbrezeln das Salz abzukratzen, damit die Gäste nicht zu durstig würden und zuviel Wein konsumierten. Die Gastwirte hingegen legten im Interesse eines hohen Getränkekonsums auf möglichst salzige Brezeln Wert. Wenn die verehrten Gäste sich in ihren Heimatstädten an diese Ratschläge hielten, würden sie viel Geld sparen, welches sie als Geschenk der Landeshauptstadt Stuttgart betrachten könnten.

Mein erster Protokollchef Hermann war ebenfalls vom Geist der Sparsamkeit ergriffen. Als wir wieder einmal nicht umhin kamen, eine Besuchergruppe zum Mittagessen einzuladen, fragte ich Hermann nach dem Hauptgang: »Wo ist denn der Nachtisch?« Hermann flüsterte mir ziemlich laut ins Ohr: »Es gibt koin Nachtisch. Die Leut wollet gar koin. Die sind sowieso zu dick!«

Wer den schwäbischen Dialekt nicht spricht und deshalb sofort als einer, »der nicht von hier ist«, erkannt wird, dem ist Vorsicht im Umgang mit Schwaben anzuempfehlen. Die Schwaben erscheinen so lustig, viele sind es aber nicht. Wir Schwaben wollen nach außen kleiner erscheinen, als wir es im Inneren sind. Wir wollen aber nur so erscheinen. Die Leute sollen schon wissen, daß wir größer sind, aber sie sollen auch bemerken, daß wir so tun, als wären wir kleiner, und sie sollen dieses Bemühen auf unseren guten Charakter zurückführen.

Ordensaushändigungen und Verabschiedungen erfolgten in unserem Repräsentationsraum, dessen wenig anheimelndes Ambiente ich schon geschildert habe. Es gelang schließlich, in einer halben Stunde bis zu drei Bundesverdienstkreuze zu überreichen und dennoch die Würde zu wahren. Die Mäntel mußten die Besucher im Gang an einem Garderobenständer aufhängen, auf dem ein Haftungsausschluß der Stadt vermerkt war. Auf dem Boden liegt ein roter Teppich, auf dessen Echtheit ich bei passender Gelegenheit hinwies mit der Bemerkung, in Württemberg würde man auf echte Teppiche nicht treten, sondern um sie herumlaufen. Das stimmt zwar nicht, wurde aber gern gehört und geglaubt. Als es noch die Sowjetunion gab, erhielt ich einmal den Besuch von Redakteuren der *Iswestija*, die sich auf den Steinfliesen hinter dem Teppich aufstellten. Ich fragte sie, ob dies Respekt oder Furcht vor der roten Farbe sei, worauf sie mit einem großen Schritt den Teppich betraten.

Begegnung mit Russen

Die Gespräche mit Sowjetrussen, die noch zu Beginn meiner Amtszeit selten und sehr zurückhaltend gewesen waren, wurden im Laufe der Jahre immer offener. Valentin Falin besuchte Stuttgart wiederholt, einmal zusammen mit dem Oberbürgermeister von Moskau, Promyslow. Hermann gab sich einen Stoß und mehr Geld als üblich für das Abendessen aus. Als Nachtisch sah er einen Coupe Romanow vor. Falin sagte im Scherz, er betrachte es als Affront gegenüber der Sowjetunion, daß man hier an die Zarenfamilie erinnert werde. Ich erwiderte, daß wir hier an den Parteivorsitzenden Romanow von Leningrad dächten. Offenbar sei der Zar in Rußland immer noch im Gedächtnis der Prominenz, wie seine Reaktion zeige.

Promyslow ließ sich von mir in Stuttgart herumführen und über Organisation und Arbeitsweise von Politik und Verwaltung in der Landeshauptstadt unterrichten. Er stellte viele sachkundige Fragen. Unsere Auskünfte beeindruckten ihn nicht übermäßig. Als er bei der Besichtigung unserer Stadtbahn einige betrunkene Stadtstreicher sah, freute er sich und sagte: »Schickt sie nach Moskau, ich mache sie wieder nüchtern!« Die Firma Daimler-Benz imponierte ihm viel mehr als die Stadtverwaltung.

Ich erhielt eine Einladung nach Moskau und fuhr mit dem Ersten Bürgermeister Jürgen Hahn, Walter Gehring und meiner Frau in diese Stadt, die Bismarck als eine der schönsten des Kontinents bezeichnet hatte. Hahn war im Herbst 1941 als Offizier der Wehrmacht in der Moskauer Umgebung gewesen, schilderte aber seine damaligen Erlebnisse vorsichtshalber erst auf dem Heimflug. Wir wurden ungewöhnlich liebenswürdig empfangen. Von der Moskauer Stadtplanung waren wir beeindruckt, ein großen Linien folgendes Konzept, das freilich dem Gedanken »Alles für das Volk, nichts durch das Volk« folgte. Schwerpunkte waren der öffentliche Nahverkehr, stark verdichtete Trabantensiedlungen mit einheitlichen Wohnungstypen, Entlastungsstädte mit einer halben Million Einwohnern jenseits des großen Autobahnringes mit entsprechenden Arbeitsplätzen, Energieversorgung durch Erdgas, nicht durch Kernkraft, offenbar aus militärischen Gründen.

Auch in Moskau zeigte sich, daß die Erörterung örtlicher und regionaler Probleme trotz aller ideologischen Gegensätze rasch kollegiale Gefühle weckt. Diese führen zu einer Offenheit im Gespräch, die in der großen Politik im Verkehr von Staaten mit unterschiedlichen Gesellschaftssystemen nur schwer zu erreichen ist. Bei einer Tischrede in der Deutschen Botschaft behauptete ich, der Umstand, daß Promyslow, obwohl älter als ich, noch keine grauen Haare hätte, beweise, daß er ein sündenfreies Leben geführt hätte. Promyslow rief aus: »Er weiß gar nichts!« Das Mosker Stadtoberhaupt gab mir auch einige praktische Tips, unter anderem für die Erstellung großer Bauprojekte: Er ließe sich alle paar Monate Photos vorlegen, die von der gleichen Stelle aus gemacht worden seien. Und dann müßte der Projektleiter kommen und die Frage beantworten: »Genosse, was hat sich eigentlich inzwischen verändert?« – »Dann arbeiteten die Leute!« Promyslow fragte mich auch, ob ich die Geheimnisse der sowjetischen Wohnungspolitik kennenlernen wollte. Natürlich wollte ich. Daraufhin er: »Wir erfüllen die Wünsche der Frauen. Kennen sie die Wünsche der Frauen? Natürlich nicht, Sie sind viel jünger als ich, deshalb sage ich Ihnen: Die Frauen wünschen nicht zu arbeiten! Und wo muß man mehr arbeiten: In einer großen Wohnung oder in einer kleinen Wohnung?« Ich sagte, nicht so ganz überzeugt: »In einer kleinen Wohnung!« Er sagte: »Sie sind intelligent, Sie erfassen, um was es geht. Ja, deshalb bauen wir kleine Wohnungen!« Einer seiner Mitarbeiter lachte. Daraufhin Promyslow: »Genosse, bist du nicht zufrieden mit deiner Wohnung?« Der Mitarbeiter: »Doch, Genosse Vorsitzender.« – »Sehen Sie«, sagte Promyslow zu uns, »hier sind alle zufrieden!«

Bei einem Abendessen erwähnte er sogar meinen Vater und bezeichnete ihn als großen Strategen. Das beste an ihm sei jedoch gewesen, daß er nie in Rußland war. Die Vergangenheit, die sich für die deutsche Seite nach dem Überfall auf die Sowjetunion am 22. Juni 1941 und nach der Art, wie sie sich im Rußlandfeldzug verhalten hatte, nicht gerade günstig darstellte, wurde von den Russen fast nicht angesprochen. Man müsse an die Zukunft denken; was geschehen sei, sei geschehen.

Diese Zurückhaltung fiel mir bei vielen Gesprächen mit Russen auf, besonders deutlich bei einem späteren Besuch in Moskau, als uns auf meine Bitte von einem Offizier das sowjetische Kriegsmuseum gezeigt wurde. Ich hatte den Eindruck, daß der Offizier bemüht war, uns an den Stellen, an denen – leider zu Recht – Kritisches über uns Deutsche gezeigt wurde und geschrieben war, schnell vorbeizuführen. Natürlich sitzen die Erinnerungen an den Krieg noch tief in der Seele. Aber da die Russen selber die Diktatur kennen, können sie sich die damaligen Verhältnisse in Deutschland besser vorstellen.

Bei einem Besuch russischer Veteranen im Stuttgarter Rathaus in den neunziger Jahren fragte mich ein ehemaliger sowjetischer General: »Ihr Vater war auch General. Welchen Fehler darf ein General niemals begehen?« Ich antwortete, ich wisse es nicht, da ich kein General gewesen sei. Er sagte: »Den größtmöglichen! Und nun stellen Sie sich vor, Sie wären Russe. Gibt es für einen Russen einen größeren Fehler, als die Sowjetunion auseinanderfallen zu lassen und Deutschland wiederzuvereinigen? Es gibt keinen größeren Fehler! Und damit haben Sie meine Meinung über die Herren Gorbatschow und Jelzin.«

Es war in den siebziger und achtziger Jahren faszinierend zu beobachten, wie der Umgang zwischen Russen und Deutschen stufenweise offener und lockerer wurde. Daß das Zerrbild, das ich mir in meiner Jugend von den »Bolschewisten« gemacht hatte, so nicht zutraf, hatte ich schon vorher begriffen. Aber schrittweise begann ich für immer mehr Russen Sympathie und Respekt, ja, auch Freundschaft zu empfinden.

Bei seinem vorletzten Besuch am Beginn der achtziger Jahre gab der Vorsitzende Breshnew ein Mittagessen in der Godesberger Redoute, zu dem, offensichtlich auf die Initiative Falins, auch einige Großstadtbürgermeister, darunter ich, eingeladen waren. Wir freuten uns über die protokollarische Aufwertung und waren auch etwas neugierig darauf, welchen Eindruck wir von diesem mächtigen Mann gewinnen würden. Ich hatte mir unter ihm einen Gewaltmenschen vorgestellt, eine Art gemilderten, leutseligen Stalin. Es sah aber so aus, als sei Breshnew schwer krank und als müsse er alle seine Kräfte aufbieten, um das Mittagessen durchzustehen. Offensichtlich konnte er die Zügel der Macht nicht mehr in Händen halten. Er saß fast teilnahmslos zwischen Bundespräsident und Bundeskanzler.

Neben mir saß DKP-Chef Mies, der sofort aus dem schlechten Zustand Breshnews darauf schloß, daß bald abserviert werden würde. Er empfahl uns, schnell zu essen, wenn wir die Köstlichkeiten der russischen Küche genießen wollten. Der Rat war gut. Er bestärkte mich in meiner Meinung, daß auch ein Kommunist gelegentlich etwas Vernünftiges sagen kann.

In der Folgezeit zeigte sich auf deutscher wie auf sowjetischer Seite ein stärkeres Interesse an Städtepartnerschaften. Ich hätte für Stuttgart gerne eine Partnerschaft mit einer sowjetischen Stadt gehabt, aber da stand ein Hindernis im Wege: die Berlinfrage. Die sowjetischen Gesprächspartner weigerten sich beharrlich anzuerkennen, daß Berlin Mitglied des Deutschen Städtetages ist. Der Deutsche Städtetag hingegen empfahl seinen Mitgliedern, keine Städtepartnerschaften mit sowjetischen Städten abzuschließen, bevor nicht für Berlin eine faire Lösung gefunden war. So traten wir jahrelang auf der Stelle. Niemand ahnte, daß die heikle außenpolitische Frage Anfang der neunziger Jahre erledigt sein würde. Einige Städte wollten nicht auf den, wie es damals schien, St. Nimmerleinstag warten und schlossen trotz der Position des Städtetages Partnerschaftsverträge ab.

Auch mit Botschafter Semjonow hatte ich ein gutes Verhältnis. Semjonow war schon in der NS-Zeit in der sowjetischen Botschaft in Berlin gewesen und kannte die Deutschen gut. Er sprach, ebenso wie Valentin Falin, sehr gut Deutsch, ließ aber häufig übersetzen. Er betrachtete mich wohl gelegentlich als eine Testperson, durch deren Befragung er die Meinung der Deutschen ermitteln könnte. Als Anfang der achtziger Jahre in Polen das Kriegsrecht verhängt wurde, rief er mich an. Er sagte: »Ordnung muß sein!« und fragte mich nach meiner Meinung. Ich äußerte mich diplomatisch, das heißt nichtssagend, erzählte aber einem amerikanischen Diplomaten, den ich wenige Tage später traf, von dem Telefongespräch. Der meinte, Semjonow wisse, wie wichtig den Deutschen die Ordnung sei und wie man die Deutschen nehmen müsse.

Semjonow war auch einmal bei mir, um mir den sowjetischen Standpunkt in der Frage der Mittelstreckenraketen SS 20 und Pershing zu erläutern. Ich sagte ihm, wenn ich ihn richtig verstanden hätte, gebe es zwei Typen von Raketen: die einen stünden in der Sowjetunion und zielten auf Deutschland, und die anderen sollten in Deutschland aufgestellt werden und auf die Sowjetunion zielen. Ich bäte ihn um Verständnis dafür, daß mir die ersteren unangenehmer wären. Er nahm diesen Gedanken gelassen zur Kenntnis.

Ich kündigte ihm auch einmal an, daß die Sowjetunion, nachdem sie bereits Schwierigkeiten mit den USA und den anderen in der NATO verbundenen Nationen hätte, bald auch noch mit der Landeshauptstadt Stuttgart Probleme bekommen werde. Ich würde nämlich dem Gemeinderat nahelegen, er möge eine Resolution beschließen, die sich dagegen wende, daß mit Atomwaffen auf die Landeshauptstadt gezielt würde. Die damals in Mode stehenden Beschlüsse von Gremien, durch die Räume und Gebiete zu atomwaffenfreien Zonen erklärt wurden, wendeten sich nämlich nur dagegen, daß dort Atomwaffen stationiert waren, nicht aber dagegen, daß solche auf sie gerichtet würden. Das war ein Mangel, dem ich im Rahmen meiner Möglichkeiten abhelfen wollte. Botschafter Semjonow nahm mir das nicht übel. Im Gegenteil: Ich hatte den Eindruck, daß er mir ein gewisses Vertrauen entgegenbrachte.

Bei einem Abendessen im kleinen Kreise verwies ich auf Henry Kissingers Bemerkung, daß die Sicherheitsvorstellungen der Sowjetunion völlige Unsicherheit für den Rest der Welt bedeuteten, was eine recht sachliche, vor allem amüsante Diskussion auslöste. Bei anderer Gelegenheit fragte ich Semjonow, ob wir im Westen uns nicht schon wegen der These der Weltrevolution als von der Sowjetunion bedroht ansehen müßten. Er meinte, ein solches Ziel gebe es nicht mehr. Kurze Zeit später traf ich den Vertreter der DDR, Ewald Moldt, und fragte auch diesen nach der Weltrevolution. Er meinte so ungefähr, diese sei eben in der Theorie enthalten. Ich sagte ihm, daß dieser Teil der Theorie von der Sowjetunion aufgegeben sei, wie ich vom sowjetischen Botschafter erfahren hätte. Das verwirrte ihn etwas. Ich versicherte ihm aber, daß es mir fernliege, ihn ideologisch in Bedrängnis zu bringen.

Stets habe ich versucht, auch offizielle Vertreter der DDR freundlich und höflich zu behandeln, wenn sie das Rathaus besuchten, und sie nicht in der Öffentlichkeit bloßzustellen. Dies nicht nur aus Menschlichkeit, sondern weil es die Klugheit gebietet, Menschen, von denen man etwas will, und sei es auch nur die Milderung von Überzeugungen, freundlich zu behandeln. Die Erinnerung an meine eigene politische Verbohrtheit als Halbwüchsiger und die Überlegung, daß ich ohne äußere Einwirkung wohl als Erwachsener diese Verbohrtheit beibehalten und sie auch noch für Charakterstärke angesehen hätte, sind mir dabei zu Hilfe gekommen. Jedenfalls sagte mir später der Nachfolger von Semjonow, Kwizinski, daß sein Vorgänger mich »über den grünen Klee gelobt« hätte. Das freute mich.

Humor: im Prinzip ja

Ein Anknüpfungspunkt für Gespräche mit Vertretern kommunistischer Länder war der in Stuttgart geborene Philosoph Georg Friedrich Wilhelm Hegel, den bekanntlich Marx vom Kopf auf die Füße gestellt hatte und dessen Werke eingehend von Lenin studiert worden waren. Ich hatte viel von Hegel gelesen, weitaus weniger verstanden und mir die Grundzüge seines Denkens durch Sekundärliteratur angeeignet, so daß ich einigermaßen ein Gespräch über ihn und seine Schüler Marx und Lenin bestehen konnte, zumal jene, die sich mit Hegel befassen, daran gewöhnt sind, daß sie sich gegenseitig nicht verstehen, aber so tun müssen, als verstünden sie sich doch. Ich verkündete unseren Gästen:

»Ohne Stuttgart kein Hegel, ohne Hegel kein Marx, ohne Marx kein Lenin und ohne Lenin keine Sowjetunion.« Später fügte ich noch hinzu. »Ohne Sowjetunion keine Perestroika, ohne Perestroika keine Wiedervereinigung.« Das hob das Ansehen Stuttgarts erheblich.

Hegel hat bekanntlich in seiner Philosophie dem Weltgeist eine bedeutende Rolle zugewiesen. Was der Weltgeist ist, läßt sich nicht so ohne weiteres erklären. Schopenhauer meinte, man solle Hegel fragen: Woher kennst du den Burschen? Ich ließ mit Himbeergeist gefüllte Fläschchen herstellen, sie mit einem Etikett versehen, das mit einem Bild von Hegel geschmückt war und die Aufschrift trug: »Stuttgarter Weltgeist – Das Geistige ist das Wirkliche« und empfahl den Verzehr des Inhalts anstelle des langweiligen Diamat-Studiums (Diamat = dialektischer Materialismus). Einzelne sowjetische Besucher freute das so sehr, daß sie auftauten und sogar Witze erzählten, und zwar zunächst einmal politisch harmlose.

Dem Vorsitzenden der Transportarbeitergewerkschaft von Nowosibirsk verdanke ich die Geschichte vom Busfahrer, der zusammen mit einem Pfarrer in den Himmel kommt und dort sehr freundlich empfangen wird, während der Pfarrer sich mit einer sehr kühlen Begrüßung zufrieden geben muß. Der Pfarrer beschwert sich bei Petrus und erklärt: »Mein ganzes Leben habe ich von Gott gesprochen und dieser Herr ist bloß Bus gefahren, jetzt wird er mir vorgezogen.« Petrus erwiderte: »Wenn du von Gott gesprochen hast, sind alle eingeschlafen, aber wenn er Bus gefahren ist, haben alle zu Gott gebetet.«

Im Rahmen eines internationalen Kongresses über Fragen der Verwaltung in Berlin hatte auch ich eine Rede zu halten. Wegen der Übersetzungen mußte ich zuvor ein Manuskript abliefern. Die Veranstaltungsleitung prüfte dieses und bat mich, eine Passage aus meiner Rede zu entfernen, weil sonst die sowjetische Delegation den Raum verlassen würde. Um zu illustrieren, wie gelegentlich Theorie und Praxis völlig auseinandergehen, ohne daß die Theorie nachgibt, hatte ich den folgenden Witz herangezogen. Frage an Radio Eriwan: Stimmt es, daß dem Kosmonauten Gagarin auf dem Roten Platz in Moskau eine Tschaika-Limousine übergeben worden ist? Antwort: Im Prinzip ja, nur handelte es sich nicht um den Kosmonauten, sondern um den Arbeiter Gagarin. Es handelte sich auch nicht um eine Limousine, sondern um ein Fahrrad, und das wurde nicht geschenkt, sondern gestohlen.

Ich strich den Witz natürlich um des lieben Friedens willen heraus, erzählte die Geschichte aber im Rathaus sowjetischen Besuchern. Ein Besucher erklärte mir: »Sie müssen die Geschichte anders erzählen. Warum ein Kosmonaut? Der ist doch eine offizielle Persönlichkeit. Warum ausgerechnet der Rote Platz, auf dem Lenins Grab liegt? Warum eine Tschaika-Limousine? Auch sie ist ein offizielles Fahrzeug. Und gestohlen? Muß das sein? Nehmen Sie eine Lotterie, und fragen Sie, ob es stimmt, daß ein Arbeiter dort zehntausend Rubel gewonnen hat. Dann können Sie sagen, im Prinzip ja, aber es handelte sich nicht um die Lotterie, sondern um ein Kartenspiel, und nicht um zehntausend Rubel, sondern um hundert Rubel, und er hat sie nicht gewonnen, sondern verloren.« Ich versuchte ihn davon zu überzeugen, daß die Radio-Eriwan-Witze der Sowjetunion nicht schaden, sondern sie menschlich erscheinen lassen. Es gelang mir damals nicht.

Der Umgang mit Humor ist hilfreich, aber nicht einfach, weil Humor letztlich darin besteht, daß man über sich selber lachen kann. Dazu gehört Selbstbewußtsein. Besonders gute Beispiele für Humor liefert der jüdische Witz. Bei einem Gespräch in Tel Aviv mit dem damaligen Oberbürgermeister Lahat, der früher General gewesen war, sagte dieser: Ich erzähle Ihnen eine Geschichte, die eigentlich nur ein General erzählen darf. In der Schlacht von Austerlitz wurde ein französischer Oberst von einem Säbelhieb getroffen, der sein Gehirn zerstörte. Der Oberst, der als tapfer, treu, aber dumm galt, lebte noch, aber es war abzusehen, daß er sterben würde. Einige Offiziere wandten sich an den Kaiser und baten ihn, den sterbenden Oberst noch zum Brigadegeneral zu ernennen. Der Kaiser wollte nicht so recht. »Stirbt er bestimmt?« – »Jawohl, Sire«. Der Kaiser unterzeichnet die Urkunde. Einer der Offiziere reitet zu dem Zelt, in dem der Oberst liegt. Er legt ihm die Urkunde in die Hände und flüstert ihm zu: »Der Kaiser hat Sie zum Brigadegeneral befördert!« Der Oberst springt auf und ruft: »Wo ist mein Pferd, wo ist mein Säbel!« Der Offizier will ihn aufhalten: »Ihr Gehirn ist zerstört!« Der Oberst: »Wozu braucht ein General ein Gehirn!« Dieser Witz ist gut, wenn ihn ein General erzählt. Wenn ihn ein früherer Luftwaffenoberhelfer erzählt, büßt er erheblich an Qualität ein. Über andere lacht es sich leichter. Aber über sich selber lachen zu können ist befriedigender. Man gewinnt Distanz zu sich selber. Die braucht jeder von uns dringend.

Reden als Beruf

Ich habe als Oberbürgermeister in 22 Dienstjahren rund fünftausend Reden gehalten, und zwar die meisten von ihnen in Stuttgart, also oft vor den gleichen Zuhörern. Meine Reden habe ich, mit wenigen Ausnahmen, selber gemacht und oft sogar frei vorgetragen. Natürlich habe ich mir Daten und Informationen geben lassen. So gescheit wie alle, die im Rathaus arbeiten, bin ich auch wieder nicht. Ich habe diese Eigenproduktion nicht aufgenommen, weil ich zuviel Zeit hatte, sondern weil ich wenig Zeit hatte, denn das Wissen, das ich mir bei der Vorbereitung der Rede erarbeitete, war präsentes Wissen, mit dem ich gedanklich arbeiten konnte und das mir auch sonst zur Verfügung stand.

Das Material, das mir von meinem Vorgänger Arnulf Klett für den eher unterhaltsamen Teil meiner Rednertätigkeit zugefallen war, konnte ich nicht gebrauchen. Dies keineswegs deshalb, weil es schlecht gewesen wäre, sondern weil Klett es selber zu oft verwendet hatte. Ich habe in meinen ersten Jahren einmal eine Rede gehalten unter weitgehender Verwendung der von Klett ererbten Papiere, und schon ist mir von mehreren Seiten versichert worden, ich hätte gesprochen »grad wie der Klett«. Auch der Spruch »Wo's Saufe a Ehr ist, ist's Kotze kei Schand!«, den ich einmal zaghaft auf dem Volksfest zum besten gab, wurde sofort als ein

Der Redner Manfred Rommel ist Autor mehrerer Bestseller. Außer den hier abgebildeten erfreuen sich seine gesammelten Sprüche, Gedichte und Witze und ein kleines »politisches Lexikon« großer Beliebtheit.

rhetorischer Gebrauchsgegenstand meines Vorgängers identifiziert.

Gedanken muß man aufschreiben, wenn man sie hat, und nicht erst dann, wenn man sie braucht. Dann hat man sie meistens nicht. Die Brunnen, aus dem ich vieles für meine Reden schöpfte, waren Hefte – am Schluß waren es 54 –, in die ich alles eintrug, was mir bemerkenswert erschien, wenn ich ein Buch oder einen Artikel las, wenn ich zuhörte oder Akten studierte. Vor allem trug ich in diese Hefte ein, was mir selber einfiel. Ich hatte immer Zettel dabei, auf denen ich meine Notizen machte, die dann in die Hefte übertragen wurden. Später ging ich dazu über, solche Formulierungen, Informationen und Gedanken im Personal-Computer zu sammeln, wo ich sie rasch suchen, finden und kopieren konnte. Auch besaß ich bald einen Fundus von Zetteln mit bestimmten Stichworten. Durch die Vermischung dieser Zettel konnte ich verhältnismäßig rasch das Grundgerüst einer neuen Rede herstellen.

Es gibt Wahrheiten, die man nicht oft genug sagen kann, weil ja auch die Lüge dauernd verbreitet wird. Es handelt sich dabei um Binsenwahrheiten, wie zum Beispiel, daß kein Geld da sei, daß die Wünsche größer sind als die Möglichkeiten, sie zu erfüllen, daß, wenn immer der Klügere nachgäbe, das Ergebnis nicht gescheit sein könne, daß der Mensch im Mittelpunkt steht. Aber man sollte solche Wahrheiten wenigstens gelegentlich ein bißchen anders sagen, wenn man vor den gleichen Zuhörern spricht, damit diese nicht dem Redner durch Bewegung der Lippen kundtun, daß sie seine Betrachtungen bereits auswendig können.

Viele Redner, auch solche, die über eine lange Praxis verfügen, haben Schwierigkeiten anzufangen und zum Schluß zu kommen. Am Anfang kann man meistens jemand begrüßen, beglückwünschen, willkommen heißen. Wenn das nicht angemessen ist, kann man sagen: »Wir sind heute zusammen gekommen, um…« Das weiß zwar jeder, aber ihn freut es, wenn er es vom Redner bestätigt bekommt, selbst dann, wenn die Ursache des Zusammenseins schon die Vorredner dargestellt haben. Es empfiehlt sich aber nicht unbedingt zu sagen: »Wie schon meine geschätzten Vorredner zutreffend ausgeführt haben, sind wir heute hier zusammengekommen ...«, es sei denn, man wollte sich über diese lustig machen, oder man gilt als das, was in den Alpenländern »Urviech« genannt wird, und besitzt als solches Narrenfreiheit.

Der Schluß ist für viele Redner das Schwierigste und Reizvollste. Manche lieben den Schluß so, daß sie wiederholt zu ihm kommen. Das lasse man aber besser bleiben. Zum Schluß kommt man dadurch, daß man dies tut, das heißt: aufhört. Damit das auch alle merken, kann man mit lauter und ruhiger Stimme sagen: »Ich danke für Ihre Aufmerksamkeit!« Von solcher Aufmerksamkeit ist in der Regel zwar keine Rede, aber die Zuhörer hören es gern. Wenn die Zuhörer sich während der Rede laut unterhalten haben, läßt sich auch sagen: »Ich danke für Ihre Unaufmerksamkeit!« Aber dieses empfehle ich nur dann, wenn der Redner sicher ist, daß die Zuhörer ihm keinen Schaden zufügen können.

Andernfalls tröste er sich mit dem Schicksal von Streichquartetten oder -quintetten, die bei Jubiläen von Verbänden, Firmen, Organisationen während des Essens aufspielen und deren musikalische Leistungen nicht gewürdigt werden können, weil sie von den Gesprächen der Gäste übertönt werden. Gelegentlich erhebt ein Wichtigtuer seine Stimme und bittet um Ruhe für das Orchester oder applaudiert ostentativ, wenn das Orchester sich eine kleine Pause gönnt. Solche Leute lädt man am besten nicht mehr ein. Besonders wirkungsvoll ist ein jäher Schluß, wenn ihm die Drohung mit weiteren Ausführungen vorausgeht. Eine solche Drohung sind die Worte: »Ich fasse zusammen!« Aus bösen Erfahrungen fürchtet jeder, daß nach solchen Worten die Rede noch einmal wiederholt wird. Wer aber die Zusammenfassung ankündigt und dann bloß sagt: »Wir sind auf dem richtigen Weg, ich danke Ihnen!«, der darf mit Applaus und der Zuneigung seiner Zuhörer rechnen.

Was die Zusammenfassung am Schluß, ist im übrigen die Vorankündigung am Anfang. Manche Redner geben am Anfang eine detaillierte Inhaltsangabe dessen, was sie zu sagen beabsichtigen,

Der Sohn des Generalfeldmarschalls zu Besuch bei der Bundeswehr, 1975.

um dann ihre Absicht auch noch auszuführen. Solche vorangestellten Inhaltsangaben haben nicht nur einen drohenden Charakter, sondern sind auch unnötig, es sei denn, sie erfolgen aus Höflichkeit, um den Zuhörer zu warnen und ihm die Möglichkeit einzuräumen, rechtzeitig den Saal zu verlassen.

Was sich zwischen dem Beginn und dem Schluß einer Rede befindet, ist eigentlich nicht so wichtig. Ich will deshalb für den Mittelteil der Rede keine Ratschläge geben, sondern nur vor einigen typischen Mißgriffen warnen. Der erste Mißgriff liegt in der Verwendung von Zahlen, weil Zahlen langweilen. Der zweite Mißgriff liegt im irrigen Glauben, der Zuhörer suche eine neue grundsätzliche Wahrheit. Der Zuhörer denkt nicht an eine solche Suche, denn er glaubt, er hätte die Wahrheit bereits. Was er sucht, ist die Ermutigung, seine Wahrheit beizubehalten. Im günstigsten Falle sucht der Zuhörer konkrete Informationen, und zwar möglichst klar, kurz und verständlich. Der dritte Mißgriff liegt in gedankenloser Rhetorik, im »Schwafeln«.

Den vierten Mißgriff begeht man, wenn man nicht verstanden werden, sondern imponieren will, und zwar dadurch, daß man alle möglichen Begriffe einführt, ohne sie zu definieren, und es dem Zuhörer überläßt, sich zunächst einmal zu überlegen, was sie bedeuten, und sodann zu prüfen, ob sie auf den Sachverhalt passen. Der Redner ist dann schon einige Sätze weiter, der Zuhörer verliert den Faden. Das imponiert ihm heute nicht mehr. Im Gegenteil, er denkt, daß der Redner, wenn er überhaupt etwas zu sagen hat, es nicht sagen kann. Reden, die auf diese Weise imponieren wollen, stammen meistens gar nicht von dem, der sie vorträgt, sondern von einem Mitarbeiter. Viele Mitarbeiter haben aber selber keine Praxis als Redner und meinen, was sich auf dem Papier ordentlich ausmache, eigne sich auch dazu, vorgetragen zu werden. Das ist jedoch falsch. Ausführungen, die sich in der Abschrift vom Tonband wie das Gestammel eines Verwirrten lesen, können rhetorisch ausgezeichnet sein, und ein wohlformuliertes Manuskript kann zu einem rhetorischen Fiasko werden.

Der fünfte Mißgriff liegt in zu großer Ernsthaftigkeit. Auch schwierige, sogar sogenannte »unpopuläre« Ausführungen werden wohlwollend entgegengenommen, wenn der Redner nach amerikanischem oder britischen Vorbild durch einige passende Anekdoten oder Witze für Auflockerung sorgt, vor allem aber dann, wenn er sich selber etwas karikiert. Das ist besonders wichtig, wenn der Redner vor Zuhörern spricht, die mehr verstehen als er. Dies kommt gar nicht so selten vor. Wenn der Redner beispielsweise auf einem Urologenkongreß so tut, als verstünde er über die Nützlichkeit des in Frage stehenden Organs hinaus noch mehr, obwohl jeder im Saale weiß, daß das nicht zutrifft, dann macht er sich lächerlich. Ich habe in solchen Fällen in etwa gesagt, es gehöre zu den Dienstpflichten eines Oberbürgermeisters, auch dort etwas sagen zu müssen, wo er nichts wisse, aber ich wolle es wenigstens kurz machen.

Natürlich gibt es Anlässe, die Humor nicht vertragen, so zum Beispiel Betriebsschließungen, natürlich erst recht Trauerfeiern. Aber dann mache es der Redner wenigstens kurz und rede nicht so lange, daß der Pfarrer verzweifelt auf die Uhr blickt und die Gedanken der Zuhörer von der Erinnerung an den Verstorbenen auf dessen Wiederauferstehung übergeleitet werden. Die Meinung, je länger geredet wird, desto größer die Ehre, ist ohnehin falsch.

Mehrere hintereinanderfolgende Reden gewinnen, wenn es wenigstens in Ansätzen zu einem Dialog kommt, das heißt, wenn die Redner auf das, was ihre Vorredner gesagt haben, eingehen. Ich bin oft ohne irgendwelche Notizen in eine Veranstaltung gegangen in der sich stets erfüllenden Erwartung, daß der Stoff für meine Ausführungen mir schon von meinen Vorrednern geliefert werde. Lothar Späth verfuhr nach meinen Beobachtungen genauso. Das bringt mehr Leben in die Versammlung, als wenn die Redner verbissen, mit dem Finger auf den Manuskriptzeilen, ihre Monologe halten.

Eine Rede kann für etwas oder gegen etwas gehalten werden. Genau genommen, ist jede Rede, die für etwas eintritt, auch gegen etwas, und umgekehrt. Es kommt darauf an, wo der Schwerpunkt liegt. Ich habe mich bemüht, den Schwerpunkt, wo immer

Jack Galvin, Nato-Chef und Oberbefehlshaber der amerikanischen Truppen in Europa, mit Manfred Rommel auf dem Schlachtfeld von Waterloo.

möglich, auf Pro und nicht auf Contra zu legen. Dies habe ich nicht nur aus Gutmütigkeit getan, sondern aus Klugheit, die ja weithin darin besteht, daß nicht nur der unmittelbare Applaus, sondern auch die mittelbaren Folgen bedacht werden. Es hat wenig Sinn, Leute zu beschimpfen. Das gilt generell, aber besonders dann, wenn man sie wieder braucht. Das was man sagen will, läßt sich feiner und doch deutlich sagen.

In meinem Leben habe ich noch mehr Reden gehört als gehalten, besonders in meiner Zeit als Oberbürgermeister. Um der Wahrheit willen muß ich freilich eine Einschränkung machen: Ich bin nämlich, wenn sich mir irgendeine Gelegenheit bot, nach meinen eigenen Ausführungen verschwunden. Gelegentlich tat dies mir weh, aber meistens konnte ich diesen Schmerz aushalten.

Häufig besteht eine Rede darin, daß der Redner etwas sagt, was er selber nicht so recht weiß. Diese Behauptung ist um so einleuchtender, als die meisten Reden gar nicht von dem, der sie hält, entworfen worden sind. Bei manchen Rednern glaubte ich feststellen zu müssen, daß sie um Unverständlichkeit geradezu bemüht waren, besonders indem sie an Stelle verständlicher deutscher Wörter schwer verständliche Fremdwörter verwendeten. Auch gab es immer wieder Redner, die sich dafür entschuldigten, daß sie im Blick auf die im Saale anwesenden Laien einfacher sprechen müßten. In den letzten Jahren meinte ich zu beobachten, daß die Reden besser, weil leichter verständlich geworden sind. Aber ich mag mich täuschen. Vielleicht beruht mein Eindruck nur darauf, daß ich bestimmte Betrachtungen schon öfter gehört habe oder daß ich selber gebildeter geworden bin, was bei einer intellektuell so anspruchsvollen Tätigkeit wie der eines Oberbürgermeisters eigentlich nicht ausbleiben kann.

Es gibt natürlich auch bei uns Deutschen gute Redner, aber sie fallen aus dem Rahmen. Richard von Weizsäcker, Helmut Schmidt, wenn inspiriert auch Helmut Kohl, Lothar Späth, Hans Maier, Walter Jens sind eben nicht gerade den Normalfällen zuzurechnen. Lothar Späth erschien gelegentlich mit einem von seinen Leuten fertiggestellten Manuskript und fragte, ob er das vortragen solle, was von den Zuhörern mit »nein« beantwortet wurde.

Daraufhin hielt er eine improvisierte Rede eigener Produktion, die immer gut und originell war. Die Produzenten des Entwurfs seiner Rede wird das wenig gefreut haben.

Helmut Schmidt trat im letzten Jahrzehnt als Weltökonom und Weltpolitiker auf, was er ja auch war. In der Regel zeichnete er ein düsteres Kolossalgemälde. Bei der Verabschiedung meines Kollegen Ludwig, Oberbürgermeister von Ludwigshafen, aus seinem Amt im Jahr 1993, sagten wir Helmut Schmidt, der die Hauptrede hielt, er möge doch etwas Optimismus verbreiten. Aber er beschrieb wieder höchst eindrucksvoll die Götterdämmerung in Tateinheit mit dem Weltuntergang, bis gegen Ende sein Auge auf uns fiel und er seine Ausführungen mit den Worten abschloß: »Im übrigen bin ich Optimist!«

Besonders elegante Reden habe ich von Franzosen gehört, wobei die Reden von Pierre Pflimlin, dem früheren Oberbürgermeister von Straßburg und ehemaligen Minister, Ministerpräsident Frankreichs und Präsident des Europäischen Parlaments besonders herausragen. Gescheite, kurze und auf den Punkt kommende Reden hört man von Briten und Amerikanern. Die Oberbefehlshaber und stellvertretenden Oberbefehlshaber der US-Streitkräfte in Europa – das Hauptquartier befindet sich in Stuttgart – waren alle gute Redner, welche die Kunst beherrschten, Kompliziertes richtig zu vereinfachen, und deutlich zu sein, ohne flach zu werden. Fast alle waren auch witzig. Hier denke ich besonders an den früheren NATO-Chef Galvin. Wie andere Leute Briefmarken tauschen, habe ich mit ihm Witze und Formulierungen getauscht. Dabei habe ich von ihm mehr bekommen, als ich ihm gegeben habe. Er ist ein glänzender Redner, geistvoll, gescheit, elegant und prägnant.

Von Amerikanern könnten wir auch ihr praktisches und vernünftiges Denken auf einer einfachen, aber wirksamen ethischen Grundlage und ihren Optimismus lernen. Beides hängt zusammen. Ich habe mir abgewöhnt, über diese Art zu denken, zu leben und zu handeln die Nase zu rümpfen, wie dies viele Europäer tun, welche glauben, ohne einige psychische Defekte und ohne eine Sammlung komplizierter Vorurteile könne man kein Kul-

Die Söhne der Gegner von einst,
Viscount Montgomery of Alamein und Manfred Rommel,
reichen sich vor dem Churchill-Denkmal
in London die Hände.

turmensch sein. Ich habe nie längere Zeit in den USA gelebt, aber ich habe viele amerikanische Politiker, Soldaten, Journalisten und Geschäftsleute kennengelernt und unter ihnen viele Freunde gewonnen. Für die meisten Nordamerikaner sind Probleme weniger Tragödien als Herausforderungen. Diese Sicht könnte uns auch helfen.

In Stuttgart haben wir über viele Jahre hinweg ein Programm durchgeführt unter dem Titel: »Meet the Mayor!« – »Begegne dem Bürgermeister!«. In dessen Rahmen sind fast zehntausend Amerikaner in das Rathaus gekommen, vor allem Soldaten und deren Angehörige. Ich habe fast alle diese Termine selber wahrgenommen. Schon vor Jahrzehnten hatte ich mir ein spezielles Englisch erarbeitet, mit einem starken schwäbischen Akzent, aber mit einem sich ständig vermehrenden Wortschatz und dank der kritischen Aufmerksamkeit meiner Frau auch einer sich vermindernden Zahl grammatischer Fehler. Mein Englisch wird von Amerikanern und Engländern und auch von Deutschen mit geringen Sprachkenntnissen einigermaßen verstanden.

Ich werde es vielleicht patentieren lassen. Mit Hilfe dieses Englisch diskutierte ich mit unseren amerikanischen Gästen über Gott und die Welt, besonders über die deutsche Geschichte, auch über die Vorgeschichte und Geschichte des Dritten Reiches, über Politik aus deutscher Sicht, über Fragen der Wirtschaft und Arbeitsweisen der Kommunalverwaltung. Ich selbst habe von diesen Gesprächen viel profitiert. Vor allem hat mich immer die freundliche Grundstimmung gegenüber uns Deutschen beeindruckt, die durch die verschiedenen Aktionen einzelner Gruppen gegen die amerikanische Politik fast nicht beeinträchtigt wurde. Mir hatte einmal eine deutsche Studentin bei einer Veranstaltung über den deutschen Widerstand gesagt, was früher Graf Stauffenberg gewesen wäre, seien heute Walter Jens und Heinrich Böll, die in Mutlangen gegen die Aufstellung der Pershing-Raketen demonstrierten. Ich fragte sie damals, ob sie nicht doch erkenne, daß unser demokratischer Staat anders sei als das Dritte Reich. Wer im Dritten Reich gegen Hitler demonstriert habe, sei um seinen Kopf gekommen, und wer heute gegen die Regierung oder gegen die US-Streitkräfte demonstriere, kommt im Fernsehen. Ich würde doch meinen, daß dies ein verhältnismäßig wichtiger Unterschied sei.

Die US-Streitkräfte haben mit Gelassenheit und Klugheit auf die gegen sie gerichteten Aktionen reagiert. Gelegentlich fragten mich Amerikaner im Scherz, weshalb die Deutschen in der DDR nicht gegen die russischen Truppen demonstrierten. Ich sagte dann: »Wir vertrauen euch eben und wissen, daß ihr uns nichts tut, und das ist sehr wichtig für einen Demonstranten.« Tief beeindruckt hat mich seinerzeit die ruhige und gelassene Reaktion von General Fritz Kroesen in Heidelberg auf das Raketenattentat der sogenannten Rote Armee Fraktion (RAF), dem er und seine Gattin nur knapp entkommen waren. Andere Anschläge der RAF auf die Amerikaner forderten schmerzliche Opfer. Die USA blieben gelassen.

Beachtlich war die Reaktion hoher amerikanischer Militärs auf das Ende der Sowjetunion: kein Triumphieren, wohl aber nüchterne Prüfung der neuen Lage. Für die Sowjetarmee empfanden viele amerikanische und im übrigen auch deutsche Soldaten fast eine Art kollegialer Sympathie. Als Präsident des Deutschen Städtetages erhielt ich kurz nach der Wiedervereinigung den Besuch von fünf russischen Offizieren. Einer von ihnen sagte, aus dem Umstand, daß sie sich noch Sowjetarmee nennen dürften, entnehme er, daß sich noch jemand für sie verantwortlich fühle. Das Traurige sei, daß niemand wisse, wer diese Person sei. Wenige Tage darauf erzählte ich das dem amerikanischen Generalleutnant Spigelmire, Befehlshaber des 7. US-Korps. Der sagte: »Sie sind gute Soldaten. Sie haben es nicht verdient, so behandelt zu werden.«

Peymann und die Terroristen

Uns Deutschen fällt Gelassenheit schwer. Besonders groß war die Erregung wegen der Aktivitäten der RAF. Ich möchte mich da gar nicht ausnehmen. Vor allem als die Terroristen am 5. September 1977 Hanns Martin Schleyer in einer blutigen Aktion entführten und ihn nach qualvoller Gefangenschaft ermordeten, waren die Menschen unglaublich zornig und zugleich deprimiert. Ich habe bis heute nicht begriffen, wieso gerade dieser Mann bei der RAF so verhaßt war. Er war ein freundlicher, liebenswürdiger und sozial eingestellter Mensch. Ich hätte auch nicht begriffen, wie jemand überhaupt der RAF angehören oder mit ihr sympathisieren konnte, wenn ich nicht als Kind sozusagen am eigenen Kopfe erlebt hätte, wie rasch die bei der Vertreibung aus dem Paradies mitgenommene Fähigkeit des Menschen erlahmt, gut und böse zu unterscheiden, wenn er einem Gruppenzwang unterliegt. Dieser Gruppenzwang liegt darin, daß sich die Mitglieder der Gruppe nach außen abschließen und ständig gegenseitig versichern, sie hätten recht, und daß sie jeden Zweifler mit Verachtung, wenn nicht mit Schlimmerem bestrafen.

Die Württembergischen Staatstheater, ein Dreispartenhaus mit Oper, Ballett und Schauspiel, werden zur Hälfte vom Land und zur anderen Hälfte von der Landeshauptstadt subventioniert. Es gibt einen Verwaltungsrat, in dem Land und Stadt paritätisch vertreten sind. In der Zeit des Terrorismus gab es auch noch einen Beirat. Der Verwaltungsrat bestand damals nur aus vier Köpfen, heute ist er viel größer. Damals gab es noch einen Generalintendanten. Dieser war Hans Peter Doll, ein Mann von Fach und Leidenschaft, dazuhin noch gesegnet mit der Fähigkeit, die größten Erregungszustände seiner Partner scheinbar gelassen durchzustehen, auch wenn er manchmal innerlich kochte. Schauspieldirektor an den Württembergischen Staatstheatern war damals Claus Peymann, der solche Erregungszustände nicht hatte, aber zu erzeugen wußte. Ihm verdankt Stuttgart ein ungewöhnliches Aufleuchten in der europäischen Theaterlandschaft.

Claus Peymann hatte einige Wochen vor der Entführung Hanns Martin Schleyers neben dem Schwarzen Brett einen Zettel anbringen lassen, auf dem in etwa zu lesen stand, daß für die Zahnbehandlung der inhaftierten Terroristen Geld gebraucht werde; er selbst, Claus Peymann, habe einen namhaften Geldbetrag gespendet. Wer auch etwas spenden wolle, könne dies an einer auf dem Zettel angegebenen Stelle tun. Peymann hatte hundert Mark beigetragen, was für einen Schauspieldirektor der Württembergischen Staatstheater allenfalls bei Anlegung altschwäbischer Maßstäbe namhaft genannt werden kann. Zunächst blieb diese Sammlungsaktion, die durch eine Anfrage der Mutter von Frau Ensslin ausgelöst wurde, im Verborgenen. Aber aus dem Verborgenen gelangte sie zum ungünstigsten Zeitpunkt an die Öffentlichkeit, nämlich kurz vor der Entführung von Hanns Martin Schleyer und der Ermordung seines Fahrers und seiner Sicherheitsbeamten.

Im Verwaltungsrat war ich damals Stellvertreter des Vorsitzenden Kultusminister Wilhelm Hahn. An Professor Hahn schrieb ich einen Brief, in dem ich ausführte, daß eine Sammlung für eine Zahnbehandlung wohl kaum als ein Bekenntnis zum Terrorismus gelten könne. Kurze Zeit nachdem ich diesen Brief abgeschickt hatte, wurde, wie gesagt, Schleyer entführt. Eine kollektive Erregung entstand, eine Art Massenzorn, der sich gegen Claus Peymann richtete. Im politischen Raum wurde seine fristlose Entlassung gefordert. Man müsse sich sofort von diesem Sympathisanten der Terroristen trennen. Ich hatte ohnehin gegen die zu großzügige Anwendung des Begriffes »Sympathisant der RAF« Bedenken, hielt die Vorwürfe gegen Claus Peymann für maßlos überzogen und wollte überdies einen zwar schwierigen, aber doch ungewöhnlich qualifizierten Schauspieldirektor in Stuttgart halten. Spontan, ohne lange das für und wider abgewogen zu haben, trat ich für ihn ein. Dadurch zog auch ich mir einen Teil des Zorns zu.

Nach einem Demonstrationszug im Anschluß an die Trauerfeier für die ermordeten Begleiter von Hanns Martin Schleyer am 10. September 1977, an dem ich mich beteiligt hatte, bildete sich im Hofe des neuen Schlosses eine Menschenansammlung, die mich kritisierte und zum Teil auch beschimpfte. Die Polizei erschien zweimal und fragte mich, ob sie mich herausholen sollte. Ich fühlte mich jedoch nicht bedroht und blieb. Die Menschen hätten sich beruhigt, wenn nicht ein Blatt – ich meine, es wäre die *Bild*-Zeitung gewesen – gerade um diese Zeit behauptet hätte, die in Stammheim inhaftierten Terroristen bekämen jeden Tag

Landesbischof Hanselmann, Alfred Grosser, Hildegard Hamm-Brücher, Helmut Schmidt und Manfred Rommel bei der Verleihung des Theodor-Heuss-Preises in München.

Zwetschgenkuchen mit Schlagsahne. So brauchte nur einer zu rufen »Und jeden Tag Zwetschgenkuchen mit Schlagsahne!« oder »I möcht au an Zwetschgekuche!«, und schon war der Volkszorn neu entfacht. Als ein aufgeregter Herr mich schließlich regelrecht anpöbelte, setzte ich die letzte Waffe ein, die dem Schwaben in einer Diskussion verbleibt. Ich sagte ihm nämlich, er könne mich kreuzweis am A... l..., und ich würde jetzt gehen, weil die Stadt mich nicht bezahle, damit ich hier herumstünde.

Einige der Zornigen begleiteten mich noch auf dem Weg zum Rathaus und redeten gestikulierend auf mich ein. Schließlich sprang einer vor, stellte sich mir in den Weg und sagte: »Ihr Feigling, schlaget se doch tot!« Ich erwiderte, er solle mich doch seinen Namen und seine Adresse aufschreiben lassen, damit wir wüßten, an wen wir uns wenden könnten, wenn jemand gebraucht würde, um Menschen totzuschlagen. Er gab mir natürlich seinen Namen und seine Adresse nicht, sondern verschwand, verfolgt von Leuten, die nunmehr ihn und nicht mehr mich als Feigling titulierten.

Das klingt heiter, war aber ziemlich ernst. Mit Hans Filbinger und Lothar Späth, damals Vorsitzender der CDU-Landtagsfraktion, hatte ich durchaus sachliche Telefongespräche, aber beide waren der Meinung, Peymann könne nicht bleiben angesichts der Volksstimmung, die er durch seine unglückliche Sammlungsaktion gegen sich erzeugt hatte. Ich war anderer Meinung. Beide Herren nahmen mir das nicht übel, sondern stellten nur fest, daß man sich nicht einig sei.

Ein hoher Landesbeamter rief mich an und fragte mich, ob ich wüßte, daß Gegenstände, welche die Terroristen bei ihrem Stockholmer Anschlag verwendet hätten, aus dem Stuttgarter Theaterfundus stammten. Er wolle mir nur den kollegialen Rat geben, mich nicht weiter für Peymann aus dem Fenster zu hängen. Ich war zunächst etwas verwirrt, entschloß mich dann aber, Peymann selber zu fragen, ob an diesen Verdächtigungen etwas dran sei. Das war keine einfache Entscheidung, denn wenn etwas dran gewesen wäre, hätte mich meine Frage dem Verdacht der Begünstigung aussetzen können. Es stellte sich aber im Gespräch mit

Peymann heraus, daß es sich bei der Stockholmer Geschichte um eine pure Erfindung handelte.

Peymann erklärte trotz meiner Einwendungen, er werde seinen Vertrag nicht verlängern. Ich meinte, er solle doch die Frage seiner Vertragsverlängerung offenhalten, bis die öffentliche Erregung abgeflaut sei. Damit könne man rechnen, da starke menschliche Gefühle nicht lange Bestand hätten. Er hingegen war der Auffassung, seine Erklärung werde eine Entlastung von dem Druck bringen, der es erschwere, ja sogar fast unmöglich mache, künstlerisch zu arbeiten. In den Medien hatte es immer einige Stimmen gegeben, die für Peymann eintraten. Je länger der Disput andauerte, desto mehr Stimmen waren für ihn. Schließlich schlug die Meinung zu seinen Gunsten um. Er wurde eine Art Märtyrer der Kunstfreiheit.

In einer Sitzung des Verwaltungsrates der Staatstheater war zu entscheiden, ob Peymann wenigstens noch bis zum Ende seiner Vertragszeit bleiben oder ihm nahegelegt werden sollte, sofort zu gehen. Hahn bemühte sich um eine vernünftige Lösung. Er sah ein, daß es keinen Grund gab, Peymann fristlos zu kündigen. Während der Sitzung wurden mir dauernd Zettel zugereicht, auf denen stand, daß Filbinger Hahn aufforderte, ihn sofort anzurufen. Ich betrachtete die Einmischung Außenstehender in die Beratungen des Verwaltungsrates als unangebracht, selbst wenn der Außenstehende mein früherer Chef war, und übergab deshalb die Zettel an Hahn erst, nachdem die Entscheidung gefallen war, daß Peymann bis zum Ende seiner Vertragszeit blieb. Was Filbinger zu Hahn gesagt hat, weiß ich nicht. Mir schrieb er jedenfalls einen unfreundlichen Brief, weniger deshalb, weil Peymann blieb, sondern weil der Versuch des Landesvaters, seine Stimme zu erheben, nicht mit der gebotenen Freudigkeit begrüßt worden war.

Peymann hatte seine Anhänger und Bewunderer in Stuttgart, die jetzt wieder hervortraten. In kurzer Zeit avancierte er vom Volksfeind zum Publikumsliebling. Er und seine Mannschaft waren vorher schon gut gewesen. Jetzt liefen sie zur Höchstform auf. Offenbar wirkte der Umstand, daß die Zeit der Heimsuchung und Bedrängung vorüber war, inspirierend. Es gelangen einige großartige Produktionen: »Die Gerechten« von Camus, freilich auch wieder verdächtig, weil eine Straßenbahn gezeigt wurde, deren Ziel Stammheim war; eine wunderschöne Inszenierung von Faust I und II, die freilich einige den Dornacher Ernst gewohnte anthroposophische Freunde meiner Tante Helene veranlaßten, schon nach der ersten Szene, die Türen zuschlagend, das Theater zu verlassen. (In Dornach befindet sich das anthroposophische Zentrum. Dort wird der ganze Faust aufgeführt, den meine Tante fast auswendig konnte.) Peymann und Beil sagten, sie hätten alles, was ihnen unverständlich war, aus dem Faust entfernt, und so sei ein ganz ordentliches Stück entstanden.

Zu einem Theaterabend nahm ich Catherine mit, die damals zwölf Jahre alt war. In einer Szene, in der offenbar die Häufung schöner Erlebnisse dargestellt werden sollte, spielte einer auf dem Klavier Beethoven, ein anderer las aus Goethes Faust vor, und eine – nach meiner Erinnerung ziemlich üppige – Dame zog sich aus. Als es eigentlich nichts mehr gab, das hätte ausgezogen werden können, sagte Catherine ziemlich laut: »Manfred, jetzt mußt du einschreiten!«

Die Schleyer-Tragödie und das Terroristengrab

Seit der Entführung hofften wir alle jeden Tag, daß Schleyer freikommen würde. Allerdings schien unvorstellbar, daß der Preis dafür die Freilassung der in Stuttgart-Stammheim inhaftierten Köpfe der RAF, Baader, Ensslin und Raspe, sein könnte. Das hätte das Vertrauen in den demokratischen Rechtsstaat schwer getroffen. Dieses Vertrauen war ohnehin nicht arg groß. Goethe schrieb einmal, die Deutschen ertrügen Unordnung weniger als Ungerechtigkeit. Ich weiß nicht, ob das stimmt. Auf jeden Fall verlangen wir vom Staat ziemlich viel: Er soll uns in Ruhe lassen, uns freundlich begegnen, uns helfen, wenn wir Hilfe brauchen, aber gegen die Störer von Recht und Ordnung mit einer Härte vorgehen, die dafür sorgt, daß Ordnung herrscht, die aber wiederum uns nicht davon abhalten soll, das zu tun und zu lassen, was wir wollen. Schließlich soll er auch putzen und aufräumen, damit die Heimat adrett und sauber ist. Es liegt auf der Hand, daß solche Erwartungen schwer zu erfüllen sind. Während des Verfahrens gegen Baader, Ensslin und Raspe – besonders nach der Entführung von Schleyer – war jedenfalls das Gefühl, schutzlos und bedroht zu sein, auch dort anzutreffen, wo es dafür wirklich keinen Anlaß gab.

Bei einem Gespräch in einem Altersheim wurde ich gefragt, »ob wir Alten vor den Terroristen geschützt werden können und noch ein bißchen leben dürfen«. Selten haben so wenige Menschen so viele in Furcht und Schrecken versetzt wie die Terroristen. Dazu haben auch die Medien beigetragen, die es für ihre Pflicht hielten, möglichst viel und ausführlich darüber zu berichten, was so viele Menschen bewegte. So förderte der Schrecken die Berichterstattung und die Berichterstattung den Schrecken.

Auch ich ließ mich anstecken. Ich duldete eine Zeitlang, daß in regelmäßigen Abständen Polizeifahrzeuge auf ihrer Rundfahrt auch unser Haus einbezogen, bis ein Polizeibeamter sich aus Versehen mit seiner Maschinenpistole erschoß. Da bat ich, mein Haus nicht mehr als zu sicherndes Objekt zu betrachten. Ich führte noch eine ganze Zeit eine geladene Pistole mit, um im Fall eines Überfalls nicht wehrlos zu sein. Eines Nachts fuhr ich mit meinem postgelben Volkswagen 1600 von einer Veranstaltung nach Hause. Im Rückspiegel beobachtete ich, daß mir ein Fahrzeug folgte. Ich bog nach links ein, das Fahrzeug folgte. Ich bog nach rechts ein, das Fahrzeug folgte. Ich bremste vor meiner Garage, das Fahrzeug bremste hinter mir. Ich zog meine Pistole aus der Tasche, lud durch, entsicherte und rüstete mich zum letzten Gefecht. Ich stieg aus. Ein Zuruf, es war Polizei in Zivil. Ich ließ meine Pistole verschwinden und von da ab daheim.

Die Zellen, in denen Baader, Ensslin und Raspe gefangengehalten wurden, hatte ich mir seinerzeit als Staatssekretär im Finanzministerium angesehen, nicht ahnend, daß sie einmal

Schauplatz einer so makabren Selbsttötung sein würden. Als mir am 20. Oktober 1977 vorgetragen wurde, daß die Familie Ensslin die Bestattung der drei Toten in nebeneinander liegenden Gräbern auf dem Dornhaldenfriedhof wünschte, entschloß ich mich sofort, diesen Wunsch zu erfüllen. Erstens wollte ich der zahlreichen Anfeindungen ausgesetzten Familie nicht unnötigen Schmerz zufügen, zweitens wollte ich durch eine gewisse Großzügigkeit sichtbar machen, daß mit dem Tod die Feindschaft endet, und zur Entkrampfung der Situation beitragen, vor allem aber wollte ich einen kleinlichen Zank über die Fragen verhindern, wer in Stuttgart überhaupt Recht auf ein Grab hat, und wenn ja, auf welchem Friedhof. Filbinger telefonierte mit mir und zeigte Verständnis. Andere regten sich fürchterlich auf und äußerten die Besorgnis, daß aus diesen drei Gräbern eine Kultstätte werden könnte, an der sich die Radikalen versammelten. Es seien schon Totenmasken hergestellt worden, die sicher auf den Gräbern angebracht würden. Einige sagten mir, sie würden ihre Verstorbenen umbetten lassen, weil diese nicht auf dem gleichen Friedhof liegen sollten wie die drei Terroristen. Auf die Frage, ob ich vielleicht dort begraben werden wollte, antwortete ich, daß es mir egal wäre, wer außer mir auf dem Friedhof ruhe. Eine Dame beschimpfte mich, weil ihre Tante im Unterschied zu den drei Terroristen kein Grabrecht auf dem Dornhaldenfriedhof bekommen hatte: Ich fragte sie, ob ihre Tante Terroristin gewesen sei, was sie verneinte. Ich sagte: »Sind sie froh«, und sie meinte daraufhin, das sei auch wieder wahr. Aber im allgemeinen waren die Bürger weit einsichtiger als manche Politiker, von denen einige sogar über mich bei der leidgeprüften Frau Schleyer Klage führten, so daß ich die Familie Schleyer bitten mußte, mich zusammen mit meinem Stellvertreter Jürgen Hahn zu empfangen, damit ich meine Position erläutern konnte. Ich fand Verständnis und war nach dem Gespräch sehr erleichtert.

Stadtplanung

Mein Amt als Oberbürgermeister der Landeshauptstadt hatte ich in einer Zeit angetreten, in der in Fragen der Innenpolitik und der Kommunalpolitik mit großer Leidenschaft, aber geringer Kompromißbereitschaft alles mögliche vertreten wurde. Das Vokabularium der Achtundsechziger-Bewegung war noch im Gebrauch. Emotionale und kaltschnäuzige, irrationale und rationale, moralische, opportunistische, praktische und unpraktische Meinungen führten zu einer babylonischen Sprachverwirrung. Jeder dachte, daß er recht hätte. Viele meinten, die Wahrheit sei gefährdet, wenn abweichende Meinungen überhaupt vorgetragen würden, da diese bloß falsch sein könnten, und widersetzten sich solchen Versuchen durch lautes Lärmen. Wer eine Meinung für falsch hielt, hielt meistens jene, die sie vertraten, auch noch für unmoralisch, wenn nicht sogar für bösartig. Voreilige Antworten auf praktische Fragen wurden, wenn sie ein dafür wenig geeignetes Gremium mit Mehrheit beschlossen hatte, zur richtigen Politik erklärt und wie ein Glaubenssatz vorangetragen.

Der Verwirrung der Sprache entsprach eine Verwirrung in der Sache. Immer mehr politisch Interessierte merkten, daß die Zukunft nicht einfach durch eine Hochrechnung der Praxis der vergangenen Jahre, also durch die Fortsetzung der bisherigen Politik mit höheren Mitteln, gestaltet werden konnte und daß manches sich als bedenklich herausstellte, an das man in der Vergangenheit geglaubt hatte. Es erwies sich als unmöglich, den Wunsch der Menschen, mit dem Auto jederzeit überall hinkommen und parken zu können, mit ihrer Sehnsucht nach einer Stadt, die als Heimat empfunden werden konnte, in Einklang zu bringen. Es zeigte sich: Wenn die Städte autogerecht ausgebaut würden, wäre hierfür so viel Fläche nötig, daß für die eigentliche Stadt nicht mehr viel übrig blieb. Damit entfiele letztlich der Grund, mit Autos in die Stadt hineinzufahren. Die Übernahme erheblichen Verkehrsaufkommens durch einen besseren öffentlichen Personennahverkehr war deshalb dringend geboten.

Auch hatte sich die Lehre der Charta von Athen von der sauberen Aufteilung der Funktionen – wohnen, arbeiten, sich unterhalten, sich bilden – auf besondere Stadtquartiere nicht als ein Weg erwiesen, um die Städte lebendiger und die Menschen glücklicher zu machen. Jane Jacobs hatte hierzu ein grundlegendes Werk geschrieben, das wieder gemischte Nutzungen in den einzelnen Stadtquartieren nahelegte. Aber wie sollte man diese Forderung mit dem Wunsch nach einem Leben ohne Lärm verbinden? Der Mensch ist nun einmal ein Wesen, das Lärm erzeugt. Der Psychologe Alexander Mitscherlich beklagte die Unwirtlichkeit der Städte, die freilich vor dem Wiederaufbau noch wesentlich größer gewesen war, es sei denn, man geht davon aus, daß auch das Elend in den alten Wohnquartieren seine Romantik hatte.

Dabei wurde auch offenbar, daß auf dem Wege zur Wohlstandsgesellschaft der öffentliche Standard dem privaten hinterherhinkte und der Abstand immer größer wurde. An der These des amerikanischen Volkswirtschaftlers John Kenneth Galbraith, der von privatem Reichtum und öffentlicher Armut sprach, war jenseits aller Polemik etwas dran. Der Werbespruch der Firma Daimler-Benz: »Wir bauen die Autos von morgen für die Straßen von gestern« leistete einen Stuttgarter Beitrag dazu, daß dieses Problem rascher in das öffentliche Bewußtsein gelangte. Schließlich zeichnete sich ab, daß eine Stadtplanung, die ihre Probleme nur durch Neubauten auf der grünen Wiese löste und die alten Stadtkerne vernachlässigte, zur Beschädigung des Identitätsgefühls, zu unerfreulicher Zersiedelung, zur Landschaftszerstörung und zur Verwandlung vieler alter Stadträume in Slums führen mußte. Auf der anderen Seite stand der ständig wachsende Flächenbedarf durch Wohnen, Arbeiten, Autofahren, durch Ausbildung, Fortbildung und Kultur. Kurz und gut, man merkte, daß das wirtschaftliche Wachstum seine Probleme hatte.

Bald gab es freilich den Versuch, die Zusammenhänge der Realität zu sprengen und das Wachstum nur dort stattfinden zu lassen, wo es erwünscht war, unter anderem bei den Ausgaben, nicht aber in der Wirtschaft und bei den Einnahmen. In bescheidenerem Umfang gibt es diesen Versuch auch noch heute. Arbeitsplätze erschienen nicht als Problem. Der Hinweis auf sie wurde gelegentlich als der heuchlerische Versuch wirtschaftsnaher Kreise interpretiert, ihre gegen den Menschen gerichtete Politik sozial zu bemänteln.

In Bürgermeister Professor Bruckmann hatte Stuttgart einen Städteplaner, auf dessen Urteil ich mich in allen Fragen der Gestaltung, aber auch in anderen Angelegenheiten verlassen konnte. Er versuchte mit großer Geduld, zu vertretbaren Lösungen zu kommen. Dabei war hilfreich, daß der zuständige Ausschuß über einige wirklich kompetente Mitglieder verfügte. Stuttgart hatte auch einige gute Ingenieure, an der Spitze Professor Künne, den meine schüchtern geäußerten Gedanken manchmal in Zorn versetzten, so daß der neben ihm sitzende Rechtsreferent Roth ihm beruhigend auf den Arm klopfte.

Stadtplanung ist nicht nur Ästhetik, sondern eine Querschnittsaufgabe, in der Wirtschaftspolitik, Sozialpolitik, Kulturpolitik, Verkehrspolitik, Umweltpolitik und künstlerische Gestaltung zusammenfließen. Dies sehen die meisten Architekten auch so, manche aber nicht. Diese tun so, als ließe sich Stadtplanung und Städtebau auf eine Geschmacksfrage oder, freundlicher gesagt, auf ein künstlerisches Urteil reduzieren, zu dem allein der ausgebildete Architekt fähig sei, während der Verwaltungsbeamte und der Politiker vor den Problemen stünde wie der Esel vor dem Klavier. Diese esoterischen Menschen empfinden meistens einen Bauherrn, der, weil er zahlt, mitreden will, als störend und Hinweise der Politiker auf Kosten, Zeitdruck und sonstige Banalitäten als genauso peinlich wie einen Anruf, der einen Handy-Besitzer während eines Beethoven-Konzerts erreicht. Diese Gesinnung infizierte viele Bürger mit der ständigen Sorge, die Stadt könnte moderat devastiert oder sogar von Grund auf verwüstet werden, und am besten halte man sich an Laotses Wort: »Der Weise tut nichts!« Ich hatte immer den Eindruck, das eigentliche Ziel dieser Lichtmenschen sei das Luftschloß, und letztlich wollten sie gar nicht, daß wirklich gebaut wird.

Zu den vielen städtebaulichen Zweifeln gesellte sich die Sorge vor klimatologischen Verschlechterungen. Die Stuttgarter Stadtverwaltung hatte sich schon seit Jahrzehnten mit dem Thema »Klimatologie und Städtebau« beschäftigt. Das war wegen des windstillen Talkessels und der Notwendigkeit, Schneisen für den Luftaustausch offenzuhalten, berechtigt. Aber auch dort, wo es nicht gerechtfertigt war, erklang und erklingt oft der Angstschrei: »Mir versticket, wenn des baut wird.« Es war und ist nicht einfach, solche Sorgen zu zerstreuen, selbst dann, wenn physikalisch bewiesen werden kann, daß sie unbegründet sind. Die Angst hört nicht auf Argumente. Überdies gibt es meistens keine übereinstimmende Meinung der Fachwelt, so daß der Mensch sich das fachliche Votum aussuchen kann, das am besten zu seiner Gemütslage paßt.

Alles kann der Städtebau nicht leisten. Gelegentlich sollte an das Wort von Karl Kraus gedacht werden, der erklärt hat: »Ich verlange von einer Stadt, in der ich leben soll, Asphalt, Straßenspülung, Haustorschlüssel, Luftheizung, Warmwasserleitung. Gemütlich bin ich selber.«

Natürlich soll sich eine Stadt bemühen, möglichst schön zu sein. Ein Schwabe, der eine schöne Frau geheiratet hatte und hierzu beglückwünscht wurde, erklärte: Warum soll i a Wüschte nehme? A Schöne frißt au net mehr!" Das ist ein sehr praktischer Standpunkt, der sich auch für andere Lebensgebiete eignet. Aber was ist schön? Schön ist, was den Bürgern hilft, sich zu Hause zu fühlen. Aber ich muß bekennen, daß ich mich in der Frage, was schön ist, selten auf mein eigenes Urteil verlassen habe. In meinen eigenen Einschätzungen fand ich zu viel sogenanntes »gesundes Volksempfinden« vor.

Fast alle Bauten galten einmal als schön, und manches, was nie als schön galt, kann einmal zum Gegenstand romantischer Gefühle und zum Schmuckstück werden, das unbedingt erhalten werden soll, so zum Beispiel ein alter Gaskessel im Stuttgarter Osten. Zum Glück ist er schon weg. Manches galt mal als schön, dann plötzlich nicht mehr und später wieder, zum Beispiel Bauten im Jugendstil sowie solche aus der Gründerzeit mit ihrer Vermengung alter Stilrichtungen. Hinten, links und rechts die solide

treffpunkt foyer
Ist der Verkehrsinfarkt
noch zu verhindern?
Manfred

Engagiert im Dienst der Stadt:
mit Bundesbahn-Chef Heinz Dürr (Seite 274 oben)
bei der Diskussion über die Verkehrspolitik,
bei einer Städtebaurundfahrt mit Ministerpräsident Filbinger
und Baubürgermeister Professor Bruckmann (darunter)
und am Schreibtisch im Rathaus (oben).

schwäbische Ziegelmauer und vorne die römisch-griechische, mit Elementen der Gotik durchsetzte Fassade, zu deren Fenster wiederum der schwäbische Hausbesitzer und Mieter hinausblickt. Mir hat der Gründerstil früher gar nicht gefallen, aber inzwischen habe ich mich unter Anleitung durch Fachleute so an ihn gewöhnt, daß ich ihn nicht mehr missen möchte. Fazit: Wenn etwas nicht gefällt, besteht immer Hoffnung, daß es künftig gefallen wird. Das sollte Mut geben.

Städtebau heißt auch Konflikt, Streit, Widerspruch. Es kämpfen das von der Politik zu verantwortende allgemeine Wohl mit vielen Individualinteressen, und aus diesem Konflikt entsteht, wenn er fair und zügig ausgetragen wird, guter Städtebau. Man kann sich auch schnell streiten. Wenn aber solche Konflikte in langwierige Lamentationsveranstaltungen einmünden, dann geschieht entweder gar nichts oder etwas Schlechtes. Ich habe immer wieder erlebt, daß zwar gebaut werden sollte, aber vor lauter Hin und Her schließlich niemand mehr wußte, wie. Einige Architekten waren offensichtlich von dem Bauprinzip der Maginotlinie fasziniert: möglichst viel unterirdisch, möglichst wenig oberirdisch. Andere wiederum waren scheinbar fest entschlossen, ihr Bauwerk wegzuspiegeln, so daß man es selber nicht, dafür aber die benachbarten Gebäude doppelt sieht. Die postmoderne Staatsgalerie geriet in Stuttgart am Anfang sogar unter Faschismusverdacht, von dem sie aber der Umstand freisprach, daß der Architekt, der Brite James Stirling, über diesen erhaben war. Ich muß gestehen, daß ich zunächst nicht für den Entwurf Stirlings war, sondern für den von Behnisch. Meiner eigenen Unzulänglichkeit bewußt, verhielt ich mich aber ruhig und ging später in das Lager der Sieger über. Für die Neugestaltung des Leuze-Bades durch die Architekten Geier und den Bildhauer Herbert Hajek habe ich mich engagiert, trotz des Rufes nach einem Wettbewerb und ohne den von einem Kritiker geäußerten Vorschlag aufzugreifen, die Hajek'schen Farben von einem Hochschulinstitut auf ihre Unschädlichkeit für die Gesundheit zu untersuchen.

Bei solchen Hemmnissen und Ängsten braucht man sich nicht zu wundern, wenn in der Großstadt immer wieder die Frage aufgeworfen wird, ob überhaupt gebaut werden soll. Entsteht nicht durch neue Bauten mehr Verkehrsaufkommen? Können die Büros, die geplant sind, überhaupt vermietet werden? Sind die neuen Wohnungen nicht zu teuer? Stehen nicht schon jetzt Büroflächen und Wohnungen leer? Mit solcher Empfindlichkeit schaffen wir den Weg in eine gute Zukunft nicht. Der Ziel- und Quellverkehr in die Stadt nimmt natürlich ab, wenn Arbeitsplätze und Einwohner abwandern. Aber wollen wir diese Art Verkehrsentlastung? Ohne Büroräume läßt sich kaum auf Büroarbeitsplätze hoffen, und ohne neue Wohnungen können wir nicht mehr Bürger für die Stadt gewinnen. Zerbrechen wir uns nicht auch noch die Köpfe der Investoren. Und unterlassen wir es um Himmels willen, heikle und komplizierte Fragen einem Bürgerentscheid zu unterwerfen.

Kürzlich ist eine tausend Seiten starke Geschichte der zweitausendjährigen Stadt Paris aus der Feder von Jean Favier erschienen. Dieser vertritt die These, Paris sei gegen die Pariser etwas geworden. Über alles hätten sie gemault und alles kritisiert, nur nicht über das, was wirklich falsch war. Nun, mir fehlt jede Kompetenz, hierzu einen Kommentar abzugeben. Aber in Stuttgart fanden sich fast immer Gruppen, die alles, was größer war als ein Kindergarten, verdächtigten, ein sogenanntes Prestigeprojekt zu sein, also ein Projekt, dessen wichtigste Aufgabe es ist, eine Tafel zu tragen, auf der steht, wie der Politiker heißt, zu dessen Amtszeit es gebaut, finanziert und genehmigt wurde. Ich bin dafür, daß die Bürger gehört werden. Das sieht unser Recht vor. Die Anhörung sollte bei wichtigen Vorhaben auch etwas umfassender sein als rechtlich vorgeschrieben. Aber nachdem ich selber in den vielschichtigen Fragen der Stadtplanung ständig des Rates durch unsere Architekten und Techniker bedurfte, um zu einem Urteil zu kommen, meine ich, daß die Gesamtheit der Mitbürger nicht unmittelbar über Grundsatzfragen des Städtebaus entscheiden sollte. Solche Entscheidungen müssen dem Rat verbleiben.

Es war gewiß gut, daß Fehler erkannt wurden, welche bei Fortführung der städtebaulichen Praxis der Nachkriegszeit entstehen mußten. Schlecht war aber, daß zunächst einmal extreme Positionen aufeinanderprallten ohne daß sich Kompromißbereitschaft zeigte. Manche Kritiker gingen so weit, der Architektur überhaupt die Fähigkeit abzusprechen, etwas Taugliches entwerfen und bauen zu können. Es gab eine regelrechte Flucht in die Vergangenheit. Der Denkmalschutz wurde zum Programm erklärt. Mich beschlich manchmal die Sorge, daß kein vor 1933 gebautes Haus der Gefahr entgehen könnte, zum Denkmal erklärt zu werden. Selbst ein Hitlerjugend-Heim aus dem Dritten Reich entging diesem Schicksal nicht. Als Begründung genügte, in dem Bauwerk käme das Bemühen des Architekten zum Ausdruck, mit der Zeit zu gehen.

Auch Nachkriegsbauten waren Denkmale, zum Beispiel – zu Recht – die Stuttgarter Liederhalle. Sie später zu modernisieren, über alle Bedenken hinweg, war eine Meisterleistung der Verwaltungskunst. Der bedeutende Architekt der Liederhalle, Professor Gutbrod, merkte kritisch an, daß in dem Saal, den er für Beethoven gestaltet hätte, Rockkonzerte stattfänden und »Würschtle gefressen« würden. Er konnte nur durch die Erklärung milde gestimmt werden, daß Rockkonzerte künftig an anderer Stelle stattfänden. Als auch noch die Grabplatte des Freiheitsdichter Schubart auf dem benachbarten Friedhof gefunden wurde, läutete fast das Totenglöcklein für das Projekt. Zum Glück lag der Dichter nicht unter der Platte. Anläßlich der Einweihung der modernisierten Halle sagte ich, Schubart sei mir im Traum erschienen, lasse die Versammelten herzlich grüßen und habe mich ermächtigt, kundzutun, daß er der Erweiterung und dem Umbau zustimme.

Bei einem Gespräch mit dem Oberbürgermeister von Jerusalem, Teddy Kollek, erfuhr ich, daß diese jahrtausendealte Stadt weniger Denkmale besitze als Stuttgart, was mich einerseits mit Stolz und andererseits mit Entsetzen erfüllte, denn es entsprach dem Geist der Zeit, die ästhetischen Fragen der Politik im Geiste der Nostalgie zu beantworten, also aus der Sehnsucht heraus nach vergangener Idylle, die nur in den Köpfen, aber nicht in der Realität existierte. Es ist ein eigenartiger Widerspruch, daß im

Theater die sogenannte »Werktreue«, also die Übereinstimmung der Inszenierung mit den Absichten des Dichters, als ein höchst verdächtiges Streben angesehen wird, die Veränderung eines Baudenkmals aber als eine Kulturschande. Ein Beispiel aus einem neuen Bundesland spricht Bände: Dort wurde beim Umbau eines alten Gebäudes von der Denkmalbehörde zur Auflage gemacht, die Steckdosen zu erhalten. Das geschah mit großer Liebe zum Detail. Danach stellte es sich freilich heraus, daß es sich um einen Tippfehler handelte. Gemeint waren die Stuckdecken. Der Bauherr war aber so eingeschüchtert, daß er sich an den seltsamen Wortlaut hielt.

Als alter Planer habe ich die Gewohnheit, gegenwärtige Trends in die Zukunft hochzurechnen. Deshalb schwebte mir vor, daß eines Tages nicht nur die Denkmale, die es gibt, geschützt werden könnten, sondern auch die, die es einmal gegeben hat, und schließlich, im Zeichen der Postmoderne, auch die, die es hätte geben können. Auch die banalen alten Dinge wurden wieder geachtet. Es wurde überall geschwärmt, auch von der Kneipe um die Ecke, und den Architekten vorgeworfen, sie hätten mit Beton, Stahl und Glas die Städte mehr verwüstet als die Alliierten mit ihren Bomben. Meine gutgemeinte Bemerkung, mit Holz, Gips und Stroh könne man heute nicht mehr bauen, obwohl diese Materialien in manchen Köpfen vorhanden seien, kam nicht durchweg gut an.

Überall wurden Herrschaftsverhältnisse entdeckt, der Bauherr herrschte über den Architekten, der Vermieter herrschte über den Mieter, der Autofahrer über den Fußgänger, der Meister über den Auszubildenden, der Arbeitgeber über den Arbeitnehmer, der Besitzende über den Bedürftigen, die Bürokraten über das Volk. Jeder redete über die Widersprüche in der Gesellschaft, die es gewiß gibt, die damals wie heute aber oft genug nichts anderes sind als Gedankensprünge. »Wer sich in Widersprüche verwickelt, ist noch lange kein Dialektiker.« Ich weiß nicht mehr, von wem dieser Aphorismus stammt. Von mir jedenfalls nicht. Er ist trotzdem gut.

Manchmal herrschte eine Stimmung wie im alten Athen, über das Egon Friedell schreibt, dessen Bürger hätten sich ständig so verhalten, als würde ihnen etwas gestohlen. Besonders aufregend war das alles in Stuttgart, der überwiegend mit Schwaben bevölkerten Landeshauptstadt. Wir Schwaben sind ein Volk, das zum Grübeln, zum Tüfteln und zum Streit neigt. Jedenfalls war es, als ich 1975 mein Amt dort antrat, mit Hilfe der Streitereien glücklich gelungen, daß die Stadt Stuttgart im Programm des Bundes für die Zuschüsse zu Investitionen im Nahverkehr nur noch mit einem Erinnerungsbetrag geführt wurde. Mit voller Berechtigung konnte mir der Parlamentarische Staatssekretär im Bundesverkehrsministerium, Ernst Haar, zu den jeweiligen Bürgerversammlungen Telegramme schicken, in denen etwa stand: Der Bund werde für eine Finanzierung sorgen, wenn Stuttgart endlich baureife Pläne habe.

Der Gemeinderat hatte zwar in der Ära Klett im Flächennutzungsplan umfangreiche, zum Teil wirklich überdimensionierte Straßenbauten vorgesehen. Auch eine U-Bahn hatte er angestrebt und zu bauen begonnen. Doch auf einmal betrachteten viele Stadträte diese Beschlüsse mit anderen Augen und wollten sie nicht mehr durchführen. Trotz aller Aufgeregtheit gelang es aber der Stadtverwaltung und der Straßenbahn-AG verhältnismäßig bald, in den kommunalen Gremien konkrete Entscheidungen herbeizuführen und dadurch lähmende Undeutlichkeit in ermutigende Klarheit zu verwandeln. Wir konnten später Planungen in einem Umfang baureif machen, daß wir über für uns vorgesehene Zuschüsse hinaus zusätzlich solche Mittel abnehmen konnten, die in anderen Städten wegen Verzögerungen bei Planung und Durchführung nicht abgeflossen waren. Beim Aufspüren, Loseisen und Umlenken solcher Mittel nach Stuttgart hat sich der Bundestagsabgeordnete Roland Sauer verdient gemacht.

Bürgerversammlungen

In Stuttgart werden jedes Jahr sechs bis acht Bürgerversammlungen in den Stadtbezirken durchgeführt. In meiner Amtszeit waren es etwa hundertfünfzig. Ich habe alle Bürgerversammlungen mit einer einzigen Ausnahme selber geleitet – nicht, um sogenannte Bürgernähe zu demonstrieren und mich als einen »Bürgermeister zum Anfassen« darzustellen, vielmehr wollte ich mich selber zwingen, die aktuellen Sorgen der Bürger kennenzulernen. Außerdem sollte es mich daran hindern, an Schreibtisch und Rednerpult in die höheren Regionen emporzuschweben und mir eine Wirklichkeit zusammenzureimen, die gar keine ist. Schließlich hielt ich es für nötig, Einschränkungen und Begrenzungen auch vor den Bürgern zu vertreten und zu begründen. Für jeden Politiker ist ein einigermaßen klares Bild der Wirklichkeit nützlich. Für einen Kommunalpolitiker ist es unentbehrlich.

Die Veranstaltungen fanden in Versammlungs- und Turnhallen statt. Es erschienen zwischen dreihundert und siebenhundert Bürgerinnen und Bürger. Auf der Tribüne saßen neben mir zwei oder drei Bürgermeister und der Bezirksvorsteher. Ich hielt zunächst ein kurzes Einführungsreferat, in dem ich vorwiegend die sogenannten »unpopulären« Entscheidungen der Stadt erwähnte und begründete. Dann meldeten sich die Bürgerinnen und Bürger zu Wort. Im allgemeinen hatten wir zwischen zwanzig und fünfzig Wortmeldungen. Wir versuchten, auf die einzelnen Beiträge einzugehen, ohne als Besserwisser aufzutreten. Ich sagte immer wieder, wir seien gekommen, um etwas zu lernen, und nicht, um uns examinieren zu lassen, ob wir alles wüßten.

Die meisten Ausführungen der Bürger waren naturgemäß kritisch, aber auch sachdienlich. Einige Bürger erwiesen sich als rhetorische Naturtalente. Viele schimpften auch über uns, fast immer begleitet von Applaus und Beifall der Versammelten. Aber im Besitze jener Gelassenheit, ohne die man kein politisches Amt in einer Großstadt bekleiden sollte, nahmen wir das freundlich zur Kenntnis. Nur manchmal ärgerte ich mich und wurde selber polemisch. Das brachte meistens nichts ein außer weiterem Ärger.

Gelegentlich bin ich, offen gestanden, fast geplatzt vor Zorn. In einer Bürgerversammlung beklagte eine Dame, die wie auch ihr Mann eine gute Position in der Stuttgarter Wirtschaft innehatte, daß in dem Kindergarten, in den sie ihr Kind brachte, eine Erzieherin krank geworden sei und daß nicht sofort eine Ersatzkraft erschienen wäre. Sie mache mich persönlich für die Verhaltensstörungen ihres Kindes verantwortlich. Ich mußte meine ganze Willenskraft aufbieten, um freundlich zu bleiben. Nach der Versammlung kam aber die Dame auch noch zu mir, um weiter zu zanken. Schließlich erklärte ich ihr: »Wenn Ihr Kind Verhaltensstörungen hat und wenn Sie den Grund kennen wollen, dann brauchet Sie bloß in den Spiegel zu gucken!« Da war sie platt und rauschte davon.

Das Hauptthema bei allen Bürgerversammlungen war der Verkehr. Bundes- oder Landespolitiker aus ländlichen Räumen konnten fast nicht glauben, daß dieses Thema so deutlich im Vordergrund stand. Aber Lärm, Abgase, Unfallrisiken, Parkplatzmangel, fehlende Radwege und Behinderungen aller Art ärgern die großstädtischen Menschen mächtig. Der Ausbau der Stadtbahn, einer Art Maulesel des öffentlichen Personennahverkehrs, nämlich eine Kreuzung aus U-Bahn und Straßenbahn, lief nach einigen Anfangsschwierigkeiten ziemlich reibungslos. Die Anfangsschwierigkeiten entstanden dadurch, daß die Stadtbahnstrecke zwischen Innenstadt und den zweihundert Meter höher gelegenen südlichen Stadtbezirken nach Auffassung der Stadtverwaltung in einem Tunnel geführt werden sollte. Dies mißfiel, zumal für den Kraftverkehr auf der sogenannten Ebene Null, also im Freien, eine vierstreifige Straße zur Verfügung stand. Der ökologisch verantwortungsvolle Fahrgast der Stadtbahn sollte also die Fahrt unterirdisch bei Kunstlicht zurücklegen, während der ökologisch verdächtige Autofahrer im hellen Sonnenschein den erfreulichen Ausblick auf die Stadt genießen konnte, sofern seine Aufmerksamkeit nicht von dem beachtlichen Kraftverkehr in Anspruch genommen war. Dies wurde als ungerecht empfunden.

Eine Bürgerinitiative nahm ihre Tätigkeit auf, welche die Planung der Stadt attackierte und Gegenvorschläge unterbreitete. Im Laufe des Verfahrens kam es zu der gesetzlich vorgeschriebenen Anhörung. Kurz davor erzählte ich der Presse, ich würde ein Valium 5 nehmen, um die Verhandlungsleitung zu überstehen. Der Anhörungstermin kam heran. Wir hatte den Beethovensaal der Liederhalle als Versammlungsort gewählt. Vor dem Eingang erschienen Demonstranten mit Plakaten, auf denen zu lesen stand, wer Valium nehme, könne die Verhandlungen nicht leiten. Im Saal waren nur wenige. Ich eröffnete pünktlich die Verhandlung, wickelte die Formalien ab, wir nahmen zu Wortmeldungen Stellung, und nachdem ich festgestellt hatte, daß keine weiteren Wortmeldungen vorlagen, schloß ich die Verhandlung. Die Demonstranten waren wenig erfreut über diesen reibungslosen Ablauf. Leider war uns aber ein Verfahrensfehler unterlaufen, so daß die Anhörung wiederholt werden mußte. Als dieses schließlich geschah, war bereits, wie man sagt, »die Luft draußen«. Es kam schließlich zu einem Kompromiß, der die Stadtbahn teilweise oberirdisch führte. Mit dem Kompromiß läßt sich recht gut leben. Mit einer »überirdischen«, das heißt einer in der realen Welt nicht in Erscheinung tretenden Lösung hätten wir kaum leben können.

Die Stadtverwaltung wird gerne dafür verantwortlich gemacht, daß es außer dem eigenen so viele andere Autos gibt. Bei manchen Bürgerversammlungen habe ich die Frage gestellt, ob sich einer hier im Saale befände, dem ich empfohlen hätte, ein Auto zu kaufen. Ich hatte es keinem empfohlen: »Ihr selbst habt euch für die Massenmotorisierung entschieden, nicht nur mit dem Stimmzettel, sondern mit dem Scheckbuch!« Aber das half nichts. Im Gegenteil, manche schienen davon auszugehen, daß ich meine Lage durch Ableugnung meiner Schuld verschlimmere.

Besonders lebendige Erinnerungen habe ich an eine Bürgerversammlung, in der es um die Verkehrsberuhigung im Stuttgarter Westen ging. Es gab etwa hundert Wortmeldungen. Zunächst machte ich eine Strichliste, auf der ich die Zahl der Beleidigungen der Stadtverwaltung im allgemeinen und meiner Person im besonderen festhalten wollte. Bald gab ich es auf, die Strichliste weiter zu führen. Diejenigen, die von der Verkehrsberuhigung profitierten, waren nicht gekommen nach dem schwäbischen Grundsatz: Nicht geschimpft ist genug gelobt. Gekommen waren jene, die fürchteten, einen Nachteil zu erleiden, oder denen es ein allgemeines Bedürfnis war, der Stadtverwaltung die Meinung zu sagen.

Nach Abwicklung von dreißig Wortmeldungen war es zehn Uhr vorbei. Ich erklärte, ich hätte mir an diesem Abend nichts mehr vorgenommen und stünde die ganze Nacht zur Verfügung, um die verbleibenden siebzig Wortmeldungen anzuhören und zu kommentieren. Das führte bereits zum Abgang von über hundert Besuchern. Schließlich las ich auch noch unter heftigem Protest die Liste der Redner vor, die noch nicht das Wort erhalten hatten. Die vielen Namen lösten einen weiteren Abmarsch von mehreren hundert Besuchern aus; darunter waren auch viele, die ursprünglich noch das Wort ergreifen wollten. Mein Verhalten wurde von einigen Unentwegten kritisiert. Ich würde den Bürger nicht ernst nehmen. Ich widersprach: Weil ich ihn ernst nähme, müsse ich ihn über das informieren, was ihm bevorstehe, ihm vor allem auch die vielen Redner nennen, die auf der Liste stünden, damit er entscheiden könne, ob er bleiben wolle oder nicht. Der Vorwurf, der Bürger werde nicht ernst genommen, ist sehr beliebt. Er bedeutet, man habe Bürgern nicht recht gegeben, sondern sei der autoritären Meinung, man habe selber recht.

Der Bekämpfung des Autos als Feind des Menschen widmen viele politisch engagierte Bürgerinnen und Bürger Kraft und Zeit. Je weniger Straßenbau und je schmaler die Straßen, je länger die Staus, desto günstiger für den öffentlichen Personennahverkehr, weil dieser dann im Verhältnis zum Auto immer vorteilhafter würde. Am besten wäre der Stillstand des Kraftverkehrs mit einigen Ausnahmen wie Busse, Rotes Kreuz, Feuerwehr. Umfahrungsstraßen zu bauen, um Stadtbezirke vom Durchgangsverkehr zu entlasten, ist meistens schwierig. Solche Projekte lassen den Verdacht entstehen, ob sie nicht dem Erbfeind des Großstadtmenschen, nämlich dem Auto, dienten, was logischerweise dem Menschen nur schaden könnte. Zwar waren die Bürger in den vom Verkehr belasteten Stadtbezirken in der Regel dafür, aber jene, die dort wohnten, wo die Umfahrungsstraße gebaut werden sollte, dagegen. Die warnten dann vor Landschaftszerstörung und Beschädigung wertvollster Biotope einschließlich der seltenen Lurche, Vögel und Käfer mit einer solchen moralischen Inbrunst, daß man kaum wagte, etwas zu sagen.

Manchmal traute ich mich dann doch, aber meine Äußerungen wurden nicht sonderlich geschätzt. Als einmal im Neckartal das Projekt einer Umgehungsstraße durch ein sogenanntes Feuchtbiotop aufgehalten zu werden drohte, in dem nach meiner Einschätzung fünf bis zehn Frösche ihr Familienleben führten, und ich mich bereit erklärte, mit einem Eimer zu erscheinen, um die geschätzten Frösche an einen anderen, ebenso günstigen Platz umzusiedeln, erntete ich Undank und Entrüstung. Das Straßenprojekt wurde geändert und viel teurer. Vom Bund der Steuerzahler, der sonst bei jeder Gelegenheit seine Schmerzensschreie ausstößt, hört man in solchen Fällen nichts. In der Regel wird gefordert, Umfahrungsstraßen im Tunnel zu führen. Das verteuert sie dann bis auf das Zehnfache.

Extreme Standpunkte, radikale Ablehnung von Veränderungen, Beschimpfung derjenigen, die sie herbeiführen wollen, unerfüllbare Forderungen sind keine ungewöhnlichen und krankhaften Erscheinungen, sondern durchaus normal. In einer Demokratie können sie ohne Risiko öffentlich vorgebracht werden. Die Politiker müssen damit fertig werden, denn sie können sich weder ein anderes Volk schaffen, noch können sie die Menschen so umerziehen, daß sie pflegeleicht werden. Aber wenigstens sollten die Politiker selber wissen, daß die Wahrheit eher in der Mitte zwischen den Extremen liegt, und das freundlich und beharrlich immer wieder sagen, wenn Anlaß dafür besteht.

Im eigenen Interesse empfiehlt es sich nicht, den einzelnen Bürgern, womöglich unter Inkaufnahme von logischen Ungereimtheiten und Widersprüchen, nach dem Munde zu reden. Der Mensch ist kompliziert. Er hört es gern, wenn ihm gesagt wird, was er hören will, aber er glaubt es nicht. Er weiß im Inneren seines Wesens aus seiner eigenen Lebenserfahrung, daß extreme Forderungen sich besser für Volksreden als für die Verwirklichung eignen. Politiker sollten den Augenblick nützen, aber sich von ihm nicht mitreißen, also hinreißen lassen, etwas zu sagen, was sie am nächsten Tage nicht aufrechterhalten können. Es kommt nicht darauf an, wie groß der Applaus des Augenblicks ist, sondern ob man nach einiger Zeit mit unbeschädigtem Ruf wiederkommen kann. Dann wird man auch eher gewählt.

Wer aber etwas Falsches gesagt hat oder seine Meinung in einer Sache später ändert, der ist gut beraten, wenn er das möglichst bald offen zugibt, anstatt sich hinter Ausreden und bedenklichen Behauptungen zu verstecken. Einem Politiker, der einen Fehler eingesteht, wird wenigstens geglaubt. Er verliert in der Regel nicht sein Ansehen, sondern festigt es. Wenn sich freilich die Fehler so häufen, daß er solche Eingeständnisse jeden Tag machen muß, dann festigt das nicht sein Ansehen, sondern die Erkenntnis, daß er sich nicht für seinen Posten eignet. An die Adresse jener, die, wenn ein Politiker einen Fehler eingesteht, im Namen der *political correctness* gleich dessen Rücktritt fordern, sei bemerkt: Ein solcher Rigorismus führt dazu, daß die Politiker gehen, die eigene Fehler erkannt und eingestanden haben, und jene bleiben, die zwar Fehler gemacht haben, aber sie nicht eingestehen und sie womöglich nicht einmal erkennen. Das ethische Niveau der Politikergilde kann so schwerlich gehoben werden.

Ein radikales, kompromißloses Eintreten für eine wichtige politische Sache kann zu einer Mode werden. Modegesinnung ist, wenn einer eine Meinung hat, weil sie andere aus dem gleichen unzulänglichen Grunde auch haben, sozusagen eine »Gesinnung von der Stange« (Tucholsky). Der Modemensch ist kein Wissender, sondern ein Glaubender, der sich jenen gegenüber, die nicht glauben, was er glaubt, haushoch überlegen fühlt. Mode ist intolerant. Sie duldet keinen Einwand oder Widerspruch und nicht einmal Zweifel. Bei Kleidern oder Schuhen lasse ich mir die Mode gefallen, obwohl ich mich dessen rühmen kann, daß ich auch dieser Mode zu widerstehen vermag. Ich habe noch nie eine

Hose oder ein Jackett abgelegt, weil sie aus der Mode gekommen waren, sondern nur, weil sie der Abnutzung unterlegen sind oder ich aus ihnen horizontal hinaus gewachsen bin. Nach den gleichen praktischen Gesichtspunkten bin ich auch mit meinen politischen Meinungen umgegangen. Ich habe mich bemüht, politischen Moden entgegenzutreten, ohne die Bedeutung der Aufgaben zu leugnen, deren sich die Mode bemächtigt hatte.

Solche Infizierung, wenn nicht sogar Überwältigung des Problems durch die Mode hat zeitweilig nicht nur im Städtebau, sondern auch in der Bildungspolitik stattgefunden, im Umweltschutz mit allen seinen Verästelungen und im Denkmalschutz. Da und dort hat die Krankheit sich wieder zurückgebildet. Es ist nicht auszuschließen, daß eine erweiterte Mitwirkung der Bürger, besonders auch die Rückverlagerung von politischen Entscheidungen auf das Volk, zum Gegenstand einer Mode wird. Gewisse Symptome, die dafür sprechen, sind schon seit Jahren zu beobachten. Wir Deutsche sollten aber darauf achten, daß wir nicht durch die Suche nach einer dem jeweiligen Geschmack noch besser entsprechenden Demokratie die Demokratie in Gefahr bringen, die wir bereits haben und die, wie ich meine, bewiesen hat, daß sie funktioniert. Aus der Weimarer Zeit gibt es reichliches Anschauungsmaterial dafür, was geschehen kann, wenn der Realitätssinn vom Wunschtraum besiegt wird.

Umweltschutz

Anfang der siebziger Jahre wurde das Umweltthema weltweit auf die Tagesordnung gesetzt in der richtigen Erkenntnis, daß es sich bei ihm um eine bisher nicht genügend wahrgenommene Schicksalsfrage der Menschheit handelte. Kurze Zeit darauf geriet bei uns in Deutschland die ganze bisherige Politik in Mißkredit, obwohl auch sie schon einiges für die Umwelt getan hatte, freilich ohne das Wort »Umweltschutz« zu kennen. Zum Beispiel war der ökologische Standard im Gewässerschutz weitaus besser als zwanzig Jahre später der Standard in der DDR, wie wir nach der

Wiedervereinigung an Ort und Stelle feststellen konnten. Einzelne linke Gruppierungen bezeichneten damals die Umweltschäden als typisch für den Kapitalismus und behaupteten über alle Tatsachen hinweg, daß der Sozialismus für die Lösung der Umweltfragen weitaus günstiger sei. Der reale Sozialismus in der DDR und in den anderen sozialistischen Ländern war dies jedenfalls nicht. Inzwischen ist in den neuen Bundesländern vieles, was in der DDR-Zeit versäumt wurde, nachgeholt worden.

In den alten Bundesländern wurden weitere Erfolge erzielt. Seit geraumer Zeit schon ist die Wassergüte des Neckars unterhalb Stuttgarts trotz der gewaltigen Industrialisierung der Landesmitte um so vieles besser geworden, daß in ihm wieder Fischarten angetroffen werden, die dort seit Jahrzehnten nicht mehr vorkamen. Ich habe selber einmal von Anglern einen solchen Fisch geschenkt bekommen, der mich aber aus seinen runden Augen so mitleiderregend ansah, daß ich darauf verzichtete, ihn zu verspeisen, sondern ihn wieder dem Neckar zurückgeben ließ, in der Hoffnung, daß er nicht noch ein paarmal geangelt wird.

Jedenfalls: Als der Umweltschutz seinen Namen bekam, flatterte auch schon die Fahne des Extremismus und der Mode, wie das in Deutschland üblich ist. Der in solchen Fällen unentbehrliche Feind war auch rasch gefunden: die Wirtschaft, die sich aus zwanghaftem Wachstumsdenken heraus und um des schnöden Mammons willen nicht scheute, die Natur zu verwüsten. Gefühle bemächtigten sich der Sache. Aber Hegel hat darauf hingewiesen: Käme es nur auf das Gefühl an, wäre der Hund der beste Christ. Zwar wurde ein grundlegendes Umdenken gefordert. Dieses ist aber nur nützlich, wenn ihm ein Nachdenken vorausgeht. Sonst gerät das Umdenken leicht zum Versuch, mit dem Bau eines Hauses im dritten Obergeschoß anzufangen. Auch werden das Nachdenken wie das Umdenken nur dann fruchtbar, wenn zu Ende gedacht wird und wenn der um das Problem kreisende Denkprozeß nicht einfach dort zum Stillstand kommt, wo eingewurzelte Vorurteile bestätigt werden.

Jedenfalls galt der Kampf gegen den Wachstumsfetischismus

Kontrahenten des Oberbürgermeisters: Ulrich Maurer (SPD) und der Grünen-Politiker Rezzo Schlauch (links.)

keineswegs dem Zuwachs der Ausgaben für Kultur, Soziales und für den öffentlichen Dienst. Hier entstehen Widersprüche, die sich nur bei Anwendung des Hexeneinmaleins überwinden lassen. Aber Zauberei und Geisterbeschwörung helfen der Politik nicht. Der Alte Fritz soll gehört haben, daß ein Pfarrer mit der Geisterwelt in Verbindung stünde. Er ließ den Pfarrer kommen und fragte ihn: »Kann er Geister beschwören?« Der Pfarrer antwortete: »Jawohl, Majestät, aber sie kommen nicht.«

In den letzten Jahren haben sich die Ökobewegung und die Grünen dem Boden der Wirklichkeit genähert. Aber sie sind dort noch nicht angekommen, und die meisten von ihnen müssen noch eine ordentliche Wegstrecke zurücklegen, um das Ziel zu erreichen. Immerhin hat in den letzten Jahren sich auch bei ihnen die Erkenntnis ausgebreitet, daß Einnahmen und Ausgaben irgendwie zusammengehören. Ich weiß nicht, ob diese Wendung zum Realismus auch bei Greenpeace stattfindet. Deren Vertreter sitzen seit Jahren moralisch auf einem hohen Roß, wozu sie schon ihr aus »grün« und »Frieden« zusammengesetzter Name verführt, ein Name, der auch für den Schwaben fast den gleichen emotionalen Wert hat wie »Bausparkasse« – bauen, sparen, Kasse.

Am Feldzug zugunsten der Natur gegen die Zivilisation des Industriezeitalters nimmt auch mancher teil, dem es um andere Ziele geht. So erweisen sich manchmal Nachbarn als besonders engagierte Umweltschützer, wenn es sich um die Bebauung von in der Nähe ihres Hauses gelegenen Grundstücken handelt. Besonders häufig ist dies der Fall, wenn diese Grundstücke sogenannte Streuobstwiesen sind, an deren Obst, Ästen und Rinde verschiedene Insektenarten gedeihen, welche seltenen Vogelarten als Nahrung dienen, die wiederum jene erfreuen, die bereits eine Wohnung haben. Manchen engagierten Umweltschützer mußte ich darauf hinweisen, daß das Grundstück, auf dem sein eigenes Haus steht, auch einmal eine Streuobstwiese war. So etwas hört niemand gerne, es ist aber zur moralischen Kontrolle vor allem dem von Nutzen, der meint, letzte Wahrheiten auszusprechen. Dazu befugt ist allenfalls der Heilige Vater, sofern er von dieser

Möglichkeit mit Zurückhaltung Gebrauch macht. Andere sind nicht dazu berechtigt. Das mußte selbst Kurt Georg Kiesinger erkennen, als er einmal in einer Rede sagte: »Das verkünde ich *urbi et orbi*«. Darauf rief ein Sozialdemokrat: »Einen Schritt höher, und wir sind im Himmel!«

Ich bin nicht gegen Streuobstwiesen, nicht gegen Vögel und auch nicht gegen Insekten, wenn diese mich nicht zu sehr belästigen. Was mich bekümmert, ist, daß sich der Umweltschutz zu einem moralischen Kostümverleih entwickelt hat, mit dessen Hilfe sich so mancher, der legitim ein handfestes eigenes Interesse verfolgt – zum Beispiel das Interesse an einer schönen Aussicht oder an einer lärmfreien Nachbarschaft –, als Moralist verkleiden kann.

Leider steigt der Flächenbedarf je Einwohner und Arbeitnehmer laufend. Kamen in Stuttgart 1970 noch 25 Quadratmeter Wohnfläche auf den Einwohner, sind es heute 37 Quadratmeter. Bei den Flächen je Arbeitsplatz ist eine ähnliche Entwicklung zu beobachten. Was sollen die Städte tun? Diese Entwicklung läßt sich nicht umsteuern. Die Städte müssen sie in Rechnung stellen. Sie können darauf hinwirken, daß kompakt gebaut wird. Freilich werden Hochhäuser nicht sehr geschätzt, aus einem Vorurteil heraus, daß, wie es einmal ein Gutachter formuliert hatte, »dem Menschen eher die Horizontale als die Vertikale gemäß« sei. Die Stadt kann bestrebt sein, daß möglichst wenig Boden versiegelt wird, daß alte Wohngebiete wieder attraktiv gemacht werden, daß Gelände, das früher im Dienst technischer Zwecke stand, zum Bauen genutzt wird. Man nennt das »Flächenrecycling« und lobt dieses abstrakt als den ökologisch richtigen Weg. Aber es zeigte sich konkret, daß in Stuttgart sogar Gleisanlagen der Bahn nicht dagegen gefeit sind, im Blick auf Gräser und Heuschrecken, die sich dort aufhalten, zu so etwas wie einem Biotop erklärt zu werden.

Es gibt kein Unkraut mehr, sondern nur sogenannte Wildkräuter, die allerdings die Fähigkeit haben, den übrigen Kräutern in kurzer Zeit den Garaus zu machen. Auch das Wort »Ungeziefer« verwende man besser nicht mehr. Alles hat angeblich seinen Nutzen. Das »survival of the fittest« der Natur regelt alles zur Zufriedenheit, wenn man es nur läßt. Ich bin schon so eingeschüchtert, daß ich mich unerwünschter Schnecken nicht mehr auf die bewährte alte Art entledige, sondern sie am liebsten in Nachbars Garten würfe, wenn mich nicht Kants kategorischer Imperativ davon abhielte. Müll wird im breiten Umfange zum Wertstoff erklärt und dadurch wegdefiniert. Darin steckt ein guter Gedanke, aber weshalb wird alles so maßlos übertrieben? Zum Beispiel bestehen, wie ich mir von Fachleuten habe sagen lassen, achtzig Prozent der Plastikabfälle aus reinem Erdöl. Wäre es nicht besser, diese zu kennzeichnen und mit dem sogenannten Restmüll zu verbrennen, anstatt sich krampfhaft und kostspielig um eine Wiederverwendung zu bemühen?

Aber die Müllverbrennung ist natürlich auch etwas in hohem Maße Verdächtiges. Zwar läßt sich nachweisen, daß moderne Technik die Abgase von allen Schadstoffen bis auf minimale Restmengen reinigt, Restmengen, die niemand schaden können. Aber wo die Angst zur Mode wird, ist sie stärker als Vernunft. Die Rauchgase einer Müllverbrennungsanlage dürfen nur 0,0000000001 Gramm, nämlich 0,1 Nanogramm Toxiditätsäquivalent Dioxin je Kubikmeter Luft enthalten. So viele Nullen verdienen Respekt und Vertrauen, auch wenn sie hinter dem Komma stehen. Aber die Furcht bleibt und mit ihr die Gefahr psychosomatischer, also von seelischen Zuständen herrührender Erkrankungen.

Auf die gesundheitlichen Folgen einer irrationalen Furcht vor Gefahren, die nicht existieren, wird zu wenig Rücksicht genommen. Was soll das, wenn Höchstwerte oder Richtwerte oder Orientierungswerte für bestimmte Substanzen an der Grenze oder sogar jenseits der Grenze der Nachweisbarkeit festgesetzt werden, obwohl kein besonderes Risiko zu erkennen ist? Wohin führt es, wenn die Fortschritte in der Meßtechnik dazu dienen, immer kleinere Mengen von Substanzen zu Risiken zu erklären, und wenn schließlich die US-Umweltbehörde EPA ein Risiko berücksichtigt, das ein Mensch eingeht, der alle 345 Jahre ein Bier trinkt? Wenn das in der Umweltdebatte zur Abwehr ökonomischer Einwendungen so gerne verwendete Wort »Panikmache« irgendwo angebracht ist, dann hier.

Der Schluß, daß etwas, was in großer Konzentration schädlich ist, auch in geringer Konzentration schadet, nur mit dem Unterschied, daß nicht einer pro zehntausend stirbt, sondern – »bloß« darf man nicht sagen – einer pro Million oder Milliarde, erschien mir immer abenteuerlich, und ich habe eine solche Argumentation mit großer Zurückhaltung zur Kenntnis genommen. Beweisen kann das niemand. Die Etiketten der Mineralwasserflaschen heben rühmend die Anwesenheit einzelner Stoffe in dem als gesund empfohlenen Wasser hervor, die aus der Umweltdiskussion bekannt sind, zum Beispiel Nitrat. Der aus einer Stuttgarter Familie stammende und deshalb Vertrauen verdienende Paracelsus hat geschrieben, daß die Dosis das Gift mache, eine Feststellung, die nach wie vor gilt. Die Philosophie redet von einem Qualitätssprung, wenn bei Veränderung einer Quantität die Qualität in ihr Gegenteil umschlägt. Wenn zum Beispiel die Zimmertemperatur 25 Grad beträgt, ist dies angenehm. Sinkt sie aber auf null Grad oder steigt sie auf 120 Grad, wird dies unangenehm oder gar gefährlich. Wer das übersieht und vom Großen auf das Kleine schließt, kann sich sehr irren.

Wenn ein Lehrer folgende Rechenaufgabe stellte: Ein Mann wird von drei Hunden gebissen und springt dreißig Zentimeter hoch. Wie hoch wäre er gesprungen, wenn ihn nur ein Hund gebissen hätte? Jeder vernünftige Mensch würde merken, daß hier etwas nicht stimmt. In der politischen Auseinandersetzung ist es nicht sicher, daß ein solcher Denkfehler auffällt. Vielleicht finden sich aber auch Wissenschaftler, die sagen, daß in einem solchen Fall gar kein Denkfehler vorliegt. Nützt eine solche Aussage einer politischen Ideologie, werden solche Wissenschaftler von den Anhängern der Ideologie sofort zu namhaften oder ernstzunehmenden Wissenschaftlern befördert, deren Rat man nicht in den Wind schlagen sollte, ganz im Unterschied zu den Meinungsäußerungen jener Wissenschaftler, welche die Ideologie nicht stützen und deshalb nicht ernst zu nehmen sind.

Tschernobyl und die Folgen

Der alte schwäbische Witz von dem Herren, der einen Globus kaufen wollte und der, nachdem er im Buchladen die Kontinente und Länder auf dem Globus eingehend betrachtet hatte, meinte, ihm würde ein Globus von Württemberg genügen, hat nach wie vor aktuellen Sinn. Trotz aller Selbstkritik haben wir Deutsche im Innersten unseres Wesens die Neigung zu glauben, Deutschland sei die Welt, mindestens aber der Nabel der Welt. Was in Deutschland geschieht, geschehe auch in der Welt. Wenn wir die Kernkraft abschalten, schalten alle anderen Länder auch ab. Wenn wir keine Gentechnik zulassen, verzichten die anderen auch darauf. Auch ich bin solchen Horizontverengungen wiederholt erlegen. Vor Tschernobyl hatte ich mich ausschließlich mit der Sicherheit westlicher, insbesondere deutscher Kernkraftwerke befaßt, obwohl bekannt war, daß die Sowjetunion und ihre Verbündeten Kernkraftwerke bauten und betrieben, die aus Sicherheitsgründen im Westen niemals zugelassen worden wären. Jedenfalls war ich innerlich nicht darauf vorbereitet, daß es jenseits des Eisernen Vorhangs zu einem Kernkraftunfall kommen könnte, im Vergleich zu dem der von Three Mile Islands in den USA geradezu eine Bagatelle war.

Unmittelbar nach der Katastrophe von Tschernobyl im Jahr 1987 wurde auch in Stuttgart erhöhte Radioaktivität festgestellt. Die Referentenrunde versammelte sich in Zimmer 401 des Rathauses und beriet, was nun geschehen müßte. Wir meinten zunächst einmal, daß die gesteigerte Radioaktivität auch städtisch gemessen werden sollte. Sodann wäre festzustellen, ob sie den Bürgern schadete. In diesem Falle müßten wir den Bürgern sagen, wie sie sich schützen könnten.

Auf unsere Bitte hin erschien ein städtischer Mitarbeiter vom Zivilschutz mit zwei Apparaten. Einer von ihnen war offenbar für das Grobe bestimmt, denn er rührte sich überhaupt nicht. Bei dem anderen zuckte immerhin die Nadel. Gebrauchsanweisung war keine da. Was bedeutete das Zucken? Die meisten von uns meinten, daß es sich um »rad« handelte. Aber wie verhielt sich

»rad« zu »rem«, von dem wir auch alle schon etwas gehört hatten? Bei »rem«, war in einer Broschüre zu lesen, spielte der menschliche Faktor eine Rolle. Bedeutete das, daß mit »rem« ermittelt wird, wieviel der Mensch aushält? Dann gab es auch noch Curie, Becquerel, Sievert.

Ich sprach mit unseren Professoren Dr. Künne und Dr. Brüderlin sowie mit dem zuständigen Arzt Dr. Stichler. Die drei Herren, die gut informiert waren, versuchten mir in einer Art Intensivkurs Teile ihres Wissens einzuflößen. Ich begann in etwa zu begreifen, wie es sich mit den genannten Begriffen verhält. Zwei Radiologen aus unseren Krankenhäusern flüsterten mir zu, daß sie mit weitaus höheren Dosen arbeiten würden. Das beruhigte mich. Auch Hinweise auf Kurorte, die mit ihrem radioaktiven Wasser beziehungsweise Luft werben, gaben mir Trost.

Offenbar war sich die Wissenschaft nicht einig, ob Radioaktivität in geringeren Dosen gesund, ungesund oder weder das eine noch das andere ist, und keiner konnte seinen Standpunkt beweisen. Das Land war sofort tätig geworden und hatte bereits angeordnet, daß Salat mit höheren radioaktiven Werten nicht verkauft werden durfte. Das reichte zunächst einmal. Zum Glück äußerte sich der Präsident der Strahlenschutzkommission in Bonn kompetent und beruhigend.

Ich rüstete mich für eine Verschärfung des Streits über die Kernenergie. Dieser Streit betraf besonders die Landeshauptstadt Stuttgart mit ihren Beteiligungen an drei Kernkraftwerken und einem Kernkraftanteil am Strom von fast achtzig Prozent. In einem größeren Papier wies ich nach, daß eine Katastrophe wie in Tschernobyl bei der in deutschen Kernkraftwerken verwendeten Technik, vor allem auch Sicherheitstechnik, nicht möglich wäre und daß die ausschließliche Verwendung fossiler Brennstoffe nicht nur die Luftverschmutzung erhöhen, sondern auch den Treibhauseffekt begünstigen würde. Deshalb sei die weitere Verwendung der Kernenergie unter ökologischen Gesichtspunkten geboten. Meine Argumente wurden von jenen akzeptiert, die sie schon vorher für richtig gehalten hatten.

Was mich heute beunruhigt, ist die Tatsache, daß über zehn

Jahre nach dieser Katastrophe, die in Rußland und in der Ukraine Tausende von Opfern gekostet hat, immer noch Kraftwerke vom Typ Tschernobyl in Betrieb sind und auf absehbare Zeit bleiben werden, ohne daß sie mit nennenswerter zusätzlicher Sicherheitstechnik ausgestattet wären. Die Kraftwerke werden gebraucht. Die Betreiber können die Sicherheitstechnik nicht bezahlen, und andere Länder wollen sie nicht bezahlen. Bei uns in Deutschland fordern einflußreiche politische Kräfte, unsere Kernkraftwerke trotz ihres hohen Sicherheitsstandards abzuschalten. Wegen des Treibhauseffektes soll auch Braunkohle und Steinkohle zurückgefahren werden. Das Gas ist wegen geringerer Emission von Kohlendioxid (die Emission besteht zum Teil aus Wasser) vom ökologischen Bannfluch ausgenommen. Wie das funktionieren soll, weiß ich nicht.

Einige Zeit nach dem Unglück von Tschernobyl fuhr ich in unsere Partnerstadt Straßburg und traf dort meinen Kollegen Rudloff. Die französischen Freunde amüsierte es, daß sich ihre deutschen Nachbarn so sehr über die radioaktiven Niederschläge von Tschernobyl aufregten, während in Frankreich die Bürger dieses Ereignis mit großer Ruhe zur Kenntnis genommen hatten. Ich erwiderte: »Woher kommt denn die ganze Aufregung? Von der Kenntnis des Problems. Und woher kommen die, denen wir diese Kenntnis verdanken? Vielleicht aus Deutschland? Herr und Frau Curie, waren das Deutsche? Herr Becquerel, war das ein Deutscher? Alle drei waren doch Franzosen!« Ich will den Unterschied, den Max Weber zwischen politischer Leidenschaft und steriler Aufgeregtheit macht, hier nicht bemühen, aber es wäre schon günstig, wenn alle Beteiligten an der Umweltdiskussion sich weniger erregten, dafür aber mehr nachdächten, und zwar ergebnisoffen. Ich denke, daß langfristig bei zunehmender Verknappung von Öl und Gas auch diejenigen neu über die Kernkraft nachdenken werden, die sie heute für ein Angebot des Teufels halten.

Mit Optimismus und Realismus den Wandel bewältigen

Ergebnisoffenes Denken war wohl noch nie in der Geschichte so nötig wie in unserer Zeit. Was uns Menschen ergreift, ist nicht einfach die Unruhe, welche die abendländische Menschheit schon vor der letzten Jahrtausendwende empfunden hat und die sich dann wieder verflüchtigte, als das neue Jahrtausend unbeschädigt erreicht war. Es ist die Vorausahnung eines grundlegenden Wandels, der sich längerfristig mit fast mathematischer Sicherheit abzeichnet. Die Zukunft wird nicht ein größeres Abbild der Gegenwart, sie wird anders sein. Die längerfristige Hochrechnung der Entwicklung der vergangenen Jahrzehnte ergibt kein schlüssiges Ergebnis. Die fossilen Kraftstoffe sind begrenzt. Irgendwann stehen sie nicht mehr so reichlich zur Verfügung wie heute. Eines Tages werden sie knapper und immer teurer werden. Dann wird die Menschheit begreifen, daß sie auf keine Energieart verzichten kann. Und die Zeit der regenerativen Energien wird kommen, nicht auf einen Schlag, aber unaufhaltsam. Die explosionsartige Vermehrung der Menschheit, ein Phänomen dieses Jahrhunderts, wird an ökonomische, ökologische und soziale Grenzen stoßen, mit desto härteren Folgen, je weniger vorausgeplant wird. Die jungen Industrieländer – darunter China mit über einer Milliarde Menschen – werden den gleichen Lebensstandard anstreben, den die alten haben, mit dem diese aber auch nicht zufrieden sind. Das Wachstum der Wirtschaft wird sich wohl, jedenfalls in den hochindustrialisierten Ländern, verlangsamen. Es kann sogar eines fernen Tages soweit kommen, daß nicht mehr wie bisher der Zuwachs die Regel, sondern es schon ein Erfolg ist, wenn der bestehende Zustand unter humanen Bedingungen aufrechterhalten werden kann. Ob angesichts des Rationalisierungsdruckes des globalen Wettbewerbs ein ausgewogenes Verhältnis zwischen Angebot und Nachfrage auf den Arbeitsmärkten zu erreichen ist, hängt auch davon ab, ob der Wettbewerb durch globale soziale Regeln gezügelt werden kann.

Ich habe in meinen Jahren als Oberbürgermeister erlebt, wie aus Vollbeschäftigung Arbeitslosigkeit geworden ist. In der Lan-

Mit Arbeitsminister Blüm
im Paternoster des Stuttgarter Rathauses.
Der beliebte Aufzug konnte trotz anderslautender
EG-Richtlinien in Betrieb bleiben.

deshauptstadt Stuttgart gingen 1970 bis 1987 in der Produktion 70000 Arbeitsplätze verloren. Gleichzeitig sind 65000 Arbeitsplätze in Dienstleistungsbereichen, vor allem in produktionsnahen Sektoren neu entstanden. In den letzten Jahren verlief die Entwicklung noch dramatischer. Trotz dieser großen Veränderung war im Stuttgarter Raum noch lange Zeit die Meinung verbreitet, die Schaffung von Arbeitsplätzen sei eher eine nachrangige Aufgabe. Vor zehn Jahren war bei einigen Stadträten, die durchaus sozial engagiert waren, das Interesse an der Ansiedlung von Unternehmen im Stuttgarter Raum so gering, daß der Eindruck entstehen konnte, sie wären froh, wenn niemand käme. Auch die Gewerkschaften haben sich damals nicht überanstrengt, um neue Arbeitsplätze nach Stuttgart zu bekommen.

Damals gelang es nur mit einer knappen Gemeinderatsmehrheit, die Firma Daimler-Benz mit 3500 Arbeitsplätzen auf einem landschaftlich nicht sonderlich attraktiven Gelände anzusiedeln, weil Nachteile für Umwelt und Verkehr befürchtet wurden. Daimler-Benz hatte an dieser Stelle ursprünglich 7000 Arbeitsplätze unterbringen wollen. Ich ziehe den Hut vor Edzard Reuter und Werner Niefer, daß sie trotz aller Risiken zu dem Projekt standen und sich nicht mit einem hierzulande üblichen Gruß verabschiedeten, der freilich eher zu dem Schwaben Niefer als zu dem Preußen Reuter gepaßt hätte. Der Stuttgarter Flughafen wäre beinahe nicht ausgebaut worden, trotz empfindlicher Mängel bei der Flugsicherheit und obwohl ein leistungsfähiger Flughafen in der Mitte des hochindustrialisierten Landes für Arbeitsplätze und Wirtschaftskraft entscheidend ist (Mindestsichtweite bei Landung früher aus Richtung Ost 3700 m und aus Richtung West 800 m, heute nur 75 m). Eine Gemeinderatsmehrheit hatte sogar trotz meiner Warnungen beschlossen, gegen die von Bund und Land für notwendig gehaltene Verlängerung der Start- und Landebahn zu klagen. Allerdings habe ich dann für den Finanzierungsbeitrag der Stadt zur Verlängerung der Start- und Landebahn, ohne den das Vorhaben gescheitert wäre, doch im Rat eine Mehrheit erhalten. Das rechne ich einigen Ausbaugegnern, die sich enthalten oder zugestimmt haben, hoch an.

Inzwischen hat sich unter dem Eindruck der Arbeitslosigkeit manches in Richtung auf mehr Realismus und praktische Vernunft verändert. Das ist gut so, denn nur, wer die Wirklichkeit beachtet, kann sie verbessern oder wenigstens verhindern, daß sie schlechter wird, als dies notwendig wäre. Dies setzt Optimismus voraus. Diesen kann man nicht befehlen, genau so wenig, wie Glaube, Liebe, Hoffnung auf Kommando entstehen. Auf gutem Wege, ein Optimist zu werden, ist nicht der Phantast, sondern wer den Mut aufbringt, gegenwärtigen und künftigen Tatsachen ins Auge zu sehen. Ein französisches Sprichwort sagt: »Gouverner c'est prévoir« – regieren heißt vorausblicken. Blicken wir voraus? Ich habe manchmal den Eindruck, daß wir lieber im Dunkeln tappen. Wie könnte die Welt in sechzig oder in hundert Jahren aussehen? Können wir überhaupt etwas wissen? Wir könnten jedenfalls viel mehr wissen, wenn wir wollten. Wir sollten wollen. Eine Kultur, auch die abendländische, erhält Leben und Kraft durch ihren Mut zur Zukunft. Ein Kontinent, eine Nation, die nicht an ihre Zukunft glauben, ja, die froh sind, wenn sie von ihr nichts wissen, haben keine Zukunft. Fehlt der Mut zur Zukunft, stirbt die Kultur. Sie jammert noch ein bißchen über die Gegenwart. Aber dann ist Endzeit.

Der Optimismus der Amerikaner und Briten stellt sich auf dem europäischen Kontinent nicht so recht ein. Das hängt wohl auch mit dem größeren Respekt für Tatsachen zusammen, der im englischen und amerikanischen Kulturkreis anzutreffen ist. Das Denken in diesem Kulturkreis wird stark beeinflußt von dem britischen Philosophen John Locke. Dieser meinte, daß alles, was Menschen wissen und denken, in der Erfahrung wurzelt. Der Mensch könne nur wahrscheinliche, aber keine sicheren Wahrheiten haben. Hierdurch wurde – wie man heute sagt – der praktischen Erfahrung ein hoher Stellenwert gegeben. Das Bedürfnis, Erfahrungen zu sammeln und sie zu verwerten, also praktisch zu denken, wird gefördert und ermutigt.

Im deutschen Kulturkreis hat die Erfahrung nicht den gleichen Rang, wenn wir von den Naturwissenschaften und der Technik absehen. Aber diese führen bei uns noch immer ein Außenseiterdasein am Rande dessen, was wir uns unter Kultur vorstellen. Einige der großen deutschen und französischen Philosophen gaben sich nicht mit dem Wahrscheinlichen zufrieden, sondern wollten es, wie man im Schwäbischen sagt, ganz gewiß wissen. Deshalb spielt die Suche nach beweisbaren absoluten Wahrheiten in unserer Geistesgeschichte eine größere Rolle als in der englischen und amerikanischen. Auf der Suche nach etwas Absolutem, das sich so klar beweisen läßt, daß selbst Gott es nicht widerlegen kann, ist noch niemand fündig geworden, soweit mir bekannt ist. Tatsachen und Erfahrungen sind bei uns etwas suspekt, jedenfalls, wenn es um große Fragen geht, und die Wissenschaften, die mit ihnen zu tun haben, auch. Dieser Zustand ist bei uns in Deutschland besonders ausgeprägt. Das mag einer der Gründe sein für die Technikangst und für die Ökonomiefeindschaft, die beide Unterarten der Furcht vor der Rationalität sind, und für die Freude an Illusionen und Träumereien. Der Geist des Mittelalters lebt noch in unseren Köpfen.

In unserer Zeit kommt es darauf an, brauchbare Entwürfe für eine zukünftige Gesellschaft zu entwickeln, die unter stark veränderten ökonomischen und ökologischen Rahmenbedingungen menschenwürdig leben soll. Den kulturellen Zwiespalt mit seinen Verwirrungen und Verirrungen können wir angesichts dieser Perspektive nicht als von Gott gegeben hinnehmen. Wir können uns mittelalterliches Denken nicht leisten. Gewiß, wir fürchten nicht mehr den geschwänzten, bockbeinigen Teufel, sondern moderne Dämonen wie Kapital, Kernkraft, Auto, Chemie und Gentechnik. Sie sollen durch Beschimpfung und Verfluchung in die Flucht geschlagen werden. Aber sie fliehen nicht weit. Kernbrennstäbe werden jetzt nicht mehr in Deutschland aufbereitet, und die Gentechnik wird auch woanders in Produkte verwandelt. Und die Bereitschaft, unangenehme Wahrheiten zu offenbaren, wird auch nicht gerade gefördert.

Um die Zukunft zu gewinnen, sollten wir uns hinwenden zum Geist der Aufklärung, dieser gemeinsamen Kulturleistung von England, Frankreich und Deutschland. Immanuel Kant beantwortete in einem Aufsatz von 1784 die Frage: »Was ist Aufklärung?« so: Aufklärung sei der Ausgang des Menschen aus selbstverschuldeter Unmündigkeit. Unmündigkeit sei das Unvermögen, sich seines Verstandes ohne Leitung eines anderen zu bedienen. Der Wahlspruch der Aufklärung sei: Sapere aude: Habe den Mut zu wissen! Diesen Mut wünsche ich uns.

Kunst und Kultur

Was Kunst ist, will ich nicht definieren, weil ich das nicht kann. Das Bundesverfassungsgericht hat es versucht und ist daran gescheitert. Es hat die Kunst als ein Produkt freier schöpferischer Gestaltung bezeichnet und dabei die *art trouvé* außer acht gelassen, bei der nicht gestaltet, sondern nur gefunden und das Gefundene durch eine Art Weiheakt zum Kunstwerk ernannt wird. So kann ein Wäschekorb, ein Einkaufswagen oder ein Bügeleisen zum Kunstwerk ernannt werden, freilich nach meiner Kenntnis unter der Voraussetzung, daß es nicht mehr seiner ursprünglichen Bestimmung gemäß benützt wird. Hegel meinte noch, die Natur sei keine Kunst. Ob das noch gilt, ist mir unbekannt. Ich habe gehört, daß sich ein Künstler selber zum Kunstwerk erklärt haben soll, *mais je ne sais pas trop*.

Zu der Ausweitung des Kunstbegriffes trug wohl die Sehnsucht nach Freiheit von Bindungen bei. Wenigstens in der Kunst sollte so etwas wie Anarchie, der Abschied von Sitte, Konvention, Normen möglich sein. Auch in Fragen der Erotik erscholl einst der Ruf nach Freiheit, der nunmehr freilich wegen der inzwischen ins Bewußtsein getretenen Frauenfrage nur noch verhalten erklingt, sofern es um Beziehungen der zwei Geschlechter geht. Es ist aber keine drei Jahrzehnte her, als Studierende einer Kunstakademie Räume in einer Weise gestaltet haben, die einen kunstsinnigen, aber konservativen Staatssekretär zu dem pathetischen Ausruf veranlaßte: »Selbst eine Abortwand müßte vor Scham erröten, wenn sie solche Inschriften tragen würde!«

Es fragt sich, wieviel Ausdehnung der Kunstbegriff aushält, bevor er sich vollends auflöst. Auf geistiger, ja philosophischer

Ebene hat zu der starken Ausweitung des Kunstbegriffs Joseph Beuys beigetragen, ein interessanter, gescheiter und amüsanter Mann. Ich habe seine Kunst nicht verstanden. Ich habe mich aber darum bemüht. Bei der Besichtigung des ihm gewidmeten Raumes in der Stuttgarter Staatsgalerie sagte mir eine kunstsinnige Dame, es sei traurig, daß so viele die Kunst von Professor Beuys nicht verstünden. Ich erklärte, zu diesen gehörte ich auch, und ob nicht sie mir helfen könne. Sie konnte auch nicht.

Ich habe einmal mit dem russischen Philosophieprofessor Gulyga in der Staatsgalerie den Weg von der alten Kunst in die Moderne zurückgelegt. Als wir im Beuys-Saal ankamen, sagte ich ihm: »Hier kann man den Weg verfolgen, den die Dialektik in der Kunst zurückgelegt hat.« Er erwiderte: »Entgegen einer weitverbreiteten Ansicht weist der Weg der Dialektik nicht immer nach oben.« Gulyga hatte im übrigen als sowjetischer Leutnant an der Erstürmung Königsbergs teilgenommen. Er sei, erzählte er mir, nach dem Fall von Königsberg sofort zum Grab von Kant geeilt und habe auf diesem eine russische Aufschrift vorgefunden, die nach meiner Erinnerung lautete: »Nun weißt Du, Alter, daß die Materie stärker ist als der Geist.« Der Vorfall habe ihn, Gulyga, geärgert, erstens, weil das Grab beschmiert worden sei, und zweitens, weil der Verfasser der Inschrift eine fundamentale Unkenntnis der Philosophie verriet.

Zusammen mit Beuys nahm ich einmal an einer Podiumsdiskussion über Kunst teil. Kurz vorher hatte ich die sogenannte »bunte Fabrik« im Stuttgarter Süden von Besetzern räumen und dann abreißen lassen. Die Besetzer waren stark vertreten, und einer von ihnen fragte Beuys, was er dazu sage, daß ich ein Kunstwerk hätte zerstören lassen. Ich erklärte daraufhin, jede Zerstörung sei eine Neuschöpfung, und ich hätte deshalb auch ein Kunstwerk geschaffen. Professor Beuys war zu klug, um sich in diesen Streit hineinziehen zu lassen. Einer aus der Gruppe der Besetzer entledigte sich seiner Kleider, stellte sich so, wie Gott ihn geschaffen und wie er sich selber entwickelt hatte, vor mich, versetzte sich, offenbar durch Suggestion, in Erstarrung und hielt stundenlang ein Plakat, in dem gegen mich protestiert wurde.

Der Schweiß lief ihm über den Rücken. Die Besetzung leerstehender Häuser war eine Mode, die aus Berlin stammte und nach Stuttgart übersprang. Ein rechter Schwabe nimmt die Verletzung seines Eigentums ernster als die Verletzung seiner Person. Schon deshalb konnten wir nicht großzügig über derartige Rechtsverletzungen hinwegsehen. Zum Glück hatten wir eine sehr verständnisvolle Polizeiführung und gute, besonnene Polizisten. Wir forderten lediglich von den Hausbesitzern, daß die besetzten Wohnungen oder Räume unmittelbar nach der Räumung genutzt oder renoviert werden müßten. War dies nicht beabsichtigt, ließen wir die Besetzer, wo sie waren, bis die Hausbesitzer bereit waren, einer Nutzung zuzustimmen.

Die Kulturpolitik der Stadt war eine meiner größten Herausforderungen. Ich erlebte tolle Opern-, Theater- und Ballettaufführungen, die ich nur zum geringen Teil gesehen hätte, wenn ich nicht Oberbürgermeister gewesen wäre. Die großen Sterne des Balletts lernte ich näher kennen, darunter auch Marcia Haydée und Birgit Keil. Mit beiden Damen habe ich getanzt, das heißt, die Damen haben mich auf der Tanzfläche herumgezogen und herumgeschoben wie einen Tanzbären, so daß ich froh war, als sie mich wieder losließen. Frau Haydée bin ich bei einer Polonaise trotz meines krampfhaften Bemühens um Breitbeinigkeit auf die Schleppe getreten.

Die Musik war meine Achillesferse. Zwar war mir schon in früher Jugend bewußt geworden, daß Konzertsäle Orte von besonderer Würde und Weihe sind. Manche Zuhörer sahen so aus, als wären sie im Begriffe einzuschlafen. In Wirklichkeit waren sie, wie man mir sagte, ergriffen vom Zauber der Musik. Sie unterdrückten den Hustenreiz, um die Musikausübenden nicht zu stören, und liefen rot an. Mir waren solche Ereignisse meistens langweilig. Um zur Unterhaltung beizutragen, lernte ich, Schnarchtöne auszustoßen, ohne das Gesicht zu verziehen. Meinen Eltern und meiner Tante war das peinlich. Ich wurde als ein Mensch ohne jene edle Gesinnung angesehen, die zum rechten Kunstgenuß befähigt, und nicht mehr mitgenommen.

In den musischen Fächern hatte ich nur eine recht oberflächliche Schulbildung erfahren und auch selber wenig Initiative entwickelt, um mich musikalisch zu bilden. Das Versäumte im reiferen Alter nachzuholen, ist kaum möglich. Ich wurde zwar einmal in einer Konzertkritik namentlich erwähnt, aber nur, weil ich niesen mußte und es nicht, wie andere Konzertbesucher, verstand, diesen natürlichen Vorgang auf die Pause oder auf ein Fortissimo zu verschieben.

Der physikalische Vorgang bei der Erzeugung von Musik war mir durchaus klar: Luftschwingungen. Hegel hatte das schon geahnt. Er hatte den Ton als das Resultat eines schwingenden Zitterns definiert. Zum Glück gab es im Rathaus einige, die wirklich etwas von Musik verstanden. Ich selber konnte nur meinen guten Willen investieren. Ich bemühte mich aber redlich, mich zu informieren, so auch über den von meinem Vater geschmähten und von meiner Tante Helene geliebten Richard Wagner. Ich kaufte mir Kassetten seiner Oper und hörte sie im Urlaub ab, während ich den Text las, und stellte nach einiger Zeit fest, daß ich zu den wenigen gehörte, die genau wußten, um was es im Ring des Nibelungen eigentlich geht. Es war für viele bewährte Musikfreunde eine Überraschung, wenn ich ihnen mitteilte, daß Wotan nebst Gattin zunächst eigentlich wohnsitzlos waren und sich durch Methoden ein Eigenheim zu beschaffen suchten, die jeden Bauskandal in der Bundesrepublik völlig verblassen lassen würden. Daß Wotan über zehn uneheliche Kinder hatte, woraus sich der Mißmut seiner Gattin erklärt, kann man noch übergehen. Aber daß Siegfried, der so schön singt, sich als ein Flegel darstellt, der gut in die Achtundsechziger-Generation gepaßt hätte, so etwas muß zunächst einmal geistig verarbeitet werden.

Ich wollte Catherine den Genuß einer Wagneroper nicht vorenthalten, um die Liebe zur Musik, die bei mir so lange nicht hatte zum Vorschein kommen wollen, in ihr zwölfjähriges Herz zu pflanzen; meine Frau hatte bereits durch die Anschaffung eines Klaviers und die Finanzierung von Klavierstunden das ihre getan. So nahm ich sie mit in die Oper »Siegfried«, wohin sie mir folgte, weil ich ihr trotz besseren Wissens versicherte, daß der

Drache persönlich erscheinen und den Versuch unternehmen würde, Siegfried aufzufressen. Dies gefiel ihr, und die Hoffnung auf das große Ereignis hielt sie über Stunden hinweg aufrecht. Doch der Drache kam nicht, weil die Inszenierung ihn nicht vorsah. Ich erklärte ihr, er sei wohl kaputtgegangen und man müsse sich eben einbilden, daß er da sei, wozu ja auch sein Gesang anrege. Dies war für sie aber weder Beruhigung noch Trost, so daß wir künftig unsere Opernbesuche allein vornehmen mußten.

Später habe ich einmal bei der Richard-Wagner-Gesellschaft eine Rede über den Meister gehalten, die ich in Verkennung des Ernstes, der die dort Versammelten beseelte, zu heiter gestaltete. Einer hat am Anfang gelacht, aber unter den etwas distanzierten Blicken der anderen bald sein Gelächter eingestellt. Richard Wagner nahm sich offensichtlich selber nicht so ernst wie seine Bewunderer. Mit Stolz erfüllt mich noch heute, daß er als politischer Flüchtling am 27. Mai 1849 in Lindau eine ganze Nacht lang Schwäbisch zu lernen versucht hat, in der Absicht, sich beim Übertritt über die Grenze als Tübinger Professor auszugeben, eine Figur, die er offenbar geradezu für ein Symbol politischer Harmlosigkeit ansah.

Die Dirigenten, die ich kennenlernte – Münchinger, Varviso, Navarro, Rilling, Hauschild, Ferro, Russel Davies, Gönnenwein –, verziehen mir meine unzulängliche musikalische Bildung. Ich betrachte es als eine Ehre, daß ich diesen bedeutenden Musikern begegnete. Münchinger war ein hochbegabter, aber schwieriger Herr. Er war der Erztyp des Dirigenten, wie ihn Elias Canetti in »Masse und Macht« beschreibt. Was er sagte, war richtig, und was von diesem abwich, war falsch. Er wollte einmal sein ganzes Kammerorchester entlassen. Als ich dieses Vorhaben mit Skepsis und Zurückhaltung beurteilte, fragte er mich: Wer ist der Wichtigste in einem Orchester? Mir fiel das Naheliegende nicht ein, und darum beantwortete er seine Frage gleich selbst: der Dirigent. Varviso war ein besonders liebenswürdiger und fröhlicher Mensch. Ich dachte immer, diese seelische Ruhe gehöre auch zum Wesen seiner Gattin. Aber in ihr waren Temperament und Leidenschaft. Nach seiner Stuttgarter Zeit ging Varviso nach Paris, wo er ein anderes, nämlich wesentlich frecheres Musikpublikum vorfand als in Stuttgart. Als ein Mitglied dieses Publikums bei einem Konzert des Meisters buhte, soll ihm Frau Varviso eine Ohrfeige versetzt haben.

Auch Navarro hat als Generalmusikdirektor der Staatstheater Großes geleistet. Es hat mich besonders beeindruckt, fast getroffen, daß er als Spanier mit der deutschen Arbeitsmoral nicht zufrieden war. Er formulierte seine Kritik anschaulich: »Kommt dickes Mann auf Bühne. Haut sich mit Hammer auf Daumen. Und gleich Krankenkasse!« Damit war alles gesagt.

Helmut Rilling ließ mich sogar einmal die Gächinger Kantorei dirigieren, nachdem ich ihm mitgeteilt hatte, daß ich 1971 Ministerialdirigent gewesen war. Die Leistung des Chors erregte meine Bewunderung, weil er trotz meiner höchst fatalen Bemühungen die gewohnte Qualität brachte. Ich fragte Rilling dann, was der Dirigent machen müsse, damit Chor oder Orchester zu singen oder zu spielen aufhörten, denn ich hatte wiederholt auf dem Volksfest peinliche Minuten erlebt, wenn ich vom Dirigieren genug hatte und das Blasorchester trotz meiner Abwehrbewegungen seine lautstarke Tätigkeit fortsetzte. Rilling sagte mir, der Dirigent müsse sich vorstellen, eine Sau läge auf dem Rücken, Schnauze nach rechts. Und dann brauche er nur die Rückenlinie einschließlich des Ringelschwanzes nachzuzeichnen, und schon stellten Chor und Orchester ihre Tätigkeit ein. Ich probierte die Rillingsche Empfehlung alsbald aus, aber das Orchester hatte offensichtlich von der Bedeutung der auf dem Rücken liegenden Sau noch nie etwas gehört und spielte weiter. Das war ein Augenblick, in dem mein bislang uneingeschränktes Vertrauen in Professor Rilling einen Riß bekam.

Hauschild als Chef der Stuttgarter Philharmoniker war aus der DDR zu uns gekommen, zunächst mit dem Segen der DDR-Regierung. Dann entschloß er sich aber, ohne diesen Segen in der Bundesrepublik zu bleiben. Dies erzeugte erhebliche Widerstände, besonders gegen unsere Bemühungen, Frau Hauschild nachkommen zu lassen. Schließlich gelang dies aber doch. Hauschild verfolgte mit viel Kraft und Ehrgeiz das Ziel, das Niveau unserer Philharmoniker oben zu halten und weiter anzuheben. Hierbei kam es zu Konflikten mit dem Personalrat, denn Hauschild war natürlich aus dem Land des realen Sozialismus nicht daran gewöhnt, daß die Beschäftigten wirklich etwas zu sagen hatten.

Wir Juristen kennen die Menschen und sind froh, wenn wir ihnen die Note »ausreichend« geben können. Aber die Künstler wollen in ihrer Kunst vollkommen sein wie Gott. Einer, der auch nach Vollkommenheit strebte und sie musikalisch fast erreichte, war Gabriele Ferro, Generalmusikdirektor der Staatstheater. Sein harmonisches Wesen gewann ihm die Herzen der Musiker, kam aber weniger zum Vorschein in seinem Verhältnis zum Operndirektor Zehelein, auch ein Mann von erheblichem Format, der nun einmal für die Oper künstlerisch verantwortlich war. Gabriele Ferro wandte sich an mich, um der richtigen Auffassung von Kunst, nämlich seiner, zum Siege zu verhelfen. Auf Italienisch, Englisch und Französisch sagte er mir, was ich seiner Meinung nach tun sollte, doch ich mußte mich vor Zehelein stellen. Ich hoffe, daß er mir dies nicht nachträgt und daß die Musik, deren Meister er ist, ihn tröstet.

Russell Davies wirkte immer liebenswürdig. Er war erfolgreich in Stuttgart. Als eine entsprechende Position in Bonn frei wurde, empfahl ich ihn meinem damaligen Kollegen Daniels nachdrücklich. Da Russell Davies einen Bart hatte, geriet er jedoch nachher in Verdacht, ein Linker zu sein, was einen konservativ gesinnten Herren fürchterlich aufregte, der mich am Telefon selbstmörderischer Liberalität bezichtigte. Nachdem ich herausgefunden hatte, daß dieser Herr in Stuttgart nicht wahlberechtigt war, wurde ich unfreundlich. Schließlich bediente ich mich eines Bismarck-Wortes, welches lautet: »Wenn ich die Wahl zwischen Ihrer und meiner Meinung habe, ziehe ich immer noch meine vor.«

Es ist mir offengestanden völlig egal, welche Partei ein Künstler bevorzugt oder wählt, und ich empfinde es als lächerlich, wenn dieser Gesichtspunkt eine Rolle spielt. Lothar Späth verfuhr in seiner Kunstpolitik genauso. Sein treuer Gehilfe war der Leiter der Kunstabteilung im Wissenschaftsministerium, Rettich, der mit der CDU nichts am Hut hatte. Rettich hat mir zu meinem sechzigsten Geburtstag ein Buch mit dem Titel »Das Bleibende in der Kunst« geschenkt, das aus lauter leeren Seiten bestand. Hoffentlich war das keine Prophezeiung.

Der Dritte im staatlichen Kulturverbund wurde Wolfgang Gönnenwein, Dirigent von Rang, Rektor der staatlichen Musikhochschule in Stuttgart sowie künstlerischer Leiter der Ludwigsburger Schloßfestspiele, ein für die Musikkultur ertragreiches Unternehmen. Die Kulturszene hatte sich beruhigt. Peymanns Nachfolger Heyme hatte wegen seiner etwas theoretischen Inszenierungen nicht den gleichen Erfolg wie sein Vorgänger. Peymann war nicht vergessen, und viele, unter ihnen auch ich, pilgerten nach Bochum, um ihn und seine Mannschaft dort zu erleben. Mein Bochumer Kollege Eikelbeck, ein tüchtiger Sozialdemokrat, war mit Peymann und seinem Umfeld nicht so ganz zufrieden, weil ihm einige von diesen den Spitznamen »Ekelbeck« verpaßt hatten, so daß es der Intervention des SPD-Bundesvorstandes bedurfte, um den weiteren Verbleib Peymanns in Bochum sicherzustellen.

Hans Peter Doll wirkte nach wie vor als Generalintendant. Ich hoffte auf ruhigere Zeiten in den Staatstheatern. Eines Tages rief mich Lothar Späth an und teilte mir mit, daß große Veränderungen ins Haus stünden. Doll sei anderweitig untergebracht und sei dessen zufrieden. Jetzt müsse Gönnenwein Generalintendant werden. Die Theater müßten neue Impulse bekommen. Am besten lade man den Verwaltungsrat zu einem Abendessen ein und informiere ihn bei dieser Gelegenheit über die neue Entwicklung. Ich sagte ihm, das komme mir überraschend. Aber so leicht würde man mit dem Gemeinderat nicht fertig. Ich würde jedoch, wenn Doll mit seinem Weggang einverstanden sei, das Projekt Gönnenwein unterstützen. Lothar Späth war damit zufrieden.

Ich rief Doll an, und wir gerieten etwas aneinander, weil ich ihm sagte, ich hätte, Verschwiegenheitspflicht hin oder her, gerne vor meinem Gespräch mit Späth etwas von einer so grundlegenden Entwicklung erfahren. Aber wir versöhnten uns rasch wieder. Die Stadträtinnen und Stadträte brummten ein bißchen, zeigten sich aber im Interesse der Sache kompromißbereit. Und Gönnenwein wurde Generalintendant.

Mark Twain beschreibt – ich glaube in »Roughing« – ein Kartenspiel, welches so verschmutzt war, daß nur mit ihm wohl vertraute Personen spielen konnten. Einem solchen Kartenspiel ähnelte das Haushaltswesen der Staatstheater, das geprägt war von der gegenseitigen Deckungsfähigkeit. Das heißt, mit den Mitteln eines Titels konnten Ausgaben eines anderen Titels geleistet werden. Im Haushaltsplan standen Zahlen drin, von denen nur eines sicher war, nämlich daß sie möglicherweise nicht stimmten.

Hans Peter Doll, der alte Fahrensmann, kannte sich noch in diesem Dschungel aus. Aber Gönnenwein nicht. Gönnenwein stand unter Erfolgsdruck. Er hoffte auf zusätzliche Mittel, zwar nicht von der Landeshauptstadt, denn ich sagte ihm, daß wir nicht für die Staatstheater großzügig und für alle übrigen Aufgaben knickig sein könnten. Aber er hoffte eindeutig auf das Land – eine Hoffnung, die dadurch neue Nahrung bekam, daß Lothar Späth ihn zum Staatsrat und Kabinettsmitglied berief. Und er hoffte auf Sponsoren. In diesem Zusammenhang hat einmal die Landesgirokasse auf Veranlassung von Walther Zügel und mir eine neue Ballettproduktion gesponsert.

Das Land konnte Gönnenweins Erwartungen nur zum Teil erfüllen. Gönnenwein merkte wohl selber, daß ihm die Übersicht fehlte, und erklärte sich damit einverstanden, daß die Staatstheater durch ein betriebswirtschaftliches Gutachten untersucht wurden. Er schlug schließlich auch eine Neuorganisation mit dem sehr versierten Hans Tränkle als künftigen Herrn der Zahlen vor. Mit dessen Hilfe gelang es, Ordnung in die Finanzen zu bringen. Diese Vorgänge erstreckten sich über mehrere Jahre. Die Vertreter des Staates und der Stadt waren informiert, daß Übersicht und Steuerung unzulänglich waren und daß mehr ausgegeben wurde, als im Haushalt vorgesehen war. Dennoch wurde

Gönnenwein, der Künstler, nebst seinem Haushaltsdirektor wegen Untreue angeklagt. Solches widerfuhr erstmalig in der Bundesrepublik einem Theaterchef, der, mehr von den Umständen getrieben als freiwillig, sein Budget überschritten hatte.

Diese etwas ruppige Art der Justiz, mit Künstlern umzugehen, fällt aus dem Rahmen. Der Staat tritt in der Regel der Kunst freundlich entgegen, freilich ohne darauf zählen zu können, daß auch er freundlich empfangen wird. Das Verhältnis der Kunst zur öffentlichen Hand ist voller Spannungen. Die Kulturszene will, daß die öffentliche Hand zahlt, aber die Politiker sollen das schweigend tun, allenfalls lobend und niemals kritisierend. Kritik von Politikern wird als Eingriff in die Kunstfreiheit aufgefaßt, Lob hingegen nicht.

Die alternative Kunst tauchte auf, als Begriff und als Realität. Ich habe als um begriffliche Klarheit bemühter Jurist nie genau herausgefunden, um was es sich bei ihr genau handelte. Die nicht subventionierte Kunst im Gegensatz zur subventionierten war es jedenfalls nicht, denn die Alternativen wollen auch Geld. Zwar hat mir der jede Menge Lorbeerkränze verdienende *spiritus rector* des Stuttgarter Theaterhauses, Schrezmeier, einmal versichert, daß er kein Geld wolle, dies aber später als Notlüge bezeichnet. Es war keine Lüge, auch keine Notlüge, denn er wußte, daß ich ihm nicht glaubte. Jedenfalls sind die Alternativen da, und manche von ihnen leisten Hervorragendes.

Kunst und Humor?

Was der Staat und seine Vertreter ganz und gar im Verhältnis zur Kunst unterlassen oder nur in geringsten Dosen einsetzen sollten, ist Humor. Humor verbreitet zwar gelegentlich die Kunst, aber sie selber erträgt ihn schwer. Das ist verdächtig. Das ist überdies falsch. Denn Kunst gewinnt, wenn sie sich der Kritik und auch der Heiterkeit stellt, auch der von sogenannten Banausen. Gewiß hilft der Kunst auch der Kunstheuchler, der vor jedem Bild, das er nicht versteht, wie beim stillen Gebet bis zwanzig zählt und so tut, als treffe ihn vor Bewunderung fast der Schlag. Die Kunst braucht aber nicht nur stumme Bewunderer, sondern Gesprächspartner, Kritiker, Spötter, Menschen, die es wagen, eine Meinung zu äußern. Die Kunst ist nicht mehr das Schöne, Wahre, Gute, sondern viel mehr.

Die Kunst ist nicht immer Kommunikation, denn manche Künstler wollen gar nicht, daß ihre Werke nur so verstanden werden, wie sie es empfunden haben, denn sonst könnten sie ja deutlicher werden; sie erwarten vielmehr vom Betrachter, daß er eigene Gedanken, Phantasien und Interpretationen einbringt. In der Tat ist es zu einfach, wenn der Künstler dem Betrachter lediglich mitteilt, daß auf dem Bild eine Gans zu sehen sei, die schnattert. Deshalb ist die immer wieder gestellte Frage »Was soll denn das sein?« unangebracht. Als ich einmal als Student einer Kommilitonin eine solche Frage stellte, fragte diese zurück: Muß denn alles etwas sein? An der Antwort auf diese Gegenfrage nage ich bis zum heutigen Tage herum.

Es ärgert viele Kunstbetrachter, daß sie nicht wissen, was ein Maler oder Bildhauer meint, und manche von ihnen nehmen daran fast moralisch Anstoß. Es ist überhaupt wesentlich in unserer Zeit, daß, wenn eine Sache nicht verstanden wird, dies im Gegensatz zu früheren Zeiten immer weniger Bewunderung und immer mehr Verärgerung auslöst. Früher haben die Ärzte, die Apotheker und die Theologen Lateinisch gesprochen, konnten demzufolge nur von ihresgleichen verstanden werden und wurden deshalb von dem des Lateinischen nicht mächtigen Volk hoch verehrt. Das wird anders. Ich halte das für ein überwiegend gutes Zeichen, wenn es nicht dazu führt, daß nur noch das Banale, ohne weiteres Nachdenken Faßbare, für wahr gehalten wird.

In der Kunst wird es immer deutlicher, daß das Kunstwerk seinen Rang vom Künstler bekommt. Es gibt den anonymen Meister nicht mehr. Es kommt immer weniger darauf an, wie es gemacht ist, sondern immer mehr, wer es vollbracht hat. Wenn der Künstler auch noch persönlich erscheint und begütigend auf die Verwirrten und Ratlosen einspricht, dann fühlen sie sich geehrt und geben sich in der Regel zufrieden, und manche von ihnen sind der modernen Kunst gewonnen. Ausnahmen bestätigen aber auch hier die Regel. Der polnische Aphoristiker Stanislaw Lec bemerkt zu Recht: Vieles hätte ich verstanden, wenn man es mir nicht erklärt hätte.

Das Erscheinen von Politikern, die für die Finanzierung oder den Kauf des Kunstwerkes die Verantwortung tragen, beruhigt weniger. Der Politiker steht im Verdacht, das Kunstwerk wegen seines eigenen höheren Ruhmes finanziert oder angeschafft zu haben, was gelegentlich nicht einmal falsch ist. Schon gar nicht wirken Erklärungs- oder Rechtfertigungsversuche von Politikern gegen Fundamentalkritik an Kunstwerken. Wir konnten für Stuttgart zusammen mit dem Land einen großen, sehr schönen Calder erwerben, und zwar ziemlich preiswert. Aber bei der Einweihung löste dieser Erwerb heftige Kritik aus, der ich nur dadurch begegnen konnte, daß ich auf das erhebliche Gewicht und den günstigen Kilopreis des Kunstwerkes aufmerksam machte.

Ein besonders glaubwürdiger, geduldiger und überzeugender Anwalt der Kunst ist der Bildhauer Herbert Hajek, der in meiner Anwesenheit einmal einen Kritiker, der ein Kunstwerk als einen Haufen rostiger Eisenbahnschienen bezeichnet hatte, in fünf Minuten vom Saulus zum Paulus machte. Aber solche Bekehrungsversuche muß man tatsächlich unternehmen. Eines Tages stand ich mit dem berühmten Wiener Bildhauer Hrdlicka vor drei Skulpturen, die er geschaffen hatte und die zerstörte Menschen zeigen, als sich ein Passant näherte, der zwei Einkaufstaschen trug, mich erkannte und mich ziemlich laut mit seiner von meiner abweichenden Kunstauffassung vertraut machte. »Sieht so ein Mensch aus?« rief er. »Der eine streckt ja sein Gemächt in die Luft!« Ich war davon überzeugt, daß der Mann sein negatives Kunsturteil in ein positives ändern würde, wenn er erführe, daß er seine Ausführungen in Gegenwart des Künstlers macht. Aber Hrdlicka gab sich nicht zu erkennen und sagte lediglich zu mir, es sei psychologisch interessant gewesen, nachdem der Mann schimpfend und die Geldverschwendung der Stadt beklagend weitergezogen war. Ich bin sicher, daß den berühmten Hrdlicka die Ausführungen des Mannes mit den zwei Tüten eher amüsiert als verunsichert haben.

Aber manche Künstler sind so empfindlich, daß sie auch nicht den Anflug einer Kritik ertragen. Auf einer Kunstausstellung hing ein ziemlich schwerer Wurzelstock an einem Seil von der Decke herunter. Ich sagte zu meinem Fahrer: »Das möchte ich nicht zu Hause haben«, übersah aber den in der Nähe stehenden Künstler, der mich sofort auf meine Äußerung ansprach. Ich sagte ihm, daß meine Wohnung zu klein sei und nicht genügend Platz für ein so großes Kunstwerk biete, was der Künstler mir aber nicht glaubte. Er führte mich in der großen Ausstellungshalle an einen Ort, wies mir eine Richtung und fragte: »Sehen Sie was?« Ich bejahte. »Dann ist es gut«, meinte er, ohne weitere Auskünfte von mir zu fordern, die unsere frisch geknüpfte Beziehung wohl einer neuen Belastung ausgesetzt hätten. Ich habe mir seit meinen vierzigsten Geburtstag, an dem die Schwaben bekanntlich gescheit werden, zum Grundsatz gemacht, dann, wenn ich trotz ehrlichen Strebens eine Aussage nicht verstand, davon auszugehen, daß das nicht an mir liegt, sondern an dem, von dem die Aussage kommt. Bei der Bildenden Kunst folge ich diesem Grundsatz nur mit Einschränkungen und hoffe auf weitere Erleuchtung, vielleicht anläßlich meines achtzigsten Geburtstages.

Im Kulturausschuß der Landeshauptstadt wurde von mir ein schriftliches Kultur- und Kunstprogramm gefordert, in dem die kulturellen Ziele, die Sehnsüchte und die Träume des Gemeinderats und der Kulturbeflissenen, weniger aber die Begrenzung der Mittel in kurzen, klaren und schönen Worten dargestellt werden sollten. Unser damaliger Kulturamtsleiter Fritz Richert, ein berühmter Journalist und deshalb auch ein solider und ernsthafter Mensch, schaffte nur zwei Seiten. Ich phantasierte fünf weitere hinzu. Wir übergaben den Entwurf des Gesamtwerks den Ausschußmitgliedern, die von ihm tief enttäuscht waren. Ich bat sie herzlich, ihre Gedanken, die sie offenbar hatten, aber nicht artikulieren wollten oder konnten, mir mitzuteilen, damit ich das Programm mit ihnen schmücken könnte. Das Echo war gleich

Null, und so harrt das Programm, das sich irgendwo bei den Akten befinden muß, immer noch auf seine Vollendung.

Nietzsche wendet sich gegen die Kunst der Kunstwerke und meint, Kunst sei dazu da, um das Leben erträglich zu machen. Entgegen der Meinung unserer früheren Fürsten, die das Wort für weitaus unheilvoller gehalten haben als den Ton, hält er die deutsche Musik keineswegs für harmlos. Sie sei Romantik durch und durch, doppelt gefährlich bei einem Volk, das den Trunk liebe und die Unklarheit als Tugend ehre. Manche betrachten die Kunst als eine Art Seismograph, mit dessen Hilfe man Kommendes erahnen kann. Andere meinen, Kultur und Kunst seien ein brauchbarer Religionsersatz. Weit verbreitet ist die Meinung, Kultur und Kunst veredelten den Menschen. Dem gegenüber stellt Egon Friedell in einer frühen Schrift mit beachtlichen Argumenten heraus, daß Zeiten hohen künstlerischen Niveaus nicht auch Zeiten von besonderer moralischer Qualität seien; er verweist auf das alte Athen und auf die italienische Renaissance. Was soll man dazu sagen? Lassen wir es bei der Unklarheit, die wir ja nicht als Tugend ehren müssen, und gehen wir davon aus, daß Kunst und Kultur vielen Menschen das Leben reich machen, weil sie ihnen ein weites Feld eröffnen zur Selbstfindung und zu Erfolgserlebnissen. Und lassen wir vor allem die in Ruhe, die nur so tun, als liebten sie die Kunst. Keiner hält einen solchen Schein lange durch, ohne daß er auf sein Sein abfärbt. Manches Sein ist zwar noch nicht da, kommt aber zum Vorschein, wie wir von Ernst Bloch wissen.

Der Sport – ein Rätsel?

In meinen jüngeren Jahren habe ich selbst allerlei Sport getrieben, auch in Form des Langstreckenlaufs, dem ich sonntags in Ulm zu früher Morgenstunde frönte, indem ich, begleitet von anfeuernden Zurufen von Anglern und verfolgt von wütendem Hundegebell, das Illerufer hinauf- und hinunterlief. Ich halte den Sport für eine höchst wünschenswerte und nützliche Sache –

nicht nur wegen der Gesundheit, sondern wegen seiner erzieherischen Wirkung. Er erzieht zur Leistungsbereitschaft, zur Fairneß und zum Mannschaftsgeist, also zur Rücksicht auf andere. Weil der Sport nützlich ist, soll er auch mit öffentlichen Mitteln gefördert werden. Freilich ist die Nützlichkeit keine Rechtfertigung für die Meinung, daß er insgesamt eine öffentliche Aufgabe sei, so daß eigentlich Vollsubvention erwartet werden könnte.

Was ist Sport? Fast ebenso schwer wie die Kunst läßt sich der Sport definieren. Brecht hat behauptet, daß Sport nicht gesund sei, denn körperliche Tätigkeit, die dazu diene, den Stuhlgang zu fördern, sei kein Sport. Es gibt ohne jeden Zweifel Tätigkeiten, die jedermann als Sport bezeichnet, die aber eindeutig nicht gesund sind, so zum Beispiel Boxen, Kunstturnen und Fußball. Der Umstand, daß jemand für eine körperliche Tätigkeit Geld nimmt, schließt nicht aus, daß es sich bei dieser Tätigkeit um Sport handelt. Auf der anderen Seite ist aber nicht jede körperliche Tätigkeit, die bezahlt wird, als Sport anerkannt, zum Beispiel nicht das Ausschachten eines Loches, in das ein Busch eingepflanzt werden soll, oder eines Grabes. Ich bin darauf gekommen, daß die körperliche Tätigkeit als unmittelbaren Zweck keinen praktischen Nutzen haben darf, wenn sie als Sport anerkannt werden will. Wer also einen Nagel in eine Kiste einschlägt, den Fensterladen streicht oder sein Auto repariert, der treibt keinen Sport.

Als Oberbürgermeister bin ich mit so ziemlich allen Sportarten in Berührung gekommen, Gott sei Dank ohne sie praktizieren zu müssen. Praktiziert habe ich nur Fahrten mit dem Hometrainer und verschiedene gymnastische Übungen, die mich befähigen sollten, meine dienstlichen Obliegenheiten zu erfüllen, das heißt: Akten zu tragen, kurze Wege zurückzulegen und Treppen zu steigen. Ich mußte erkennen, daß man recht gebildet sein muß, um als Zuschauer von Sportereignissen bestehen zu können. Was beim Fußball Abseits ist, vergesse ich immer wieder. Mein Freund Mayer-Vorfelder, Finanzminister und VfB-Präsident, wurde immer etwas unwirsch, wenn ich ihn während eines Spiels

(Partei-)Freunde:
Gerhard Mayer-Vorfelder und Manfred Rommel.

danach fragte. Man ließ mich auch oft darüber im Unklaren, welches die eigene und welches die gegnerische Mannschaft war, so daß ich nicht so recht wußte, ob ich ein Foul ernst nehmen mußte oder nicht und ob ich mich über ein Tor oder eine rote Karte freuen oder ärgern sollte.

Als Unwissender zwischen so vielen Wissenden wurde es mir unheimlich, und ich verbreitete das Gerücht, daß der VfB verliere, wenn ich im Stadion erschiene. Dies wurde, wie alles Absurde, sofort geglaubt, und es wurde mir als Verdienst angerechnet, wenn ich wegblieb. Als ich doch einmal kam, trommelten Fans auf das Dach meines Autos, um mich zur Umkehr zu bewegen. Ich blieb aber, jedenfalls während der ersten Halbzeit. In der entwickelte sich das Spiel so ungünstig für den VfB, daß ich auf vielfachen Wunsch das Stadion verließ, um das Schicksal nicht weiter herauszufordern. Das Schicksal war aber bereits verärgert und ließ den VfB verlieren.

Bei internationalen Fußballereignissen erschien ich selbstverständlich im Stadion, um meine Honneurs zu machen. Besonders lebhaft in Erinnerung ist mir das Spiel England gegen Irland, das unser Stadion mit einem Flaggenmeer aus britischen und irischen Fahnen schmückte und offensichtlich von beiden Seiten als ein Ereignis von großer nationaler Bedeutung empfunden wurde. Während des Spiels herrschte knisternde Spannung. Ich hatte zunächst einen Funktionär des internationalen Verbandes auf seine Humorfähigkeit getestet, indem ich ihn fragte, ob die gelben Tafeln, auf denen Spielerwechsel angekündigt wurden, die sogenannten gelben Karten seien. Er war offensichtlich erschüttert, einen solchen Idioten vor sich zu haben, und wandte sich von mir ab. Neben mir saß ein Staatssekretär des Vereinigten Königreichs in einer Kleidung und mit einem Benehmen, die mir jede Art von Scherzhaftigkeit als unangebracht erscheinen ließen. Plötzlich sprang der Staatssekretär, von sportlicher Leidenschaft ergriffen, auf und ließ sich wieder fallen. Inzwischen war aber sein Sitz hoch geklappt. Ich fing ihn auf und hatte so Gelegenheit, wenigstens einen kleinen Teil der Dankesschuld abzutragen, die ich gegenüber dem Vereinigten Königreich empfinde.

Weitere sportliche Großereignisse während meiner Amtszeit waren die Europameisterschaften und die Weltmeisterschaften in der Leichtathletik, die Radweltmeisterschaften, das Davis-Cup-Finale sowie der Weltmeisterschaftskampf im Schwergewicht zwischen Botha und Schulz. Um diese Veranstaltungen hatten sich die beiden Bürgermeister Gerhard Lang und Klaus Lang, Messedirektor Rainer Vögele und viele Mitarbeiter der Stadt und ihrer Betriebe verdient gemacht. Die Veranstaltungen waren auch finanziell erfolgreich, selbst die Radweltmeisterschaft. Dennoch ermittelte die Staatsanwaltschaft gegen Vögele wegen sogenannter fremdnütziger Untreue und erwirkte gegen ihn einen Strafbefehl. Zusammen mit anderen Juristen hielt ich diesen Strafbefehl für unbegründet, bat aber Vögele dennoch, ihn zu akzeptieren, weil für Organisation und Durchführung der Weltmeisterschaften in der Leichtathletik und der internationalen Gartenausstellung seine ganze Arbeitskraft nötig war. Er wäre in der Verhandlung wohl freigesprochen worden. Dieser Vorgang lastet heute noch auf mir.

In dem Boxkampf um die Weltmeisterschaft traf hinsichtlich der letzten Runden das Motto zu »Einer trage des anderen Last«, denn einer hielt sich am anderen fest. Schließlich wurde Botha zum Sieger erklärt. Wir waren in unseren patriotischen Gefühlen schwer beschädigt, zumal Wirtschaftsminister Dieter Spöri, der als Boxexperte galt, uns versichert hatte, daß fast alle Runden an Schulz gegangen seien. Der Ministerpräsident und ich hatten ihm in diesem Punkt vertraut. Nun rief er »Schiebung« und verschwand mit Ministerpräsident Stolpe Richtung Schulz, um diesem zu versichern, daß er der wahre Sieger sei.

In einer Nachbarloge hielten sich in schwarzes Leder gekleidete Herren auf, die Botha durch wüste Beschimpfungen entmutigen und Schulz mit Kampfeslust erfüllen wollten. Ich kann diese Beschimpfungen hier nicht wiedergeben, weil ich will, daß meine Erinnerungen auch Jugendlichen zugänglich gemacht werden können. Sie versuchten sogar, die erste Strophe des Deutschlandliedes anzustimmen, was ihnen glatt gelungen wäre, wenn sie den Text gekannt hätten. Nach dem Kampf schleuderte ein

Teil des enttäuschten Publikums Gläser und Flaschen, darunter sogar Champagnerflaschen – aber nur leere – in den Ring, über unsere Köpfe hinweg. Das waren die gefährlichsten Minuten, die ich im Rahmen eines sportlichen Ereignisses erlebt habe. Wir standen jedenfalls im Flaschenhagel wie die britischen Truppen bei Waterloo und kamen im Unterschied zu diesen ohne Blessuren davon.

Teil III

Erfahrungen

Der Oberbürgermeister - nachdenklich.

Oberbürgermeister in der Großstadt

Großstädte werden oft als unregierbar bezeichnet. Mit der Regierung in Millionenstädten habe ich keine Erfahrung. Was Großstädte deutscher Dimension anbelangt, kann ich diese Meinung nicht teilen. Allerdings kommt es darauf an, was man unter Regierbarkeit versteht. Versteht man darunter, daß einer befiehlt und die anderen gehorchen, dann wäre jede größere Organisation unregierbar, denn das auf Befehl und Gehorsam reduzierte Prinzip funktioniert meistens nicht mehr. Natürlich war ich daran interessiert, daß der Stuttgarter Gemeinderat Entscheidungen fällte, die ich akzeptieren konnte. Das war in der Regel auch so. Wenn nicht, stellte ich mich auf die neue Lage ein. Es bringt nichts, jahrelang alte Geschichten immer wieder hervorzuholen.

Keine Fraktion hatte die absolute Mehrheit. In den letzten Jahren hätten, wenn sich links und rechts gegeneinander formiert hätten, die Republikaner das Zünglein an der Waage gespielt und entschieden, wer recht bekommt. Das wäre für die übrigen Parteien und Fraktionen blamabel gewesen. Jeder sah das ein. Ich konnte keine übermäßige, das heißt verkrampfte Polarisierung zwischen den Fraktionen brauchen. Wenn ich selber kritisiert oder gar beschimpft wurde, habe ich mich zwar gewehrt, mich im übrigen aber bemüht, nichts nachzutragen und übelzunehmen. Das Echo war fast immer positiv. Regelrecht enttäuscht hat mich eigentlich niemand. Ich habe Zugang gefunden und Vertrauensverhältnisse entwickelt auch zu Menschen, deren politische Grundüberzeugungen von meinen abweichen. Diese Grundüberzeugungen sind meistens so hoch im Theoriehimmel aufgehängt, daß sie den Menschen nicht daran hindern, im Einzelfall vernünftig zu entscheiden.

Eine andere Frage ist das Bestreben der Parteien und Fraktionen, möglichst geschlossen und einig zu sein. Dieses Bemühen ist verständlich, denn eine Partei, die vor den Wahlen vielstimmig schnattert wie eine Gänseherde, vermindert ihre Erfolgschancen. Aber das Streben der Parteien und Fraktionen nach Einmütigkeit sollte nicht übertrieben werden. Es darf nicht der Eindruck entstehen, daß das einzelne Mitglied seinen eigenen Verstand zugunsten der kollektiven Meinung außer Betrieb setzt. Die Forderung: »Wir müssen mit einer Zunge sprechen« klingt gut. Aber man achte darauf: Wer so etwas sagt, meint regelmäßig seine eigene Zunge. In der Kommunalpolitik mit ihren vielen praktischen Fragen ist es jedenfalls lächerlich, wenn die Fraktionen immer geschlossen abstimmen. Das sieht dann so aus, als ob jeder irgendwie an einem Faden hängt. Zum Ruhme des Stuttgarter Gemeinderats sei festgestellt, daß immer wieder Mehrheiten quer durch die Fraktionen hindurch zustande gekommen sind und daß die einheitliche Stimmabgabe der Fraktionen auf wesentliche Punkte beschränkt blieb. Es hat sich auch keine Fraktion zur Opposition und für nicht verantwortlich erklärt.

Je länger ich Oberbürgermeister war, desto fester ist mein Vertrauen in die Leistungsfähigkeit der Demokratie geworden. Es gab und gibt im Stuttgarter Gemeinderat und auch in den Stuttgarter Bezirksbeiräten starke Persönlichkeiten, die sich durch Engagement und Sachkunde auszeichnen. Es ist nicht gerechtfertigt, wenn der sogenannte Volksmund »die Politiker« so beschreibt, als ob es sich bei ihnen um eine Ansammlung von inkompetenten Dilettanten und Wichtigtuern handelt. Ich habe aus meiner Praxis einen diesem Vorurteil völlig entgegengesetzten Eindruck mitgenommen.

George Bernard Shaw schildert in seinem Stück »Der Schlachtenlenker« ein Gespräch Napoleons mit einem Italiener über einen Offizier. Napoleon fragt: »Was soll ich mit diesem Offizier machen, alles, was er sagt, ist falsch!« Der Italiener erwidert: »Machen Sie ihn zum General, und alles, was er sagt, wird richtig sein!« Ich fühlte mich nie wie ein Befehlshaber und General, wenngleich ich als Oberbürgermeister die gleiche Besoldungsgruppe erreichte wie mein Vater als Generaloberst.

Wie vermeidet man Fehler? Nicht alles, was falsch ist, ist unmöglich, aber was unmöglich ist, ist immer auch falsch. Ich habe feststellen müssen, daß die ergiebigste, aber auch am schwersten zugängliche Fehlerquelle im eigenen Kopf sitzt. Deshalb habe ich mich – in Erhard Epplers Terminologie gesprochen – bemüht, zwar wertkonservativ, aber nicht strukturkonservativ zu sein, das heißt, mich in praktischen Fragen zu erziehen, nicht auf meiner eigenen Meinung zu beharren, wenn mir dämmert, daß sie falsch ist. Das ist ein schweres Stück Arbeit, die man an sich selbst leisten muß.

Ein Oberbürgermeister, dessen Amtszeit einigermaßen glücklich verläuft, kann es gar nicht vermeiden, daß sein Haupt mit fremden Federn verziert wird. Ich weiß gut, daß es sich bei meinem Häuptlingsschmuck nicht nur um eigenes Gefieder handelt, sondern auch um das des Rates und meiner Mitarbeiter. Außenstehende nehmen an, daß sich ein vom Volk auf acht Jahre gewählter Oberbürgermeister in einer baden-württembergischen Großstadt einer unglaublich großen Freiheit erfreut und daß nur die anderen von ihm abhängig wären, nicht umgekehrt. Das ist falsch. Die Abhängigkeit ist nicht einseitig, sondern vielseitig.

Der Oberbürgermeister hängt zunächst einmal von seinen Sekretärinnen ab, ohne deren Ordnung stiftende Tätigkeit das Chaos über ihn hineinbräche, und von seinem Fahrer, ohne den er nie pünktlich wäre. Er ist abhängig vom Gemeinderat, von allen seinen Mitarbeitern, besonders von den Beigeordneten und den Amtsleitern. Ich sollte jetzt eine lange Liste von Personen anführen, denen ich Dank schulde. Aber dadurch erhielten meine Betrachtungen den Charakter eines Telefonverzeichnisses. Der Oberbürgermeister ist abhängig von den Vorständen und Aufsichtsräten der städtischen Unternehmen, vom Personalrat, von zahlreichen Landes- und Bundesbehörden, heutzutage sogar von der Staatsanwaltschaft, denn bei der Tendenz zur Ausweitung des Begriffes der sogenannten fremdnützigen Untreue weiß der Oberbürgermeister nie so genau, was er riskieren darf und was nicht. Unter diesem Aspekt wäre es am besten, er riskiert nichts. Riskiert er aber nichts, gilt er als Hasenfuß. Das ist nicht gut für ihn.

Vor allem hängt er nämlich vom Volk ab, und zwar nicht nur alle acht Jahre bei den Wahlen, sondern auch in der Zwischenzeit. Das Volk mag keine Hasenfüße, und es hat dafür gute Gründe. Wenn sich gegen den Oberbürgermeister eine Volksstimmung entwickelt, ist seine Autorität beschädigt. Dann hat er es schwer, wenn er etwas durchsetzen will. Ich weise auf diese Abhängigkeiten hin. Sie sind etwas durchaus Natürliches und in einer Demokratie selbstverständlich. Wer mit einiger Sachkunde, Geduld, Zuverlässigkeit und Freundlichkeit ausgestattet ist, kommt mit ihnen gut zurecht.

Gelegenheit, sich zu ärgern, gibt es täglich mehrmals. Aber der zweite Ärger folgt dem ersten so rasch, daß der erste gleich wieder verblaßt, es sei denn, man steigert sich in diesen hinein und redet mit allen möglichen Mitmenschen über ihn in der falschen Hoffnung, Anteilnahme und Trost zu finden. Weit verbreitet ist der Ärger von Politikern, Managern, Funktionären usw. über die Medien. Ich habe eigentlich immer ein gutes Verhältnis zu Journalisten gehabt, was natürlich nicht heißt, daß diese immer oder meistens das gesagt oder geschrieben hätten, was mir gelegen gewesen wäre. Manchmal hatten diese auch mit ihrer Kritik recht oder nicht ganz unrecht. Ich selbst wollte einmal Journalist werden und wäre das auch geworden, wenn mich nicht meine Mutter wegen meiner Absicht zu heiraten bedrängt hätte, mein juristisches Studium abzuschließen. Dies tat ich und geriet damit in ausgefahrene Geleise, die in den öffentlichen Dienst führten. Aber ein bißchen habe ich immer gute Journalisten beneidet.

Wer meint, sich über einen Journalisten ärgern zu sollen, wende sich ausschließlich an diesen und auf keinen Fall an dessen Redaktionsleiter, Chefredakteur oder gar an den Herausgeber oder Intendanten. Wenn einen die Sache sehr aufregt, schreibe man an den Verfasser. Aber wenn man klug ist, schickt man den Brief nicht ab, sondern legt sich eine Sammlung nicht abgeschickter Briefe an als Lektüre für die Zeit des Ruhestands. Ein Vorbild an

Souveränität war auch in dieser Hinsicht Konrad Adenauer. Als ein Journalist über ihn einen nachteiligen Artikel schrieb, erfolgte keinerlei Reaktion. Schließlich erkundigte sich der Journalist bei Adenauers Pressechef danach, wie Adenauer den Artikel aufgenommen hätte. Felix von Eckhard sagte nur, er habe bislang noch keine Gelegenheit gehabt, die Aufmerksamkeit des Kanzlers auf diesen Artikel zu lenken. Ich habe übrigens an mir selber festgestellt, daß ich mich am ehesten über Berichte und Kommentare geärgert habe, die einen wahren Kern enthielten.

Ein Oberbürgermeister einer Großstadt darf sich nicht im Papierkrieg besiegen lassen. Daß die Menschheit einer zweiten Sintflut zum Opfer fallen könnte, erwarte ich nicht. Doch daß die Menschheit von der anwachsenden Papierflut moralisch korrumpiert, intellektuell gelähmt und sogar physisch bedroht wird, das ist meine ernste Sorge. Ich war über vierzig Jahre in der Verwaltung tätig. In diesen vierzig Jahren ist der Zufluß von Papier von einem dünnen Rinnsal zum reißenden Strom geworden. Ich weiß, von was ich rede. Die Ursache hierfür sind die besseren Möglichkeiten der Vervielfältigung und der ebenso unrealistische wie unverwüstliche Glaube, der Adressat würde das, was man ihm zuschickt, lesen. Auch hat sich der Traum vom papierlosen Büro bislang nicht erfüllt. Es ist zwar alles elektronisch gespeichert, aber das meiste wird auch noch ausgedruckt und gnadenlos vervielfältigt.

Als ich vor vierzig Jahren als Regierungsassessor ins Innenministerium kam, war es schwer, etwas zu vervielfältigen. Wer etwas kopieren wollte, mußte es selber abschreiben. Das tat er nur, wenn es wichtig war. Meistens kam er zu dem Ergebnis, es sei nicht so wichtig. Für eine Vervielfältigung bediente man sich sogenannter Matrizen. Wer nicht gut mit ihnen umgehen konnte, verschmutzte nicht nur sich, sondern, was schlimmer war, auch das amtliche Papier. Deshalb vervielfältigte man damals möglichst wenig. Auch nicht durch Drucken. Das dauerte lange Zeit und war teuer. Heute ist dies ganz anders. Mit den heutigen Kopiergeräten und Druckern ist Vervielfältigen fast ein Kinderspiel, es ist ein Genuß, wenn man sieht, wie leicht, mühelos und sauber das Geistesprodukt fast könnte man sagen: »geklont« wird. Mehrfertigungen werden nicht ängstlich auf die unbedingt notwendige Zahl beschränkt, sondern breit gestreut und vorsichtshalber auch an die geschickt, welche die ganze Sache eigentlich nichts angeht. Jeder kann von den Papieren, die er erhalten hat, neue Photokopien herstellen und diese allen senden, von denen er meint, daß sie interessiert sein könnten. Ergänzt und verstärkt wird der Papierfluß durch Zeitungen, Zeitschriften, Broschüren. Man könnte meinen, daß nunmehr dank des technischen Fortschritts die Forderung aus der Achtundsechzigerbewegung erfüllt wäre, es müsse Schluß sein mit dem Herrschaftswissen. Was die Herrschenden wüßten, müßten die anderen auch wissen. Die Einebnung des Grabens zwischen Herrschenden und Beherrschten ließe sich in der Tat erreichen, wenn die Adressaten die vielen Papiere, die ihnen zugehen, überhaupt lesen könnten. Aber das schaffen sie immer weniger. Schon vor dreißig Jahren pflegte ein Ministerpräsident aus dem Norden der Republik zu sagen, er lasse lesen.

Ich schaffe die Lektüre seit vielen Jahren nicht mehr. Am Anfang habe ich noch alle Papiere durchgeblättert. Dann habe ich auf manches größere Papierbündel aus Respekt vor den Verfassern nur noch die Hand aufgelegt und bis zwanzig gezählt, dann nur noch bis fünf und schließlich habe ich manches bloß noch abgezeichnet. Hätte ich alles, was mir auf meinen Schreibtisch gelegt wurde, gelesen, wäre ich im Jahr 1996 mit der Aufarbeitung der Papiere von 1986 beschäftigt gewesen. Das hätte mich in den Wahnsinn getrieben, der sich meiner Parkinson- und meiner Rückenerkrankung hinzugesellt und meine dienstliche Tätigkeit zwar nicht unmöglich gemacht, aber doch erschwert hätte.

Eine Nebenwirkung des Fortschrittes in der Vervielfältigungstechnik ist das Ende der Geheimhaltung. Verbände, konkurrierende Parteien und Firmen sowie die Nachrichtendienste anderer Länder erfahren mehr, als sie wissen wollen. Sie haben keine Spionage mehr nötig. Dieses schafft Vertrauen und dient der Verständigung zwischen Parteien, Staat und Wirtschaft sowie unter den Völkern. Man merkt zwar noch nicht viel davon, aber das kommt vielleicht noch.

Wichtige Dinge – und was ist nicht wichtig? – hat man lieber auf dem Papier. Aber wohin mit dem Papier? Als ich noch beim Staat und bei der Stadt arbeitete, habe ich für das Papier neben einem Eingang auch einen Auslauf gehabt. Ich brauchte das Papier nur auf die rechte Seite meines Schreibtisches zu legen, und weg war es. Zu Hause habe ich nur einen Eingang und keinen Auslauf. Das Papier verfolgt mich in den Ruhestand. Am liebsten würde ich alles, was ich nicht sofort lesen kann, aufbewahren, um es später in Ruhe zu studieren. Aber das viele ungelesene Papier würde auf meinem Gewissen lasten. Außerdem steht mir als warnendes Beispiel ein Onkel meiner Frau vor Augen. Dieser bewahrte Tageszeitungen und sonstiges Schriftgut auf, in der durchaus berechtigten Hoffnung, daß eine spätere, vertiefte Lektüre ihm Gewinn brächte. Es wurden immer mehr Zeitungen und sonstige Papiere, die er sammelte. Der zu erhoffende Gewinn wurde immer größer, aber er wurde nie gezogen. Gespenstisch, fast bedrohlich, türmten sich im Gang Zeitungen und Papiere, säuberlich geordnet. Es war deprimierend, sich mit so wenig Wissen durch so viel Wissen hindurch zwängen zu müssen. Ich könnte das nicht aushalten. Ich greife auf die grüne Tonne zurück. Das Informationsmaterial wird so zum Wertstoff. Leider wird aus diesem weiteres Informationsmaterial hergestellt werden.

Nicht nur vermehrt sich das Papier, es läuft auch alles viel schneller ab als früher. Hatte man damals einen Brief abgeschickt, konnte man damit rechnen, daß vor Ablauf einer Woche keine Antwort kam. Telefonanrufen konnte man ausweichen. Heute kommen Fax und e-mail. Besonders in den letzten Tagen vor Ostern, vor den Sommerferien und vor Weihnachten und Neujahr wird eine lebhafte Faxtätigkeit entfaltet. Alles, was kompliziert ist und risikoreich und was schon monatelang vergeblich der Bearbeitung harrte, wird per Fax an den geschickt, der die Verantwortung übernehmen soll.

Die Politik war schon immer nervös. Aber die Verwaltung war

das Element im Staate, das mit vertrauenerweckender Langsamkeit und Sorgfalt tätig war. Heute herrscht auch in den Verwaltungen Nervosität, auch in der Verwaltungsebene, welche die Politik in den Zukunftsfragen beraten sollte. Eine sich ständig steigernde Hast ist zu verzeichnen, eine Hektik des Erledigens dessen, was der Tag oder die Woche bringt: Die Forderungen des Tages äußern sich so energisch, daß man sich wirklich anstrengen muß, um die Chance des längerfristigen Ausdenkens, Vordenkens, Umdenkens, Querdenkens, des Nachdenkens und Überdenkens oder gar des zu Ende Denkens wahrnehmen zu können. Nicht wir haben Zeit, sondern die Zeit hat uns. Es herrscht bienenhafte Emsigkeit. Fünfzehn-Stunden-Tag, Achtzehn-Stunden-Tag – auf ein solch unorganisiertes Leben ist man auch noch stolz. Alles ist gleich wichtig. Nichts ist weniger oder etwa unwichtig. Alles hat Priorität. Gelegentlich spricht man von nachrangiger Priorität, was es zwar aus logischen Gründen nicht geben kann, aber es klingt eben besser als das schlichte, aber harte Wort »Nachrang«. Dabei war es noch nie so wichtig wie heute, daß Politik und Verwaltung Ordnung in ihr Denken bringen.

Realistische kommunale Sozialpolitik

Bei einem Besuch mittelständischer Betriebe im Neckartal Ende der siebziger Jahre erklärte der Chef eines sehr erfolgreichen Unternehmens: »Ich bin der beste Arzt. Bei mir ist niemand krank. Wenn jemand krank wird, dann mache ich einen Krankenbesuch, dann steht der gleich wieder auf!« Nun, die Gesinnung, die aus dieser Äußerung hervortritt, hat gewiß dazu beigetragen, daß aus dem rohstoffarmen Land Württemberg etwas geworden ist. Diejenigen, die eine Arbeit haben, die tüchtig sind oder sich dafür halten, unterstellen denen, die keine Arbeit haben, gerne, daß sie die Arbeit nicht suchen, sondern froh sind, wenn diese sie nicht findet. Es gibt Menschen, die nicht arbeiten wollen, und es gibt auch Simulanten, die Wochen im voraus wissen, wann eine Krankheit sie heimsuchen wird. Das kann man nicht leugnen.

Aber es ist falsch und nicht akzeptabel, allgemein die Arbeitslosen, Kranken und Notleidenden im Bilde der den Sozialstaat mißbrauchenden Minderheit zu sehen.

In unserer Zeit verlieren viele, die sehr gerne arbeiten würden, ihren Arbeitsplatz, und viele junge Menschen bekommen gar keinen. Das ist für die Betroffenen eine schwere Belastung, die zu tragen viel Kraft kostet. Wer nicht betroffen ist von dem Abbau von Arbeitsplätzen unter dem Druck des Wettbewerbs, sieht die anwachsende Arbeitslosigkeit naturgemäß gelassener. Die Fragen, die hier aufgeworfen werden, können nicht durch Leugnung von Tatsachen gelöst oder gemildert werden. Aber eine der wichtigsten Pflichten unseres Staates ist, für jene zu sorgen, die sich aus eigener Kraft nicht helfen können. Die Politik muß sich von dem moralischen Prinzip des Schutzes der Schwächeren leiten lassen, das dem von Darwin entdeckten Naturgesetz des Überlebens des Tüchtigeren entgegensteht. Dies heißt natürlich nicht, daß die Tüchtigen bekämpft oder unterdrückt werden sollten. Im Gegenteil, gerade der Sozialstaat ist darauf angewiesen, wirtschaftlich erfolgreich zu sein, weil sich sonst die Hoffnungen nicht erfüllen könnten, die mit ihm verknüpft sind. Aber es muß klar sein, was Zweck und was Mittel ist. Gerechtigkeit auf hohem materiellen Niveau ist der Zweck, Ökonomie ist das Mittel. Das ist jedenfalls ein Kerngedanke der sozialen Marktwirtschaft.

Die Entwicklung hin zur globalen Wirtschaft erschwert die Verwirklichung dieses Gedankens. Denn die Regeln, nach denen die Weltwirtschaft abläuft, entziehen sich immer mehr dem Einfluß der Nationalstaaten, während die Verantwortung für das Soziale bei ihnen verbleibt. Handelt ein Nationalstaat diesen weltweit gültigen Regeln zuwider, büßt er an Wettbewerbsfähigkeit ein, verliert Standortgunst und damit auch Mittel, um den Zweck erreichen zu können, nämlich möglichst günstige soziale Verhältnisse. Besonders Sozialpolitiker sind, verständlicherweise, geneigt, störende ökonomische Tatsachen zu ignorieren, indem sie den moralischen Zweck wie eine Fahne vor sich her tragen. Das erinnert aber an den Dualismus aus geistiger, guter, göttlicher Welt und materieller, böser Welt, in welcher sich der Teufel herumtreibt. Gelegentlich hat die göttliche Welt durch Wunder ihre Überlegenheit demonstriert, aber mir ist kein Fall bekannt, in dem durch Wunder Geld vermehrt worden wäre. Deshalb gehe ich davon aus, daß, wenn ein irdischer Vorgang nur durch ein Wunder erklärt werden kann, dies weniger auf die Einwirkung des Himmels hinweist als auf die Notwendigkeit, die Sache durch Rechnungsprüfung untersuchen zu lassen.

Unangenehme Tatsachen, die eigentlich offenkundig sind, werden gerne geleugnet in der Hoffnung, sie würden von selber verschwinden. Diese Verleugnung dauert an, bis die unangenehmen Tatsachen eine solche Größe und Aktualität erreicht haben, daß sie sich nicht mehr verbergen lassen. Dann werden sie zunächst einmal ausgiebig beschimpft. Sodann werden Schuldige gesucht. Als solche erscheinen am besten die geeignet, die am frühesten vor ihnen gewarnt haben. Die meisten Politiker tun so, als seien sie völlig ahnungslos gewesen und erst in jüngster Zeit aufgeklärt worden. Ein typisches Beispiel für ein solches Phänomen ist das neue Erstaunen darüber, daß es schwierig sein wird, Renten und Pensionen in der bisher unterstellten Höhe zu finanzieren angesichts der größeren Arbeitslosigkeit, des bescheideneren Wirtschaftswachstums und der weitaus längeren Lebenserwartung der Rentner und Pensionäre. Aber in Wahrheit ist das seit vielen Jahren bekannt, nicht nur in Deutschland, sondern auch in anderen Ländern mit einem ähnlichen sozialen System, wie zum Beispiel Frankreich. Man hätte eigentlich schon längst Regelungen treffen müssen, die auf den Boden der Tatsachen zurückführen. Daß das nicht geschehen ist, hängt mit einem grundlegenden Irrtum zusammen, nämlich dem, daß eine Politik und ein Politiker um so moralischer und sozialer sind, je weiter sie sich von den Tatsachen entfernen und je mehr Ungereimtheiten sie in Kauf nehmen. Manchmal ist wenigstens die moralische Motivation solcher Politiker echt. Oft ist sie aber nur gespielt. Dann entspricht sie der Frömmigkeit eines Viehhändlers, der scheinbar versehentlich mit seinem Taschentuch einen Rosenkranz herauszieht, um bessere Geschäfte zu machen. Eine unrealistische Sozialpolitik ist eine schlechte Sozialpolitik, auch wenn das Feuerwerk, das sie entzündet, noch so funkelt und die Nebelkerzen, die sie wirft, noch so rauchen. Sie weicht den Problemen aus, anstatt sich ihnen zu stellen, sie zu lösen oder wenigstens zu mildern.

Das Bestreben, die Fragen wissenschaftlich anzugehen, eröffnet dann Fehlerquellen, wenn Theorien und Hypothesen zu gesicherten Wahrheiten erklärt werden. Nichts ist aber so kompliziert wie der Mensch. Er ist nur begrenzt berechenbar. Sein Wesen, seine Möglichkeiten und seine Bedürfnisse sind schwer zu erfassen. Ich habe manchmal den Eindruck, daß es trotz guter Absichten besser gelungen ist, den Menschen beizubringen, Probleme zu haben als diese zu lösen.

Mit meinem Juristenverstand habe ich mich bemüht, die Gedanken aufzunehmen, die mich aus den Sozialwissenschaften erreichten. Es ist mir nicht immer gelungen. Eines Tages begegnete mir der Begriff der »präventiven Sozialpolitik«. Er schien zu besagen, man solle nicht warten, bis ein Mensch ein Sozialfall sei, sondern ihm bereits vorher helfen, um zu verhindern, daß er einer werde. Das schien mir zwar durchaus wünschenswert zu sein, aber auch außerordentlich schwierig. Denn es ist kaum voraussagbar: Dieser Fritze Maier wird einmal ein Sozialfall werden, jener Josef Schulze aber nicht. Deshalb könnte eine so verstandene präventive Sozialpolitik darauf hinauslaufen, daß so gut wie allen geholfen werden soll. Eine Förderung aller durch alle wäre aber eine Überforderung der ökonomischen Möglichkeiten, wie unschwer nachgewiesen werden kann. Der Begriff der präventiven Sozialpolitik wird jedoch dann brauchbar und nützlich, wenn unter ihm auch Wirtschaftspolitik, Standortpolitik, Bildungspolitik verstanden wird, die in der Tat, wenn sie gut sind, dafür sorgen, daß von vornherein soziale Mißstände verhindert oder gemildert werden.

Die Neigung, sozialen Fortschritt darin zu sehen, daß die öffentliche Hand dem einzelnen Bürger immer mehr Risiken und Pflichten abnimmt, ist bedenklich. Je mehr Risiken und Pflichten die öffentliche Hand übernimmt, desto größer ist nämlich das Risiko, daß sie nicht halten kann, was sich die Bürger von ihr erhoffen.

Die kommenden Jahre mit ihren finanziellen Begrenzungen werden eine Kurskorrektur erzwingen.

Gelegentlich werden solche Risiken und Pflichten ohne ausreichenden Überblick über die Folgen übernommen, zum Beispiel durch die Formulierung eines Leistungsgesetzes, welche die Möglichkeit, etwas zu finanzieren, in eine Pflicht verwandelt und dem Bürger statt einer Chance einen konkreten Anspruch gibt. Die Politiker, die auf solche Weise tätig werden, reiben sich in der Regel vergnügt die Hände, weil sie den Sozialstaat gefördert zu haben meinen. In Wirklichkeit haben sie ihn gefährdet. Die Druckerschwärze des Gesetzblattes ist noch nicht trocken, da wird aus dem neuen Anspruch schon eine »Errungenschaft«, die mit Klauen und Zähnen gegen jede Einschränkung verteidigt wird. Die Erfahrung zeigt, daß der Mensch sich viel mehr dagegen wehrt, wenn er etwas, was er hat, hergeben soll, als wenn er etwas, was er gerne hätte, nicht bekommt. Wir reden zwar bei passenden und unpassenden Gelegenheiten darüber, daß wir verkrustete Strukturen nicht haben wollen und daß wir sie dort, wo sie vorhanden sind, aufbrechen werden. Aber auf dem politischen Gebiet, das die Politik zu einem Ganzen zusammenbinden soll, nämlich der Finanzpolitik, lassen wir ständig neue Krusten entstehen.

Ein besonders trauriges Beispiel für die Einräumung von Ansprüchen – und das auch noch auf fremde Kosten – ist die Gewährung eines Rechtsanspruches auf einen Platz im Regelkindergarten durch Bundesgesetz, welche die Kommunen mit Ausgaben in Höhe zweistelliger Milliardenbeträge belastet. Die Faszination dieser sozialen Großtat war so enorm, daß ihr Mitte der neunziger Jahre alle Bundestagsfraktionen und alle Landesregierungen erlagen. Wo so etwas Gutes geschieht, wollte einfach niemand beiseite stehen, zumal es ja Bund und Länder nichts kostete.

Ich war damals Präsident des Deutschen Städtetages und habe mich mordsmäßig über diese aus fremder Tasche finanzierte Wohltat geärgert. Die Kommunen standen nämlich selber unter erheblichem politischen Druck, so viele Plätze in Kindertagesstätten zu schaffen wie möglich, und zwar nicht beschränkt auf die vom Bundesrecht mit Vorrang versehenen Regelkindergärten, sondern auch in den vom Bundesrecht für nachrangig erklärten Krippen, Horten und Ganztageseinrichtungen. Dieses Bundesrecht ist unnötig und verfassungsrechtlich bedenklich. Hätte man den Kommunen Freiheit gelassen, wäre wahrscheinlich für Kinder und Mütter mehr herausgekommen. Die fehlenden Einrichtungen können nicht überall termingerecht bereitgestellt werden. Es gelang nicht, den Zeitpunkt des Inkrafttretens so zu regeln, daß nicht von vornherein ein rechtswidriger Zustand entsteht. Jetzt prallen in vielen Kommunen Recht und Realität aufeinander. Ich bin gespannt, wer gewinnt.

Die Kindergartenfrage steht in engem Zusammenhang mit der Frauenfrage. Nach meinen Beobachtungen meint eine Frau, die erklärt, sie wolle sich selber verwirklichen, meistens, daß sie eine Berufstätigkeit aufnehmen möchte, während ein Mann, wenn er solches tut, fast immer daran denkt, die Arbeit einzustellen. Aber ich will das nicht vertiefen. Ich habe die Gleichwertigkeit, wenn nicht sogar Überlegenheit der Frauen stets anerkannt. Ob sie es freilich jemals fertigbringen, ihre Männer so zu erziehen, daß sie dasselbe leisten wie sie, bezweifle ich. Denn die Männer können weit mehr Unordnung ertragen als Frauen. Ungemachte Betten, ungespültes Geschirr, Brosamen auf der Tischdecke, unaufgeräumte Zimmer machen Männern nichts aus, ganz im Unterschied zu den meisten Frauen. Diese sind ordentlicher, reinlicher, pflichtbewußter. Das ist eine Stärke, die zugleich eine Schwäche ist.

Damit wir in der Stadtverwaltung die Interessen der Frauen besser achten können, gibt es auch eine Frauenbeauftragte. Diese hat die schwierige Aufgabe, den Rat und die Verwaltung zu beraten, wie sie die Interessen der Frauen besser wahren können. Unsere frühere Frauenbeauftragte, Gabriele Steckmeister, neigte meines Erachtens zu Übertreibungen, besonders hinsichtlich der Frage, was sexuelle Belästigungen sind. Sie hielt bereits das aufmerksame Betrachten einer Dame für eine sexuelle Belästigung. Ich sah mich deshalb gelegentlich veranlaßt zu erklären, daß, wenn ich eine Dame, die den Saal betritt, anblickte, dies auf meine Kurzsichtigkeit zurückzuführen sei und keineswegs mit Gefühlen zusammenhänge, die im Zeitalter der Gleichberechtigung nicht mehr akzeptiert werden könnten.

Für eine schwere Körperverletzung an der deutschen Sprache halte ich die Versuche, in Vorschriften, Erlassen und sonstigen amtlichen Texten gewaltsam auch die weibliche Form hineinzupressen. Ich habe an solchen Anschlägen auf die deutsche Sprache gelegentlich mitgewirkt, meistens um des lieben Friedens willen. Aber ich schäme mich dessen. Formulierungen wie »Der Antragsteller/die Antragstellerin erhalten die Genehmigung, sofern er/sie sein/ihr Bedürfnis durch Bescheinigung des Veterinäramts nachgewiesen haben« sind nicht geeignet, die berechtigten Anliegen der Frauen zu fördern, wohl aber, sie lächerlich zu machen. Das gleiche gilt für den sprachlichen Feldzug gegen das Wort »Fräulein«, wenn dieser dazu führt, daß zwölfjährige Mädchen als Frau bezeichnet werden. Ich habe das Glück gehabt, mit herausragenden Mitarbeiterinnen zusammenarbeiten zu können. Deshalb ärgern mich die seltsamen Verrenkungen in der Frauenfrage doppelt.

Zu Beginn meiner Amtszeit als Oberbürgermeister bewegte mich besonders die Frage der Wohnsitzlosen und Stadtstreicher, der sich auch der frühere Leiter unseres Sozialamts, Dieter Rilling, mit großem Engagement annahm. Es verdroß uns sehr, daß in Stuttgart, in dem es doch der Mehrheit der Einwohner ganz gut geht, das ganze Jahr über Menschen auf der Straße leben und im Freien übernachten müssen. Außerdem war der Aufenthalt dieser ungepflegten, grölenden und bettelnden Menschen, von denen viele dem Alkohol verfallen waren, auf den Straßen und Plätzen der Innenstadt Gegenstand ständigen Ärgers der übrigen Bürger.

Einige Sozialarbeiter meinten freilich, daß diese Stadtstreicher Produkte der Widersprüche in unserer Gesellschaft seien und daß es geboten sei, ihnen das Bewußtsein ihrer gesellschaftlichen Lage zu vermitteln, damit sie ihre Rechte und Interessen geltend machen könnten. Ich vermochte diese Opfer-der-Gesellschaft-

Theorie nicht pauschal zu akzeptieren. Unter den Stadtstreichern befinden sich gewiß solche, die durch ein unglückliches und tragisches Schicksal auf eine Bahn gebracht wurden, die sie aus eigener Kraft nicht mehr verlassen können. Unter ihnen gibt es aber auch Schlawiner, die gut ein normales, nicht von der öffentlichen Hand subventioniertes Leben führen könnten, wenn sie sich ein bißchen anstrengen würden. Es ist im Einzelfall nicht einfach zu entscheiden, ob ein Mensch der einen oder der anderen Gruppe zugehört. Jedenfalls wollten wir unsere Stadtstreicher von der Straße wegbringen durch ausreichende Unterkünfte und durch ein bescheidenes Betreuungsprogramm.

Wir hatten aber nicht genügend bedacht, daß Stuttgart keine Insel ist. Jedenfalls verbreitete sich die Nachricht von unseren guten Absichten wie ein Lauffeuer. In der ganzen Bundesrepublik, besonders aber in unserem Umland, brachen zahlreiche Stadtstreicher und solche, die es werden wollten, Richtung Stuttgart auf. In kommunalen Behörden des Umlandes gab es sogar Formulare, auf denen in etwa stand: »Ich habe den Wunsch, nach Stuttgart zu reisen und beantrage, mir die Fahrtkosten zu gewähren.« Der reiselustige Stadtstreicher brauchte nur zu unterschreiben, und schon näherte er sich der Landeshauptstadt. Da erkannte ich, daß es gelegentlich nur in Gemeinschaft mit anderen möglich ist, etwas Gutes zu tun. Wir stellten unsere aussichtslos gewordenen Bemühungen um genügend Unterkünfte für die zuwandernden Stadtstreicher ein.

Der Winter nahte. Bei einem Gespräch fragte ein Sozialarbeiter Rilling und mich listig, ob wir es billigend in Kauf nähmen, daß ein Stadtstreicher erfriere. Offenbar hatte er die Absicht, uns bei der Staatsanwaltschaft wegen versuchten Totschlags anzuzeigen. Doch wir antworteten auf seine Frage mit einem klaren Nein und kündigten an, daß für Stadtstreicher ohne Unterkunft als Notbehelf geheizte Container auf dem Cannstatter Wasen aufgestellt würden.

Einige Sozialarbeiter ermutigten die Stadtstreicher, in Stuttgart einen Berberkongreß zu veranstalten. Dieses Projekt stieß in den Medien auf ein enormes Interesse. Die Sozialarbeiter und einige

Gesinnungsfreunde malten den Berbern beziehungsweise Stadtstreichern sogar Transparente. Aber als es darauf ankam, die Transparente durch die Stadt zu tragen, hatte, wie man mir berichtete, der Teufel Alkohol wieder zugeschlagen und einen würdigen Transport der Transparente verhindert. Das Berbertreffen ging aus wie das Hornberger Schießen, denn das Interesse der Berber an diesem Treffen verhielt sich umgekehrt proportional zu dem der Medien und einiger Vertreter der Linken, die dieses für eine günstige Gelegenheit angesehen hatten, dem Kapitalismus wieder einmal die Maske von seinem Antlitz reißen zu können.

Unter den Linken gab es viele, die es gut meinten und die sich wirklich für die zu kurz Gekommenen in der Gesellschaft einsetzten. Das trifft auch auf manche linke Extremisten zu. Ich sträubte mich deshalb dagegen, diese einfach mit den rechten Extremisten in einen Topf zu werfen. Der rechte Extremismus hat keine humanitären Ziele. Er ist nach der unheilvollen Geschichte des Nationalsozialismus ein geschmackloser und gefährlicher Anachronismus. Die extreme Linke hatte jedoch kein Konzept von einiger Substanz, sondern Träume, Illusionen, Utopien, häufig die, daß, wenn das bestehende System ausfiele, ein besseres bereitstünde. Die Verhältnisse in der Sowjetunion oder in der DDR wollte sie mit Ausnahme der DKP nicht. Eher wäre eine Art Mischling aus demokratischem Rechtsstaat und Volksrepublik angenehm gewesen. Wie dieser Mischling gezeugt werden und wie er lebensfähig sein könnte, blieb im Dunkeln.

Zunächst einmal ging es der extremen Linken darum nachzuweisen, daß es in der Bundesrepublik Mißstände gibt, was allerdings ebenso offenkundig wie unvermeidlich ist. Wer aber als Mißstand anprangert, daß anerkennenswerte Bedürfnisse nicht befriedigt sind und daß die Verhältnisse nicht so sind, wie es wünschenswert wäre, ohne die Frage nach den Mitteln zu Verbesserung überhaupt zu stellen, der macht es sich zu einfach. Der bewertet die Wirklichkeit mit einem unrealistischen Maßstab, er mißt sie nämlich an den Verhältnissen des Schlaraffenlandes, dem utopischen Zustand der Wunschlosigkeit, der nicht, wie das

Nirwana, entstehen soll, indem alle Wünsche erlöschen, sondern indem sie alle erfüllt werden. Ich habe mich über die Fundamentalkritik nie besonders aufgeregt. Sie hat der Bundesrepublik und auch ihrer Wirtschaft nicht sehr geschadet. Sie hat beiden wohl eher genützt durch den ständigen Zwang nachzuweisen, daß sie besser waren, als es ihre Gegner darstellten. Aber sie hat auch die Tatsachenferne und Tatsachenfurcht gefördert, die alte deutsche Krankheit.

Führung und Verantwortung

Es gibt verschiedene Meinungen darüber, wie die Leitung einer so großen Einheit wie eine Großstadt mit allen ihren Betrieben und Ämtern organisiert werden soll. Dies kann dadurch geschehen, daß sich der Oberbürgermeister einen besonderen Stab zulegt, oder dadurch, daß er auf diesen Stab weitgehend verzichtet und seinen Schwerpunkt auf die direkte Zusammenarbeit mit den Dezernenten legt. Beide Lösungen sind denkbar. Ich kann beim besten Willen nicht sagen, welche die bessere ist. Das hängt vom Arbeitsstil und von der Philosophie des Oberbürgermeisters ab. Mir lag jedenfalls schon im Finanzministerium die zweite Lösung mehr: kein größerer Stab; im Rathaus einen persönlichen Referenten und unmittelbar unterstellt das Rechtsreferat, die Abteilung Wirtschaftsförderung, das Presse- und Informationsamt, das Rechnungsprüfungsamt und das Protokoll; enge Zusammenarbeit mit den Dezernenten, die in Stuttgart Bürgermeister heißen, und den Referenten.

Am Donnerstag war Referentensitzung. Es gab zwar eine Tagesordnung, aber der Ablauf der Sitzung war wenig formalisiert. Außenstehende wären wohl über die Art, wie wir berieten, recht erstaunt gewesen. Jeder konnte vorbringen, was ihm wichtig erschien. Ich bemühte mich, möglichst umfassend zu informieren. Aber es handelte sich um alles andere als um eine Befehlsausgabe. Manchmal änderte ich in der Referentenbesprechung mehrmals meine Meinung. Es ist immerhin der Zweck einer Diskussion, daß man vom Irrtum befreit und zum Richtigen hingeführt wird. Das ermutigte andere, Gleiches zu tun. Einzelne Bürgermeister gerieten so in Begeisterung, daß sie gleichzeitig das Wort ergriffen, was der Zeitersparnis, nicht aber der Verständlichkeit diente.

Wer das Wort hatte, war gut beraten, wenn er nicht zu lange Atem holte, weil sonst ein anderer es ihm nahm. Das klingt recht chaotisch. Aber wir kamen jeweils zu Entscheidungen. Mir ist kein größeres Problem oder Anliegen in Erinnerung, von dem ich nicht rechtzeitig erfahren hätte. Eine weitere Auflockerung gelang dadurch, daß wir uns gegenseitig Witze erzählten. Ein befreundeter amerikanischer Luftwaffengeneral schrieb mir, seitdem er im Ruhestand sei, lachten nach seinem Empfinden die Zuhörer nicht mehr so über seine Witze wie zu seiner aktiven Dienstzeit. Ich selber habe das noch nicht bemerkt.

Mit den Vorständen der Unternehmen, an denen die Landeshauptstadt beteiligt ist, hatte ich besondere Besprechungen. Auch bei diesen sagten wir uns freundlich, aber offen, was wir von unseren Gedanken und Vorstellungen hielten, und einigten uns. Ich delegierte soviel wie möglich und praktizierte das Gegenteil des Lenin zugeschriebenen Prinzips »Vertrauen ist gut, Kontrolle ist besser«, und zwar mit bestem Erfolg. Es ist aber, um das klar zu sagen, nicht damit getan, daß alles delegiert wird, so daß der Delegierende viel Zeit hat und in dieser seinen Liebhabereien nachgehen kann. Wer vieles delegiert, kann nicht einfach oben schwimmen wie der Schnittlauch auf der Suppe. Er muß sich erstens vor die Mitarbeiter stellen, wenn sie in Schwierigkeiten kommen. Er muß sich laufend über Wesentliches unterrichten lassen. Und er muß drittens selber einsteigen, wenn es kritisch wird, und zwar tief und rechtzeitig.

Den Vorstand der Landesgirokasse behelligte ich im allgemeinen nicht mit Versuchen nachzuweisen, daß auch ich das Zeug zum Sparkassendirektor gehabt hätte. Aber als Lothar Späth und später Erwin Teufel die Fusion der Landesgirokasse mit anderen Instituten planten, nahm ich mir für die Sache viel Zeit, arbeitete aber eng mit dem Vorstand zusammen. Es ist erstaunlich, daß sich im Lande der Sparer, nämlich in Baden-Württemberg, nie eine große Bank gebildet hat, im Unterschied zu Bayern. Aber wer die Badener und Schwaben kennt, was man als Landsmann nicht vermeiden kann, der weiß, daß hierzulande alles auf Mißtrauen stößt, was groß ist. Die Großstädte Stuttgart und Mannheim haben unter erheblichem Mißtrauen zu leiden.

Lothar Späth unternahm 1986 den ersten Versuch einer Zusammenlegung der damals noch getrennten badischen und württembergischen kommunalen Landesbanken mit der Landesgirokasse und dem privatwirtschaftlichen Teil der Landeskreditbank. Zuerst hatte Späth eine privatrechtliche Lösung erwogen unter Einbeziehung der Baden-Württembergischen Bank AG, deren wichtigster Gesellschafter neben dem Land die Robert Bosch GmbH war. Das privatrechtliche Projekt war jedoch wegen mangelnder Abstimmung vor einer Pressekonferenz gescheitert.

Die große, öffentlich-rechtliche Lösung der sogenannten Viererbank bereitete Schwierigkeiten, weil die Landesgirokasse, die zweitgrößte deutsche Sparkasse, im ganzen württembergischen Landesteil Zweigstellen hat, die mit den Kreissparkassen konkurrieren. Die Kreissparkassen und die badischen Bezirkssparkassen waren aber ebenso wie die Landesgirokasse über ihre Verbände an den Kommunalen Landesbanken beteiligt. Deshalb versuchten sie es durchzusetzen, daß die Landesgirokasse im Rahmen der Fusion möglichst viele der sie störenden Zweigstellen aufgeben sollte. Der Vorstandsvorsitzende der Landesgirokasse, Walther Zügel, und ich zeigten zunächst etwas Entgegenkommen, hatten aber dann den Eindruck, daß nach dem kleinen Finger die Hand und schließlich der Arm gefordert werde. Vorstand und Betriebsrat der Landesgirokasse wurden unruhig. Überdies war es offen, wie sich gewisse geschäftliche Probleme der Badischen Kommunalen Landesbank auf deren Bewertung auswirken würden.

Ministerpräsident Späth hatte viel Arbeit und Prestige in die Fusion investiert. Er rief schließlich eines Samstags alle Beteiligten im Staatsministerium zusammen, um »Nägel mit Köpfen« zu machen. Zu den Beteiligten gehörten Zügel und ich. In einer rhetorischen Glanzleistung wischte Späth alle abweichenden Vorstellungen der Experten vom Tisch und erklärte schließlich, daß man einig sei. Einer der Experten war so verblüfft, daß er ausrief: »Der Mann ist ja Weltklasse!« Ich hatte auch die Bewertungsfrage angesprochen, doch unser Landesvater betrachtete den Präsidenten des badischen Sparkassenverbandes mit strengem Blick und erklärte, daß dieser einen Besserungsschein ausstellen werde. Dieser machte eine nickende Geste, die als Zustimmung gedeutet werden konnte, und wir gingen nach Hause in der Vorstellung, wir seien uns einig.

Da ich ein zum Grübeln neigender Mensch bin, kam ich aber in der darauffolgenden Nacht zum Ergebnis, daß es mit der Einigung nicht so weit her sei, zumal der badische Präsident einen solchen Besserungsschein nicht aus eigener Kompetenz ausstellen kann. Auch kam es mir in den Sinn, daß es politisch sehr schwierig wäre, mit Hilfe eines solchen Besserungsscheins Nachforderungen bei den badischen Bezirkssparkassen zu erheben. Diese würden dies wohl als üblen Schwabenstreich betrachten. Mir kam der Gedanke, daß ich wohl nur noch mit einem falschen Bart wie ein Agent des Verfassungsschutzes nach Baden reisen könnte, wenn der Besserungsschein präsentiert würde. Kurz und gut, am nächsten Morgen war ich voller Zweifel, ob ich dem Verwaltungsrat der Landesgirokasse eine Zustimmung zu dem nächtlichen Besprechungsergebnis vorschlagen könnte. Am Montag stellte ich dann fest, daß Zügel, der ganze Vorstand und der Betriebsrat ebenfalls Zweifel hatten, und ich entschloß mich, am Dienstag dem Verwaltungsrat Ablehnung nahezulegen, und so geschah es trotz heftiger Gegenwehr von Innenminister Dietmar Schlee.

Lothar Späth befand sich gerade in Frankreich. Schlee rief ihn sogleich an und forderte mich auf, ans Telefon zu kommen und selber mit diesem zu sprechen. Ich kannte dessen Hartnäckigkeit, wollte nicht den Verwaltungsrat längere Zeit sich selbst überlassen und lehnte deshalb ein Gespräch während der Sitzung ab. Die Verärgerung Späths war groß. Dafür hatte ich Verständnis. Später sagte ich ihm: Es ist gut gewesen, daß du nicht da warst, sonst wäre alles noch viel schwieriger gewesen. Einige Zeit sprach Lothar Späth mit Walther Zügel fast nichts und mit mir nur das Nötigste, aber dann setzte sich sein versöhnliches Wesen durch.

Ende des Jahres 1986 verfaßte ich eine kurze Wildwest-Geschichte, die den Sachverhalt karikierte. Ich gab sie einem sich immer mehr ausdehnenden Freundeskreis und schließlich auch dem *Schwarzwälder Boten*, mit der Folge, daß sie im ganzen Lande verbreitet wurde. Kein Zweifel bestand, daß ich der Verfasser war. Es spricht für Späth und seine Regierung, daß sie die Geschichte positiv aufnahmen. Die Geschichte soll der Nachwelt erhalten bleiben. Deshalb wird sie hier abgedruckt.

Die Höllenfahrt nach Banker Hill

»Als Bridle (Zügel) und ich gerade auf unserem Claim arbeiteten, kamen Late (Späth) und Wildplum, genannt Plummy (Innenminister Schlee), vorbei und sagten, ein paar Meilen entfernt stünde ein Zug ganz einsam in der Wüste, und wir sollten den Zug nehmen und mit ihm nach Banker Hill fahren, um dort einen Haufen Dollar zu machen. Riehl (Württembergischer Sparkassenpräsident Rühl) und Doc Fat, genannt Fatty (Badischer Sparkassenpräsident Faißt), kämen auch mit.

Ich weiß heute nicht mehr, welcher Teufel uns dazu gebracht hat, ja zu sagen. Auf jeden Fall schnürten wir unser Bündel und begaben uns mit Late und Plummy zum Zug. Dort trafen wir Old Fiddler (Sparkassenpräsident Geiger), der sein verspecktes Brevier hervorzog und meinte, es wäre eine große Sünde, wenn wir in den Zug einsteigen und nach Banker Hill fahren würden. Dort sei das Laster zu Hause und der Teufel los. Aber wir ließen uns durch den wimmernden Fiddler nicht durcheinanderbringen und kletterten in den Zug.

Dort hatten Riehl und Fatty schon Platz genommen. Riehl sagte, er steige gleich wieder aus, wenn wir ihm nicht hundert Dollar gäben, und Late meinte auch, wir sollten uns bewegen und ihm etwas geben, zumal wir ja alles in Banker Hill vielfach vergolten erhielten, und so rückten wir nach langem Gefeilsche

Mit Stadtkämmerer Klaus Lang
bei der Vorlage des Haushaltsplans 1997.

endlich 80 Dollar heraus. Fatty sagte, er säße eigentlich nur aus Versehen im Zug. Er wolle gar nicht gern mitkommen, weil er eine bessere Gesellschaft gewohnt sei, aber er blieb dann doch sitzen.

Late und Plummy machten ein mächtiges Feuer unter dem Kessel. Der Zug setzte sich in Bewegung und fuhr schneller und schneller. Late ließ Plummy weiterhin tüchtig Kohlen in das Feuer werfen, was dieser auch schnaubend und prustend tat. Plötzlich fiel uns ein, daß die Schienen ja noch gar nicht bis nach Banker Hill verlegt waren, sondern daß sie irgendwo in der Wüste einfach aufhörten. Wir erklärten das Late. Der aber wollte davon nichts wissen. Er sagte, was er angefangen hätte, wolle er auch zu Ende führen, und wer sich widersetze, dem werde er seine Folterwerkzeuge zeigen.

Plummy schaufelte noch mehr Kohlen ins Feuer, aber wir maulten weiter, bis uns schließlich Late eine schriftliche Bestätigung versprach, wonach die Schienen tatsächlich bis nach Banker Hill führten. Wir waren zuerst verblüfft, aber nach einer Denkpause fiel uns doch ein, daß Late, wenn er sich mündlich irrte, sich auch schriftlich irren könnte. Wir gingen dann einfach in den nächsten Waggon und zogen die Notbremse.

Der Zug stand. Nach hundert Metern hörten die Schienen auf. Wir nahmen Riehl wieder unsere 80 Dollar ab und verschwanden. Die zornigen Schreie von Late, Plummy und Riehl hallten durch die schwarze Wüstennacht. Viele Hyänen und Schakale heulten voll Enttäuschung. Aber schließlich kamen wir in unserem Claim an, krempelten die Ärmel hoch und fingen wieder an zu arbeiten.

Noch lange sprachen die Cowboys und Tramps in den Saloons von diesem Streich, denn Late und Plummy erzählten überall, wir hätten sie geprellt, und ohne uns wären sie ohne Gleise in den gar nicht existierenden Bahnhof von Banker Hill eingefahren. Riehl jammerte wegen der 80 Dollar, die er schon für sein Eigentum gehalten hatte, und auch Fatty tat so, als wäre er sehr traurig.«

Mitte der neunziger Jahre unternahm Erwin Teufel als Ministerpräsident einen zweiten Anlauf, auf den sich das Kabinett der Großen Koalition aber nicht einigen konnte. Ende der neunziger Jahre sieht es so aus, als könnte die große Bankenfusion trotz aller Schwierigkeiten doch noch gelingen, nachdem eine Einigung auf eine Bank mit voller Geschäfts- und Zweigstellenfreiheit erfolgt ist.

Gegen den europaweiten Wettbewerb auf dem Energiesektor hatte ich immer Bedenken, denn die Energiewirtschaft, besonders die kommunale, verfolgt im Unterschied zu einem Produzenten von Kochtöpfen und Bratpfannen als Unternehmensziel auch die Schonung der Ressourcen, die Reinhaltung der Luft und den Einsatz und die Erprobung alternativer Energien. Die Entwicklung geht aber in eine andere Richtung. In der Versorgungswirtschaft zeichnet sich immer deutlicher ab, daß der europaweite Wettbewerb kommt. Deshalb bemühte ich mich zusammen mit dem Ersten Bürgermeister Klaus Lang und dem Vorstand unserer technischen Werke um neue Partnerschaften – Bemühungen, die schließlich in einer Fusion mit dem benachbarten Regionalunternehmen endeten. Sonst ließ ich die Finger weg von der Unternehmensführung und beschränkte mich im Wesentlichen darauf, die Geschäftspolitik im politischen Raum zu vertreten und bei wichtigen Personalentscheidungen die fachlich Qualifiziertesten zum Zuge kommen zu lassen.

Als Großstadtoberbürgermeister darf man sich nicht von den vielen Details aufzehren lassen. Es geht um Strategie, nicht nur um Taktik. Clausewitz schreibt zu Recht: »In der Strategie ist alles einfach, aber deshalb nicht sehr leicht.« Das trifft auch zu im Blick auf eine regionale Neuordnung der Großstadträume, die ich für zwingend geboten, aber nur schrittweise für realisierbar halte. Immerhin sollte man hier nicht nach der Devise der Denkfaulen verfahren »Der Weg ist das Ziel« und eine politische Fahrt ins Blaue antreten, sondern, bei allen Vorbehalten, die ich in solchen Fällen empfehle, wissen und sagen, wohin die Reise gehen soll.

Wettbewerb

Das meiste in der Welt, auch das, was als fortschrittlich gilt, wurde nicht nur durch Einsicht, sondern durch Druck erreicht. Ohne Druck auf die Monarchie keine Republik, ohne Druck auf das Kapital kein sozialer Fortschritt, aber ohne Gegendruck des Kapitals auch keiner. Der Druck erfolgt zwar gelegentlich im Interesse des allgemeinen Wohls, aber häufiger in Verfolgung höchst persönlicher Interessen.

In der Nachkriegszeit waren die Züge oft überfüllt. Man war froh, überhaupt mitgenommen zu werden. Ein solcher Zug stand auf dem Stuttgarter Bahnhof. Eine Menschentraube drängte sich um einen bereits gut besetzten Waggon und versuchte auch noch hineinzukommen. Ein kräftiger Herr rief: »Drucket no, da hat's noch viel Platz!« Die Folge war, daß die, welche im Zug drin waren, beinahe zur anderen Seite wieder hinausgedrängt wurden. Kaum war aber der Herr selber in den Waggon vorgedrungen, brüllte er denen, die hinter ihm kamen, zu: »Jetzt drucket doch net so saudumm, hier geht kei Maus mehr nei!« So ist der Mensch. Lehrer, Hochschullehrer und Studenten erzeugen Druck, die Verbände, die Ökologen (wer immer das ist), die Wirtschaft. Kommt der Druck von allen Seiten, kann es sein, daß sich nichts mehr bewegt, nur der Druck steigt, dem der finanzwirtschaftlich nicht sehr stabile demokratische Staat ausgesetzt ist.

Man kann von einem Weltphänomen des Drucks sprechen. Das Weltgeschehen beruht zu einem guten Teil auf einer komplizierten Pneumatik oder, verständlicher ausgedrückt, auf komplizierten Druckverhältnissen. Dieser Druck braucht zu einem guten Teil nicht erzeugt zu werden, weil er vom System her schon da ist – zum Beispiel der Wettbewerbsdruck, der vom Weltmarkt ausgeht und dem Kapital und Arbeit ausgesetzt sind. Der Weltmarkt ist keine Person, sondern ein Zustand, der für seine Wirkungen nicht verantwortlich gemacht werden kann. Dieser Zustand, der sich im Sinne steigenden Drucks weiterentwickelt, entsteht seinerseits durch verschiedene Drücke, vor allem durch den Fortschritt in Technik und Organisation, auf den zu verzichten sich niemand leisten kann, der nicht erdrückt werden will. Nur in Ansätzen gibt es bislang Bemühungen, dieses sich selbst nährende Chaos im Blick auf ökologische und soziale Ziele zu regeln. Albert Einstein hat über den Intellekt geschrieben, er könne nicht herrschen, sondern nur dienen, und er sei nicht wählerisch in der Wahl seines Herrn. Das gleiche gilt für das Wettbewerbsprinzip. Im Dienste sozialer und ökologischer Ziele hat es sich als jeder Staatsplanung überlegen erwiesen. Aber als ein von Bindungen freier Weltregent eignet es sich nicht.

Der Zwang, die Gegenwart zu überstehen, ist übermächtig. Mit schwer widerlegbarem Grund: Wer die Gegenwart nicht übersteht, hat keine Zukunft. Der Gedanke, daß die Gegenwart, wenn sie keine Ziele in der Zukunft hat, ihren Sinn verliert, liegt dem Menschen weniger nahe. Rund um die Uhr wird mit Geld, Devisen und Wertpapieren gehandelt, pro Geschäftstag mit einem Umsatz von 1 500 Milliarden Dollar. Nur zwei bis drei Prozent dieses Umsatzes dienen der Industrie und dem Handel. Die Kurse spiegeln die Befürchtungen und Hoffnungen wider und sind zugleich Grundlage für neue Furcht und Hoffnung. Dieser Markt ist die kollektive Nervosität. Der Glaube, daß er alles auf das Günstigste regelt, ähnelt dem Glauben mittelalterlicher Ritter, daß in einem Zweikampf letztlich Gott entscheide, wer im Recht oder im Unrecht sei. Die Kirche hatte alle Mühe, diese Meinung im Laufe der Zeit zurückzudrängen. Aber es gelang. So wird auch weltweit bewußt werden, daß der freie, ungebundene Wettbewerb nicht als Weltregent taugt, und zwar schneller, als wir heute glauben.

Die Steigerung der Produktivität war und ist im Prinzip etwas Positives. Die Kanalisation in den Städten hat zwar zahlreichen Menschen, die früher die Abortgruben geleert haben, ihre übelriechenden Arbeitsplätze weggenommen. Dafür sind aber andere und bessere Arbeitsplätze entstanden, die ohne die Kanalisation nicht hätten entstehen können. Wie an anderer Stelle angemerkt, könnten heute Produktivitätssteigerungen so radikal und umfassend stattfinden, daß durch sie weit mehr Arbeitsplätze wegfallen als neu entstehen. Heute hat die elektronische Datenverarbeitung Möglichkeiten, an die vor dreißig Jahren kaum jemand gedacht hat. Ihre Entwicklung ist noch nicht am Ende.

Der kleinste Zeitraum, der vom Menschen wahrgenommen werden kann, ist eine Dreißigstelsekunde. Es gibt aber Maschinen, die eine Milliardstelsekunde wahrnehmen können. Rein mathematisch gesehen haben diese Maschinen in einem Zeitraum, der dem Menschen gerade noch bewußt ist, ein Jahr Zeit. Ein Stuttgarter Professor erklärte, eine Rechenkapazität, die zu Beginn der achtziger Jahre zehntausend Quadratmeter Grundfläche benötigt hätte, könnte heute in einer Einheit von der Größe einer Kreditkarte untergebracht werden und nach dem Jahr 2000 auf der Fläche von der Größe eines Stecknadelkopfes. Bei diesem Grad der Miniaturisierung könnte jeder das Wissen der Menschheit in der Hosentasche mit sich führen. Es fragt sich nur, wie es aus der Hosentasche in den Kopf kommt. Denn eigentlich leben wir nicht in einer Informationsgesellschaft, sondern in einer Desinformationsgesellschaft. Es herrscht kein Mangel an Informationen, wir leiden am Übermaß.

Vielfach begegnen wir der Meinung, der Maschineneinsatz sei vor allem eine Folge der hohen Lohnkosten: Je geringer die Löhne, desto weniger Maschinen würden eingesetzt. Aber das ist so nicht richtig. Die Maschine arbeitet in vielen Bereichen nicht nur billiger, sondern besser als der Mensch. In wachsendem Umfang kann sogar nur noch die Maschine Produkte herstellen und Leistungen erbringen und nicht mehr der Mensch. Ein anschauliches Beispiel: der Computer. Der Mensch kann ihn entwerfen, aber nicht mehr mit seinen Händen bauen. In der Literatur taucht die Furcht auf, in einer künftigen Gesellschaft könnten von hundert arbeitsfähigen Menschen nur noch zwanzig eine ordentliche Arbeit haben, und achtzig müßten von den ihnen aus Mitleid zugeworfenen Brocken leben. Ich halte eine solche Entwicklung in einer überwiegend demokratisch organisierten Welt für unrealistisch, weil nicht mehrheitsfähig. Auf die Anwendung von Technologien, die solche Folgen haben, würde eben verzichtet, so wie ja auch heute schon zugunsten von Umwelt und Sicherheit auf manches verzichtet wird, was technisch möglich wäre. Auch wenn es heute üblich ist, in der Wirtschaft mit Begriffen wie *lean production*, *downsizing*, *outsourcing* zu hantieren, die Ökonomen wissen oder werden es noch lernen, daß es nicht funktionieren kann, wenn der *shareholder value* gegen unendlich und die Lohnsumme gegen Null tendiert. Denn mit der Lohnsumme schwindet der Absatz dahin und mit dem Absatz der *shareholder value*. Fazit: Die Welt wird zu einer einigermaßen vernünftigen Ordnung finden.

Standortgunst

Aber wir können nicht so lange die Hände in den Schoß legen, bis eine soziale und ökologische Ordnung der Weltverhältnisse von selber gelingt. Auch unterscheiden sich die Vorstellungen davon, was ein angemessener sozialer Mindeststandard ist, in der Welt erheblich. Sie werden sich wohl annähern, aber nie ganz übereinstimmen. Wenn wir uns mit den gegenwärtigen und aktuellen Fragen befassen, sollten wir das aufbringen, was Reichskanzler Brüning »Tatsachenmut« genannt hat. Um unsere sozialen Aufgaben zu erfüllen, müssen wir uns im globalen Wettbewerb behaupten.

Für die Chancen im globalen Wettbewerb spielen die großstädtischen Räume eine entscheidende Rolle. Die Pflege der Großstadträume ist nötig, um ihre Standortgunst zu verbessern. Diese Verbesserung nützt auch allen anderen Räumen. Zunächst einmal ist festzuhalten: Selbst wenn eine Industrieproduktion eines Tages in vollem Umfang maschinell erfolgte, müssen die bisherigen Industrieregionen alles tun, um sie zu behalten. Denn die volkswirtschaftlich wichtigsten Dienstleistungen sind mit der Produktion verknüpft: planen, konstruieren, entwickeln, vermarkten und der Kundendienst. Ich will die Bedeutung der Kosten im Wettbewerb nicht leugnen. Aber ob ein Produkt wettbewerbsfähig ist, darüber entscheidet vorrangig die Qualität – die Qualität des Produktes selber, aber auch die der Vermarktung und des Kundendienstes.

Einsatz beim traditionsreichsten, von König Wilhelm I. gestifteten Fest in Württemberg, dem Cannstatter Volksfest.

Das Phänomen der Qualität ist genauso wichtig im Wettbewerb der Standorte: Qualität der Infrastruktur, der Bildungs- und Forschungseinrichtungen, der Landschaft, des Verkehrs, der Wohnungsversorgung, der sozialen Verhältnisse, der Kultur- und Sporteinrichtungen. Insoweit war die Politik des Bundes, der Länder und Gemeinden während der vergangenen Jahrzehnte richtig, die Standortgunst der einzelnen Teilräume planmäßig auszubauen. Der günstigste Standort für die Wirtschaft ist der mit der größten Anziehungskraft auf qualifizierte, kreative Menschen. Können diese in dem Raum gehalten und für den Raum gewonnen werden, hat er gute Aussichten. Auf mittlere Sicht schlechte Aussichten hat hingegen ein Standort, in dem zwar die Löhne gering, die Arbeitszeit lang, die Aufwendungen für Soziales, für Infrastruktur und Umwelt minimal, Lebensstandard und Rechte der Arbeitnehmer bescheiden, Steuern und Abgaben niedrig und die Unternehmensgewinne hoch sind. Eine solcher Standort hat mehr Nachteile als Vorteile. Soziale Spannungen und massive Konflikte sind vorprogrammiert. Ein wichtiger Standortvorteil, der soziale Friede, steht auf tönernen Füßen.

Ein erhebliches Risiko liegt darin, daß die Mittel für weitere Verbesserung der Standortgunst im Gesamthaushalt von Bund, Ländern und Gemeinden gefährdet sind, denn ihre Höhe ist rechtlich nicht gesichert. Sie bieten sich deshalb der Exekutive aus finanztechnischen Gründen zur Streichung an, wenn die großen konsumtiven Ausgabenblöcke stärker wachsen als die Einnahmen. Zu diesen großen Blöcken gehören unter anderem Personalausgaben und Sozialausgaben. Deren Höhe und Zuwachs ist weithin rechtlich abgesichert, so daß die Exekutive sie nicht zu kürzen vermag. Deshalb muß die Politik, auch durch Haushaltssicherungsgesetze, dafür sorgen, daß der Verzehr des Saatgutes zur Befriedigung gegenwärtiger Gelüste unterbleibt.

In den letzten Jahren meiner aktiven Zeit habe ich mich zusammen mit vielen anderen um eine bessere Ordnung des größten Verdichtungsraums Baden-Württembergs, des zentral gelegenen Stuttgarter Raums mit seinen 2.5 Millionen Einwohnern, bemüht.

Von der Qualität dieses Raums hängt auch die Standortgunst der angrenzenden Regionen ab. Aber gelegentlich verstellt so etwas wie Mißgunst den Blick auf das Problem. Dies ist ungewöhnlich, denn bekanntlich ist Badenern und Württembergern der Neid fremd. Dennoch tun manche Politiker und auch manche Vertreter der Wirtschaft so, als meinten sie, dem eigenen Raum ginge es um so besser, je schlechter es in den benachbarten Räumen aussehe. In Wahrheit fördern prosperierende Nachbarn die eigene Prosperität.

Europa hat deshalb gute Chancen, weil dort eine qualitätvolle Region neben der anderen liegt und weil es schon jetzt einen Markt mit 370 Millionen Einwohnern bildet mit einem Sozialprodukt von elftausend Milliarden Mark. Die EU und die europäischen Staaten kommen nicht an der Einsicht vorbei, daß für jeden Teilraum eine spezielle Standortpolitik nötig ist. Deshalb ist in größeren Staaten eine Dezentralisierung unvermeidlich. Der Eiffelturm ist für Toulouse ebensowenig ein Standortvorteil wie das Brandenburger Tor für Stuttgart. Nicht nur die europäische und nationale Politik, auch die Standortgunst der Teilräume wird darüber entscheiden, wie gut wir uns im weltweiten Wettbewerb behaupten und wie hoch unsere Arbeitslosenquoten sind.

Das Leben des modernen Menschen findet in immer größeren Räumen statt. Städte, Gemeinden und selbst Landkreise sind nur Teilräume in seinem Lebensumfeld. Seine Bedürfnisse sind vielfältiger als früher: Arbeit, Wohnen, Aus- und Fortbildung, Unterhaltung, Kultur, Sport. Der Rat des Landwirts auf dem Sterbebett: »Jaköble, bleib um Dußlinge rom« ist selbst im ländlichen Raum selten geworden. Daß das Lebensumfeld des Menschen sich ausweitet, ist dort besonders augenfällig, wo es starke Verflechtungen zwischen Kernstadt und Umland gibt, zum Beispiel in den Verdichtungsräumen. So nennt man heute dicht bevölkerte Räume.

Einigen Ökologen gelten die Verdichtungsräume als Fehlentwicklungen, die der Umwelt schaden. Aber wer die Dinge durchdenkt und nicht nur erfühlt – und nicht nur so lange denkt, bis er bei dem angekommen ist, was er schon immer gedacht hat –, sollte erkennen, daß die Verdichtungsräume, wenn man den großen Raumbedarf des modernen Menschen in Betracht zieht, auch ökologisch die bestmögliche Lösung sind. Volks- und betriebswirtschaftlich lohnen sich im dicht besiedelten Raum leistungsfähige Systeme des öffentlichen Personennahverkehrs mit kurzer Zug- und Busfolge sowie umweltgünstige und leitungsgebundene Energien wie zum Beispiel Fernwärme und Gas. Dort ist der Boden knapp und teuer. Er muß viel intensiver genutzt werden als in ländlichen Gebieten. Das spart Land. Vor der romantischen Vorstellung, die Menschheit sollte wegen größerer Naturverträglichkeit besser in Streusiedlungen auf dem Lande wohnen, kann aus ökologischen Gründen nur gewarnt werden.

Die Verdichtungsräume brauchen eine andere Verfassung. Dort gibt es besonders viele Aufgaben, die sich überörtlich, aber doch nicht für das ganze Land stellen. Diese Aufgaben sollten einer regionalen politischen Körperschaft übertragen werden, die eine eigene, direkt gewählte Volksvertretung hat. Als solche Aufgaben kommen in Betracht: Regionalplanung, regionaler Nahverkehr, Messe, Kongreßzentren, Schwerpunktkrankenhäuser, große Sportstätten, Theater und Opernhäuser. Der Bundesgesetzgeber sollte für gewisse Fälle von überörtlicher Bedeutung der regionalen Körperschaft auch die Bauleitplanung übertragen. Ihre ausschließliche Zuordnung an die Kommunen ist im Verdichtungsraum problematisch. Später könnte diese Region unter Einbeziehung der Kernstadt und Aufhebung der Landkreise zum Regionalkreis und irgendwann vielleicht sogar zur Regionalstadt weiterentwickelt werden.

Natürlich gibt es Spannungen zwischen den großen Städten und den Städten und Gemeinden in ihrem Umland. Die großen Städte bieten kulturelle Vielfalt, öffentliche und private Dienstleistungen, Einrichtungen der medizinischen Versorgung und Sportarenen, die auch für die Standortgunst des Umlandes wichtig sind. Das Umland ist für die großen Städte auch wichtig, denn vieles, was ihnen Qualität gibt, trägt sich nur, weil es auch vom Umland in Anspruch genommen wird. Während die großen

Städte in den ärmeren Ländern dieser Welt einer ungesunden Zuwanderung ausgesetzt sind, heißt ihr Problem in den reicheren Ländern in der Regel Abwanderung, besonders ins Umland. Dazu trägt der öffentliche Personennahverkehr bei, auch im Stuttgarter Raum. Durch die bis ins Umland ausgebauten Verkehrswege, besonders die des öffentlichen Nahverkehrs wie S-Bahn, U-Bahn und Busse, ist die Großstadt gut erreichbar.

Für Familien im jungen und mittleren Alter ist es ideal, im Umland zu wohnen, im Paradies, aber nicht zu weit entfernt von Sodom und Gomorrha, wie das ein amerikanischer Städteplaner formuliert hat. Sodom und Gomorrha sind nach rabbinischer Überlieferung nicht deshalb von Gott zum Untergang verurteilt worden, weil in ihnen gesündigt wurde – das wird in allen Gemeinden, auch den kleineren –, sondern weil in ihnen die Sünde erlaubt, wenn nicht sogar Pflicht war. Soweit ist es in deutschen Großstädten noch nicht. Das gilt besonders für die baden-württembergische Landeshauptstadt.

Stuttgart hat bis zum Zweiten Weltkrieg sein Stadtgebiet durch Eingemeindungen erheblich erweitern können. In der Nachkriegszeit gelang keine Eingemeindung mehr, weder meinem Vorgänger Arnulf Klett noch mir. Die Umlandgemeinden und ihre Bürger wußten, daß die Eingemeindung nach Stuttgart ihnen keine unmittelbaren Vorteile bringt, die sie nicht ohnehin hatten, sondern sie vielmehr mit zentralen Lasten beschwert, die bislang die Einwohner von Stuttgart für die Region allein trugen. Sie waren wohlhabend. Überdies hatte sie die Gemeindereform des Landes Anfang der siebziger Jahre durch Eingemeindungen und Zusammenlegungen gekräftigt. Dies geschah in einem Maße, als gelte es, die Landeshauptstadt zu belagern und unschädlich zu machen. Das war ein landespolitischer Fehler, für den aber auch die Stadt Stuttgart mit verantwortlich war. Denn sie hatte zwar alle möglichen Theorien über die Lösung der Stadt-Umland-Frage entwickelt, aber keine konkrete Gebietserweiterung für die Landeshauptstadt gefordert und durchgesetzt. Wer sich in der Politik solch vornehmer Zurückhaltung befleißigt, der geht unter.

Nach meiner Ernennung zum Ministerialdirektor im Finanzministerium Ende 1971 hatte ich mich um den weiteren Verlauf der kommunalen Gebietsreform nicht mehr gekümmert. Als ich dann Anfang 1975 mein Amt als Oberbürgermeister antrat, versuchte ich die Diskussion über Eingemeindungen in die Landeshauptstadt noch einmal aufleben zu lassen. Dieses Bemühen stieß bei Landesregierung und Landtag auf große Zurückhaltung und bei den betroffenen Gemeinden auf starken Widerstand. Mancher Landespolitiker und sogar mancher Kollege drückte mir zwar voll Mitgefühl die Hand. Aber erreicht habe ich nur eine maßvolle Mitfinanzierung der vier benachbarten Landkreise an den Betriebskosten des öffentlichen Nahverkehrs. Das war besser als gar nichts.

Eine alte Gemeinde als gesellschaftlicher Organismus erträgt ein Wachstum der Bevölkerung auf das Zehnfache, weil vieles, was die Gesellschaft zusammenhält, von vornherein vorhanden ist: Vereine, Bekanntschaften, Freund- und Feindschaften, eine Ortsgeschichte, die viele hundert Jahre zurück reicht, Handwerker, Einzelhandel, Industrieunternehmen mit vielen Bindungen bis in die Bevölkerung hinein. Eine Retortenstadt oder Retortensiedlung hat es hingegen viel schwerer, gesellschaftliches Leben zustandezubringen, weil das, was in den alten Siedlungen auf natürliche Weise entstanden ist, künstlich geschaffen werden muß. Die emotionale Bindung an die herkömmliche Gemeinde ist so stark, daß sie auch dann bleibt, wenn sie in einem größeren Gemeinwesen aufgeht. Dies trifft nicht nur auf die alteingesessenen Familien zu, sondern auch auf zugewanderte Bürger, die sich oft schon nach wenigen Jahren an Lokalpatriotismus von niemand übertreffen lassen. Am Beispiel Stuttgarts kann das demonstriert werden.

Die Stadtbezirke haben noch ein stark ausgeprägtes gesellschaftliches Eigenleben. Kein Stuttgarter Kommunalpolitiker hat versucht, dieses Eigenleben zu unterdrücken, um etwa die Assimilation in die Gesamtstadt zu erzwingen. Im Gegenteil, die Stuttgarter Kommunalpolitik hat das Eigenleben der Stadtbezirke gefördert, auch durch Pflege und Entwicklung von Ortskernen.

Das wirkt sich positiv aus, solange diese Politik nicht so übertrieben wird, daß die Großstadt wieder in ihre Stadtbezirke zerfällt und das Schicksal der Verdörferung erleidet. Der Zerfall in kleine Einheiten wäre das Gegenteil dessen, was notwendig ist.

Von Filbinger zu Späth

Im zweiten Jahr meiner Amtszeit als Oberbürgermeister näherte sich Hans Filbinger langsam seinem 65. Geburtstag, war aber unverändert leistungsfähig und populär. Lothar Späth und ich einigten uns bei einem Mittagessen darauf, daß wir uns über die Frage, wer einmal Filbingers Nachfolger werden solle, nicht zu streiten brauchten, denn dieser werde noch viele Jahre Landesvater bleiben. Aber es kam anders. Im Sommer 1978 mußte Hans Filbinger als Ministerpräsident zurücktreten.

Vorausgegangen war eine Kampagne. Ausgelöst hatte sie Rolf Hochhuth, der Filbinger vorwarf, an Todesurteilen der Kriegsgerichtsbarkeit mitgewirkt zu haben, und der ihn einen »furchtbaren Juristen« nannte. Nach Darstellung von Journalisten soll Filbinger, auf die Vorgänge angesprochen, gesagt haben: »Was damals Recht war, kann heute kein Unrecht sein.« Filbinger bestritt dies allerdings nachhaltig. Jedenfalls erhoben immer mehr Journalisten immer lauter die Forderung, er möge zurücktreten. Die junge Generation konnte sich die inneren und äußeren Zwänge, denen die ältere Generation während des Dritten Reiches und des Zweiten Weltkrieges ausgesetzt war, nicht vorstellen und zeigte für diese kein Verständnis. Und die Linke sah nun eine Gelegenheit, Hans Filbinger seinen rechtsliberalen Kurs und den in der Landtagswahl 1976 eingesetzten, höchst erfolgreichen, aber bedenklichen Slogan »Freiheit statt Sozialismus« heimzuzahlen.

Hans Filbinger war der Meinung, die sich ständig steigernde Kampagne richte sich gegen seine politische Position und gegen ihn als Symbolfigur einer konservativ-liberalen Politik. Er entschloß sich, vor der immer lauter werdenden Kritik keinen

Schritt zurückzuweichen und aufrecht wie ein Grenadier der alten Garde des Franzosenkaisers bei Waterloo die Sache durchzustehen. Dies gelang ihm nicht. Ich bemühte mich damals, ihm in der Öffentlichkeit beizustehen, allerdings nicht, indem ich ihn als einen Menschen ohne Fehl und Tadel bezeichnete, gegen den die Mächte der Finsternis zu Felde zogen, sondern indem ich um Verständnis für seine Situation warb und nicht ausschloß, daß er in der ersten Erschütterung durch die massive Kritik manches gesagt hatte, was er nicht so meinte. Ich kannte ihn ja ziemlich gut und konnte mit gutem Gewissen bestätigen, daß er ein überzeugter Demokrat war, der sich für die Verteidigung der Demokratie gegen extreme Kräfte von rechts und links engagierte.

Filbinger war von einigen meiner Äußerungen nicht angetan, das heißt, um deutlich zu werden: Er war verärgert und gekränkt. Es kam zu einer Aussprache zwischen uns in seiner Dienstwohnung beim Schloß Solitude. Er sagte nicht genau, was er beanstandete. Wahrscheinlich hatte er von mir erwartet, daß ich mich bedingungslos seiner Argumentation anschlösse und mit dieser geistigen Rüstung blind in das Getümmel stürze. Ich hingegen glaubte ihm nur helfen zu können, wenn die Journalisten mich einigermaßen ernst nähmen. Jedenfalls hat es mir leid getan, daß dieser Mann, der viel für das Land getan hatte, in so betrüblicher Form aus seinem Amt ausschied.

Filbinger ging, und ein Nachfolger wurde gesucht. Favorit in der CDU-Fraktion, die letztlich die Entscheidung treffen mußte, war Lothar Späth, bewährter und geschätzter früherer Fraktionsvorsitzender und seit einiger Zeit Innenminister. In der baden-württembergischen Bevölkerung hatte ich die größere Popularität. Einige meiner Freunde waren der Meinung, daß ich der geeignete Nachfolger sei. Ich zierte mich etwas, aber nicht sehr lange, und erklärte schließlich, daß ich kandidiere. Offengestanden war mir etwas mulmig zumute. Ich traute mir das Amt zwar durchaus zu. Aber ich war erst kurze Zeit Oberbürgermeister der Landeshauptstadt und hatte vielen, ob sie es hören wollten oder nicht, erzählt, daß ich die Position des Oberbürgermeisters nicht als Sprungbrett in andere politische Ämter betrachte. Auch konnte

Übergabe des Bundesverdienstkreuzes mit Stern durch Ministerpräsident Lothar Späth.

ich keinen Nachfolger vorschlagen, der einerseits bereit war zu kandidieren und andererseits von der CDU akzeptiert wurde. Späth und ich waren einig, daß die Entscheidung rasch fallen mußte und daß nicht etwa ein Sonderparteitag befragt werden sollte. Das Ergebnis: Späth gewann, und ich verlor. Ich habe deshalb nicht mein Kopfkissen naß geweint. Letztlich war ich erleichtert. Ich blieb Oberbürgermeister. Es wäre schon sehr ärgerlich gewesen, wenn die CDU zu Beginn meiner Amtszeit als Ministerpräsident die Oberbürgermeisterwahl in Stuttgart verloren hätte.

Späth erwarb sich im Lande rasch großes Ansehen. Er griff die Zukunftsthemen so wirksam auf, daß die Opposition geradezu blaß wirkte. Er gewann drei Landtagswahlen, er war lange Zeit nach der *Spiegel*-Umfrage der beliebteste deutsche Politiker. Blitzgescheit, volkstümlich, lernfähig und zupackend, war er rastlos tätig. Selbst seinen Urlaub benutzte er, um Kontakte, Freundschaften und Beziehungen zu Managern, Politikern, Wissenschaftlern und Künstlern auszubauen, trat überall im Land auf, war voller Ideen (die meisten waren gut).

Wirklich erschüttert war ich, als sich aus heiterem Himmel und aus fadenscheinigen Gründen auch gegen ihn eine Medienkampagne zusammenbraute, die ihn schließlich zum Rücktritt veranlaßte. Ich versuchte damals, ihn zum Bleiben zu überreden, kann es aber gut verstehen, daß er die Nase voll hatte. Ich hätte wohl, wenn ich an seiner Stelle gewesen wäre, auch das Handtuch geworfen.

Daß er Beziehungen zur Wirtschaft pflegte, nutzte dem Land: Erstens hatte er immer eine klare Vorstellung davon, was in der Weltwirtschaft vor sich ging, die er in Politik umzusetzen und auch so darzustellen wußte, daß es jeder begreifen konnte, und zweitens hatte er glänzende Beziehungen, die er einsetzte, um Firmen zu helfen und manchmal auch, um sie zu retten. Daß er für seine Dienstreisen – wie im übrigen auch seine Vorgänger – Firmenflugzeuge benutzt hat, ersparte dem Land viele Kosten. Von einer Befangenheit Späths wegen seiner persönlichen Beziehungen zu Repräsentanten der Wirtschaft habe ich nie etwas bemerkt. Baden-Württemberg hatte in seiner Zeit weitaus strengere Umweltvorschriften als andere Länder.

Das Bedürfnis, Politiker mit Maßstäben zu messen, welche selbst die Kirchenheiligen überfordern würden, ist aus den Vereinigten Staaten nach Europa gekommen. Ich bin ein großer Verehrer der Vereinigten Staaten, aber die sogenannte *political correctness* läßt sich nur mit Hilfe eines elften Gebotes durchhalten, welches lautet: »Du sollst Dich nicht erwischen lassen.« Ganz besonders abstoßend wird die Anwendung dieses Prinzips bei uns in Deutschland gehandhabt. Wenn wir uns politisch betätigen, erst recht, wenn wir meinen, moralisch zu sein, übertreiben wir gerne maßlos. Können wir einen Vorwurf nicht beweisen, neigen wir dazu, das dem Beschuldigten übelzunehmen und ihn büßen zu lassen. Ich bezweifle, ob die Gefühle, die der Teilnahme an solchen Kesseltreiben zugrunde liegen, immer einen moralischen Ursprung haben. Es ist denkbar, daß sie sich manchmal aus den gleichen dunklen Quellen speisen, die im Kriege Menschen veranlaßt haben, andere wegen Schwarzhörens und Schwarzschlachtens anzuzeigen. Es entsteht eine Art Jagdfieber, das ansteckend ist, eine Stimmung, der man sich schwer entziehen kann. Wenn alles vorbei ist, schüttelt man den Kopf und wundert sich darüber, daß ein solcher, rational schwer begreiflicher Vorgang möglich war.

Wenn wir schon bei der *political correctness* sind, möchte ich mich von einer Gewissenslast befreien und hier eine Flug- und Schiffsreise offenbaren, zu der Späth und ich eingeladen waren und die seinerzeit der Aufmerksamkeit der Kritiker und Ankläger entgangen ist. Auf Einladung des stellvertretenden Oberbefehlshabers der US-Streitkräfte in Europa, General Smith, besuchten nämlich Lothar Späth, Matthias Kleinert und ich den Flugzeugträger »Enterprise«, der sich damals vor Beirut aufhielt. Wir waren tief beeindruckt, zumal wir den Flugzeugträger von ganz unten bis fast ganz oben kennenlernten. Lothar Späth sprach damals noch nicht so gut Englisch wie später und pflegte aus Höflichkeit Fragen der amerikanischen Gastgeber mit *yes* zu beantworten.

Unsere Gastgeber erklärten unter anderem, daß sich tief in dem gewaltigen Schiff auch eine gewaltige Maschine befände. Viel zu sehen sei zwar nicht, aber wenn wir Wert darauf legten seien sie gerne bereit, sie uns zu zeigen. Es stelle sich also die Frage, ob wir sie sehen wollten oder nicht. Ich wollte schnell »No« rufen, aber Lothar Späth war wieder einmal schneller und kam mir mit seinem »Yes« zuvor. So stiegen wir also nach meiner Schätzung etwa 14 Stockwerke hinunter und dann wieder hinauf.

Beim Katapultstart während des Abflugs wurde mein rechter Fuß von einem Koffer Lothar Späths oder seines Pressechefs Matthias Kleinert getroffen. Mein Fuß reagierte auf diese ungewohnte Behandlung, indem er mächtig anschwoll. Meine Versuche, das amerikanische Verwundetenabzeichen verliehen zu bekommen, blieben erfolglos. Die Amerikaner sagten, dieses erhalte man nur im Kriegsfall, und wegen mir und meiner Lust auf Orden wollten sie keinen Krieg anfangen.

Späth schuf sich umfassende internationale Verbindungen, besonders auch in Asien und in der damals noch bestehenden Sowjetunion. Er hat die Globalisierung mit ihren Konsequenzen, die Effizienz der jungen asiatischen Industrieländer und die Folgen für die deutsche Wirtschaft und Sozialpolitik sehr früh erkannt und diese Erkenntnisse in seine Politik einfließen lassen. Seine Gesprächspartner beeindruckte er mit seinem Sachwissen. Als Gelegenheitsdichter ließ ich es mir nicht nehmen, seine weltweite Präsenz durch ein Festgedicht zu würdigen, dessen wichtigste Strophe lautete:

Der Wind, der über Asien weht,
der murmelt leise: Lothar Späth.

Dankschreiben sind mir nicht zugegangen. Aber Späth kann selber dichten und wird mir im Stillen kollegiale Anerkennung gezollt haben.

Besonders eindrucksvoll waren die Verbindungen, die er zu Gorbatschow aufbauen konnte. Hier setzte er auch die Württembergischen Staatstheater zum Brückenschlag ein. Er wurde jedenfalls im Kreml empfangen wie ein Staatsoberhaupt, und Gorbatschow besuchte ihn hier in Stuttgart. Leider lag ich zu dieser Zeit wegen einer Magenoperation im Katharinenhospital. Deshalb lernte ich Gorbatschow nicht kennen, was ich heute noch bedaure. Er war wohl ein Träumer, aber er ist eine jener bedeutenden Figuren, welche die Weltgeschichte zum Guten hin verändert haben. Nicht alle Russen teilen diese Meinung, besonders nachdem sich die Sowjetunion aufgelöst und eine schwere ökonomische und soziale Krise Rußland und die anderen Nachfolgestaaten heimgesucht hat. Aber angesichts der imponierenden Bildungselite und des breiten Bildungsinteresses, die es in den GUS-Staaten gibt, glaube ich fest daran, daß die Demokratisierung fortschreiten und die Meinungsfreiheit nicht aufgegeben wird. Ein russischer Professor sagte mir zwar einmal: »Bei uns meinen manche, wir brauchten einen, der Adolf Schiri-Pinochet heißt.« Aber das war nicht ernst gemeint.

Später kam auch Präsident Jelzin nach Stuttgart. Da lag ich nicht im Krankenhaus. Ich hatte die Ehre, ihm bei einem Abendessen vorgestellt zu werden. Am nächsten Morgen sollte ich ihn bei einem Stadtrundgang begleiten. Dies erwies sich als unmöglich. Als er den Stuttgarter Schloßplatz betrat, wurde er von vielen Journalisten umringt, die zum Teil Leitern mit sich führten, um ihn von oben photographieren zu können. Ein Durchbruch zum Präsidenten schien mir nur unter Anwendung grober körperlicher Gewalt möglich. Diese wollte ich im Interesse der neuen deutsch-russischen Freundschaft vermeiden. So entschloß ich mich nach Beratung mit dem russischen Botschafter Terechow, keinen Durchbruchsversuch zu unternehmen, sondern abzuwarten, ob der Präsident sich mit Hilfe der Sicherungskräfte selber befreien konnte. Es gelang ihm zunächst nicht. Schließlich konnte er doch seinen Wagen besteigen.

Tief enttäuscht waren einige Studenten aus St. Petersburg, die mit einer großen Sowjetfahne erschienen waren, um gegen die Auflösung der Sowjetunion zu protestieren. Da der Präsident nicht mehr da war, wandten sie sich an mich, und wir hatten ein recht freundliches Gespräch. Dabei fiel mir eine junge Dame auf, die gut Deutsch konnte. Ich begegnete ihr wieder anläßlich eines Empfanges für den Oberbürgermeister unserer Partnerstadt Samara, Oleg Sisujew. Es war Sommer und sehr warm. Sie erschien mit Rollschuhen. Ihr recht wohlgeformter Körper war teilweise mit einem Bikini geschmückt. Sisujew war einen solchen Anblick in einem Amtsgebäude nicht gewöhnt und sagte mir, man sei nicht immer stolz, wenn man Landsleuten im Ausland begegne.

Während ich außerhalb der Menschentraube, die Präsident Jelzin umschlossen hatte, darauf hoffte, daß der Präsident, ohne Schaden zu nehmen, der Umklammerung entkäme, unterhielt ich mich mit einigen Mitgliedern seines Stabes, die ebenfalls darauf verzichtet hatten, sich in das Getümmel zu stürzen. Einer von ihnen sagte mir: »Jetzt haben wir das Böse zerstört. Nun kommt es darauf an, das Gute zu tun.« Wenn man das Wort »böse« durch »falsch« ersetzt und »gut« durch »richtig«, dann ist das eine Bemerkung, über die es sich nachzudenken lohnt. Es fällt leichter, Falsches zu vermeiden, als das Richtige zu tun, denn der Mensch kann eher herausfinden, was nachweisbar falsch als was nachweisbar richtig ist.

Eine falsche Einschätzung war die Meinung, die Abschaffung der Planwirtschaft lasse automatisch eine Marktwirtschaft entstehen, wie das viele Angehörige der GUS-Staaten, aber auch viele gescheite Leute im Westen geglaubt hatten. Marktwirtschaft ist nicht das Chaos, sondern eine Ordnung. Sie setzt wie alle Ordnungen eine Struktur voraus, ein ineinander greifendes Räderwerk aus kleinen, mittleren und größeren Unternehmen, die nicht nur konkurrieren, sondern auch kooperieren. Diese Struktur muß vorhanden sein. Das war trotz der Zentralverwaltungswirtschaft des NS-Staates nach dem Krieg in Westdeutschland der Fall, als die Zwangswirtschaft aufgehoben und in die Marktwirtschaft übergeleitet wurde. Diese Struktur muß entweder gewachsen sein, oder sie muß erst geplant, konstruiert, organisiert und realisiert werden. Daß das selbst in einem Land, das einmal eine Marktstruktur gehabt hat, schwierig ist, haben wir Deutsche inzwischen in den neuen Bundesländern erfahren.

»Leicht beieinander wohnen die Gedanken, doch hart im Raume

stoßen sich die Sachen«, schreibt mein schwäbischer Landsmann Schiller, und recht hat er. Eigentlich hatte niemand ein realistisches Rezept, wie sich in den GUS-Staaten, in denen es keine Marktstruktur gab, die Umwandlung in eine Marktwirtschaft ohne schwere soziale Härten bewerkstelligen ließe. Den Wunschträumen im Westen entsprachen Wunschträume im Osten. Jelzin wurde seinerzeit begleitet von dem Gouverneur von Jekaterinburg. Dieser war auf dem Empfang der Landesregierung zu Ehren des russischen Präsidenten dem Chef der Daimler-Benz AG Edzard Reuter begegnet. Am nächsten Tage saß ich mit dem Gouverneur zusammen. Dieser sagte, er habe gestern mit Reuter besprochen, daß eine Automobilfabrik in Jekaterinburg gebaut würde. Er habe nunmehr die Unterlagen zusammengestellt und wolle mit Reuter zu einer Vereinbarung kommen. Ich solle diesen anrufen und ihm sagen, daß er morgen nachmittag in seinem Büro vorbeikomme und die Papiere mitbringe.

Ich sagte dem Gouverneur, Herr Reuter sei gewiß ein einflußreicher Mann, aber er könne ihm kaum während eines Abendessens den Bau einer Fabrik versprechen. Er müsse ihn mißverstanden haben. Der Gouverneur wollte aber von solchen Einwendungen nichts wissen. Also rief ich Reuter an, der erklärte, er müsse fort zu einem anderen Termin und könne deshalb zu seinem Bedauern dem Gouverneur jetzt nicht zur Verfügung stehen. Das hätte ich an seiner Stelle auch gesagt.

Es war geradezu ein Merkmal der neu entstandenen Freundschaft zwischen den GUS-Staaten und dem Westen, daß beide die Möglichkeiten der anderen Seite überschätzten. Bei einem Gespräch mit Firmenchefs in Samara fragte mich einer von diesen: »Warum bringen Sie und unser Oberbürgermeister nicht einfach die Industrie aus ihrer Stadt mit der Industrie aus unserer Stadt zusammen und sorgen dafür, daß sie zusammenarbeiten?« Und einer der Herren fragte mich: »Wie bekommt man einen Kredit?« Ich antwortete: »Wenn die Bank davon ausgehen kann, daß sie die Kreditsumme wieder zurückbekommt und die vereinbarten Zinsen erhält.« Man wußte herzlich wenig darüber, wie das System der jeweils anderen Seite funktionierte.

1994 war der Empfang unserer Delegation in der Partnerstadt Samara überwältigend. Es war, als ob das furchtbare Leid, das wir uns gegenseitig angetan hatten, Gefühle der Sympathie freisetzte. Beide Völker hatten unter einer Diktatur gelebt und wissen, wie das ist. Mein Kollege Sisujew erzählte mir, ein russischer Jude, der Anfang 1945 von sowjetischen Truppen in Auschwitz befreit worden war, hätte seine Erlebnisse verschiedenen Menschen erzählt. Da hätte ihn die Geheimpolizei aufgesucht und ihn aufgefordert, das künftig zu unterlassen.

Wir besuchten auch das unterirdische Hauptquartier von Stalin am Ufer der Wolga, das unter größtem Zeitdruck gebaut wurde, als sich Ende 1941 deutsche Truppen Moskau näherten. Unten sahen wir einen Film, der die Parade der aus Sibirien herangebrachten Regimenter in Samara zeigte. Schnee fiel, die Musik spielte, die auf einem Podium aufgestellte Prominenz salutierte, und die Soldaten paradierten mit einer Exaktheit, die damals auch die deutsche Armee kannte. Unsere russischen Freunde sagten, daß kaum einer von ihnen den Krieg überlebt hätte.

Keine weiteren Ambitionen

Als Späth zurücktrat, meinten einige einflußreiche Parteifreunde, ich solle sein Nachfolger werden. Ich war aber der Ansicht, daß sich der wesentlich jüngere und dennoch auf allen Feldern der Politik erfahrene Erwin Teufel besser eigne. Ich kannte Teufel schon seit den sechziger Jahren als einen gescheiten, ernsthaften, erfahrenen und gebildeten Menschen. Wir hatten eng in der Verwaltungsreformkommission zusammengearbeitet, besonders nachhaltig, als es um die künftige Gemeindestruktur ging. Er war schon in jungen Jahren Bürgermeister geworden und war damals der einzige unter uns, der die Politik auf Gemeindeebene wirklich aus eigener Anschauung kannte. Auch als Kabinettsmitglied, als Kollege im Landesvorstand und als Vorsitzender der Landtagsfraktion der CDU hatte ich mit ihm engen Kontakt. Ich würde ihn noch mehr loben, aber er ist noch im Amt – hoffentlich noch lange –, und es könnte der Eindruck entstehen, ich wolle etwas von ihm, was ja vielleicht einmal sein kann, aber jetzt nicht der Fall ist.

Außerdem hätte ich nur ungern mein – freilich bis Ende 1996 befristetes – kommunales Amt aufgeben. Dieses Amt hat mir eine Vielseitigkeit gegeben, von der ich früher nicht einmal zu träumen gewagt, und Fähigkeiten aktiviert, die ich in mir nie vermutet hatte. Sogar dem Karneval und der Fasnet habe ich mein zuvor verschlossenes Wesen geöffnet. Als Oberbürgermeister fühlte ich mich zunächst verpflichtet, bei den Fest- und Prunksitzungen zu erscheinen, um dort etwas an den Haaren herbeigezogene Beiträge zum Frohsinn zu erbringen. Aber bald ging ich gerne zu den Veranstaltungen. Ich merkte, daß sich Karneval und Fasnet in Stuttgart durchaus sehen lassen konnten. Bei diversen närrischen Gelegenheiten wurde ich derartig mit Orden überhäuft, daß ich an ihnen so schwer trug, wie eine Kuh an ihrer Glocke beim Almabtrieb. Wenn ich eine Rede hielt oder mich gar in die Bütt begab, blies die Kapelle auf den Wink des Präsidenten auch dort einen Tusch, wo dafür kein Anlaß bestand. Mein früherer Konkurrent und Stuttgarter Bundestagsabgeordneter Peter Conradi erschien meiner Erinnerung nach nur einmal, als Rothaut verkleidet. Danach erlebte ich ihn in der Fasnetszeit nicht mehr.

Für die SPD trug in meinen ersten Amtsjahren Horst Ehmke zur Heiterkeit bei. Er ist eine Frohnatur. Wir traten so oft zusammen auf, daß wir uns immer vertrauter wurden und er mir sogar tiefe Einblicke in das Wesen von Herbert Wehner gab, den er »Onkelchen« nannte und den er lebensecht nachzumachen verstand. Als Ehmke Stuttgart verließ, war die SPD eine Zeit lang in den närrischen Veranstaltungen nicht mehr vertreten, bis Rolf Lehmann tapfer in die entstandene Lücke eilte, sich durch einen roten Schal als Sozialdemokraten ausweisend. Die Karnevals- und Fasnetsvereine aktivieren Begeisterung und Engagement und fördern den gesellschaftlichen Zusammenhalt. Viele rümpfen über sie die Nase, aber schon Lichtenberg hat behauptet, wir Deutsche lernten die Nase eher zu rümpfen als zu putzen. Die Badener sagen, bei ihnen ginge es bei einer Beerdigung fröhlicher

»Sogar der Fasnet habe ich mein verschlossenes Wesen geöffnet.«

In der Bütt
bei der Gesellschaft »Zigeunerinsel«.

Mit Lothar Späth bei den Cannstatter »Küblern« (links) und beim Umzug vor dem Kunstgebäude am Stuttgarter Schloßplatz (darunter).

Ein Küßchen in Ehren kann bei der Fasnet niemand verwehren.

zu, als bei uns bei der Fasnet. Aber wir Württemberger sind ehrgeizig. Wir holen auf. Gelegentlich nahm ich Catherine zu den Sitzungen mit. Einmal wurde sie vom Fernsehen als meine Gattin bezeichnet. Ich erhielt darauf eine böse anonyme Postkarte, auf der geschrieben war: »Brauchst du jetzt au a Junge, du alter Dackel?«

In meiner Zeit als Oberbürgermeister bin ich für verschiedene Positionen »genannt« worden, versichere aber auf Ehre und Gewissen, daß ich solche Gerüchte nie selber lanciert habe. Helmut Schmidt, damals noch Bundeskanzler, empfahl mir 1980 anläßlich der Kundgebung zum ersten Mai in Stuttgart, mich in der Bundes-CDU zu engagieren mit dem Ziel, Kanzlerkandidat zu werden. Er könnte mich als seinen Nachfolger akzeptieren. Ich habe das Vertrauen des sozialdemokratischen Kanzlers als eine große Ehre betrachtet, und ich würde die ganze Sache nicht erwähnen, wenn er sich nicht auch in der Öffentlichkeit in dieser Richtung geäußert hätte. Ich hatte keinen solchen Ehrgeiz. Ich meinte auch, daß ein Kanzler in seinem Namen weniger deutsche Kriegsgeschichte mitbringen sollte als ich.

Seit Bildung des Landesverbandes der CDU – vorher gab es in Baden-Württemberg nur vier Bezirksverbände – war ich ununterbrochen im Landesvorstand, in den ich immer wieder gewählt wurde. Dort versuchte ich, staatstragend zu wirken. Ich durfte sogar bei verschiedenen Parteitagen eine Rede halten, eine Gunst für einen Kommunalpolitiker, die fast als einmalig bezeichnet werden muß. Allerdings wurde meine Rede wiederholt auf die Zeit des Mittagessens festgelegt, so daß die Parteifreunde ihre Aufmerksamkeit gleichzeitig mir und dem Verzehr eines Schnitzels zuwenden mußten. Einmal durfte ich sogar hier in Stuttgart auf einem Bundesparteitag ein Grußwort sprechen. Nachher saß ich mit Kiesinger zusammen, als Helmut Kohl seine Rede hielt, was wegen schlechter Akustik nicht einfach war. Kiesinger, der Rhetoriker, verfolgte die Ausführungen seines Nachfolgers im Amt des Bundesvorsitzenden aufmerksam, aber kritisch. »Jetzt sollte er sagen: Deshalb werden wir gewinnen! – Nein, er sagt's nicht.«

Einer der vielen Vorzüge meiner Partei war, daß ich von niemand angehalten wurde, das, was ein Parteitag beschlossen hatte, auch zu glauben. Ich habe nie erlebt, daß jemand versucht hätte, mich wegen einer abweichenden Meinung zu disziplinieren. Das ist auch richtig. Einigkeit macht vielleicht stark, aber sie macht auch dumm. Und die Dummheit sollte man, anstatt sie zu bekämpfen, nicht auch noch mit Selbstbewußtsein ausstatten.

Für den Bundesvorstand der CDU habe ich nie kandidiert, weil ich neben meinen Geschäften als Oberbürgermeister nicht die Zeit aufgebracht hätte, um dort ständig zu erscheinen und um allen bundesweiten Verpflichtungen nachzukommen. Aus gleichen Erwägungen habe ich auch darauf verzichtet, mich in den Landtag wählen zu lassen. Dieser Verzicht empfahl sich auch im Blick auf jene politische Zurückhaltung, die nach meinen Vorstellungen ein direkt vom Volk gewählter Oberbürgermeister in seiner Stadt üben sollte. Zurückhaltung heißt nicht politische Enthaltsamkeit, sondern Rücksicht auf die eigene Aufgabe. Zwar bin ich oft vor Bundestags-, Landtags- und Kommunalwahlen außerhalb Stuttgarts aufgetreten, aber in Stuttgart fast nicht.

Einige Ausnahmen gab es. Als Franz Josef Strauß als Kanzlerkandidat der Union 1980 auf dem Marktplatz sprach, ging ich mit ihm hinaus auf die Rednerbühne und stellte mich hinter ihn. Das übliche Pfeifkonzert erklang. Eier flogen. Einem wich Strauß aus, indem er das Genick einzog. Das Ei traf mich und Protokollchef Hermann. Wir bedauerten das sehr, weil unsere Anzüge noch verhältnismäßig neu waren. Plötzlich fiel das schon grimmig dreinblickende Auge des Kanzlerkandidaten auch noch auf ein rotes Transparent, auf dem geschrieben stand: »Fett ist er geworden, der Hitler!« Die zwei, die das ebenso geschmacklose wie törichte Transparent trugen, von denen ich einen als einen städtischen Bediensteten zu erkennen glaubte, meinten offenbar, das sei witzig.

Strauß ärgerte sich mächtig und forderte von mir, daß die Polizei das Transparent sofort entfernen solle. Ich fürchtete eine Schlägerei und empfahl ihm, es einfach nicht zur Kenntnis zu

*Verleihung der Ehrenbürgerwürde
an den 1920 in Stuttgart geborenen Bundespräsidenten
Richard von Weizsäcker.
Links Lilo Rommel mit Marianne von Weizsäcker.*

nehmen. Mit großer Mühe gelang es uns, ihn zum Rednerpult zu geleiten und ihn dazu zu bringen, das Wort zu ergreifen. Er fuhr sofort auf die Beleidiger los, was die vielen Versammelten, obwohl sie nicht genau wußten, um was es sich handelte, sehr freute. Ein gewisser, wenn auch bei weitem nicht vollwertiger Ausgleich war ein Plakat in der ersten Reihe, das Catherine trug und auf dem geschrieben stand: »Jugend für Strauß«. Ich stellte sie später mit ihrem Plakat dem großen Meister vor, um ihn mit Stuttgart etwas zu versöhnen. Im übrigen muß man sich in solchen Fällen nach der Devise aus den Filserbriefen richten: »Für's Zentrum gfotzt und beutelt, aber in Treue fest!«

Ein ukrainisches Sprichwort sagt (wie man mir erzählt hat): »Wo die Fahne weht, sitzt der Verstand in der Trompete.« Das gilt für alle Fahnen, ob schwarz, rot, blau oder grün. Letztlich muß doch das meiste in der Mitte zwischen den Extremen geregelt werden. Daß die CDU sich diesem Gedanken meistens öffnet, ist ihre große Stärke. Ein wackerer Parteifreund wollte das einmal durch die Worte zum Ausdruck bringen: Wir von der CDU haben keinerlei Extremitäten. So schlimm ist die Lage meiner Partei und ihrer Mitglieder auch wieder nicht. Eine engagierte Politik braucht nicht unrealistisch und irrational zu sein. Auch wenn die Fahnen der jeweiligen politischen Moden noch so fröhlich flatterten, habe ich meine Aufgabe nicht darin gesehen, ihnen hinterher zu laufen, sondern eher, die Gegenkräfte zu stärken, damit es zu Lösungen zwischen den Extremen kommt. Dort befindet sich meistens die Wahrheit. Sie wird dort aber nicht immer gesucht.

Gegen den Ökologieradikalismus habe ich mich ebenso gewehrt wie gegen den Antiatomfanatismus, gegen den nostalgischen Trend im Städtebau, gegen den Feldzug gegen Adam Riese im Namen der Moral. Aber ich habe mich bemüht, freundlich zu bleiben. Als einmal die Zugänge in das Rathaus durch eine Sitzblockade versperrt waren, wies ich die auf dem kalten Boden sitzenden Demonstranten auf die Gefahr der Erkrankung an Hämorrhoiden hin. Einer rief mir zu: »Red doch keinen Scheiß!« Ich fragte ihn: »Hast du schon einmal Hämorrhoiden gehabt?«

Dies konnte er offensichtlich nicht mit ja beantworten. Langsam wurden die Blockierenden unruhig. Vielleicht spürte der eine oder der andere schon etwas. Die Blockade begann sich aufzulösen, und ich konnte das Rathaus verlassen.

Präsident des Deutschen Städtetages

Meine beiden Großväter waren Lehrer, meine Tante und meine Frau waren Lehrerinnen, mein Vater war Taktiklehrer. Deshalb ist es nicht überraschend, daß ich schon als Staatsbeamter das Bedürfnis verspürte, andere Leute zu belehren und ihnen den guten Weg zu weisen. Dieses Bedürfnis fand weitere Befriedigung durch meine Tätigkeit in den kommunalen Spitzenverbänden, nämlich im Städtetag Baden Württemberg, im Deutschen Städtetag und im Verband kommunaler Unternehmen (VKU). Im Städtetag Baden-Württemberg war ich sechs Jahre Vorsitzender, im Deutschen Städtetag insgesamt neun Jahre Präsident und einige Jahre Vizepräsident, und dem VKU diente ich als Präsident siebzehn Jahre. Die Wegweisungen, die wir Bund und Ländern nahelegten, wurden nicht immer beachtet. Aber das ist das Schicksal eines Wegweisers, daß sich die Wanderer trotzdem verirren, auf einfache Art, indem sie vom Wege abkommen, oder auf komplizierte Art, indem sie auf ihrer Karte Wanderwege und Höhenlinie durcheinanderbringen.

Das Klima in den kommunalen Spitzenverbänden war trotz der parteipolitischen Bindungen der meisten Kommunalpolitiker ausgesprochen kooperativ. Man respektierte und schätzte sich und ärgerte sich gemeinsam über Bund und Länder, und zwar unabhängig davon, welche Partei dort das Sagen hatte. Der Städtetag als größter kommunaler Spitzenverband ist nicht nur Anwalt der Städte gegenüber Bund und Ländern, sondern auch eine große Börse zum Austausch von Erfahrungen und Erkenntnissen und damit ein Instrument zur ständigen Modernisierung des Denkens. Er lenkt die Parteien auf die Sachfragen hin oder versucht das jedenfalls. Das ist wichtig für Stil und Kultur in der

Politik. Ebenso wie der VKU, der Städte- und Gemeindebund und der Landkreistag dient der Städtetag der Solidarität der Demokraten. Sozialdemokraten, Christdemokraten, Liberale und Grüne begegnen sich dort nicht als politische Konkurrenten, sondern als Kollegen und Zunftgenossen. Natürlich gilt auch im Städtetag nicht das Wort Kaiser Wilhelms II. aus dem Jahr 1914: »Ich kenne keine Parteien mehr. Ich kenne nur noch Deutsche!« Es wäre recht traurig, wenn es so wäre, denn die Demokratie braucht Parteien, die sich gegenseitig Konkurrenz machen. Aber von allen Seiten wird in den Spitzenverbänden doch der Versuch unternommen, auf eine gemeinsame Linie zu kommen, weil sich die Städte, wenn überhaupt, nur gemeinsam durchsetzen können.

Fragen, in denen die parteipolitischen Gegensätze zu groß sind, müssen ausgeklammert oder auf die für die kommunale Praxis wichtigen Punkte reduziert werden. Aber es ist ziemlich viel Übereinstimmung möglich. Ich habe einmal ein dreißig Seiten langes Papier über Wohnungspolitik verfaßt und zu ihm die einstimmige Zustimmung des Präsidiums erhalten. Ich war mir aber nie sicher, ob nicht dieses Papier deshalb akzeptiert wurde, weil es durch seine Länge davor geschützt war, gelesen zu werden. Trost in dieser Situation des Zweifels gab mir der Umstand, daß der hochgeschätzte Kollege Oberbürgermeister Schmid von Tübingen es las und für gut befand.

Wenn es um wichtige kommunale Interessen ging, war es über die Parteigrenzen hinweg möglich, eine geschlossene kommunale Position zu finden. Unsere Bundes- und Landespolitiker waren davon nicht immer begeistert. Wir Kommunalen galten bei ihnen wohl als unzuverlässige Truppe, während doch vom treuen Parteisoldaten erwartet wird, daß er sich auf Befehl blindlings ins Unheil stürzt. Wir hielten dagegen, daß die Parteien auch aus dem Ansehen ihrer Kommunalpolitiker Nutzen ziehen. Doch im Staat herrscht immer noch die Vorstellung, für den Rang von Politik und Politikern sei nicht die Nähe zum Souverän, also zum Volk, sondern vielmehr zum obersten Fürsten maßgebend, daß also nach wie vor die hierarchische Ordnung des alten preußi-

Der Präsident des Deutschen Städtetages vertritt die Interessen der Kommunen gegen Bund und Land.

schen Militärwitzes gilt: Ein Leutnant belehrt seine Soldaten: »Der deutsche Soldat ist der sauberste der Welt. Mannschaften wechseln einmal in der Woche das Hemd, Unteroffiziere zweimal. Offiziere dreimal. Noch Fragen?« Ein Soldat meldet sich: »Wie oft wechseln Seine Majestät der Kaiser das Hemd?« Der Leutnant: »Mein lieber Mann, bei seiner Majestät dem Kaiser, da geht's den ganzen Tag: Hemd an, Hemd aus!« Anmerken möchte ich hier, daß in der Hohen Karlsschule des Herzogs Karl Eugen tatsächlich die Studierenden von Adel dreimal in der Woche das Hemd wechseln durften, bürgerliche Studenten hingegen nur zweimal. Ich weiß nicht, ob diese Regelung ein Kompliment für die Adligen oder für die Bürgerlichen war.

Es geht nicht darum, das unterste nach oben zu kehren. Bund und Länder sollen und müssen Gesetze machen können, die für die Kommunen verbindlich sind. Sie müssen sich auch in ihren Aufgabenfeldern durchsetzen. Aber sie sollten im eigenen Interesse für die Problemsicht und die Anliegen der Kommunen ein offenes Ohr haben. Wohlgemerkt, ein Ohr soll offen sein, nicht alle beide, damit das, was das eine hört, nicht zum anderen wieder hinausgeht. Viele Bundes- und Landespolitiker bemühen sich um die Kommunen. Aber ein bißchen mehr Bereitschaft, Erfahrungen, Gedanken und Vorstellungen aus der kommunalen Ebene aufzugreifen, wäre den Regierungen, den Parlamenten, den Parteien und vor allem dem Volk nützlich. Die Volksweisheit »Wem Gott ein Amt gibt, gibt er auch den Verstand« ist nach meinen Erfahrungen eine fragwürdige Behauptung. Es wäre zu schön, wenn das Gehirn erleuchtet würde, sobald ein Hintern auf einem Amtssessel Platz nimmt. Aber die Erleuchtung bedarf intensiver Arbeit an sich selber und an den Aufgaben. Ohne diese Arbeit bleibt es finster.

Das Grundgesetz gibt den Ländern eine weitaus stärkere Stellung als den Kommunen. Die Landesregierungen beherrschen den Bundesrat, der, was kaum jemand weiß, ein Bundesorgan ist. Und der Bundesrat entscheidet neben dem Bundestag über wesentliche Teile der Bundesgesetzgebung. Dieser starken Stellung der Länder entspricht eine große Verantwortung für das

Ganze, die vielleicht nicht immer gesehen wird. In dunklen Stunden drängt sich mir schon der Eindruck auf, Deutschland entwickle sich vom Bundesstaat zum Staatenbund. Das Heilige Römische Reich Deutscher Nation hat 350 selbständige Territorien gehabt, das Deutschland, welches Napoleon zurückließ, 36 Monarchen, und jetzt haben wir schon wieder 16 Länder.

Der Bund muß zu den Ländern freundlich sein, denn er braucht sie. Die Kommunen braucht er weniger, jedenfalls nicht bei der Gesetzgebung. Er muß deshalb im Umgang mit ihnen nicht mehr tun, als gewisse Regeln der Höflichkeit beachten. Ich fordere keineswegs, wie einige meiner kommunalen Kollegen, eine dritte Kammer für die Kommunen, die an der Gesetzgebung mitwirkt. Das wäre ein Schritt in Richtung auf die konstituierte Anarchie, also auf die Wirrköpfigkeit der Wandmalerei: »Keine Macht für niemand« was eigentlich bedeutet: »Macht für jedermann.« Aber es muß endlich im Grundgesetz festgeschrieben werden, daß die Kommunen zusätzliche Mittel beanspruchen können, wenn ihnen von Bund oder Ländern zusätzliche Lasten auferlegt werden. Und es muß auch möglich sein, daß der Bund zu Gesprächen mit den Ländern Vertreter der kommunalen Spitzenverbände einlädt, damit auch die kommunale Praxis am Tisch sitzt und zu Wort kommt. Denn neue Entwicklungen und Trends bemerken wir in den Städten weit früher als Land und Bund.

Die Exklusivität von Bund und Ländern, die das spanische Hofzeremoniell noch in den Schatten stellt, sollte entfallen im Interesse der Sache. Ich habe unter den Kommunalpolitikern viele gescheite, erfahrene und dem Ganzen verpflichtete Menschen vorgefunden. Bundes- und Landespolitik würden gewinnen, wenn dieses Potential besser genutzt würde. Statt dessen kam es vor, daß Bundesministerien Gutachten über die Wohnungspolitik oder über die Gewerbesteuer von Gremien fertigen ließen, in denen kein Experte der kommunalen Spitzenverbände mitwirkte. Offensichtlich war das Ziel, zu verhindern, daß die reine Theorie von der Praxis befleckt und etwa ein anderes Ergebnis erzielt wurde als das gewünschte. Das berührt eine grundsätzliche Frage, nämlich: Suchen wir nach der Wahrheit, oder meinen wir, wir hätten sie schon gefunden und müßten sie lediglich den Heiden predigen? Die menschliche Natur, besonders aber der Beruf des Politikers, bringen es mit sich, daß der zweite Weg günstiger und bequemer aussieht als der erste. Wer eine christliche oder jüdische Erziehung erfahren hat, sollte aber noch wissen, daß es gerade die breiten und bequemen Wege sind, die zum Unheil führen.

Die Kommunen beim Kanzler

Eine Zeitlang gab ich mich der Illusion hin, die Kommunen könnten den Bund als Verbündeten gegen die Länder gewinnen. Nach dem ersten Gespräch Helmut Schmidts mit den kommunalen Spitzenverbänden, an dem ich als 1977 gewählter Städtetagspräsident teilnahm, sah ich die Lage realistischer. Der Kanzler war Ende der siebziger Jahre über die Kommunen recht ungehalten. Er warf uns vor, die Konjunktur kaputtzusparen und knüpfte daran die Folgerung: Sie bekommen kein Geld, sie müssen Geld abgeben. Ich schilderte ihm die Lage der Kommunen etwas schlechter, als sie es tatsächlich war, in der durchaus berechtigten Annahme, daß er ohnehin nur die Hälfte glauben würde, und sagte, die Kommunen wollten gerne investieren, könnten das aber nicht. Wenn einer im Bett liege, könne er faul oder krank sein. Die Kommunen seien nicht faul, sondern krank und bedürften der Pflege und Hilfe. Das imponierte ihm nicht. Nach jedem einzelnen Besprechungspunkt diktierte er flüssig ein Resümee. Das war beeindruckend.

Den kommunalen Spitzenverbänden bleibt nichts anderes übrig als zu jammern, und so ist es nicht zu verwundern, daß sich deren Präsidenten den Ruf von Jammerern zuziehen. Helmut Kohl hat noch bei meinem Abschied aus dem Amt behauptet, niemand hätte so gut jammern können wie ich. Nun, er ließ sich hierdurch ebensowenig beeindrucken wie sein Vorgänger. Bei diesem ersten Gespräch fielen Helmut Schmidt auch die Schwierigkeiten ein, die er hatte, um die Genehmigung von Garagen für sein Haus am Brahmsee zu erlangen, und er äußerte sich kritisch über die Existenzberechtigung von Kreisverwaltungen. Das betrübte den Präsidenten des Landkreistages sehr. Mir wurde jedenfalls rasch klar, daß mit einer nachhaltigen Parteinahme des Bundes für die Gemeinden gegenüber den Ländern nicht zu rechnen war.

Die Abhängigkeit des Bundes von den Landesregierungen im Bundesrat ist zu groß. Die Kommunen sind nicht Miteigentümer, ja nicht einmal Hauptmieter des Bundes, sondern Untermieter der Länder. Sie müssen sich an die Länder halten und versuchen, sie dazu zu bringen, daß sie ihre Macht im Bundesrat zu Gunsten der Kommunen nutzen. Das ist manchmal gar nicht einfach, denn auch den Ländern ist das Hemd näher als der Rock, und die Versuchung ist groß, das, was sie vom Bund für die Kommunen bekommen haben, selber zu behalten. Auf Bundesebene zeigen sich in der Regel die Parteien, die gerade in der Opposition sind, den Kommunen besonders wohlgesinnt und aufgeschlossen. Eine gewisse Übereinstimmung zwischen kommunalen Spitzenverbänden und der Opposition ist deshalb zwangsläufig. Die Bundesparteien, die in der Regierungsverantwortung stehen, sind über solche Gemeinsamkeit verärgert. Rasch sind sie mit dem Vorwurf zur Hand, die Kommunalpolitiker wollten sich gegen die eigene Partei profilieren. Auch mir galt dieser Vorwurf. Nach eingehender Gewissensprüfung halte ich ihn nicht für gerechtfertigt.

Mein persönliches Verhältnis zu Bundeskanzler Helmut Schmidt blieb gut, als ich Kommunalpolitiker wurde. Das änderte allerdings an seinem Mißtrauen in die kommunale Ebene wenig. Auch die sozialdemokratischen Kollegen beklagten dieses Mißtrauen, das sie als eine besondere Eigenschaft des Kanzlers beschrieben. Bei der Hauptversammlung des Deutschen Städtetages in Kiel 1979 verwies ich in meiner Grußrede auf die »Geschichte des ersten Weltkrieges« von Winston Churchill. In dieser merkt Churchill kritisch an, in der Skagerrak-Schlacht 1916 sei den Admiralen, welche die britische Schlachtflotte befehligten, zu wenig Freiheit gelassen worden, und dieser Umstand sei

Helmut Schmidt fordert den Stuttgarter Oberbürgermeister zur Kanzlerkandidatur auf. Doch dieser hat »keinen weitergehenden Ehrgeiz«.

für den unbefriedigenden Ausgang der Schlacht verantwortlich gewesen.

Kanzler Schmidt sagte, so etwas lasse er sich als Hamburger von einem Schwaben nicht sagen, und begann das Schema der Schlacht aufzuzeichnen. Er ließ schließlich die britischen Schlachtschiffe in einem rechten Winkel zum bisherigen Kurs aufmarschieren, indem das eine Schiff nach links und das andere nach rechts fuhr. Dann allerdings wurde unsere Aufmerksamkeit wieder von der Hauptversammlung des Städtetages in Anspruch genommen, die ich präsidierte, so daß ich bis zum heutigen Tage nicht weiß, ob und wie er, hätte er die britische Flotte befehligt, die Skagerrak-Schlacht gewonnen hätte. Helmut Schmidt gehört zu den Spitzenpolitikern, für die ich Respekt und – so weit dies mein zum Sarkasmus neigendes Wesen zuläßt – auch Bewunderung empfinde. Deutschland hat Glück gehabt, von Männern mit Format regiert worden zu sein. Die Politik war keineswegs jene Abfolge von Versäumnissen, Pleiten und Mißhelligkeiten, als welche sie heute gerne dargestellt wird.

Streit über Steuern und andere Konflikte

Solange im Bund die sozial-liberale Koalition Bestand hatte, freuten sich meine Parteifreunde in der CDU/CSU-Bundestagsfraktion herzlich über die Kritik, welche die kommunalen Spitzenverbände am Bund übten. Naturgemäß erlosch diese Freude in dem Moment, als 1982 die CDU/CSU/FDP-Koalition in Bonn die Regierung bildete, und schlug gelegentlich in ziemlich große Verärgerung um. Meine Bonner Parteifreunde verfolgten zusammen mit der FDP das Ziel, die Einkommensteuern zu senken, um die Abgabenlast zu vermindern. Der Städtetag betrachtete dieses Bestreben mit Mißtrauen, denn er befürchtete, nach allen Erfahrungen nicht zu Unrecht, daß der wehrlosen kommunalen Ebene unverhältnismäßig hohe Steuerausfälle aufgebürdet würden. Es erschien mir im Rahmen des verfassungsrechtlich Zulässigen besser, nicht alle Einkünfte von der Einkommensteuer zu entlasten, sondern speziell Einkünfte von Unternehmen. Dadurch sollten vor allem solche Steuerzahler begünstigt werden, die Arbeitsplätze bereitstellen.

Von demselben Gedanken ausgehend, meinte ich, das Schwergewicht der Entlastung sollte auf die Sozialabgaben und nicht auf die Steuern gelegt werden. Dies hätte die Lohnnebenkosten gesenkt und die Unternehmen um so stärker entlastet, je mehr Beschäftigte sie hatten. Allgemein die Einkommensteuer zu senken, um die Unternehmen zu entlasten, erschien mir zu kostspielig, weil die meisten Bezieher höherer Einkommen, die von einer solchen Entlastung profitieren, keine Unternehmer sind und auch keine Arbeitgeber. Als Beispiel führte ich mich selber an und erklärte, ich könnte auch mit den bestehenden hohen Steuersätzen leben.

Ein wichtiges Argument für die Steuerreform war, daß eine zu hohe Steuerlast die Leistungsbereitschaft vermindere. Dieses Argument erkenne ich an, sofern in diese Betrachtung auch jene einbezogen werden, die neben der Lohnsteuer auch noch Sozialabgaben zahlen müssen. Aber ich mache die Einschränkung, daß von Menschen, die viel verdienen, erwartet werden muß, daß sie ihre Arbeitsleistung nicht danach ausrichten, ob sie netto tausend Mark mehr oder weniger bekommen. Schließlich erwartete ich, daß eine Senkung der Sozialabgaben und, als zwingende Folge, eine stärkere Finanzierung mit Steuermitteln das Sozialbudget auf eine solidere Grundlage stellte. Natürlich hoffte ich auch, daß ein solches Konzept für die Kommunen günstiger wäre als das der Bundesregierung.

Solche Gedanken fielen zwar bei der SPD-Bundestagsfraktion auf fruchtbaren Boden, nicht aber bei meinen Bonner Unionsfreunden. Die SPD nahm wiederholt im Bundestag auf meine Betrachtungen Bezug. Das trug mir verständlicherweise manche Unfreundlichkeit ein. Der Kanzler zitierte schließlich das arabische Sprichwort: »Die Hunde bellen, aber die Karawane zieht weiter!« Wenige Tage nach seiner Äußerung hatte der Städtetag in Bonn eine Pressekonferenz, bei der ich erklärte, es sei besser, ein Hund als ein Kamel zu sein. Diese Äußerung fand ich witzig.

Sie sollte niemand beleidigen, sondern nur die kommunale Standfestigkeit unterstreichen. Aber sie führte zu weiteren Trübungen der Beziehungen mit den Bonner Parteifreunden. Es gibt eben Momente im Leben, in denen es klüger ist, nicht witzig zu sein. Aber diese Art Klugheit würde die Welt noch trauriger machen, als sie ohnehin bereits von den vielen Ernsthaften im Lande empfunden wird.

Helmut Kohl hat mir inzwischen alles verziehen, wofür ich dankbar bin. 1993 sprach ich in der Stuttgarter Liederhalle bei einer Bundesversammlung der Mittelstandsvereinigung ein Grußwort, in dem ich die Politik des Kanzlers lobte. Dieser wurde als Hauptredner erwartet. Plötzlich wurde mir ein Zettel auf das Rednerpult gelegt, auf dem stand: »Dr. Kohl ist jetzt wirklich da! Er wartet auf Ihren Schluß.« Ich folgte dieser Aufforderung sofort, begab mich zum Kanzler, begrüßte ihn und wies darauf hin, daß ich mich über ihn lobend geäußert hätte. Aber dieser erwiderte: »Wenn Sie mich gelobt haben, dann habe ich etwas falsch gemacht!«

In meinen ersten Amtsjahren hatten die Bundesexekutive und sogar auch die Bundesbank hinsichtlich der Fähigkeit der Kommunen, aus konjunkturpolitischen Gründen kurzfristig Ausgaben einzuschränken oder zu erhöhen, ziemlich unrealistische Vorstellungen. Die Kenntnis der Struktur kommunaler Haushalte war unzulänglich. Die Sachkunde ist zwar inzwischen größer geworden, aber es kommt immer noch zu Rückfällen. Die kommunalen Ausgaben lassen sich nicht einfach dadurch steuern, daß man den Hahn aufdreht oder zudreht. Das Röhrensystem der kommunalen Finanzen ist viel zu kompliziert. Höhe und Zuwachs der meisten kommunalen Ausgaben sind durch Bundes- oder Landesrecht zwingend geregelt oder durch sonstige rechtliche Bindungen festgelegt. Sie entziehen sich deshalb dem Einfluß der Kommunalpolitiker. Der Teil der Ausgaben, den diese beeinflussen können, ist klein. Das gilt besonders für das laufende Jahr. Sie können, wenn sie nicht zu Entlassungen schreiten wollen, die Zahl ihrer Beschäftigten nur mittelfristig herunterfahren, um Personalkosten zu vermindern.

Rascher lassen sich Investitionsausgaben reduzieren, indem neue, bislang geplante Baumaßnahmen gestrichen werden. Aber wenn einmal eine Baumaßnahme begonnen worden ist, ist es kaum vertretbar, sie einzustellen. Auch die sogenannte Ankurbelung neuer kommunaler Baumaßnahmen durch Anreize in Gestalt von Fördermitteln des Bundes ist nicht so einfach, wie die Bundesexekutive früher meinte. Sie setzte damals knappe Fristen für den Baubeginn und übersah, daß eine Investition nicht nur Geld erfordert, sondern auch Zeit, nämlich für Grunderwerb, Bebauungsplan, Raumprogramm und Bauplan.

Gerne wird erklärt, daß bestimmte Investitionsprogramme der »Ankurbelung«, »Initialzündung« oder »Anschubfinanzierung« dienen sollen. Wo das zutrifft, ist es recht. Aber ankurbeln, zünden oder schieben nützen nichts, wenn im Fahrzeug das Benzin oder sogar der Motor fehlt. Das Verständnis auf Bundes- und Landesebene für die Möglichkeiten und Begrenzungen der Kommunen ist besser geworden. Das ist auch ein Verdienst der kommunalen Spitzenverbände.

Ein hoch über den Wolken schwebender Olymp ist die deutsche Bundesbank, deren im Ganzen segensreiches Wirken ich nicht leugne und deren Beitrag zu einer sachgerechten Wirtschafts- und Finanzpolitik, besonders aber zur Währungsstabilität ich nicht unterschätze. Als ein Sterblicher nahm ich das Wirken und Treiben der Götter in Demut hin und achtete lediglich darauf, daß uns die Blitze des Jupiter nicht trafen. Zum Glück waren sie nur gelegentlich auf die Städte gerichtet. Sie galten meistens größeren Zielen. Ich beobachtete freilich schon als Staatsbeamter, daß die Olympier sich nicht recht vorstellen konnten, wie es ist, wenn man irdischen Beschränkungen unterworfen ist.

In einer Sitzung des Finanzplanungsrats unter dem Vorsitz von Bundesfinanzminister Helmut Schmidt zu Beginn der siebziger Jahre versuchte der damalige Bundesbankpräsident Klasen, die Länder auf einen unrealistisch niedrigen Zuwachs ihrer Ausgaben festzulegen. Die Mehrausgaben durch Tarifabschlüsse waren wesentlich höher als der uns zugestandene Zuwachs. Die Länder standen überdies unter dem Druck der stark angeheizten bildungspolitischen Katastrophenstimmung. Deshalb wehrte ich mich, zu jener Zeit noch Staatssekretär, schüchtern gegen die vom keynesianischen Geiste gespeisten Belehrungen des Bundesbankpräsidenten. Dieser sagte daraufhin zu mir, ich hätte kein Verhältnis zur Stabilität. Ich hatte zum Glück den letzten Geschäftsbericht der Bundesbank dabei, zog diesen heraus und fragte den Präsidenten, wie es komme, daß die Ausgaben der Bundesbank weit stärker wüchsen, als diese es den Ländern zugestehen wollte. Das freute offensichtlich Helmut Schmidt, der auch noch auf ein seiner Meinung nach zu kostspieliges Investitionsvorhaben der Bundesbank hinwies.

Damals spielte die Konjunkturlehre von Keynes noch eine große Rolle. John Maynard Keynes hatte empfohlen, die Sachpolitik der Konjunkturpolitik unterzuordnen. In Zeiten günstiger Konjunktur sollten die Ausgaben eingeschränkt und möglichst Rücklagen gebildet werden. Dafür sollten in der Rezession die öffentlichen Ausgaben stark erhöht und in erheblichem Umfang mit Krediten finanziert werden. Das praktische Hindernis bei der Verwirklichung dieses theoretischen Konzepts war aber, daß, wie Franz Josef Strauß sagte, eher ein Mops einen Wurstvorrat anlegt, als daß die öffentliche Hand Rücklagen bildet. Es könnten auch die Gewerkschaften in Zeiten der Hochkonjunktur und der vollen Kassen schwerlich dazu bewegt werden, ihre Forderungen bis zur nächsten Rezession zurückzustellen. Und es ist schließlich schwer einzusehen, daß, wenn heute zusätzliche Lehrer gebraucht werden, diese erst in der nächsten Rezession eingestellt werden sollen. Die Faszination der Theorie von Keynes verblaßte jedenfalls, und andere Konjunkturtheorien betraten die Szene.

Ende 1992, als es um die Finanzierung der Wiedervereinigung ging, fürchtete ich im Blick auf den hohen Abstraktionsgrad der Diskussion und angesichts einiger Äußerungen des Bundesbankpräsidenten, daß die Kommunen zu unschuldigen Opfern eines olympischen Blitzes werden könnten. Deshalb sandte ich eine von mir verfaßte, in der Bundesrepublik breit gestreute Schrift mit dem Titel »Zur gesamtstaatlichen Politik im Rahmen eines

Solidarpaktes« an Bundesbankpräsident Schlesinger. Ich erhielt eine freundliche und sachkundige Antwort, die mein Vertrauen in den Olymp und die dort wirkenden Götter festigte.

Die Verteilung und Regelung der sozialen Aufgaben in unserem föderalen Staat hat folgende Auswirkung: Wenn der Bund seine sozialen Ausgaben wie Arbeitslosengeld oder Arbeitslosenhilfe kürzt, werden die kommunalen Träger der Sozialhilfe zusätzlich belastet. Die Belastung des einzelnen Trägers ist um so größer, je höher seine Arbeitslosenquote ist – ein gravierender Mangel des Systems. Denn es ist widersinnig, eine Großstadt oder einen Landkreis um so mehr Sozialhilfe zahlen zu lassen, je schlechter es ihr bzw. ihm finanziell geht und je dringlicher es wäre, die Arbeitslosigkeit durch kommunale Investitionen zu bekämpfen. Deshalb wollen die kommunalen Spitzenverbände erreichen, daß sich der Bund an der Sozialhilfe zur Hälfte beteiligt. Einen Ausgleich der zusätzlichen Lasten könnte der Bund durch eine höhere Gewerbesteuerumlage oder durch einen geringeren kommunalen Einkommensteueranteil erhalten. Erfolg hatten diese Bemühungen bislang nicht. Aber wegen der fortschreitenden Globalisierung des Wirtschaftsgeschehens und ihrer gravierenden Folgen, wegen der Europäischen Währungsunion und wegen der Finanzierung der neuen Bundesländer wird eine umfassende Staats- und Finanzreform notwendig werden. In deren Rahmen muß diese Frage wieder aufgegriffen werden.

»Mensch, Du sollst, es mag Dir glücken, vorwärts schauend rückwärts blicken.« Das Ziel, die Staatsquote nicht ausufern zu lassen, sondern möglichst zu senken, war und ist vernünftig. Steigt die Belastung mit Abgaben zu sehr an, erfolgt irgendwann das, was in der Philosophie ein Qualitätssprung genannt wird. Das heißt hier, die höhere Abgabenbelastung führt nicht zu mehr, sondern zu weniger Einnahmen, und, da die Einnahmen entgegen einer weit verbreiteten Meinung doch etwas mit den Ausgaben zu tun haben, auch zu einer Verkleinerung der Spielräume für Ausgaben.

Wiedervereinigung

Für mich kam die Wiedervereinigung völlig überraschend. Ich hatte es zwar für denkbar gehalten, daß sie irgendwann nach meinem Ableben eintreten könnte, falls das Verhältnis zwischen Ost und West sich weiter entspannte. Aber dann würde man es mit einer selbstbewußten DDR zu tun haben, die, von der Sowjetunion unterstützt, Bedingungen stellte. Wenn mir vor der Ära Gorbatschow jemand vorausgesagt hätte, daß sich in der Sowjetunion liberale und demokratische Gedanken durchsetzen könnten, daß sie sich selber auflösen und ihre Truppen aus Mitteleuropa zurückziehen würde, wenn mir vor 1989 jemand erzählt hätte, daß sich über Nacht die Grenze zur DDR öffnen und das Volk die Wiedervereinigung einfach durchsetzen könnte, dann hätte ich diesen für einen hoffnungslosen Träumer und Wunschdenker gehalten. Im nachhinein sieht alles so plausibel, zwangsläufig und vernünftig aus, daß man sich über sich selber wundert, weshalb man nicht alles vorausgesehen hat.

Bei einem Gespräch mit Hans Modrow in meinem Dienstzimmer wenige Monate vor dem Ende der alten DDR beeindruckte mich, wie offen wir über die gemeinsamen Fragen sprechen konnten. So etwas hatte ich im Gespräch mit Vertretern der DDR noch nicht erlebt. Ich muß sagen, daß mir Modrow und seine überlegte und ruhige Art gefielen. Damals hätte ich mir etwas mehr Großzügigkeit im Umgang mit den Kommunisten gewünscht. Einige Kollegen und Freunde aus den neuen Bundesländern meinten zwar, dieser Wunsch sei naiv. Ich würde anders denken, wenn ich die Unterdrückung durch die DDR selber erlebt hätte. Aber ich konnte mich eines Unbehagens nicht erwehren, als Honecker nach seiner Rückkehr wie ein verhafteter Taschendieb behandelt wurde. Ein paar Jahre zuvor hatte ihn die Bundesrepublik als Staatsgast mit klingendem Spiel und allen Ehren empfangen. In westdeutschen Politikerkreisen hatte es fast als Auszeichnung gegolten, mit ihm sprechen zu können.

Gewiß ist an die Opfer zu denken. Aber das hat uns früher nicht gehindert, mit den Verantwortlichen in den sozialistischen

Ländern Kontakt zu suchen und zu verhandeln, und zwar zu Recht, denn ohne diese Kontakte hätte sich zwischen Ost und West nichts in Richtung Menschenrechte und Demokratie bewegt. Über manches Gespräch, das prominente westdeutsche Politiker mit Kommunisten geführt hatten, lesen wir heute Berichte in unseren Zeitschriften und Zeitungen, die fast den Verdacht nahelegen, daß jene Verräter gewesen seien. So schnell vergessen wir, wieviel Mühe es damals kostete, mit dem Menschen, der hinter jeder politischen Maske steckt, ins Gespräch zu kommen.

Jede Diktatur versucht, sich durch ein System von Erziehung, Propaganda und Bespitzelung ein anderes, nämlich mit ihr übereinstimmendes Volk zu schaffen. Auch die DDR versuchte das, und zwar auf eine ziemlich perfide Weise. Denn die Staatssicherheit bespitzelte nicht nur Bürger durch ihre Agenten, sondern sie zwang, überredete und verführte Bürger, Mitbürger zu überwachen. So sollte im Laufe der Zeit die Kritik am System erlöschen. Der einzelne Mensch sollte glauben, er stünde mit seiner Kritik alleine da, und es empfehle sich, sie ebenfalls einzustellen. Viele machten wegen der Familie, wegen des Berufes, aus Schwäche und um des lieben Friedens willen mit und dachten zunächst, sie müßten ja nichts berichten, was irgendwie schadete, bis sie feststellen mußten, daß auch sie überwacht wurden, ob sie richtig berichtet hatten.

Das alles wurde, wie es deutscher Art entspricht, aufgeschrieben und archiviert und ist als eine gräßliche, giftige und verfügbare Sammlung menschlicher Unzulänglichkeiten heute noch vorhanden. Ich war und bin der Meinung, man hätte dieses Material, das zu einem guten Teil durch Nötigung und Erpressung entstanden ist, mit Ausnahme weniger, historisch bedeutsamer Dossiers geheimhalten und später vernichten sollen, um den neuen Anfang zu erleichtern. Ich selber bin jedenfalls gottfroh, seit 1945 in einem Land gelebt zu haben, in dem mich niemand gezwungen hat, andere Leute zu bespitzeln, und in dem meine keineswegs immer wohlüberlegten Äußerungen nicht notiert und archiviert wurden. Es wäre lächerlich, wenn ich mich deshalb moralisch für überlegen hielte, zumal ich nicht mit letzter Sicherheit sagen kann, wie ich mich in gleicher Situation verhalten hätte.

Als sich die Möglichkeit der Wiedervereinigung abzeichnete, hielt ich im amerikanischen Hauptquartier in Heidelberg einen Vortrag. In diesem führte ich in etwa aus: Wenn es nach dem Grundgesetz ginge und sich die DDR zur Vereinigung mit der Bundesrepublik entschließe, könne die Bundesrepublik aus verfassungsrechtlichen, moralischen und politischen Gründen nicht ablehnen. In diesem Falle würde die Bundesrepublik, bislang nur Mitglied der NATO, wohl auch Mitglied des Warschauer Pakts. Der deutsche Verteidigungsminister sei zu bedauern. Er sei dann nicht nur Oberbefehlshaber der Bundeswehr, sondern auch der Nationalen Volksarmee. In der einen Eigenschaft dürfte er dann sich selber die Geheimnisse nicht verraten, die er in der anderen Eigenschaft erfahre, und umgekehrt. Ich war damals hundertprozentig für die Wiedervereinigung, aber ich sah in ihrem Zusammenhang erhebliche Risiken und Gefahren.

Diese gab es tatsächlich. Was wäre geschehen, wenn die Sowjetunion »Nein« gesagt hätte oder wenn sie auf ihren Rechten aus dem Warschauer Pakt, besonders auf der weiteren Präsenz und Finanzierung sowjetischer Truppen, bestanden hätte? Was wäre geschehen, wenn sie die Ausgliederung Deutschlands aus der NATO und aus ihren westeuropäischen Bindungen gefordert hätte? Oder wenn unsere Alliierten, zum Beispiel das Vereinigte Königreich oder Frankreich, der deutschen Wiedervereinigung nicht zugestimmt hätten? Die Begeisterung unserer Freunde und Verbündeten über ein Deutschland mit 80 Millionen Einwohnern war nicht sehr groß. Die Grenze zwischen der Bundesrepublik und der DDR war offen. Es wäre zu einer massiven Abwanderung in die Bundesrepublik gekommen. Wir hätten unsere Landsleute nicht abweisen und etwa die Mauer an der Grenze in umgekehrter Richtung in Betrieb nehmen können.

Politiker, die Unheil abgewendet haben, laufen Gefahr, vergessen oder sogar beschimpft zu werden, weil sie nicht noch mehr geleistet haben. Trotz aller Probleme, die wir heute haben: Es ist alles viel besser gekommen, als wir es damals erwarten konnten.

Wenn wir das, was geschah, vor den Hintergrund dessen stellen, was im weniger günstigen Fall hätte passieren können, dann wird deutlich: Wir haben mit dem Ablauf der Wiedervereinigung ein unglaubliches Glück gehabt. Die staatsmännische Leistung von Bundeskanzler Helmut Kohl, von Bundesaußenminister Hans-Dietrich Genscher und von Bundesinnenminister Wolfgang Schäuble war beachtlich. Die gefährlichsten Klippen konnten umschifft werden. Ich finde, es wurde das bestmögliche Ergebnis erzielt. Wir schulden auch Dank und Respekt denjenigen, die damals für die DDR verhandelt haben. Sie sind heute fast schon vergessen.

Ich hätte ein so günstiges Ergebnis nicht für möglich gehalten. Zwar sind die blühenden Landschaften binnen weniger Jahre nicht entstanden, wie dies der Kanzler und viele andere kompetente Leute gehofft haben. Das ganze Ausmaß der Krise in der DDR wurde erst später offenbar. Hätte man es damals schon erkannt, hätte man freilich nicht viel anders machen können. Die DDR sah von außen besser aus, als sie von innen war. Noch 1990 meinte Präsident Rohwedder, die Treuhand verfüge über ein Vermögen von 600 Milliarden DM. In Wirklichkeit hinterließ sie 270 Milliarden DM Schulden. Auch zeigte sich, daß die Meinung vieler gelehrter Experten, man müßte den neuen Bundesländern nur die Fenster zum Weltmarkt öffnen, und schon beginne die Wirtschaft üppig zu sprießen, höchst bedenklich war. Die DDR-Industrie mit einer Produktivität von nur 20 bis 30 Prozent vergleichbarer westeuropäischer Unternehmen war dem weltweiten Wettbewerb nicht gewachsen. Eine gewisse Kompensation dieses Nachteils durch Minimallöhne wie in Polen, Tschechien und Ungarn war im gemeinsamen Land nicht einmal denkbar. Eine Schutzzone für die ostdeutsche Industrie gab es nicht. Es blieb nichts anderes übrig: Die Öffnung zum Weltmarkt mußte erfolgen, aber es waren die Fenster eines Treibhauses, die in einer kalten Winternacht geöffnet wurden. Viele Pflanzen überlebten das nicht.

Die Wiedervereinigung hatte auch im Deutschen Städtetag, dessen Präsident ich damals war, vieles verändert. Der Städtetag, der vorher um jede Mark gekämpft hat, erklärte sich sofort mit den Städten in der ehemaligen DDR solidarisch und zu finanziellen Opfern bereit. Wir beschlossen, alles zu tun, damit in Ostdeutschland eine kommunale Selbstverwaltung nach dem Beispiel Westdeutschlands entstehen könne, und zwar möglichst schon vor der eigentlichen Wiedervereinigung. Wir bemühten uns darum, daß die ostdeutschen Städte bei uns Mitglied wurden. Von vornherein sollten ihre Erfahrungen, Sorgen und Vorschläge in die Politik des Städtetages eingehen.

Die Oberbürgermeister, Bürgermeister und Oberstadtdirektoren aus den alten Bundesländern und ihre Mitarbeiter, vor allem aber auch die Geschäftsstellen des Städtetages und seiner Mitgliedsverbände engagierten sich nachhaltig, gelegentlich bis zur Grenze ihrer physischen Möglichkeiten. Es entstand eine Begeisterung, wie ich sie in unserer lamentierenden und nörgelnden Gesellschaft noch nie erlebt hatte. Diese Begeisterung hatte nichts mit Nationalismus zu tun. Sie speiste sich aus dem Glück, als welches es empfunden wurde, daß es den Eisernen Vorhang zwischen Ost und West nicht mehr gab und daß sich unseren Landsleuten, aber auch den östlichen Nachbarstaaten, neue, völlig unerwartete Chancen durch die wiedergewonnene Freiheit eröffnet hatten. Es kam auch zu einer guten, unkomplizierten und von gestelzten Formalitäten und Ressortstolz freien Zusammenarbeit zwischen Bund, Ländern und Kommunen. Hieran hatten Innenminister Wolfgang Schäuble und Staatssekretär Horst Waffenschmidt einen beachtlichen Anteil.

Ich habe den Eindruck, daß es für die Wiedervereinigung, nach der man sich in vielen Sonntagsreden gesehnt hatte, gar keine Pläne in der Schublade gab, mindestens habe ich nie einen solchen Plan gesehen. Alles mußte unter dem Zwang der Ereignisse kurzfristig organisiert und geregelt werden. Das Ergebnis war gar nicht so schlecht. Damals hatte ich eine Zeitlang gedacht, einem Zentralstaat wie Frankreich oder Großbritannien wäre die Lösung einer Aufgabe wie die Integration eines so großen Gebietes in den Staat leichter gefallen. Heute bin ich nicht mehr dieser Meinung. Die dezentrale Bundesrepublik hat sich auch bei dieser großen Aufgabe bewährt. Es wundert mich heute noch, wie es fast aus dem Nichts gelang, in der ehemaligen DDR eine neue kommunale und demokratische Ebene zum Leben zu erwecken. Die Kolleginnen und Kollegen in den Rathäusern Ostdeutschlands trugen die Hauptlast. Sie fingen regelrecht bei Null an. Das komplizierte westdeutsche Recht wurde ihnen regelrecht vor die Tür gekippt. Wenn man heute die funktionierende Selbstverwaltung in den neuen Bundesländern betrachtet, kann man ermessen, was dort geleistet wurde.

Hilfreich waren zahlreiche Partnerschaften zwischen westdeutschen und ostdeutschen Städten. Stuttgart hatte allerdings keine solche Partnerschaft. Wir hatten zwar einige Zeit um Dresden geworben, aber Hamburg auch. Bevor wir unsere Liebesserenade vor dem Fenster der Stadt Dresden so richtig erklingen lassen konnten, bat mich mein großer Hamburger Kollege Dohnanyi, wir sollten das doch bleiben lassen, denn sonst würden weder wir noch Hamburg erhört. Ich sah das ein, und Dohnanyi schenkte mir eine echt seidene Stadtkrawatte von Karl Lagerfeld.

Während des Prozesses der Wiedervereinigung wurde in den ersten Wochen im Osten zuviel geglaubt, was aus westdeutschem Munde kam. Aber die ostdeutschen Kollegen erkannten sehr rasch, daß wir in Westdeutschland auch nur mit Wasser kochten. An die Stelle des zu großen Vertrauens trat bald ein gesundes Mißtrauen. Das zwangsläufig mit heißer Nadel gestrickte Vertragswerk war an manchen Stellen mehrdeutig und widerspruchsvoll. Besonders fiel dies ins Gewicht in der Versorgungswirtschaft. Die ganze Stromwirtschaft in Ostdeutschland war nämlich kurz vor der Wiedervereinigung an drei große Versorgungsunternehmen in Westdeutschland verkauft worden, und zwar einschließlich der Unternehmensteile, die früher den Kommunen gehört hatten. Das Vertragswerk räumte aber auf der anderen Seite den Kommunen das Recht ein, die Rückerstattung des ihnen entzogenen Vermögens zu fordern. Das war die gleiche Situation, die entsteht, wenn dasselbe Auto an zwei verschiedene Käufer veräußert wird.

Die widerspruchsvollen Rechtsverhältnisse drohten zu einem gefährlichen Investitionshindernis zu werden. Ich hatte mich anfangs, von den riesigen Schwierigkeiten beeindruckt, auf einen Weg begeben, den ich später als falsch erkannte. Ich meinte nämlich zunächst, es sei einfacher, in den neuen Bundesländern die Bezirksunternehmen, die auf 15 volkseigene Betriebe aus der DDR-Zeit zurückgingen, unter der Oberherrschaft der westdeutschen Stromunternehmen grundsätzlich zu belassen und den Kommunen angemessene Beteiligungsrechte einzuräumen. Die westdeutschen Stromunternehmen sollten jedoch die Bildung von Stadtwerken unter bestimmten Voraussetzungen zulassen und entsprechende vertragliche Pflichten übernehmen.

Die Kollegen aus Ostdeutschland waren mit diesem weichen Kurs nicht einverstanden. Sie riefen das Bundesverfassungsgericht an. Dadurch drohten neue Unsicherheiten. Der Berichterstatter des Bundesverfassungsgerichts rief mich an und empfahl mir, als Präsident des Städtetags und des VKU auf einen Vergleich hinzuwirken. Dies versuchte ich zusammen mit einigen anderen Herren, unter denen ich besonders Staatssekretär von Würzen aus dem Bundeswirtschaftsministerium und VKU-Hauptgeschäftsführer Zimmermann herausheben möchte. Und in der Tat, in vielen aufregenden Sitzungen gelang das zunächst fast unmöglich Erscheinende, offensichtlich durch die Hegelsche List der Vernunft. Eine Vereinbarung kam zustande. Alle Kommunen nahmen ihre Klagen zurück. Danach gab es noch manchen Streit, aber vieles war geklärt und ein großes Investitionshindernis – damals war von einem aufgestauten Investitionsvolumen von 30 bis 40 Milliarden DM die Rede – aus dem Wege geräumt. Und die Kollegen aus den neuen Bundesländern erkannten, daß sie die Bundesrepublik zu sehr idealisiert hatten und daß sie auch dort ihr Recht nicht von selber bekamen, sondern um dieses kämpfen mußten. Aber das darf man wenigstens.

An weiteren Investitionshindernissen fehlte es nicht. Die Eigentumsfrage an Grundstücken erwies sich als ein solches Hemmnis. Die Grundbücher der DDR wiesen naturgemäß die neuen, aber nicht die alten Eigentumsverhältnisse aus. Diese ergaben sich aus den alten Grundbüchern, die weithin erhalten waren. Inzwischen hatten sich jedoch die Rechtsverhältnisse hinsichtlich einzelner Grundstücke geändert. Die Bundesrepublik hatte sich verpflichtet, grundsätzlich das entzogene Eigentum den alten Berechtigten zurückzugeben, mit Ausnahme des nach dem Kriege enteigneten Großgrundbesitzes. Auf der anderen Seite wurde der gutgläubige Erwerb geschützt. Den Kommunen wurden Möglichkeiten eingeräumt, im Rahmen eines Verwaltungsverfahrens zugunsten von Investitionsvorhaben über Grundstücke zu verfügen, die eigentlich zurückgegeben werden mußten. Ich war damals nicht für den Grundsatz Rückgabe vor Entschädigung, sondern umgekehrt für den Grundsatz Entschädigung vor Rückgabe. Ich meinte, der Schwerpunkt sollte nicht auf die ohnehin unmögliche Reparatur der Vergangenheit gelegt werden, sondern auf die Sicherung einer guten Zukunft. Aber die Würfel fielen anders, wofür ja auch manches sprach.

Plötzlich erhielten Grundstücke, die im Sozialismus fast wertlos waren, einen hohen Marktwert. Menschen, die ihr Eigentum in Ostdeutschland schon längst abgeschrieben hatten, wurden über Nacht reich. Während des Prozesses der Wiedervereinigung besuchte ich meinen frischgebackenen Kollegen Wagner in Dresden. Er sagte mir, er bekomme ständig Besuche von Investoren aus Westdeutschland, die Gutes für Dresden tun wollten, er wisse aber nicht, welche Grundstücke er verkaufen und welchen Preis er für diese verlangen könne. Die erste Frage konnte ich auch nicht beantworten. Was die zweite Frage anbetraf, wies ich auf die Bodenwertkarte der Landeshauptstadt Stuttgart hin, die ich ihm später übersandte, und sagte ihm, die dort angegebenen Preise würden bald auch für Dresden gelten. Mit dieser Prophezeiung behielt ich jedenfalls recht.

Es ist lächerlich, im Rückblick alle Punkte herauszusuchen, in denen man richtig lag, und sich als einen Menschen auszugeben, dessen Spezialität es ist, dort im Recht zu sein, wo andere unrecht haben. Schon das Gesetz des Zufalls führt dazu, daß selbst, wer nichts denkt, manchmal recht haben muß. Ich habe damals nach vielen Gesprächen mit den neuen Kollegen und anderen Sachkundigen nicht den Eindruck gehabt, daß sich die Wiedervereinigung ohne Steuererhöhungen bewerkstelligen ließe und daß sich die Hoffnung auf blühende Landschaften binnen weniger Jahre erfüllen könnte. Aber es hat der Sache gedient, daß die Bundesregierung an die schwierige Aufgabe mit großem Optimismus herangegangen ist und nicht zunächst einmal sämtliche Bedenken gesammelt und aus ihnen einen Trauermarsch komponiert hat. Optimismus und Mut haben das Ganze möglich gemacht.

Rahmenplan zur Ordnung der Finanzen

1989 bis 1993 habe ich mich um die Wiederbelebung meines alten Projekts bemüht, nämlich um eine Rahmenplanung für den Gesamthaushalt von Bund, Ländern und Gemeinden. Diese erschien mir im Blick auf die großen finanzwirtschaftlichen Probleme im Zusammenhang mit der Wiedervereinigung noch dringlicher als seinerzeit während der Bildungsreform. Im Zentralstaat Frankreich übernimmt der Staatshaushaltsplan automatisch die Synchronisierung aller Einnahmen und Ausgaben. Bei uns müßte diese Aufgabe eine Rahmenplanung übernehmen.

Wie nützlich eine solche unter den besonderen Umständen der Wiedervereinigung gewesen wäre, erwies sich schon im November 1989, als der Bundesfinanzminister vorschlug, die Länder und Kommunen sollten 1990 Steuereinnahmen in Höhe von 20 bis 40 Milliarden DM und im Jahr 1991 von 40 bis 60 Milliarden DM abtreten. Dies zeigte erneut, daß die Vorstellungen der Bundesebene davon, was den Ländern und den Kommunen mit ihren hohen Anteilen an rechtlich gebundenen Aufgaben finanzpolitisch möglich oder nicht möglich ist, reichlich utopisch waren. Durch die Erstellung eines Rahmenplans oder wenigstens von Perspektiven unter Beteiligung aller drei Ebenen wäre es jedenfalls zu einem besseren Verständnis der Problemlagen und Möglichkeiten auf den anderen Ebenen gekommen. Außerdem hätte man ein Frühwarnsystem in die Hand bekommen, mit dessen Hilfe sich nach den Empfehlungen der polnischen Aphoristikerin Jadwiga Ruthkowska einige große Probleme bereits zu einem Zeitpunkt hätten lösen lassen, zu dem sie noch klein waren. Auch der Rückgang des Aufkommens der Einkommen- und Körperschaftsteuer infolge der ziemlich pauschalen Sonderabschreibungen auf Investitionen in den neuen Bundesländern hätte errechnet werden können. Diese Sonderabschreibungen waren fraglos eine sehr schnell wirkende Maßnahme, aber auch eine mit großer Streuwirkung und starken Steuerausfällen.

Die europäische Währungsunion mit ihren Begrenzungen der Kreditaufnahmen des Gesamthaushalts ist ein zusätzliches Argument für eine solche Rahmenplanung. Aber über den Finanzbeziehungen zwischen Bund, Ländern und Gemeinden liegt heute auch dort Nebel, wo klare Sicht möglich wäre. Angesichts von Fragen, die längst hätten bekannt sein können und dies oft auch waren, äußern sich manche Politiker so, als hätte sie gerade im Zustande der Unschuld der Storch aus dem Froschteich geholt. Eine Rahmenplanung würde solche gespielte oder auch wirkliche Einfalt nicht verhindern, aber doch sehr erschweren. Irgendwie sollten wir es auch in einer Zeit schaffen, in der auf allen politischen Ebenen die Mittel knapp sind, daß aus der Sicht des Ganzen heraus regiert wird. Ein chaotischer Interessenstreit ist eine große Gefahr für jedes Land.

Deutschland muß nicht nur schwierige wirtschaftliche Strukturfragen meistern und dadurch die Substanz des Sozialstaates sichern. Es muß auch, zusammen mit Frankreich, Motor des europäischen Integrationsprozesses sein, der mit der notwendigen Osterweiterung vor neuen Herausforderungen steht. Und es muß außerdem, wahrscheinlich auf Jahrzehnte hinaus, sehr viel Geld von West nach Ost transferieren. Es ist falsch anzunehmen, daß sich eine solche Situation unter Verzicht auf Planung durch sogenannte Sattelentscheidungen (welche die Kavallerieoffiziere im Sattel sitzend nach der jeweiligen Lage treffen) meistern läßt. Ein noch größerer Irrtum ist anzunehmen, daß die Summe der Eigen- und Einzelinteressen sich auf einer höheren Ebene gleichsam automatisch zu einem harmonischen Ganzen fügt.

Anfang 1993 kam es dann doch zu einem föderalen Konsolidierungsprogramm von Bund und Ländern. Ursprünglich hieß der Arbeitstitel »Föderales Konsolidierungskonzept«, was aber abgekürzt »FKK« ergab und deshalb wegen möglicher Anzüglichkeiten umgetauft werden mußte. Ich will den Beitrag der Kommunen zum Zustandekommen dieses Konsolidierungsprogramms nicht überhöhen, aber ich meine doch, daß er erheblich war. Die kommunalen Spitzenverbände, besonders der Deutsche Städtetag, hatten von Anfang an betont, daß die westdeutschen Kommunen zu Opfern bereit seien, sie hatten aber auch beharrlich ein gemeinsames Finanzierungskonzept gefordert. Dieses geschah durch zahlreiche Briefe, Denkschriften und mündliche Vorträge.

Leider war das föderale Konsolidierungsprogramm, bei dessen Aufstellung übrigens der Bund erheblich Federn ließ, nicht ein erster Schritt zu einem Rahmenplan oder wenigstens zu Perspektiven für den Gesamthaushalt. Danach hörte nämlich die Gemeinsamkeit wieder auf, und die Beteiligten kehrten zu den alten Streitereien zurück. Eine Art Teppichhandel ist in solcher Lage unvermeidbar, im Sinne des Bibelwortes: »Schlecht, schlecht, spricht man, wenn man kauft, doch wenn man weggeht, ist man froh« (Sprüche 20,14). Aber es macht einen erheblichen Unterschied aus, ob solcher Handel auf der Grundlage spontan zusammengestellter Zahlenreihen stattfindet oder auf der Grundlage eines Planungswerkes, das wenigstens Zusammenhänge und Wechselwirkungen aufzeigt.

Jerusalem und Teddy Kollek

Meinen Verbindungen zu Israel und zu Jerusalem, besonders zum früheren Oberbürgermeister Teddy Kollek, verdanke ich viel, auch Ermutigung. Ich konnte die erstaunliche Entwicklung Jerusalems zur modernen Großstadt über lange Jahre hinweg beobachten. Diese Entwicklung wurde ermöglicht, ohne daß diese Stadt ihre geradezu mythische Ausstrahlung verloren hätte, im

Gegenteil: Nach meinem Empfinden ist die Ausstrahlung noch stärker geworden, weil diese Stadt lebt, und zwar für die Zukunft, nicht nur von der Vergangenheit. Vielleicht empfinden das die, welche dort wohnen und die täglichen Schwierigkeiten und Streitigkeiten hautnah miterleben, nicht so sehr wie einer, der von außen kommt. Das ist auch verständlich, denn die Probleme sind enorm.

Zu Teddy Kollek, dem früheren Oberbürgermeister von Jerusalem, habe ich eine enge Beziehung. Ich lernte ihn bei dem Besuch einer Delegation des Deutschen Städtetages im damaligen Sitzungssaal des Rathauses der Stadt Jerusalem kennen. Mein Onkel Karl, ein Bruder meines Vaters, war im Ersten Weltkrieg auf türkischer Seite Pilot in Palästina gewesen. Er hat von dort zahlreiche Luftaufnahmen mitgebracht, die er und andere Flugzeugführer gemacht hatten. Darunter befanden sich auch Luftaufnahmen von Jerusalem, damals eine recht bescheidene Wüstenstadt. Diese übergab ich Kollek. Er war beeindruckt von der Möglichkeit, anhand dieser Photos zu demonstrieren, was aus dem kleinen Wüstenflecken mit der weltweiten Glorie inzwischen geworden war.

Wir verstanden uns von Anfang an gut, und als Teddy Kollek den Friedenspreis des deutschen Buchhandels bekam, wählte er mich für die Feier in der Frankfurter Paulskirche zu seinem Laudator. Das war eine große Ehre und alles andere als selbstverständlich, denn die Juden in Palästina mußten den Vormarsch der Armee meines Vaters in Ägypten im Sommer 1942 als eine tödliche Gefahr empfinden. Diese Gefahr ist damals in den deutsch-italienischen Truppen wohl kaum einem bewußt gewesen. Aber sie war real. Hitler hätte mit Sicherheit seine Einsatzkommandos auch nach Palästina geschickt. Es ist deshalb ein glücklicher Umstand, daß die Streitkräfte der Achse nicht an den Nil gekommen sind und den Nahen Osten nicht erobert haben.

Ich bin sicher, daß mein Vater, hätte er das Dritte Reich überlebt, in Kenntnis der Umstände genauso gedacht hätte. Diese Überlegung berührt einen wichtigen Punkt: Auch für uns Deutsche war es besser, den Krieg zu verlieren, als ihn mit Hitler zu

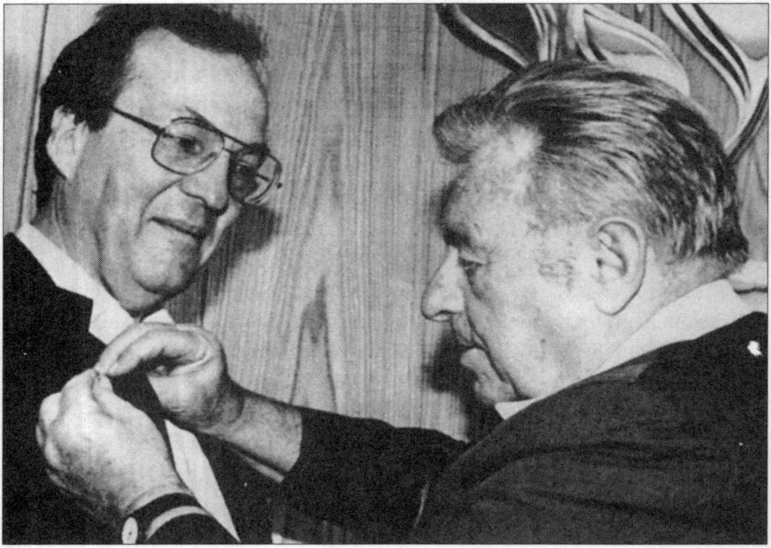

Der weltweit angesehene Bürgermeister Jerusalems, Teddy Kollek, ernennt Manfred Rommel zum »Guardian of Jerusalem«.

Otto-Hirsch-Medaille für Verdienste um die deutsch-jüdische Zusammenarbeit.

gewinnen. Das ändert an meinem Respekt vor soldatischen Leistungen nichts. Aber wer anders denkt und es bedauert, daß der NS-Staat den Krieg nicht gewonnen hat, kann eigentlich keinem Juden in die Augen sehen – denn ein Sieg Hitlers hätte dessen Ermordung bedeutet.

Ich habe dies wiederholt in der Öffentlichkeit gesagt. Beim ersten Mal, im November 1979, bat mich ein früherer Generalstabschef meines Vaters, General Westphal, um eine Erläuterung. Diese erhielt er von mir. Er antwortete, daß er mit mir übereinstimme. Für die Soldaten, die den Zweiten Weltkrieg mitgemacht hatten, war es nicht einfach, anzuerkennen und einzusehen, daß ihr Einsatz im Grunde nicht nur umsonst, sondern von einem kriminellen Regime eingefordert war, das im Interesse der Menschheit verschwinden mußte. Nietzsche weist auf dieses Problem hin, wenn er schreibt: »Im Grund meint man, wenn jemand ehrlich an etwas geglaubt und für seinen Glauben gekämpft hat, es wäre doch gar zu unbillig, wenn eigentlich doch nur ein Irrtum ihn beseelt hat.« Aber diese Meinung ist falsch. Opfer schaffen eine Tragödie, aber heiligen keine Sache. Auf der anderen Seite ist es moralisch unzulässig, die deutschen Soldaten pauschal der Beihilfe zu Hitlers Verbrechen zu zeihen.

Teddy Kollek hat mich vom Rat der Stadt zum Guardian of Jerusalem berufen lassen. Das war eine große Ehre, die außer mir nur noch einem Deutschen, nämlich Axel Springer, zuteil geworden war. Diese Berufung des Sohnes eines deutschen Feldmarschalls erregte schon Aufsehen. Es waren auch einige Demonstranten gekommen, die vor dem Rathaus standen. Die israelische Polizei hatte aber die Mehrheit. Kollek und ich gingen zu den Demonstranten hinaus und sprachen mit ihnen. Sie äußerten sich sachlich und sagten, es wäre ein großes Unglück für die Juden gewesen, wenn die Truppen meines Vaters nach Jerusalem gekommen wären. Gegen mich persönlich hätten sie nichts. Wir gaben uns die Hand und gingen auseinander. Einige israelische Soldaten, mit denen ich sprach und auch einige Veteranen, die in der britischen 8. Armee gekämpft hatten, lobten meinen Vater als Soldaten. Das hat mich bewegt.

Ich habe mit vielen Juden gesprochen, die dem Holocaust entkommen sind, die aber Familienangehörige vom Kleinkind bis zur Greisin in den Vernichtungslagern verloren haben. Ich habe mehrmals die Gedenkstätte Yad Vashem besucht, diesen düsteren Ort, der an sechs Millionen Ermordete erinnert. Trotz dieser Vergangenheit: Die meisten Juden vertrauen dem Deutschland von heute. Viele Gespräche waren freundschaftlich, besonders auch mit ehemaligen Stuttgarter Juden, die Stuttgart nach 1933 unter beschämenden Umständen verlassen hatten oder die zu den wenigen gehören, welche die Zeit im Konzentrationslager überlebten. Es hat mich immer wieder erschüttert zu erfahren, wie die Bindung an Stuttgart und an Württemberg diese furchtbare Zeit überdauert hat. In dem kleinen Ort Shawei Zion sagte mir ein schwäbischer Jude im bestem Schwäbisch: »Die Jude im Orient hend doch nie ebbes geschafft. Wisset Se, von wem se das Schaffe glernt hend? Von uns schwäbische Jude!«

Man mache sich aber keine falschen Vorstellungen: Die Erfahrung des Holocaust sitzt tief in den jüdischen Menschen, auch bei den späteren Generationen. Sie wünschen uns Deutschen nichts Schlechtes, doch sie beobachten uns, oft nicht ohne Wohlwollen, aber sehr kritisch. Eine Vergebung oder Verzeihung, wie manche unter uns sie sich vorstellen, können wir nicht erwarten. Das versteht sich im übrigen von selbst. Den deutschen Nachkriegsgenerationen braucht nicht verziehen werden, denn sie haben nichts getan. Denjenigen Angehörigen der alten Generation, die sich an Juden schuldig gemacht haben, könnten allenfalls die Opfer verzeihen. Andere sind dazu nicht ermächtigt.

Bei meinem ersten Besuch in Israel wurden wir vom damaligen Innenminister Burg empfangen. Dieser fragte mich, ob ich schon ein Konzept für die Lösung der Fragen des Nahen Ostens hätte. Ich verneinte das. Burg erklärte, das spräche für mich, ich sei nämlich erst zwei Tage hier. Bei einem späteren Besuch zusammen mit Werner Nachmann, dem Vorsitzenden des Zentralrats der Juden in Deutschland, Lothar Späth, Erwin Teufel und Landtagspräsident Schneider besuchten wir das Diasporamuseum in Tel Aviv. Wir wurden auch von Dr. Burg in Jerusalem zum Essen eingeladen. Nachmann erwies sich als überschwäbisch, was den finanziellen Aufwand anbetraf. Späth und ich beschworen ihn, auf Kosten des Landes und der Stadt Stuttgart ein zweites Auto mit Fahrer zu mieten. Dies wies Nachmann zurück, und so fuhren wir einschließlich Frau Nachmann zu sechst in einem nicht übermäßig großen Auto nach Jerusalem und zurück. Gegen Ende der Fahrt zeigte die zitternde Nadel der Benzinuhr an, daß der Treibstoff zur Neige ging. Ich bat zu tanken und erbot mich, das Benzin zu bezahlen. Die anderen waren schon in Lethargie verfallen. Aber Nachmann lehnte auch das ab, und wir erreichten die Firma, die das Auto verliehen hatte, mit dem letzten Tropfen Benzin.

Nach seinem Tod ist Nachmann der Veruntreuung größerer Beträge beschuldigt worden. Ich kannte die Familie. Ein sonderlicher Aufwand ist mir nie aufgefallen und auch die Geschichte mit dem Leihwagen in Israel spricht nicht gerade für Verschwendungssucht.

Je öfter ich nach Israel gekommen bin und je mehr Israelis ich kennengelernt habe, desto größer ist mein Respekt vor ihnen geworden. Moralische Werte haben eine große Bedeutung, auch im Sinne einer kritischen Sicht der eigenen Person. Man muß einmal eine Diskussion über die Rechte der arabischen Minderheit in Jerusalem oder über eine Friedensordnung im Nahen Osten erlebt haben, um eine Vorstellung zu bekommen, wieviel Kritik und Selbstkritik dieses Volk aushält. Nur selten sind zwei Landsleute zu finden, die sich in allen Punkten einig sind, und dennoch halten sie meistens in großen Fragen zusammen. Verhältnismäßig viele unter ihnen sind unglaublich gescheit.

Bis heute weiß ich noch nicht genau, wie die Städte, besonders Jerusalem, finanziert werden. Einen großen Anteil an der Finanzierung haben Spenden von einer Großzügigkeit, die gründlich das alte Vorurteil widerlegt, die Juden seien dauernd hinter dem Geld her. Teddy Kollek hat, soviel ich weiß, für die Jerusalem Foundation Hunderte von Millionen Dollar gesammelt. Er hat wie ein Löwe für die berechtigten Interessen Jerusalems, aber auch der Araber in Jerusalem gekämpft und großes Ansehen unter ihnen gewonnen. Er träumte und träumt wohl noch den Traum von einer interkulturellen Stadt, einer Stadt der Toleranz, aber unter der Hoheit Israels. Ich hoffe, daß sich sein Traum eines Tages verwirklicht und nicht kleinlichen Streitereien geopfert wird.

Als Verwaltungsmann halte ich nichts von einer neuen Teilung Jerusalems oder von einer Hoheit über Jerusalem, die zwei Staaten gemeinsam zusteht. Auf dem Papier erscheint zwar alles möglich, aber Papier erträgt auch viel Unsinn. Der Praxis fällt das schwerer. Solche Lösungen könnten nicht nur die Entwicklung der Stadt gefährden. Sie könnten auch eine Quelle sein von ständigen Querelen, Reibereien und ernsthaften Auseinandersetzungen. An solchen Quellen herrscht im Nahen Osten ohnehin kein Mangel.

Kairo und Präsident Mubarak

Riesenstädte wie unsere Partnerstädte Bombay und Kairo haben Probleme, im Vergleich zu denen die der Stadt Stuttgart verblassen. Die Verbindung Stuttgarts mit der Weltstadt Kairo ist die einer Maus mit einem Elefanten, denn Kairo hat über zwölf Millionen Einwohner (vielleicht sind es inzwischen schon sechzehn?), und jeden Tag kommen mehr dazu, während Stuttgart 560000 hat und täglich welche verliert. Trotz dieser großen Unterschiede haben wir eine freundschaftliche Verbindung zur Kairoer Stadtverwaltung.

Bei meinem ersten Besuch im November 1979 wurde ich zusammen mit dem damaligen Gouverneur Mamoun von Präsident Sadat empfangen, der die Weisung erteilte, mich zum Ehrenbürger zu ernennen. Der Gouverneur äußerte sich zunächst etwas zurückhaltend. Auf dem Heimweg erfuhr ich von ihm, daß die Institution des Ehrenbürgers in Kairo unbekannt war. Mamoun war sichtlich erleichtert, als ich ihm sagte, die Verleihung der Ehrenbürgerwürde sei nur die Aushändigung eines unterschriebenen Papiers, das sonst nichts bedeute. Ich bilde mir

Mit dem später ermordeten ägyptischen Staatspräsidenten Sadat (oben) und dessen Amtsnachfolger Mubarak in Kairo.

ein, damals der erste Ehrenbürger der alten Stadt Kairo geworden zu sein. Wir unterhielten uns über unsere Städte. Mamoun sagte mir: Ihr habt gar keine Probleme und wißt das nicht. Ich erwiderte: Ihr habt Probleme, aber niemand erwartet, daß ihr sie löst.

Ich hatte Gelegenheit, von Kairo aus das Schlachtfeld von El-Alamein zu besuchen, auf dem der Versuch der Armee meines Vaters, in das Nildelta vorzudringen, gescheitert war und die 8. Britische Armee vom 23. Oktober bis 3. November 1942 die deutschen und italienischen Truppen besiegt hatten. Heute ist es eine leere Landschaft, in der viele Gefallene bestattet sind, auch einige, die ich kannte. Es liegen, über ein halbes Jahrhundert danach, auch noch hunderttausende von Minen in diesem Raum, die seinerzeit in knapp vier Monaten verlegt worden waren.

Präsident Sadat wurde ermordet, Präsident Mubarak sein Nachfolger. Ich hatte wiederholt die Ehre, von Mubarak zu einer Audienz empfangen zu werden, und ich habe ihn als einen liebenswerten, erfahrenen, besonnenen und gescheiten Menschen, vor allem aber auch als einen temperamentvollen Redner kennengelernt. Besonders beeindruckt hat mich eine Art Vorlesung, in welcher der Präsident darstellte, weshalb seiner Meinung nach der Sozialismus nicht überleben könne. Er meinte, dort gebe es keine echten Preise und damit auch keine Kontrolle der Effizienz. Zu viele Waren und Dienste würden zu Preisen abgegeben, die erheblich unter den Kosten liegen, und zwar ohne triftigen sozialen Grund. Das halte keine Wirtschaft aus. Andere Länder hätten das nachgemacht. In Ägypten sei sogar der Tabak zu unter den Kosten liegenden Preisen verkauft worden. Das hätte er inzwischen geändert.

Gemeines Wohl und Wirtschaftlichkeit

Wo Preise die Kosten nicht widerspiegeln oder wo Leistungen umsonst abgegeben werden, ohne daß die Kosten wenigstens bekannt sind, droht Unwirtschaftlichkeit. Unwirtschaftlichkeit schadet aber immer der Allgemeinheit. Es läßt sich sagen, daß der reale Sozialismus den Kalten Krieg wegen unterlegener Wirtschaftlichkeit verloren hat. Im Zeitalter der Massenvernichtungswaffen, die allenfalls bei Inkaufnahme des eigenen Untergangs eingesetzt werden können, also praktisch überhaupt nicht, entscheidet über Macht und Gewicht von Nationen und Bündnissystemen nicht in erster Linie die Stärke der Armeen, sondern die Qualität und Modernität der Wirtschaft.

Nach der Wiedervereinigung konnten wir in den neuen Bundesländern studieren, in welchem Maß und Umfang die DDR Güter und Leistungen umsonst oder zu Preisen, die weit unter den Kosten lagen, abgegeben hatte. Fast konnte der Eindruck entstehen, es wäre versucht worden, die allgemeinen Gesetze der Wirtschaft durch deren Mißachtung aus den Angeln zu heben, um dem Sozialismus zum Siege zu verhelfen. Strom, Wärme, Grundnahrungsmittel und Wohnräume wurden zu Preisen abgegeben, die bei weitem nicht die Kosten deckten und die in der Energie- und Wohnungswirtschaft nicht einmal hinreichten, um die nötigen Unterhaltungsaufwendungen zu finanzieren. Kreativität und Initiative, die immer kritisch gegen das Bestehende sind, waren nicht gefragt. Es wurde ständig Neues gebaut, während das Alte zerfiel. Aber das Alte verfiel eben viel schneller, als das Neue entstehen konnte, und schließlich zerfiel auch der reale Sozialismus.

Natürlich ist nicht jede Abgabe von Gütern oder Leistungen, die umsonst erfolgt oder zu einem Preis, der unter den Kosten liegt, falsch. Aber es kommt auf Zweck, Maß und Umfang an. Eine politische Maßnahme ist nicht unbedingt um so sozialer, je weniger sie ihre Kosten deckt. Es hat gute Gründe, daß zum Beispiel der Besuch von Grund- und Hauptschulen, Realschulen und Gymnasien kostenfrei ist oder der Besuch eines Kindergartens hoch subventioniert wird. Aber die Meinung, die öffentliche Hand könnte sozusagen stolz auf den bei ihr herrschenden sozialen Geist sein, wenn sie grundsätzlich Dinge, die fürstliches Geld kosten, zu bürgerlichen Preisen abgibt, ist dem allgemeinen Wohl nachteilig. Oft erfolgt die verbilligte Abgabe pauschal, ohne jede Prüfung der Bedürftigkeit. Das dient dann angeblich der »Verwaltungsvereinfachung«. In Wirklichkeit erlaubt es der heutige Stand der elektronischen Datenverarbeitung, mit vertretbarem Mehraufwand die Bedürftigkeit zu prüfen. Natürlich nur, wenn unser von Sendungsbewußtsein erfüllter Datenschutz keinen Strich durch die Rechnung macht. Manchmal verfolgt mich schon die Sorge: Je mehr und je leichter dem modernen Menschen Daten zugänglich werden, desto nachhaltiger wird ihm verboten, von ihnen Gebrauch zu machen.

Angesichts der hohen Belastung des deutschen Gesamthaushalts durch die notwendige Angleichung der Lebensverhältnisse im Osten an die des Westens, im Hinblick auf die steigenden Aufwendungen für Alterssicherung und Arbeitslosigkeit und im Ausblick auf Wachstumsraten, die wohl geringer sein werden als in Zeiten des Wirtschaftswunders, muß die öffentliche Hand wirtschaftlicher und kostenbewußter arbeiten. Das ist möglich und wird erreicht werden. Auch der soziale Apparat muß möglichst wirtschaftlich und zielorientiert funktionieren. Verschwendetes Geld fehlt immer dort, wo es am dringendsten gebraucht würde. Keine Aufgabe hat soviel sozialen Gehalt, daß jene, die für sie verantwortlich sind, von der Pflicht befreit werden könnten, sie so kostengünstig wie möglich auszuführen.

Sozialstationen, Alters- und Pflegeheime, Kindertagesstätten, natürlich auch Krankenhäuser müssen im Interesse des öffentlichen Wohls wirtschaftlich betrieben und geleitet werden. Bei den Stuttgarter Krankenhäusern haben wir in diesem Sinne gehandelt, indem wir sie in Eigenbetriebe umgewandelt und einem neuen, weithin unabhängigen Management übertragen haben. Wenn wir dies nicht getan hätten, fehlten der Stadt für andere Aufgaben pro Jahr zweistellige Millionenbeträge. Das alles war nicht leicht. Sobald die öffentliche Hand mit Adam Riese argumentiert, ertönt die Posaune der Moral und bläst einen Choral mit dem Tenor: »O spart bei unsern Kranken nicht, Kyrie eleison.« In Wirklichkeit ist das aber kein frommes Lied, sondern ein Sirenengesang. Unser Gemeinderat ist ihm nicht zum Opfer gefallen, obwohl er weder wie Odysseus am Mast festgebunden war noch wie dessen Mannschaft seine Ohren mit Wachs verstopft hatte.

Bei einer privaten Reise nach Hongkong hörte ich, daß es dort ein neues Krankenhaus schwer hätte, Patienten zu bekommen, weil es in der Nachbarschaft eines Friedhofes liege. Der Fremdenführer meinte: »Chinesen viel abergläubisch, denken: Check in, check out.« Unsere Neigung zum Aberglauben äußert sich im Umgang mit Ökonomie und Technik; Friedhöfe fürchten wir nicht.

Die Gebühren, welche die Stadt für Gräber verlangt, decken die Kosten natürlich nicht, so daß der Verstorbene mit einem Geldgeschenk der Stadt versehen von dieser Welt scheidet. Dieses kommt aber, wie seine ganze Habe, seinen Erben zugute. Ich habe mich wiederholt um eine Verminderung dieses Geldgeschenkes bemüht, aber schließlich hat sich meiner in dieser Frage eine gewisse Gleichgültigkeit bemächtigt, zumal ich die Chance habe, ein Ehrengrab auf dem Waldfriedhof zu bekommen, das gar nichts kostet. Zwar habe ich mehrmals bei Bürgerversammlungen erklärt: »Wenn ich tot bin, liege ich auch zu meiner Tante hinein« – meine Tante Helene liegt zusammen mit ihren Eltern und mit meinem Schwiegervater auf einem anderen Friedhof – aber ich hoffe, noch einige Zeit zu haben, um mir das zu überlegen, denn das Argument der Kostenlosigkeit läßt sich nicht einfach vom Tisch fegen.

Man sollte eigentlich meinen, die Tätigkeit auf einem Friedhof stimme die Menschen friedlich. Das ist aber nach meiner Erfahrung nicht der Fall. In meinen ersten Amtsjahren fanden ständig Streitigkeiten zwischen dem städtischen Bestattungsdienst und einigen privaten Bestattungsfirmen statt, deren Grund und Gegenstand manchmal schwer zu ermitteln war. Mein Stellvertreter, der damalige Erste Bürgermeister Rolf Thieringer, sagte einmal, er glaube, »im Sarg, da liegt der Hase im Pfeffer«. Über dieses Wort freute ich mich sehr, zumal Thieringer ein engagierter Sammler meiner eigenen gelungenen und mißlungenen Formulierungsversuche war.

Zu den Erfindungen der Neuzeit, welche die schwäbische Phantasie am meisten beflügelt haben, gehört neben der Eisenbahn das Krematorium. Ich will die hiesigen Witze, die sich um das Krematorium ranken, nicht wiederholen, vom Onkel, der, in die Eieruhr geschüttet, noch etwas schaffen soll, bis zur Tante, die, Pietät hin, Pietät her, auf dem Heimweg bei Glatteis gestreut wird. Die Schwaben sind Freunde des schwarzen Humors wie die Engländer, was in einem seltsamen Kontrast zu ihrer gemütvollen Natur steht. Ein künstlerisches Erzeugnis dieses Gemütes ist der sogenannte Tränenbrunnen auf dem Waldfriedhof, eine schwarze Schicksalsfigur, deren Augen früher ein Tränenstrom entrann, wenn man den Wasserhahn aufdrehte. Das Innenleben dieser Figur ist verrostet, so daß eine Tränenabgabe nicht mehr erfolgen kann. Ich habe sie nicht reparieren lassen wegen der Kosten und wegen des Umstandes, daß ihr Anblick auch in nicht betriebsbereitem Zustand ergreifend ist.

Angesichts des Platzmangels auf den Friedhöfen, aber auch von der Kostenseite her ist ein Urnengrab günstiger als ein Erdgrab. Doch hier stößt selbst die Betriebswirtschaft an eine Grenze, die sie nicht überschreiten sollte. Ich selber lasse mich wohl auch verbrennen. Einen wichtigen Anstoß hierfür gab mein Fahrer Miller, der nach einer Trauerfeier im Krematorium zu mir sagte: »Herr Rommel, hend Sie des gwißt? Aus dem Krematorium werdet jeden Tag fünfundzwanzig nauszunde!« Solche Effizienz müßte eigentlich unterstützt werden.

Japan

Während des Zweiten Weltkrieges wurde meinem Vater ein Samuraischwert mit einer schönen Urkunde ausgehändigt. Das Schwert haben im Jahr 1945 im Zuge der deutschen Entwaffnung amerikanische Soldaten mitgenommen, die Urkunde habe ich noch. Sie hängt in meiner Wohnung. Ursprünglich fürchtete ich, sie könnte Nachteiliges über die Amerikaner und Engländer enthalten, was mir im Blick auf meine vielen amerikanischen und britischen Freunde nicht recht gewesen wäre. Schließlich machte mir ein japanischer Bekannter die beruhigende Mitteilung, daß neben einem Lob für meinen Vater nichts in der Urkunde stünde, was im Lichte heutigen Geschichtsbewußtseins bedenklich wäre. Seitdem betrachte ich die Urkunde mit noch größerem Wohlgefallen als vorher.

Meine Eltern hatten vor dem Krieg davon geträumt, einmal nach Japan reisen zu können. Daraus wurde nichts. Ich hingegen war in Japan einmal drei Tage, einmal achtundvierzig Stunden und einmal vier Stunden auf dem Flughafen Narita. Diese Aufenthalte ergänzten mein Japanbild. Ich war bestrebt, mich in der kurzen Zeit dieser alten Kultur zu öffnen. Das gelingt nicht jedem. Einige Gefährten der ersten Reise beschafften sich zunächst einen Löffel und suchten im nächtlichen Tokio nach einem Restaurant, in dem man eine Bockwurst essen konnte. Ich hingegen trat der japanischen Zivilisation aufgeschlossen entgegen und lernte trotz meines Schnappdaumens, mit Stäbchen zu essen. Ich verschlang mit Hilfe der Stäbchen sogar einen ziemlich langen Fisch am Stück, und zwar mit dem Kopf zuerst, weil er so besser rutscht. Diese intelligente und zugleich naturhafte Art der Nahrungsaufnahme trug mir die Bewunderung der Dame ein, die uns bediente, eine Bewunderung. die sie durch mehrere kurze Ausrufe kundtat. In den drei Tagen informierten wir uns über Möglichkeiten der Beseitigung bzw. Vermeidung von Stickoxyden bei Verbrennungsvorgängen und besuchten mehrere Einrichtungen der Versorgungs- und Entsorgungswirtschaft, vom Kernkraftwerk bis zum Lager für Flüssiggas.

Dem Zweiten Deutschen Fernsehen verdanke ich es, daß ich vor meiner Abreise noch einen japanischen Tempel zu sehen bekam. Es weilte nämlich gerade ein Fernsehteam in Tokio, das mich nicht im Kernkraftwerk, sondern beim Genuß der alten japanischen Kultur filmen wollte. Im Tempel gab man mir eine Räucherkerze in die Hand, die aber mit lauter Hakenkreuzen bedruckt war. Ich warf diese schnell in ein Faß, um jeden Verdacht rechtsradikaler Neigungen im Keim zu ersticken. Hinterher erfuhr ich, die ursprüngliche Idee des Teams sei gewesen, dem deutschen Volk zu zeigen, wie sich Bürgermeister, anstatt zu Hause etwas zu arbeiten, in Japan vergnügten. Es befanden sich nämlich damals außer mir noch zwei andere Bürgermeister in Japan.

Bei meinem zweiten Besuch in Japan ging es um die Bewerbung Stuttgarts für die Weltmeisterschaft in der Leichtathletik, welche wir nach Tokio tatsächlich bekamen und die 1993 in Stuttgart ein glanzvolles Ereignis war. Die wichtigen Gespräche hatten Erster Bürgermeister Lang und Direktor Vögele von der Stuttgarter Messe GmbH bereits geführt, so daß ich im wesentlichen nur noch Freundlichkeit zu verströmen hatte. Ich kannte die höchsten Fürsten in der Welt des Sports, Primo Nebiolo und Antonio Samaranch, recht gut und genoß auch ihr Vertrauen. Von Samaranch erhielt ich ein Kunstwerk, das im Rathaus in einer Vitrine zu besichtigen ist, und von Nebiolo einen großen vergoldeten Orden, der einem Prunkkragen ähnelt. Auch diesen überließ ich dem Rathaus, nachdem einer unserer Ingenieure den Verschluß beim Versuch, ihn zu öffnen, zerstört hatte.

Von meinem zweiten Aufenthalt in Tokio weiß ich nur noch, daß ich die ganze Zeit in einem großen Hotel verbrachte, dort ein schönes Zimmer hatte, das ich aber kaum benutzen konnte, daß ich zur Förderung des Projektes jeweils am gleichen Tag mehrere Mittag- und Abendessen einnahm und daß ich ununterbrochen redete. Die alten Lateiner sagten: Serviendo consumor – dienend verzehre ich mich. Ich hätte damals von mir sagen können: Verzehrend diene ich. Bedauert habe ich, daß ich nur so kurz in Japan sein konnte und von dem Land außer Hotelräumen und Technik wenig sah. Aber ich bildete mir immer ein, ich würde in Stuttgart gebraucht. Dieser Glaube hielt mich aufrecht und veranlaßte mich, bis zum Ende meiner Amtszeit fast zweihundert Urlaubstage, die mir zugestanden hätten, nicht zu nehmen. Das war, wie ich meine, eine geradezu japanische Arbeitsauffassung.

Wie wird man Oberbürgermeister?

Eine Großstadt ist ein großer Konzern. Zusammen mit ihren Unternehmen investiert die Stadt Stuttgart im Jahr weit über eine Milliarde DM. Neben meinen Funktionen in den kommunalen Spitzenverbänden und während einiger Jahre auch noch meinem

Amt als Präsident der Freiherr-vom-Stein-Gesellschaft war ich Vorsitzender von sechs Aufsichtsräten, von vier Verwaltungsräten und, im Wechsel mit dem Land, auch noch von einem fünften, nämlich dem der Württembergischen Staatstheater. Theoretisch mag man sich über diese Ämterhäufung entrüsten, praktisch funktioniert sie recht gut, wenn der, welcher die Ämter innehat, sich mit sich selber im Reinen befindet, insbesondere nicht schizophren ist und sich um ein gutes Verhältnis zu den Vorständen und Geschäftsführern bemüht. Ich jedenfalls lebte mit mir selber in Harmonie und habe mich mit mir selber nie und mit Vorständen und Geschäftsführern fast nie gestritten. Dies bewirkte eine natürliche Koordinierung komplizierter Bestrebungen und Interessen. Wenn im Gemeinderat Wünsche an eine Gesellschaft herangetragen wurden, konnte ich nach einem kurzen Selbstgespräch sagen, ich hätte gerade mit dem Aufsichtsratsvorsitzenden gesprochen. Er werde den Wunsch aufgreifen und prüfen. Einfacher geht es nicht.

Innerhalb gewisser Altersgrenzen kann in Baden-Württemberg jeder, der nicht geisteskrank ist, um das Amt des Oberbürgermeisters kandidieren. Voraussetzungen für eine Bewerbung um dieses Amt gibt es so gut wie nicht. Auch wenn jemand eine Gefängnisstrafe verbüßt, kann er sich bewerben. Offenbar wollte der Gesetzgeber den im Gefängnis einsitzenden Sachverstand nicht von vornherein von diesem Amt ausschließen. Es spricht für die Stuttgarter Bevölkerung, daß sie bei solchen Möglichkeiten mich gewählt hat.

Vor der Wahl findet in einem großen Saale eine sogenannte Kandidatenvorstellung statt. Diese ist ein höchst unterhaltsames Ereignis. 1990, bei meiner dritten Wahl, war es freilich von kurzer Dauer, denn der Kandidat der Republikaner wurde derartig gestört, daß mein Stellvertreter die Veranstaltung abbrechen mußte. Schon vor Beginn dieser Veranstaltung befürchtete ich das Schlimmste, als ich einen jungen Mann sah, der einen Hund von der Größe eines mittleren Schrankkoffers in den Saal mitnehmen wollte. Als ich ihn fragte, ob der Hund ebenfalls den Oberbürgermeister wählen solle, erklärte er: »Oh, Herr

Rommel, sind Se bloß ruhig. Der Hund ist ohnehin schon aufgeregt.«

Bei meiner zweiten Wahl hatte auch eine Schwulen-Initiative einen Kandidaten präsentiert, der seinen Wahlkampf mit dem Motto führte: »Firlefanz statt Toleranz!« Einige seiner Anhänger erschienen in Damenkleidern, was an einen Witz erinnert, der schwäbischen Papierglauben karikiert: In einer Verhandlung vor dem Amtsgericht erschien ein Herr in Frauenkleidern. Der Richter fühlte sich verhöhnt und verbat sich energisch diesen Aufzug. Der Herr erwiderte: »Herr Richter, Sie haben mir geschrieben, ›in Sachen Ihrer verstorbenen Frau Mutter‹ zu erscheinen, und das habe ich gemacht!«

Einer, der immer kandidiert hat, obwohl er sich eigentlich keine Chance ausrechnete, gewählt zu werden, war der von mir bereits erwähnte Helmut Palmer. Was er sagte, war nicht dumm. Allerdings hatte und hat er eine eigenständige Vorstellung vom Begriff der Beleidigung. Nachdem ich mehr über seine überaus bittere, durch massive Verfolgung verdunkelte Jugend als Halbjude im Dritten Reich erfahren hatte, begann ich ihn zu verstehen. Es gibt Dinge, die man nicht so ohne weiteres wegsteckt. Es wurde mir klar, weshalb er sich immer wieder für verfolgt hielt – eine Meinung, die Verfolgungen wirklich auslöste – warum er höchst aggressiv reagierte, wenn Menschen, besonders solche in Uniform, ihn mit harschem Ton anredeten, und wieso er den inneren Drang verspürte, zum Teil an mehreren Plätzen gleichzeitig als Kandidat aufzutreten. Bei seiner nicht zu bestreitenden Begabung und seinem unglaublichen Fleiß hätte er es in seinem Obst- und Gemüsehandel oder auch als Experte für Obstbau weit bringen können, wenn er sich nicht immer wieder, geradezu zwanghaft, in das politische Getümmel gestürzt hätte und in der festen Überzeugung, er habe recht, gegen das Recht verstoßen hätte. Die Rechtsordnung ist auf Menschen wie ihn nicht eingestellt. Sie weiß nichts mit ihnen anzufangen.

Die letzte Kandidatenvorstellung im Jahr 1996 leitete ich selber. Dies war möglich, weil ich kraft Gesetzes wegen meines Alters

Am Abend des 10. November 1997
steht der Nachfolger für Manfred Rommel fest:
Wolfgang Schuster (mit Mikrofon).

nicht mehr kandidieren konnte. Ich hoffte, mit der Situation auch dann fertig zu werden, wenn die Veranstaltung gestört würde. Wieder stellten sich viele Bewerber vor, neben den wenigen ernsthaften, darunter mein Nachfolger Wolfgang Schuster, eine stattliche Anzahl von »Exoten«. Zwei Bewerber, die gerade im Gefängnis saßen, konnten nicht kommen, weil sie keine Reisegenehmigung erhalten hatten. Das war mir recht, denn ich hatte schon befürchtet, die Justiz würde die beiden im Bestreben, ja nichts falsch zu machen, zum Zwecke der Kandidatenvorstellung durch Polizeibeamte vorführen lassen. Aber auch so versprachen sich die vielen Besucher der Veranstaltung ein unterhaltsames Vergnügen.

Damit die einzelnen Kandidaten nicht zu lange sprachen, hatte sich die Rathausverwaltung eine elektronische und automatische Steuerung der Redezeit ausgedacht. Neben dem Mikrofon leuchtete ein grünes Lämpchen. Nach vier Minuten sollte es gelb leuchten, nach einer weiteren halben Minute rot und nach noch einer halben Minute sollte das Mikrofon automatisch ausgeschaltet werden. So sollte es jedenfalls sein. Bei den ersten Rednern funktionierte das auch. Aber ausgerechnet als der Kandidat der Republikaner das Wort ergriffen hatte und ohnehin die Gefahr bestand, daß die Veranstaltung gestört und gesprengt würde, stellte die Apparatur plötzlich ihre ordnende Tätigkeit ein und zeigte permanent grün. Ich mußte dem Apparat die Sitzungsleitung entziehen und diese wieder selber übernehmen. Ein schüchterner Versuch, den Apparat neu zu programmieren und ihn wieder auf den Weg der Pflicht zu führen, scheiterte. Die Maschine versagte. Der Mensch, nämlich meine Kollegen und ich, waren wieder gefragt. Und uns, nicht der Maschine, gelang es, die Veranstaltung geordnet und friedlich zu Ende zu bringen. Ein Gefühl tiefer Befriedigung erfüllte mich.

Ich habe kein gestörtes Verhältnis zur Technik. Ich kann zwar die Motorhaube meines Mercedes 190 E nicht öffnen, ohne vorher eine technische Anleitung zu Rate zu ziehen. Die Öffnung der Motorhaube ist auch nicht nötig, denn ich wüßte nicht, was ich mit dem Motor anfangen soll. Jedenfalls würde ich mich hüten, ihn zu berühren oder etwas an ihm zu verändern. Aber ich kann mit dem Diktiergerät umgehen und sogar mit dem Personal-Computer arbeiten. Das ist bei einem Menschen meines Alters und meiner Ausbildung nicht selbstverständlich. Zuerst arbeitete ich mit Digital »all in one«. Später stieg ich auf Windows 95 um.

Kundige Frauen brachten mir bei, was und wo man drücken muß, damit man in den Computer hinein- und wieder aus ihm herauskommt, ohne das Erarbeitete zu löschen. Auch lehrten sie mich in etwa, was der Computer für mich tun kann. Oft genug blieb ich irgendwo hängen und mußte die Hilfe meiner Sekretärinnen Frau Kübler, Frau Wagner und Frau Sebastian in Anspruch nehmen. Früher diktierte ich, in der Regel in ein Diktiergerät. Da war die Rechtschreibung kein – jedenfalls nicht mein Problem – gewesen. Als ich mit dem Computer zu arbeiten begann, stellte ich plötzlich zu meiner tiefen Beschämung fest, daß ich nicht immer wußte, ob man etwas groß oder klein schreibt, und daß ich auch einige Fremdwörter zwar richtig verwenden und aussprechen, aber nicht richtig schreiben konnte. Solche Fälle kannte ich schon aus der Praxis. Die Grünen, durchweg gebildete Leute, hatten einmal beantragt, eine Straße nach dem Führer der indischen Unabhängigkeitsbewegung Mahatma Gandhi zu benennen, und es fertiggebracht, in dem Namen des berühmten Mannes drei Rechtschreibfehler unterzubringen.

Meine Sekretärinnen halfen mir aus der Verlegenheit, ohne daß im Rathaus etwas ruchbar wurde. Wenn ich trotz ihrer Hinweise zweifelte, bewiesen sie mir anhand des Dudens, daß sie recht hatten. Sie wickelten den Posteingang und Auslauf ab, gaben unzählige Auskünfte am Telefon, ließen sich von männlichen und weiblichen Flegeln beschimpfen, besonders an Tagen, an denen das Wetter umschlug, besorgten mir die richtigen Unterlagen zur rechten Zeit, lieferten sogar Ideen und Witze für Reden, schrieben Vermerke und Briefe und sorgten dafür, daß ich meine Geschäfte ohne Pannen erledigen konnte.

Ich behaupte, daß mich der Computer zu einem besseren Menschen erzogen hat. Der Computer verzeiht keinen Fehler. Er fordert gebieterisch Fehlerfreiheit. Mit ihm kann man auch nicht streiten. Er ist nie schuld. Schuld ist immer der, welcher sich seiner bedient. Erkennt dieser seine Schuld nicht an, tut der Computer nichts mehr für ihn oder beharrt darauf, etwas zu machen, was man nicht will, oder er läßt sogar das Arbeitsergebnis für immer verschwinden, versteckt es an einem geheimnisvollen Ort. Als Behördenchef, der immer einen findet, der mindestens die Mitverantwortung trägt (»Ich kann mich ja nicht um alles kümmern!«), war das eine neue Erfahrung. Ich bin dadurch duldsamer geworden. Meine Chancen, in den Himmel zu kommen, sind gestiegen.

Früher konnte ich, wenn ich ein langes Schriftstück diktiert hatte und dieses geschrieben war, es kaum ertragen, wenn jemand kam und sagte, auf Seite 2 müsse etwas geändert werden, weil wegen der Änderung alle folgenden Seiten neu geschrieben werden mußten. Man ahnt gar nicht, wieviel Falsches veröffentlicht, angeordnet und in die Praxis umgesetzt wurde, nur weil unrichtige Texte wegen der damit verbundenen Schreibarbeit nicht geändert wurden. Heute macht das nichts mehr aus, denn der Computer ändert die folgenden Seiten automatisch.

Der Computer erlaubt auch ein größeres Maß an Toleranz. Während meiner letzten Jahre im Rathaus habe ich mich, wenn ich ein von mir verfaßtes Papier an Bürgermeister, Amtsleiter und Stadträte schickte, über Verbesserungsvorschläge geradezu gefreut und sie gerne berücksichtigt, sofern sie begründet waren. Dank des Computers nähere ich mich der moralischen Vollkommenheit. Mögen sich viele aktive Politiker des Computers bedienen, damit auch sie auf den Pfad des inneren Fortschritts gelangen und die schon wiederholt in Angriff genommene geistig-moralische Wende endlich gelingt.

Meine Freude am Computer, aber auch meine Fähigkeit, von mir geschriebene Reden abzulesen und vorzutragen, wurde zeitweilig getrübt durch den Umstand, daß ich auf einem Auge immer weniger sah. Nachdem ich über längere Zeit hinweg versucht hatte, diesem Mißstand dadurch entgegenzuwirken, daß

Abschied nach 22 Jahren.
Bundeskanzler Helmut Kohl hält die Festrede,
Ministerpräsident Erwin Teufel ernennt
Manfred Rommel zum Professor.

ich ständig meine Brille putzte, also seine Ursache an der falschen Stelle suchte, erkannte ich schließlich meinen Irrtum und begab mich in das städtische Katharinenhospital, wo festgestellt wurde, daß ich am grauen Star leide. Die Operation führte Professor Weidle in kurzer Zeit und schmerzfrei durch, und seitdem sehe ich wieder etwas.

Dann bemerkte ich, daß mein Gang immer schleppender wurde. Das führte ich auf meine sitzende Tätigkeit und mein Übergewicht zurück. Als ich vor Jahren zu den Klängen einer Militärkapelle die Front einer Bundeswehreinheit abschritt und es offensichtlich am aufrechten Gang und an der Taktsicherheit fehlen ließ, sagte ein Veteran zu mir: »Der Vater ist schon anders dahergekommen!« Schließlich gesellte sich zu meinem unsicheren Schritt noch eine Lageveränderung und Entzündung eines Nervs im Rücken, so daß ich nicht mehr lange stehen konnte, ohne daß es saumäßig wehtat. Bei Reden und Empfängen stand ich wie ein Storch auf einem Fuß und wurde so steif, daß ich kaum die Treppe vom Podium herunterkam. Das veranlaßte mich nach Jahren der Selbstdiagnose und Selbstbehandlung mit penetrant riechenden Salben, Ärzte hinzuzuziehen. Sie kamen zu dem Ergebnis, daß ich an der Parkinsonschen Krankheit leide und ein Problem mit einem ungünstig austretenden Nerv im Rückenbereich hätte, dem man sich nicht ohne Risiken mit dem geschliffenen Operationsmesser nähern kann.

Dieses bestätigte mir, daß der Hegelsche Weltgeist mit gutem Grunde unserem Landtag eingegeben hat, die Amtszeit der vom Volk gewählten Bürgermeister kraft Gesetzes zu beenden, wenn sie 68 Jahre alt geworden sind. In der Bundes- und Landespolitik mag es Fälle geben, in denen ein Politiker, wie früher Konrad Adenauer, auch im hohen Alter Besseres leisten kann als seine jüngeren Konkurrenten. Es gibt gewiß auch solche Fälle unter den Bürgermeistern. Aber dies sind seltene Ausnahmen, und wer soll unter Tausenden von Bürgermeistern entscheiden, wer unter die Ausnahme und wer unter die Regel fällt?

Letzte Betrachtungen

Im Zuge der vielen Untersuchungen, denen ich mich unterziehen mußte, wurden auch die Blutströme in meinem Gehirn geprüft. Dabei wurde festgestellt, daß dieses so gut ist wie bei einem Dreißigjährigen. Ich hoffe, daß das stimmt. Jedenfalls hat mich das ermutigt, diese Aufzeichnungen zu verfassen.

An verschiedenen Stellen habe ich empfohlen, der Zukunft denkend im Geiste der Aufklärung entgegenzugehen. Das noch einmal zu unterstreichen ist mir ein Bedürfnis. Es genügt nicht, gescheit oder schlau zu sein. Entscheidend ist die Fähigkeit zur Orientierung. Das Kernstück der europäischen Kultur ist die christlich-jüdische Ethik. Würde sie nicht mehr akzeptiert, wäre es auch mit unserer Kultur zu Ende. Die Folge wäre Orientierungslosigkeit. Orientierungslos ist, wer das Ziel nicht kennt, wer den Weg nicht kennt oder wer nicht weiß, wo er gerade steht. Die Franzosen nennen einen solchen Zustand »deboussolé«, was »ohne Kompaß« bedeutet.

Wir können die Vergangenheit nicht verändern. Sie steht für immer fest (ob die Historiker über sie immer dasselbe schreiben werden, ist eine andere Frage). Aber wir können aus der Vergangenheit lernen. Die wichtigste Lehre ist: Wir müssen die Demokratie erhalten. Um jeden Preis. Sie muß arbeitsfähig bleiben. Und wir müssen uns jeden Tag sagen, daß sie schon deshalb Vertrauen verdient, weil sie die Kritik organisiert und blindes Vertrauen nicht aufkommen läßt. Wir dürfen nie wieder dem Irrtum erliegen, daß in der Demokratie die Verhältnisse besonders schlecht sind, weil dort Mißstände, wirkliche und scheinbare, von Bürgern, Politikern und Medien angeprangert werden können, während die Verhältnisse im totalitären Staat gut sind, weil dort nicht kritisiert werden darf, sondern gelobt werden muß. Seine totale Herrschaft konnte Hitler 1933 nur dadurch so rasch begründen und bis 1945 aufrechterhalten, weil er binnen weniger Wochen die Medien und die Kunst in seinen Dienst zu stellen vermochte, so daß sie nicht mehr der Kritik dienten, sondern der Verherrlichung seiner Herrschaft und der Betäubung des Volkes.

1928, im Jahr meiner Geburt, fanden im Mai Reichstagswahlen statt. Die NSDAP, Hitlers Partei, erhielt nur 2,6 Prozent der Stimmen. Hätte damals die Fünf-Prozent-Klausel gegolten, wäre sie ganz durch den Rost gefallen. Bei der Reichstagswahl 1930 bekam die NSDAP bereits 18,3 Prozent, bei der im Juli 1932 37,3 Prozent und bei der im November 1932 etwas weniger, nämlich 33,1 Prozent der Stimmen. Die meisten, welche die NSDAP wählten, waren Protestwähler, die ihren Unmut über die Verhältnisse und die anderen Parteien ausdrücken wollten. Die Grube, die sie sich selbst gruben, wurde vielen zum Grab. Diese Zahlen zeigen, wie damals, angesichts Wirtschaftskrise, Arbeitslosigkeit, Haßgeschrei der Extremisten und Parteienstreit, das Vertrauen in die Fähigkeit der Demokratie verfiel, die Probleme lösen zu können, und die Neigung zu irrationalen Entscheidungen wuchs.

Anfang 1933 wurde Hitler Reichskanzler. Der Reichstag übertrug ihm und seiner Regierung nach Ausschaltung der Kommunisten und gegen die Stimmen der Sozialdemokraten durch das sogenannte Ermächtigungsgesetz diktatorische Gewalt. Damit war der Weg in die Katastrophe eingeschlagen. Der Staat, nach Hegel »die Wirklichkeit der sittlichen Idee«, war in die Hände von tatkräftigen, rücksichtslosen und schlauen Amoralisten und Rechtsbrechern gefallen, die in der Rolle des Ordnungs- und Friedensstifters auftraten. Die schmähliche Behandlung der jüdischen Mitbürger blieb im Propagandagetöse ohne Folgen. Hitler wollte den Krieg, von Anfang an, auch den gegen die Sowjetunion. Vor den Oberbefehlshabern sagte er das gelegentlich, aber den übrigen »Volksgenossen« erzählte er, er wolle den Frieden.

Der Krieg brach aus. Keine Begeisterung zunächst, eher Skepsis und Sorge. Dann kamen die ersten Erfolge. Man fühlte sich stark. Die schmerzliche deutsche Niederlage im Ersten Weltkrieg schien getilgt. Juni 1941 folgte der Überfall auf die Sowjetunion, fälschlich als Präventivkrieg deklariert, aber von vielen so empfunden, wie auch als Kreuzzug gegen den »gottlosen Kommunismus«, der Vernichtungskrieg gegen den Todfeind. Waren wir nun auf Gedeih und Verderb mit Hitler verbunden? Das meinten viele. Nachrichten von den deutschen Massenmorden sickerten durch. Der gewaltige Umfang dieser Verbrechen, die ganze, schauerliche Wahrheit, wurde den meisten erst nach Kriegsende bekannt.

Ich habe die Ausstellung »Vernichtungskrieg« im Stuttgarter Gewerkschaftshaus gesehen. Sie enthielt fast nichts, was ich nicht schon wußte. Wehrmachtsangehörige sind auch an der Ermordung von Juden beteiligt gewesen. Der sogenannte »Kommissarbefehl« wurde ausgeführt. Partisanen wurden rücksichtslos bekämpft. Geiseln wurden erschossen. Dennoch bin ich gegen Aussagen, die als pauschale Beschuldigung aller Soldaten verstanden werden können. Wer nachträglich eine ganze Generation an den Pranger stellt, die das Unglück hatte, zu Hitlers Zeiten volljährig gewesen zu sein, und allenfalls noch Deserteure gelten läßt, leistet ungewollt und vielleicht auch unbewußt einen Beitrag zur Förderung rechtsradikaler Agitation. Der Soldat hat den Nachteil, daß er in Uniform angetroffen wird und nicht leugnen kann, dabeigewesen zu sein. Gewiß haben die Verbrechen im NS-Staat das ganze Volk befleckt, auch die Wehrmacht. Doch die militärische Qualität der deutschen Soldaten veranlaßte schon wenige Jahre nach der Kapitulation des NS-Staates am 8. Mai 1945, als es zum Kalten Kriege kam, beide Seiten, deutsche Truppen in ihre militärischen Systeme einzugliedern. Dieser Verteidigungsbeitrag hat die Rückkehr der Bundesrepublik in die Gemeinschaft der demokratischen Staaten gefördert und beschleunigt.

In der Demokratie fällt es leicht, Demokrat zu sein, und schwer, keiner zu sein. Wer der alten Generation vorwirft, alles, was im Dritten Reich geschehen ist, hätte schon vorher gewußt, unter anderem aus Hitlers Buch »Mein Kampf« entnommen werden können, und damit sein Geschichtsbild abschließt, macht es sich zu leicht. Wer hat diesen Wälzer gelesen, und wenn ja, wer hat ihn ernst genommen? Nicht einmal die Siegerstaaten des Ersten Weltkrieges, sonst hätten sie nicht Hitler Zugeständnisse gemacht, welche sich die untergegangene deutsche Demokratie vergeblich erhofft hatte. Übrigens stand in »Mein

Kampf« auch eine Aufforderung zum Widerstand. Der damalige Oberbürgermeister von Stuttgart, Strölin, als Nationalsozialist Oberbürgermeister geworden, aber später ein Gesinnungsfreund Goerdelers, verteilte folgenden Auszug aus Hitlers Buch: »Wenn durch die Hilfsmittel der Regierungsgewalt ein Volkstum dem Untergang entgegen geführt wird, dann ist die Rebellion eines jeden Angehörigen eines solchen Volkes nicht nur Recht, sondern Pflicht. Menschenrecht bricht Staatsrecht.« Wäre Strölin wegen der Verbreitung dieses Zitats angezeigt worden, wäre er wohl tot gewesen.

Es kommt nicht nur darauf an, Schuldige zu suchen, sondern Lehren zu ziehen. Im Dritten Reich eine Widerstandshandlung zu begehen, war zwar möglich, meistens aber tödlich und wirkungslos. Wer nur Zweifel am Endsieg oder seine Meinung äußerte, wie eine Regierung nach dem Untergang der NS-Herrschaft aussehen könnte, kam um seinen Kopf. Das ist vielen widerfahren. Aber es war fast unmöglich, das Regime zu erschüttern oder es sogar von innen her zum Einsturz zu bringen. Vielleicht wäre dies gelungen angesichts des sich klar abzeichnenden militärischen Zusammenbruchs, wenn am 20. Juli 1944 Stauffenbergs Attentat auf Hitler Erfolg gehabt hätte. Doch Hitler überlebte.

Generationen, die während einer langen Friedensperiode in einer wirtschaftlich prosperierenden Demokratie aufgewachsen sind, fällt es schwer, sich vorzustellen, was Diktaturen wie die Hitlers oder auch Stalins aus Menschen machen können. Abgründe tun sich auf. Gewiß machen die Menschen die Verhältnisse, aber die Verhältnisse machen auch die Menschen. Unter den Verhältnissen einer Demokratie wären so gut wie alle Verbrechen, die während des Dritten Reiches begangen wurden, unmöglich gewesen. Die Bewahrung der Demokratie ist neben der Bekämpfung jeder Form von Rassenhaß die wichtigste Lehre, die aus der Vergangenheit gezogen werden muß. Nichts soll verschwiegen werden, was im Dritten Reich geschah. Aber es muß auch bekannt sein, wie es geschehen konnte, daß die Weimarer Demokratie zerbrach und Hitler auf ihren Trümmern seine Herrschaft errichten konnte. Die Fehler, die damals gemacht wurden, dürfen nicht wiederholt werden. Davon hängen unser Glück und unsere Zukunft ab.

Die kommenden Jahre, vielleicht auch Jahrzehnte, werden schwer werden. Die alten Nationalstaaten, ihre Bürger und ihre Wirtschaft, sind unter den Zwängen des globalen Marktes zwar noch Herren im Hause, haben aber immer weniger zu sagen. Aber gerade in schlechten Zeiten, wenn der Staat selbst berechtigte Wünsche nicht mehr erfüllen kann, kommt es darauf an, zur Demokratie zu stehen. Langfristige Notwendigkeiten sollten nicht Augenblicksstimmungen geopfert werden. Wir müssen den beschwerlichen Weg gehen zu einer größeren Europäischen Union mit einer gemeinsamen Währung, Wirtschaftspolitik und Außenpolitik. Vielleicht kostet das zunächst etwas. Aber unsere Demokratie muß das durchstehen. Es gibt keinen anderen Weg, um Europa vor dem Abgleiten in die Bedeutungslosigkeit zu bewahren. Nur ein vereintes Europa kann zusammen mit anderen demokratischen Nationen, vor allem den USA, eine soziale und ökologische Weltordnung schaffen, die den globalen Wettbewerb in den Dienst humaner Werte stellt.

Ich bin auch gegen eine unkontrollierte Zuwanderung von Menschen in die Bundesrepublik. So etwas hält kein Staat aus. Aber viele Ausländer sind schon da, und zwar völlig legitim, und die meisten von ihnen werden auch hier bleiben. Die großen Städte, auch Stuttgart, müssen sich darauf einstellen, daß der Anteil der Bürger, die selber oder deren Eltern und Großeltern aus dem Ausland zu uns gekommen sind, anwachsen wird. Das ist vorprogrammiert, schon deshalb, weil in der Regel der Ausländeranteil an den jüngeren Jahrgängen wesentlich höher ist als an den älteren. In Stuttgart beträgt der Ausländeranteil an der Gesamtbevölkerung 25 Prozent, der an den Jugendlichen unter 18 Jahren aber über 30 Prozent. Die meisten dieser Menschen sind keine Ausländer, sondern Inländer ohne deutschen Paß. Ihre Situation ist anders als die der Immigranten in die USA. Diese Familien hatten ursprünglich nicht vor, in Deutschland zu bleiben, sondern Geld zu verdienen und dann wieder in die alte Heimat zurückzukehren. Inzwischen haben sie hier Wurzeln geschlagen. Sie sind hier zu Hause.

Das Prinzip, das jede einigermaßen funktionierende Stadtgesellschaft regiert, heißt aber: Gleichheit, Gleichheit der Rechte, Chancen und Pflichten. Das Modell Sparta, in dem eine Minderheit Herren und Krieger waren und eine Mehrheit Knechte und Arbeiter, funktioniert nicht im Zeitalter der Demokratie. Wir müssen daran interessiert sein, daß möglichst viele jener Bürger unserer Städte, die dauernd hier bleiben werden, die vollen Rechte bekommen. Zu diesem Zwecke müssen sie deutsche Staatsbürger werden, selbst dann, wenn wir bei Duldung doppelter Staatsangehörigkeit großzügiger sein müssen als gegenwärtig. Besonders wichtig wäre, eine faire Lösung für die junge Generation der ausländischen Mitbürger zu finden. Diese sollte sich nicht als zurückgewiesen und ausgegrenzt, sondern als Teil der Stadtgesellschaft empfinden. Also Interkulturalität statt Multikulturalität, um diese beiden von Gebißträgern schwer auszusprechenden Begriffe zu verwenden. Deshalb halte auch ich Regelungen für empfehlenswert, die den meisten unter ihnen kraft Geburt die deutsche Staatsangehörigkeit geben mit der Maßgabe, daß sie sich, wenn sie volljährig geworden sind, binnen einer Frist für eine Staatsangehörigkeit entscheiden müssen. Geschieht in dieser Frage nichts, wird das Problem von Jahr zu Jahr größer und schwieriger.

Der Weg, der vor uns liegt, würde ohne Mitwirkung der Gewerkschaften noch schwieriger. Wer glaubt, dieser Weg in die Zukunft werde bequemer ohne sie, der täuscht sich. Die sozialen Probleme sind da, und sie werden auch artikuliert werden, entweder von den Gewerkschaften, die ihren Teil an der Gesamtverantwortung für den demokratischen Sozialstaat tragen, oder von anderen Kräften, die mit der Fahne der Utopie und der Standarte der Irrationalität gegen das ganze System zu Felde ziehen.

»Die Wahrheit macht frei«, heißt es in der Bibel. Aber gelegentlich ringt die Pflicht zur Wahrheit mit der Furcht, sie zu sagen. Lichtenberg stellt deshalb in einem seiner Aphorismen die Frage: Was ist besser, von einem bösen Gewissen genagt zu werden, oder ganz beruhigt am Galgen zu hängen? Nach meinen Erfahrungen droht in der Politik eine so unerfreuliche Alternative nicht. Wenn einer etwas, das er für wahr hält, deutlich, aber höflich sagt und die Menschen spüren, daß er es mit ihnen gut meint, hat er nicht nur gute Aussichten, sich zu retten, sondern auch, gewählt zu werden. Wir brauchen vor allem Wahrhaftigkeit in der politischen Diskussion, damit wir nicht in eine Lage abdriften, die Livius in seiner Vorrede wie folgt beschreibt: »In unseren Zeiten können wir weder unsere Fehler noch die Mittel gegen diese ertragen.« Hegel hat dieses Wort in seiner Philosophie der Geschichte zitiert. In der Politik läuft nichts, ohne daß getrommelt und gepfiffen wird. Aber Hegel bemerkt an anderer Stelle mit gutem Grund: »Vom Trommeln und Vorpfeifen kommt der Mut noch nicht.« Und gerade den brauchen wir.

Personenregister

Bildnachweis

AP: 400 o.
dpa: 376
Frank Eppler, Stuttgart: 415
Kurt Eppler, Stuttgart: 134, 230 o. re., 238, 250, 253, 275, 288 o., 369 (2), 372
Burkhard Hüdig, Stuttgart: 230 o. li., 274 u., 298, 351 o., 359, 419 (2)
Kraufmann und Kraufmann, Stuttgart 344
Landesbildstelle Württemberg: 206 u.,
Privatarchiv Rommel: 2, 9, 16f., 40, 59, 92 105, 155, 170f., 206 o., 230 u., 256, 259, 264, 317, 351 u., 381, 405 u.
Horst Rudel, Stuttgart: 288 u., 400 u.
Helmut R. Schulze, Heidelberg: 321
SDR: 405 o.